世界贸易组织国际贸易纠纷案例评析（2019～2021）

Case Analysis of the WTO International Trade Disputes

朱榄叶◎编著

法律出版社
www.lawpress.com.cn
—— 北京 ——
法律门 Access To Law | www.falvm.com.cn

图书在版编目(CIP)数据

世界贸易组织国际贸易纠纷案例评析. 2019－2021 / 朱榄叶编著. -- 北京 : 法律出版社, 2022

ISBN 978－7－5197－6856－0

Ⅰ. ①世… Ⅱ. ①朱… Ⅲ. ①世界贸易组织－国际贸易－经济纠纷－案例－2019－2021 Ⅳ. ①D996.1

中国版本图书馆 CIP 数据核字(2022)第 110621 号

世界贸易组织国际贸易纠纷案例评析
(2019～2021)
SHIJIE MAOYI ZUZHI GUOJI MAOYI JIUFEN
ANLI PINGXI (2019－2021)

朱榄叶 编著

策划编辑 周丽君
责任编辑 周丽君 张 颖
装帧设计 贾丹丹

出版发行 法律出版社
编辑统筹 法律应用出版分社
责任校对 王晓萍
责任印制 刘晓伟
经 销 新华书店

开本 A5
印张 14.125 **字数** 385 千
版本 2022 年 8 月第 1 版
印次 2022 年 8 月第 1 次印刷
印刷 北京建宏印刷有限公司

地址:北京市丰台区莲花池西里 7 号(100073)
网址:www.lawpress.com.cn
投稿邮箱:info@lawpress.com.cn
举报盗版邮箱:jbwq@lawpress.com.cn
销售电话:010－83938349
客服电话:010－83938350
咨询电话:010－63939796

书号:ISBN 978－7－5197－6856－0
定价:65.00 元
凡购买本社图书,如有印装错误,我社负责退换。电话:010－83938349

说　明

本书汇集了 2019～2021 年世界贸易组织（WTO）争端解决机构处理的案件。由于一些原因，自 2019 年起，WTO 争端解决机构上诉机构成员任期期满后，无法产生新的上诉机构人选。自 2019 年 11 月底起，上诉机构成员已经不足 3 人，无法审理案件；至 2020 年 11 月底，最后一位上诉机构成员任期届满，WTO 的上诉机构变成了一个空架子。

2019 年 11 月底上诉机构“停摆”时，有 10 个专家组报告处于上诉阶段。此后，专家组报告公布后仍有成员提起上诉。至 2021 年 10 月底，共有 15 起案件处于上诉阶段（包括 2019 年年底就处于上诉阶段的案件）。根据 WTO 的规定，没有通过的报告不具有法律效力，笔者还是决定收入已经被提起上诉的专家组报告，但由于理论上这些报告的结论并非最终结论，本书不做评析。

简称与全称对照表

简　称	全　称
GATT	《关税与贸易总协定》
《SPS 协定》	《卫生与植物卫生协定》
《TBT 协定》	《技术性贸易壁垒协定》
《TRIMS 协定》	《与贸易有关的投资措施协定》
《反倾销协定》	《关于实施 1994 年关税与贸易总协定第 6 条的协定》
《海关估价协定》	《关于实施 1994 年关税与贸易总协定第 7 条的协定》
《SCM 协定》	《补贴与反补贴措施协定》
GATS	《服务贸易总协定》
《TRIPS 协定》	《与贸易有关的知识产权协定》
DSU	《关于争端解决规则和程序的谅解》
DSB	争端解决机构

WTO	世界贸易组织
USDOC	美国商务部
USITC	美国国际贸易委员会
COFCO	中国粮油食品进出口公司
POI	反倾销反补贴调查中调查机构采集数据涉及的起止时间

目 录

Contents

最惠国待遇

关税减让

国民待遇

取消数量限制

《农业协定》

《SPS协定》

《TBT 协定》

《反倾销协定》

·········最惠国待遇

阿联酋:限制贸易、服务和知识产权的措施(WT/DS526)

2017年7月31日,卡塔尔提出就阿联酋限制贸易、服务和知识产权的措施进行磋商。卡塔尔认为阿联酋的措施违反了最惠国待遇原则、透明度原则,也不符合GATS第2条、第3条、第23条,以及《TRIPS协定》第3条和第41条。由于磋商未果,2017年10月6日,卡塔尔请求成立专家组,2017年10月22日,DSB决定成立专家组。阿富汗、澳大利亚、巴林、巴西、加拿大、中国、埃及、欧盟、危地马拉、洪都拉斯、日本、哈萨克斯坦、韩国、马来西亚、墨西哥、挪威、菲律宾、俄罗斯、沙特、新加坡、中国台北、土耳其、乌克兰、美国、也门要求保留作为第三方介入的权利。2018年9月3日,专家组组成。2021年1月,卡塔尔请求专家组中止工作。专家组自1月15日起中止工作。

美国:涉及钢和铝产品的措施
(WT/DS544)

2018年4月5日,中国提出就美国涉及钢和铝制品的措施与其磋商。中国认为美国的做法违反了《保障措施协定》的相关条款,GATT第1条、第2条和第10条。2018年11月21日,DSB应中国的请求成立了专家组。巴林、巴西、加拿大、哥伦比亚、埃及、欧盟、危地马拉、中国香港、冰岛、印度、印尼、日本、哈萨克斯坦、马来西亚、墨西哥、新西兰、挪威、卡塔尔、俄罗斯、沙特、新加坡、南非、瑞士、中国台北、泰国、土耳其、乌克兰、阿联酋、委内瑞拉要求保留作为第三方参与的权利。2019年1月25日,专家组组成。到2021年年底,专家组仍在工作。

美国:涉及钢和铝产品的措施

(WT/DS547)

2018 年 5 月 18 日,印度提出就美国涉及钢和铝制品的措施与其磋商。印度认为美国的做法违反了《保障措施协定》的相关条款,GATT 第 1 条、第 2 条和第 10 条。2018 年 12 月 4 日,DSB 应印度的请求成立了专家组。巴林、巴西、加拿大、中国、哥伦比亚、埃及、欧盟、危地马拉、中国香港、冰岛、印尼、日本、哈萨克斯坦、马来西亚、墨西哥、新西兰、挪威、卡塔尔、俄罗斯、沙特、新加坡、南非、瑞士、中国台北、泰国、土耳其、乌克兰、阿联酋、委内瑞拉要求保留作为第三方参与的权利。2019 年 1 月 25 日,专家组组成。到 2021 年年底,专家组仍在工作。

美国:涉及钢和铝产品的措施

(WT/DS548)

2018年6月1日,欧盟提出就美国涉及钢和铝制品的措施与其磋商。欧盟认为美国的做法违反了《保障措施协定》的相关条款,GATT第1条、第2条和第10条。2018年11月21日,DSB应欧盟的请求成立了专家组。巴林、巴西、加拿大、中国、哥伦比亚、埃及、危地马拉、中国香港、冰岛、印度、印尼、日本、哈萨克斯坦、马来西亚、墨西哥、新西兰、挪威、卡塔尔、俄罗斯、沙特、新加坡、南非、瑞士、中国台北、泰国、土耳其、乌克兰、阿联酋、委内瑞拉要求保留作为第三方参与的权利。2019年1月25日,专家组组成。到2021年年底,专家组仍在工作。

美国:涉及钢和铝产品的措施

(WT/DS550)

2018 年 6 月 1 日,加拿大提出就美国涉及钢和铝制品的措施与其磋商。加拿大认为美国的做法违反了《保障措施协定》的相关条款,GATT 第 1 条、第 2 条和第 10 条。2018 年 11 月 21 日,DSB 应加拿大的请求成立了专家组。巴林、巴西、中国、哥伦比亚、埃及、危地马拉、中国香港、冰岛、印度、印尼、日本、哈萨克斯坦、马来西亚、墨西哥、新西兰、挪威、卡塔尔、俄罗斯、沙特、新加坡、南非、瑞士、中国台北、泰国、土耳其、乌克兰、阿联酋、委内瑞拉要求保留作为第三方参与的权利。2019 年 1 月 25 日,专家组组成。2019 年 5 月 23 日,双方宣布案件和解。

美国:涉及钢和铝产品的措施
(WT/DS551)

2018年6月5日,墨西哥提出就美国涉及钢和铝制品的措施与其磋商。墨西哥认为美国的做法违反了《保障措施协定》的相关条款,GATT第1条、第2条和第10条。2018年11月21日,DSB应墨西哥的请求成立了专家组。巴林、巴西、中国、哥伦比亚、埃及、欧盟、危地马拉、洪都拉斯、中国香港、冰岛、印度、印尼、日本、哈萨克斯坦、马来西亚、新西兰、挪威、卡塔尔、俄罗斯、沙特、新加坡、南非、瑞士、中国台北、泰国、土耳其、乌克兰、阿联酋、委内瑞拉要求保留作为第三方参与的权利。2019年1月25日,专家组组成。2019年5月28日,双方宣布案件和解。

美国:涉及钢和铝产品的措施
（WT/DS552）

2018 年 6 月 12 日,挪威提出就美国涉及钢和铝制品的措施与其磋商。挪威认为美国的做法违反了《保障措施协定》的相关条款,GATT 第 1 条、第 2 条和第 10 条。2018 年 11 月 21 日,DSB 应挪威的请求成立了专家组。巴林、巴西、加拿大、中国、哥伦比亚、埃及、危地马拉、中国香港、冰岛、印度、印尼、日本、哈萨克斯坦、马来西亚、墨西哥、新西兰、卡塔尔、俄罗斯、沙特、新加坡、南非、瑞士、中国台北、泰国、土耳其、乌克兰、阿联酋、委内瑞拉要求保留作为第三方参与的权利。2019 年 1 月 25 日,专家组组成。到 2021 年年底,专家组仍在工作。

美国:涉及钢和铝产品的措施
(WT/DS554)

2018年6月29日,俄罗斯提出就美国涉及钢和铝制品的措施与其磋商。俄罗斯认为美国的做法违反了《保障措施协定》的相关条款,GATT第1条、第2条和第10条。2018年11月21日,DSB应俄罗斯的请求成立了专家组。巴林、巴西、加拿大、中国、哥伦比亚、埃及、危地马拉、中国香港、冰岛、印度、印尼、日本、哈萨克斯坦、马来西亚、墨西哥、新西兰、卡塔尔、沙特、新加坡、南非、瑞士、中国台北、泰国、土耳其、乌克兰、阿联酋、委内瑞拉要求保留作为第三方参与的权利。2019年1月25日,专家组组成。到2021年年底,专家组仍在工作。

美国:涉及钢和铝产品的措施
(WT/DS556)

2018 年 7 月 9 日,瑞士提出就美国涉及钢和铝制品的措施与其磋商。瑞士认为美国的做法违反了《保障措施协定》的相关条款,GATT 第 1 条、第 2 条和第 10 条。2018 年 12 月 4 日,DSB 应瑞士的请求成立了专家组。巴林、巴西、加拿大、中国、哥伦比亚、埃及、欧盟、危地马拉、中国香港、冰岛、印度、印尼、日本、哈萨克斯坦、马来西亚、墨西哥、新西兰、卡塔尔、俄罗斯、沙特、新加坡、南非、中国台北、泰国、土耳其、乌克兰、阿联酋、委内瑞拉要求保留作为第三方参与的权利。2019 年 1 月 25 日,专家组组成。到 2021 年年底,专家组仍在工作。

加拿大:针对美国产品的关税措施(WT/DS557)

2018年7月16日,美国要求就加拿大针对美国产品的措施与其磋商。美国指出加拿大的措施不符合GATT第1条和第2条的义务。2018年11月21日,DSB应美国的请求成立了专家组。巴西、中国、埃及、欧盟、危地马拉、印度、印尼、日本、哈萨克斯坦、墨西哥、新西兰、挪威、俄罗斯、新加坡、南非、瑞士、中国台北、泰国、土耳其、乌克兰、委内瑞拉要求保留作为第三方参与的权利。2019年1月25日,专家组组成。2019年5月23日,双方通知和解。

中国:针对美国产品的关税措施
(WT/DS558)

2018 年 7 月 16 日,美国要求就中国针对美国产品的措施与其磋商。美国指出中国的措施不符合 GATT 第 1 条和第 2 条的义务。2018 年 11 月 21 日,DSB 应美国的请求成立了专家组。巴西、加拿大、埃及、欧盟、危地马拉、印度、印尼、日本、哈萨克斯坦、墨西哥、新西兰、挪威、俄罗斯、新加坡、南非、瑞士、中国台北、泰国、土耳其、乌克兰、委内瑞拉要求保留作为第三方参与的权利。2019 年 1 月 25 日,专家组组成。到 2021 年年底,专家组仍在工作。

欧盟:针对美国产品的关税措施 (WT/DS559)

2018年7月16日,美国要求就欧盟针对美国产品的措施与其磋商。美国指出欧盟的措施不符合GATT第1条和第2条的义务。2018年11月21日,DSB应美国的请求成立了专家组。巴西、加拿大、中国、埃及、危地马拉、印度、印尼、日本、哈萨克斯坦、墨西哥、新西兰、挪威、俄罗斯、新加坡、南非、瑞士、中国台北、泰国、土耳其、乌克兰、委内瑞拉要求保留作为第三方参与的权利。2019年1月25日,专家组组成。到2021年年底,专家组仍在工作。

墨西哥:针对美国产品的关税措施
(WT/DS560)

2018 年 7 月 16 日,美国要求就墨西哥针对美国产品的措施与其磋商。美国指出墨西哥的措施不符合 GATT 第 1 条和第 2 条的义务。2018 年 11 月 21 日,DSB 应美国的请求成立了专家组。巴西、加拿大、中国、埃及、欧盟、危地马拉、印度、印尼、日本、哈萨克斯坦、新西兰、挪威、俄罗斯、新加坡、南非、瑞士、中国台北、泰国、土耳其、乌克兰、委内瑞拉要求保留作为第三方参与的权利。2019 年 1 月 25 日,专家组组成。2019 年 5 月 28 日,双方通知和解。

土耳其:针对美国产品的关税措施(WT/DS561)

2018 年 7 月 16 日,美国要求就土耳其针对美国产品的措施与其磋商。美国指出土耳其的措施不符合 GATT 第 1 条和第 2 条的义务。2018 年 11 月 21 日,DSB 应美国的请求成立了专家组。巴西、加拿大、中国、欧盟、危地马拉、印度、印尼、日本、哈萨克斯坦、墨西哥、新西兰、挪威、俄罗斯、新加坡、瑞士、中国台北、泰国、乌克兰、委内瑞拉要求保留作为第三方参与的权利。2019 年 1 月 25 日,专家组组成。到 2021 年年底,专家组仍在工作。

美国：涉及钢和铝产品的措施
（WT/DS564）

2018 年 8 月 15 日，日本提出就美国涉及钢和铝制品的措施与其磋商。日本认为美国的做法违反了《保障措施协定》的相关条款，GATT 第 1 条、第 2 条和第 10 条。2018 年 11 月 21 日，DSB 应日本的请求成立了专家组。巴林、巴西、加拿大、中国、哥伦比亚、埃及、欧盟、危地马拉、中国香港、冰岛、印度、印尼、哈萨克斯坦、马来西亚、墨西哥、新西兰、挪威、卡塔尔、俄罗斯、沙特、新加坡、瑞士、中国台北、泰国、乌克兰、阿联酋、委内瑞拉要求保留作为第三方参与的权利。2019 年 1 月 25 日，专家组组成。到 2021 年年底，专家组仍在工作。

俄罗斯:针对美国产品的关税措施(WT/DS566)

2018 年 8 月 27 日,美国要求就俄罗斯针对美国产品的措施与其磋商。美国指出俄罗斯的措施不符合 GATT 第 1 条和第 2 条的义务。2018 年 12 月 18 日,DSB 应美国的请求成立了专家组。巴西、加拿大、中国、埃及、日本、沙特、欧盟、印度、印尼、日本、哈萨克斯坦、马来西亚、墨西哥、新西兰、挪威、卡塔尔、沙特、新加坡、瑞士、中国台北、泰国、土耳其、乌克兰、委内瑞拉要求保留作为第三方参与的权利。2019 年 1 月 25 日,专家组组成。到 2021 年年底,专家组仍在工作。

哥伦比亚:对燃料分销的措施
(WT/DS575)

2019年1月9日,委内瑞拉提出就哥伦比亚对燃料分销的限制措施与其磋商。委内瑞拉认为哥伦比亚的措施违反了最惠国待遇、国民待遇以及取消数量限制的义务。至2021年年底,本案仍在磋商。

日本:对向韩国出口货物和技术的措施(WT/DS590)

2019年9月11日,韩国提出就日本对韩国出口货物和技术实施的措施与其磋商。韩国认为日本的措施违反了最惠国待遇的原则和WTO的相应条款。2020年6月18日,韩国请求成立专家组,2020年7月29日,DSB决定成立专家组。巴西、加拿大、中国、中国台北、欧盟、印度、挪威、俄罗斯、沙特、新加坡、土耳其、乌克兰、英国、美国要求保留作为第三方介入的权利。到2021年年底,专家组仍未组成。

韩国:影响商用船舶的贸易措施

(WT/DS594)

2020 年 1 月 31 日,日本要求就韩国影响商用船舶的贸易措施与其磋商。至 2021 年年底,双方仍在磋商。

美国:原产地标识要求
(WT/DS597)

2020年10月30日,中国香港要求就美国的原产地标识要求与其磋商。中国香港指出美国的措施违反了GATT第1条最惠国待遇的义务。由于磋商未果,DSB应中国香港的请求于2021年2月20日决定成立专家组。到2021年年底,专家组还未组成。

………关税减让

美国:关税措施
(WT/DS543)*

申诉方(被上诉方):中国

被申诉方(上诉方):美国

第三方(第三参与方):澳大利亚、巴西、加拿大、欧盟、印度、印尼、日本、哈萨克斯坦、韩国、新西兰、挪威、俄罗斯、新加坡、中国台北、土耳其、乌克兰

2018年4月4日,中国要求就美国对中国出口的特定商品实施的关税措施与美国磋商。由于双方磋商未果,2019年1月28日,DSB应中国的请求成立专家组。专家组于2019年6月3日组成。因一专家组成员辞职,应中国请求,2019年10月17日,总干事指定新成员重新组成了专家组。2020年9月15日,专家组报告公布。2020年11月26日,美国提出上诉。因上诉机构僵局,至2021年年底,本案仍处于上诉阶段。

2017年8月18日,美国贸易代表办公室(United State Trade Representative,USTR)对中国有关技术转让、知识产权、创新等方面的法律、政策和行为发起301调查。2018年3月22日USTR发布了调查报告,指出了一类被称作"国家批准盗窃"的扭曲不公的政策,认为受调查的行为侵犯了美国的技术、知识产权和商业秘密。基

* 本案初稿由华东政法大学国际法专业研究生曹怡昕撰写。

于301调查报告,美国决定对来自中国的特定商品征收额外从价税。2018年6月,美国对列入清单1的年贸易额约340亿美元的商品加征25%关税;2018年9月,美国又对列入清单2的年贸易额约200亿美元的商品加征10%关税,2019年5月,对这批商品税率提高至25%。

中国认为,追加关税不符合GATT的第1.1条、第2.1条(a)项、第2.1条(b)项的规定。

【专家组的分析和结论】

一、先决问题——双方是否已达成DSU第12.7条意义上的解决办法

DSU第12.7条规定:“……如果争端各方之间已找到问题的解决办法,则专家组报告应只限于对案件的简要描述,并报告已达成解决办法。”美国反驳中的第一部分涉及中国和美国为解决若干贸易问题而正在进行的双边谈判的法律含义,这一谈判的范围包括了本案涉及的一些事项。美国认为,双方已经达成DSU第12.7条意义上的“解决办法”,对专家组来说,其没有法律依据作出中国诉请要求的调查结果或建议。根据DSU第12.7条的规定,专家组应当拒绝中国的诉请,并将其报告局限于对案件事实的简要描述和已达成解决办法的说明。

中国坚持认为,中美通过双边谈判达成的“第一阶段协议”(Phase one Agreement)在本案中没有法律意义,因为引起争端的措施仍然在维持,中美双方尚未找到DSU第12.7条意义上的“双方满意的解决办法”,也未根据DSU第3.6条将这样一种解决办法通知DSB。中国对诉请中所提出的问题仍未解决,有待专家组裁决。

专家组认为,美国提出了这样一个问题:“参与一个旨在解决双方分歧的双边谈判进程,是否可以被定性为DSU第12.7条意义上

的‘一个双方满意的解决办法’。”美国论据中使用的“解决”似乎更强调在 DSU 第 12.7 条最后一句中一般性提及的“解决”，而不是第一句中更加具体的“双方满意的解决办法”。专家组经分析确认，根据 DSU 第 12.7 条，任何解决办法都必须是“双方满意的解决办法”，而不是由任意一方单独提出的其自身满意但可能使另一方不满意的主张。专家组还注意到，中美之间正在进行的双边谈判进程似乎与专家组程序是平行进行的，至少中国无意让双边谈判取代 WTO 的争端解决程序，对这种情况的解释不应该剥夺申诉人获得专家组调查结果的权利。

在此背景下，专家组得出结论认为，双方尚未达成一项令双方满意的解决办法。

二、美国的关税措施是否符合 GATT 第 1.1 条

中国提出，美国“未能将它给予所有其他国家的优惠提供给中国，从而拒绝给予中国与其他成员方同等的竞争机会”。中国认为，美国加征关税的措施“具有表面上的歧视性，并且剥夺了中国和其他成员方同类产品的同等竞争地位”，因此违反了 GATT 第 1.1 条。

专家组回顾了先前的 WTO 上诉机构的裁决报告，认为为确立一项被申诉方行为与 GATT 第 1.1 条不相符的初步证据，申诉方需要证明 4 个要素。专家组逐一分析了这 4 个要素。

关于涉案措施是否属于 GATT 第 1.1 条的适用范围。GATT 第 1.1 条规定：“在对进口或出口、有关进口或出口或对进口或出口产品的国际支付转移所征收的关税和费用方面，在征收此类关税和费用的方法方面，在有关进口和出口的全部规章手续方面以及在第 3 条第 2 款和第 4 款所指的所有事项方面，任何缔约方给予来自或运往任何其他国家任何产品的利益、优惠、特权或豁免，应立即无条件地给予来自或运往其他缔约方领土的同类产品。”中国提出 3 个理由来证明美国征收的附加税是一般关税：额外的从价税依据货物价值

计算;这一额外从价税是美国协调关税表(Harmonized Tariff Schedule of US,HTSUS)的一部分,而HTSUS用来确定所有进口商在向美国进口货物时必须支付的普通关税;这一额外从价税由美国海关和边境保卫局依照他们对HTSUS第1栏所确定的其他一般关税的同样方式征收。因而中方声称争议措施是“无可争辩的关税”,属于GATT第1.1条的适用范围。专家组注意到,这些措施对来自中国的产品征收附加税,而这些产品被归类在HTSUS的“特殊”这一副标题下。此外,这些措施通过插入新标题和新注释的方式修改了HTSUS第99章第Ⅲ分章下的内容。专家组认为附加税是GATT第1.1条意义上的关税。

关于涉案进口产品是否是GATT第1.1条意义上的“类似产品”。中国提出,每一种受301条款关税约束的产品都是GATT第1.1条意义上不受附加税限制的其他成员方产品的“同类产品”,因为这些措施歧视中国产品仅仅基于产品源自中国这一事实。专家组认为,如果一项措施规定了一项完全基于来源地的区别待遇,那么存在或可能存在除了来源地之外的所有其他方面都相同的产品,因此可以作出“同类性”的推定。由于这些附加税仅适用于来自中国的产品,所有受附加税约束的来自中国的产品都可以被推定为不受这些附加税限制的其他成员方产品的“同类产品”。

关于涉案措施给予了来自任何国家的产品一种“利益、优惠、特权或豁免”。中国声称,这些附加税只适用于中国而非其他WTO成员方,因而对除来自中国以外其他WTO成员方的产品提供了一种“优惠”,这些措施剥夺了中国依照美国约束关税享有同等待遇的优惠。专家组注意到,GATT第1.1条意义上的“优惠”是那些创造了“更有利的竞争机会”或影响了不同来源地的产品间的商业关系的待遇。美国对来自中国的产品征收附加税,而其他WTO成员方的产品则不受这一附加税的约束。换言之,其他成员方的产品按普通税率计算,而对来自中国的相同产品则要超过普通税率加征附加税。专家组认为,美国给予了除来自中国的其他WTO成员方的产品一种

"优惠"。

关于优惠是否立即和无条件地给予所有 WTO 成员方的同类产品。中国辩称,在清单 1 和清单 2 所列产品的附加税分别于 2018 年 7 月 6 日和 2018 年 9 月 24 日生效后,美国未能立即和无条件地给予原产于中国的产品与所有其他成员方同类产品的待遇。专家组注意到,美国对来自中国的商品征收附加税,其他 WTO 成员方的产品不受附加税的限制。因此专家组认为,美国没有立即或无条件地将给予其他 WTO 成员方产品的已确定的"优惠"延伸至中国产品。

专家组的结论是,中国证明了附加税只适用于来自中国的产品,因此未能给予原产于中国的产品与来自所有其他 WTO 成员方同类产品的优惠待遇。而美国没有就此问题提出任何反驳。据此,专家组认为这些关税措施不符合 GATT 第 1.1 条。

三、美国的关税措施是否符合 GATT 第 2.1 条(a)项和(b)项

GATT 第 2.1 条(a)项和(b)项,要求每一缔约方应给予其他缔约方以不低于本协定所附承诺减让表中"承诺"部分所列的优惠待遇,并且对减让表"承诺"部分列明的产品于进口时免征减让表所列普通关税的超出部分。

专家组回顾先前上诉机构的裁决报告,认为第 2.1 条(b)项禁止一类"肯定不符合(a)项"的具体做法。基于这一原因,专家组决定首先审查"措施是否符合第 2.1 条(b)项",如果专家组认定美国征收的关税超过了其减让表中的承诺因而不符合第 2.1 条(b)项的要求,那么这也同样会构成不符合第 2.1 条(a)项的"不利"待遇。

中国诉称,对来自中国的特定产品征收附加税的措施超出了美国在其减让表中承诺的税率,因而构成了对第 2.1 条(a)项和(b)项的公然违反。中国提供了 3 项证据来支持这一观点,专家组依次审查了这些证据。中国认为这些附加税是"普通关税",中国进一步声

称,即使小组得出结论认为附加税不是普通关税,这些措施也构成了不符合第2.1条(b)项规定的“其他关税或费用”。专家组认为,这些附加税是GATT第1.1条意义上的“关税”,也是第2.1条(b)项意义上的“普通关税”。中国认为,这些措施“超出”了美国在其承诺减让表中的约束税率,因为这些关税是在“除任何其他应缴税费之外”征收的。中国声称,美国在其减让表中的约束税率与HTSUS第1栏中确定的最惠国税率是“实质相同”的,基于这一原因,除HTSUS第1栏确定的关税之外,任何附加税都会导致所适用的关税税率超过其减让表中所承诺的税率。专家组认为,争议措施中的附加税超出了美国在其减让表中承诺的义务,因而不符合第2.1条(b)项。中国进一步诉称,相比美国在减让表中的承诺,这些措施给予来自中国的进口商品以“较为不利的待遇”,因此也构成对第2.1条(a)项的违反。专家组回顾了较前的意见,即第2.1条(b)项禁止一类“肯定不符合(a)项”的具体做法。美国超出减让表规定的关税不符合第2.1条(b)项的规定,也构成了第2.1条(a)项意义上的“较为不利的”待遇。

专家组认为,中国已经初步证明了这些措施不符合第2.1条(b)项,因为中国已经证明附加税超出了美国在其减让表中规定的约束税率;中国也初步证明了这些措施不符合第2.1条(a)项,因为中国已经证明附加税给予来自中国的进口商品以低于美国减让表规定的较为不利的待遇。而美国则没有对中国关于其措施违反第2.1条(a)项与(b)项的说法提出反驳。据此,专家组认为争议措施经初步认定与GATT第2.1条(a)项和(b)项不一致。

四、美国根据GATT第20条提出的抗辩

美国答辩称,即使这些措施违反GATT的规定,美国也具有合法的理由,因为这些措施是GATT第20条(a)项规定的“为保护公共道德所必需的”。

GATT 第 20 条规定:“在遵守关于此类措施的实施不在情形相同的国家之间构成任意或不合理歧视的手段或构成对国际贸易的变相限制的要求前提下,本协定的任何规定不得解释为阻止任何缔约方采取或实施以下措施:(a)为保护公共道德所必需的措施……”这就是人们所说的 GATT 一般例外。WTO 成员方可以援引第 20 条为其不符合 GATT 项下义务的措施辩护,而援引第 20 条作为辩护理由的被申诉方负有举证责任,需要证明被质疑的措施属于所援引的具体情况的范围,而且符合引言部分的要求。

专家组决定进行两层分析,首先审查被确认违反 GATT 的美国的措施能否被初步证明属于第 20 条(a)项的例外情况,然后再审议美国所采取的措施是否符合第 20 条引言部分的要求。

1. 这些措施能否被证明符合 GATT 第 20 条(a)项

为证明被质疑的措施属于第 20 条(a)项,被申诉方必须证明,被质疑的措施涉及该项所规定的利益,即保护公共道德,而且“该措施与所保护的利益之间有充分的联系”。

专家组认为,它依据第 20 条(a)项所做的分析是一项整体工作,全面评估美国是否证明其被质疑的措施对于保护“公共道德”是必要的,尽管这一全面评估将以专家组对第 20 条(a)项每一要素的解释以及在这一争端的具体事实中的适用为基础。专家组将采用这一整体分析法,分析第 20 条(a)项的要素和要求,在完成整体分析并作出美国是否已证明与 WTO 规定不一致的措施是保护其公共道德的必要措施的结论之前,专家组没有作出任何中间结论。

专家组依次评估了(1)美国是否提出了 GATT 第 20 条(a)项意义上的公共道德目标,(2)这些措施是否旨在保护美国所援引的公共道德目标,以及(3)这些措施是否为保护这一目标所必需。

关于美国所援引的公共道德目标的确认问题,专家组注意到,美国提出,其采取的措施是要消除违反美国“是非观”的行为,即中国的不公平贸易行为、政策和做法。为支持其论点,美国提交了若干国内文件,这些文件反映了美国的“是非观”,并将 301 调查报告中记载的一些中国做法列为非法。美国认为,301 调查报告中提到的中国的行为、政策和做法违反了美国的“是非观”,特别是禁止盗窃、敲诈、网络盗窃和网络黑客、经济间谍和盗用商业秘密、反竞争行为,以及对政府征用财产的监管。中国认为,美国未能证明存在有效的“公共道德”目标。美国提及公共道德“只不过是事后试图为一个纯粹的经济目标辩护”,有关措施的目标不是为了保护公共道德,而是为了减少中国对美国的出口,解决美国的贸易赤字。专家组注意到,第 20 条(a)项的条文没有提供“公共道德”一词的定义。根据其用语的普遍含义,“公共道德”一词是指“属于、影响或涉及一个社区或国家的一套与正确和错误行为有关的生活习惯(社会价值观)”。就公共道德的概念与一群个人(社区或国家)有关而言,这一概念的内容和范围可能因 WTO 成员而异,受各成员的制度和价值尺度的影响。此前案件中的专家组/上诉机构也同样注意到,WTO 成员的公共道德概念的内容可以在时间和空间上有所不同,取决于一系列因素,包括普遍的社会、文化、伦理和宗教价值观。

虽然专家组必须考虑被诉方如何阐述措施的目标,但专家组不受这种描述的约束,而是必须对措施的目标进行客观和独立的评估,同时考虑到所有可用的证据。此前案件中专家组/上诉机构曾经确认以下政策与公共道德有关:防止未成年赌博和保护病态赌徒;限制文化产品中的禁止内容,如暴力或色情内容,以及保护中国文化和传统价值观;保护动物福利;打击洗钱;缩小社会中的数字鸿沟和促进社会包容。正是在这一背景下,专家组将分析美国在多大程度上提出了第 20 条(a)项意义上的公共道德目标。

专家组提出,一项措施是否为了“保护公共道德”,无须在其措施中有明确的措辞,即便没有明确提到公共道德,仍可能被确认与公共道德有关。专家组注意到,双方在第 20 条例外是否可以包含经济因素方面有分歧:第一,第 20 条规定的例外情况是否可以涉及经济利益和关切;第二,“公共道德”一词是否可以包括经济关切,特别是有关不公平竞争的关切。关于第一点,专家组指出,第 20 条中的几个分段都提到了对直接或间接涉及明显经济层面的利益的保护，包括黄金或白银的进口或出口［第 20 条（c）项］、知识产权的保护［第 20 条（d）项］、价格稳定工作［第 20 条（i）项］和供应短缺的产品［第 20 条（j）项］。关于第二点，公共道德目标可能经常有不可分割的经济方面。例如，此前案件的专家组已经承认，针对洗钱、缩小数字鸿沟或促进社会包容和预防欺诈的措施是与公共道德有关的措施，这些都与经济有关系。此外，对非经济问题的追求往往可能导致采取具有经济效果的措施，例如，限制进口以保护健康风险，就具有明显的经济效果，直接影响贸易。美国所提出的“是非观”（包括防止盗窃、侵占和不公平竞争的规范）至少可以在概念层面上被第 20 条（a）项中的“公共道德”概念所涵盖。

关于这些措施是否旨在保护公共道德目标的问题，美国提出，第 20 条并没有要求措施“旨在”保护公共道德，但美国的措施显然与美国要保护的目标有关；中国则指出，被加征关税的产品与美国号称的目标完全无关，因此措施并非“旨在”保护公共道德。专家组认为，讨论立法的目的是一项要求很高的任务。专家组决定不再抽象地分析这一问题，转而对措施的必要性做进一步分析，这样更详细的法规设计方面和对措施的相应理解才可能变得明了。

关于采取这些措施的必要性问题，专家组着重分析了美国对它选择采取的具体措施的解释，也就是对来自中国的一系列选定产品征收附加税将如何有助于实现公共道德目标的解释。专家组的调查目的是设法查明美国选择的措施与美国公共道德关切之间的联系，以便审查这些措施是否以及如何促进保护第 20 条（a）项意义上的公共道德，从而证明措施是“必要的”。

关于对清单 1 中的产品征收附加税的问题，专家组认为，美国没有给出解释来表明对这些产品征收附加税与美国的公共道德目标之间存在真实的手段和目的的关系。专家组特别注意到，美国没有提供证据来支持它的主张，即对产品征收附加税是因为中国的实践违反了其公共道德，也未提供证据表明它对选定产品征收附加税的措施将如何有助于其公共道德目标。关于对清单2中列明的产品征收附加税的问题,专家组做同样认定。美国没有提供解释来使专家组能够理解其与美国的公共道德目标之间存在“手段与目的”关系。总之,美国未能提供解释来说明其对清单1与清单2中列明的进口商品征收附加税是如何有利于实现公共道德目标的,以及这些措施为何是保护公共道德所必需的。因此专家组得出结论,美国未能履行其举证责任以证明这些措施属于第20条(a)项规定的情形。

2. 美国是否已经证明这些措施符合GATT第20条引言部分的要求

专家组回顾了以往案件中的上诉机构报告,认为如果一些措施已经被确认没有满足初步证明责任,即未能通过第一层测试,则专家组无须评估其与第20条引言部分的相符性。考虑到第一层分析后得出的结论,专家组认为其无须就美国是否证明其措施符合第20条引言部分的要求这一问题作出结论。

印度:信息技术产品关税
（WT/DS582）

2019 年 4 月 2 日,欧盟提出就印度对信息技术产品关税进行磋商。欧盟认为印度的措施违反了关税减让的义务。由于磋商未果,2020 年 2 月 17 日,欧盟请求成立专家组,6 月 29 日,DSB 决定成立专家组。中国台北、日本、美国、加拿大、土耳其、韩国、中国、巴西、印尼、挪威、新加坡、泰国、俄罗斯、巴基斯坦要求保留作为第三方介入的权利。2020 年 6 月 29 日,专家组组成。到 2021 年年底,专家组仍在工作。

印度:信息技术产品关税
(WT/DS584)

2019年5月10日,日本提出就印度对信息技术产品关税进行磋商。日本认为印度的措施违反了关税减让的义务。由于磋商未果,2020年2月17日,日本请求成立专家组,6月29日,DSB决定成立专家组。中国台北、美国、加拿大、土耳其、韩国、中国、巴西、印尼、挪威、新加坡、泰国、俄罗斯、巴基斯坦要求保留作为第三方介入的权利。2020年10月7日,专家组组成。到2021年年底,专家组仍在工作。

美国:对中国产品的关税措施Ⅲ
(WT/DS587)

2019 年 9 月 2 日,中国要求就美国对中国产品的关税措施进行磋商。中国指出,美国的措施不符合其关税减让的义务。到 2021 年年底,双方仍在磋商。

印度:信息技术产品关税
(WT/DS588)

2019 年 9 月 2 日,中国台北提出就印度对信息技术产品关税进行磋商。中国台北认为印度的措施违反了关税减让的义务。由于磋商未果,2020 年 3 月 24 日,中国台北请求成立专家组,7 月 29 日,DSB 决定成立专家组。巴西、加拿大、中国、欧盟、印尼、日本、韩国、挪威、巴基斯坦、俄罗斯、新加坡、泰国、土耳其、乌克兰、英国、美国要求保留作为第三方介入的权利。2020 年 8 月 31 日,专家组组成。到 2021 年年底,专家组仍在工作。

………国民待遇

图说民国……

加拿大:涉及酒类销售的措施
(WT/DS537)

2018 年 1 月 12 日,澳大利亚提出就加拿大酒类措施与其磋商。澳大利亚认为加拿大的措施违反了国民待遇原则。2018 年 8 月 13 日,澳大利亚请求成立专家组,9 月 26 日,DSB 决定成立专家组。阿根廷、智利、中国、欧盟、印度、以色列、韩国、墨西哥、新西兰、俄罗斯、南非、中国台北、乌克兰和美国要求保留作为第三方介入的权利。2019 年 3 月 7 日,专家组组成。2021 年 5 月 25 日,双方通知 DSB 案件已经和解,专家组发布了仅包含案件程序的报告。

土耳其:药品进口和销售措施
(WT/DS583)

2019年4月2日,欧盟提出就土耳其药品进口和销售措施与其磋商。欧盟认为土耳其的措施违反了国民待遇原则,也不符合WTO的其他相关规定。2019年8月2日,欧盟请求成立专家组,9月30日,DSB决定成立专家组。巴西、加拿大、中国、印度、印尼、日本、俄罗斯、瑞士、乌克兰和美国要求保留作为第三方介入的权利。2020年3月17日,专家组组成。到2021年年底,专家组仍在工作。

俄罗斯:涉及国产与进口产品和服务的措施
(WT/DS604)

2021年7月22日,欧盟要求就俄罗斯涉及国产与进口产品和服务的措施与其磋商。欧盟指出俄罗斯的措施违反了GATT第3条国民待遇的义务。由于磋商未果,应欧盟的请求,DSB于2021年12月20日成立专家组。澳大利亚、韩国、哥伦比亚、巴西、瑞士、美国、加拿大、中国、日本、乌克兰和印度要求保留作为第三方介入的权利。至2021年年底,专家组仍未组成。

·········取消数量限制

俄罗斯:影响转运货物过境的措施（WT/DS512）*

申诉方:乌克兰

被申诉方:俄罗斯

第三方:澳大利亚、玻利维亚、巴西、加拿大、智利、中国、欧盟、印度、日本、韩国、摩尔多瓦、挪威、巴拉圭、沙特、新加坡、土耳其、美国

2016 年 9 月 14 日,乌克兰提出就俄罗斯对其过境货物实施的措施进行磋商。由于磋商未果,2017 年 2 月 9 日乌克兰请求成立专家组。2017 年 3 月 21 日,DSB 决定成立专家组,2017 年 6 月 6 日专家组经总干事指定组成。2019 年 4 月 5 日专家组报告公布。2019 年 4 月 26 日 DSB 通过专家组报告。

2014 年 2 月至 3 月,克里米亚事件后,部分西方国家对俄实施经济制裁。为应对制裁,俄罗斯于 2014 年 8 月对美国、欧盟成员方等国家和地区实施反制措施,禁止从上述国家和地区进口农产品和原材料,并要求上述国家和地区向哈萨克斯坦等国出口的产品必须通过俄罗斯边境的指定检查点运输。2014 年 11 月俄罗斯公布第 778 号决议,禁止通过白俄罗斯—俄罗斯边境转运相关货物。2014 年,乌克兰新政府决定放弃加入俄罗斯领导的欧亚

---

* 本案初稿由华东政法大学国际法研究生田月撰写。

经济联盟计划(Eurasian Economic Union,EaEU),转而于2014年6月27日与欧盟达成"欧盟—乌克兰联合协议",该协议经济部分规定了欧盟和乌克兰之间的深度和全面的自由贸易区(Deep and Comprehensive Free Trade Area,DCFTA)。2015年,为抵制欧乌联合协议,俄罗斯将上述反制措施的实施对象扩展至乌克兰。

2016年1月1日,俄罗斯颁布有效期至2016年7月1日的第1号总统令,暂停与乌克兰的自由贸易区协定,规定乌克兰经俄罗斯转至哈萨克斯坦的货物贸易中,通过俄罗斯的国际公路和铁路货物运输的,只能从白俄罗斯领土通过。第1号法令要求驾驶员在进入俄罗斯联邦领土时,需领取特定识别印章和登记卡,并在离开该国领土时上交。2016年7月3日,俄罗斯联邦再次发布了第319号总统令,将前述1号总统令中对乌克兰的限制措施延期至2017年12月31日。至此,俄罗斯完全禁止乌克兰通过公路和铁路经俄罗斯转运特定农产品和原材料。后来,上述转运限制措施还扩展至乌克兰向吉尔吉斯斯坦、蒙古国、塔吉克斯坦、土库曼斯坦和乌兹别克斯坦等国的出口。

出于地理位置的原因,乌克兰出口货物至东亚和高加索地区须经俄罗斯联邦的领土中转,因此俄罗斯上述措施直接影响了乌克兰的出口。

【专家组的分析和结论】

一、"安全例外条款"

GATT第21条规定,本协定的任何规定不得解释为:(a)要求任何缔约方提供其认为如披露则会违背其基本安全利益的任何信息;(b)阻止任何缔约方采取其认为对保护其基本安全利益所必需的任何行动:(i)与可裂变物质或衍生这些物质的物质有关的,(ii)与武器、弹药和作战物资的贸易有关的行动,及与此类贸易运输的直接或间接供应军事机关的其他货物和原料有关的行动,(iii)在战时或国际关系中的其他紧急情况下采取的行动;或(c)阻止任何缔约方为履行其在《联合国宪章》项下的维护国际和平与安全的义务而采取的任何行动。

(一)关于专家组管辖权的问题

俄罗斯援引 GATT 第 21 条(b)项(iii),主张其相关行为是在国家基本安全利益存在威胁的情况下必须采取的行动,这一问题超出了成员之间的贸易和发展经济关系,不属于 WTO 的职权范围,"WTO 不能确定一个成员的基本安全利益是什么,保护这种基本安全利益需要采取什么行动,披露哪些信息可能与一个成员的基本安全利益相违背,什么是国际关系中的紧急情况,以及在特定情况下是否存在这种紧急情况"。

乌克兰认为,GATT 第 21 条为不符合 GATT 义务的措施提供了积极抗辩的理由,但它不是 GATT 或 DSU 中规定的管辖权规则的例外。乌克兰认为,根据 DSU 第 7 条和第 11 条规定的一般审查标准,专家组有权对乌克兰或俄罗斯引用的适用协定的每项规定进行审查并提出调查结果和建议。

专家组指出,DSU 第 1.1 条规定,DSU 应适用于根据附录 1 所列协定(涵盖协定)的协商和争端解决条款提出的争端。DSU 第 1.2 条规定,除了 DSU 附件 2 中所列适用协定中包含的争端解决特殊或附加规则,DSU 适用于其他所有协定,包括 GATT。DSU 附件 2 未提及 GATT 第 21 条,因此,GATT 第 21 条(b)项(iii)属于专家组 DSU 的职权范围。

俄罗斯还主张,成员方援引 GATT 第 21 条(b)项(iii)便使其行为免于 WTO 争端解决专家组的审查。根据这一论点,成员方认为在战时或国际关系中的其他紧急情况下为保护其基本安全利益所必需的行动,不在专家组的管辖权范围内。而根据其对第 21 条(b)项(iii)的解释,俄罗斯已符合援引该条款的条件。

专家组认为,俄罗斯主张的实际意思是其已满足 GATT 第 21 条

(b)项(iii)规定的各项条件。但是,第21条(b)项(iii)的含义和条件以及是否满足援引条款的条件的裁判权是属于成员还是专家组,需由专家组对该条进行法律解释后才能确定。

(二)"安全例外条款"的适用

关于俄罗斯的措施是否符合第21条(b)项(iii)的要求。乌克兰主张,应由专家组来解释第21条(b)项(iii)"为了保护其基本安全利益"和"其认为必要的"这两个短语,而且专家组还必须确定:(a)被申诉方所提出的利益或理由是否可以合理地视为属于"其基本安全利益"的范围;(b)有关措施是否旨在保护被申诉方的安全利益。专家组显然接受了乌克兰的这一主张。

专家组分析GATT第21条从以下两方面出发,围绕"基本安全利益"一词的解释,首先分析第21条(b)项前言部分的"其认为",以确定成员方的自主判断权的范围;其次考察俄罗斯面对的情形是否符合"基本安全利益"的第21条(b)项(iii)中的"国际关系中的其他紧急情况",判断俄罗斯援引安全例外条款的目的是否得到满足。

俄罗斯指出,根据第21条(b)项(iii),确定成员方的基本安全利益以及确定是否有必要采取任何行动保护成员方的基本安全利益,均由援引该规定的成员方自行决定。乌克兰则认为,尽管第21条(b)项的条文明确规定,应由援引成员决定其认为保护基本安全利益所必需的行动,但这并不意味着该成员享有"完全的酌处权"。如果标准是"完全自由裁量权",就没有理由在第21条中列入单独的段落,也就没有理由区分可以援引的不同类型的安全权益,以证明在其他方面不符合GATT的措施是合理的。同时,专家组的客观评估必须包括审查援引第21条的成员是否秉持诚实信用。

专家组认为,第21条(b)项序言部分的案文可以以不同的方式解读,因此可以对"其认为"的形容词从句做多种解释。一是从句仅限定"必要"一词,即保护"其基本安全利益"的措施的必要性,成员主观裁判权仅限于必要性;二是在此基础上也限定"基本安全利益"的确定,即成员的主观裁判权既包括判断哪些利益属于本国基本安全利益,又包括判断为保护基本安全利益而采取的贸易限制措施的必要性;三是在前两者的基础上最大限度地根据第21条(b)项(iii),即包括基本安全利益、措施必要性以及(b)项所列的三种情形是否存在也由其进行主观判断。专家组认为,从第21条(b)项(iii)措辞的普遍含义,结合其上下文和WTO协定的目标和宗旨,可以确认这一项前言中的"其认为"并没有限制(iii)中情形之确定。涉及根据第21条(b)项采取的措施,必须客观确认符合(b)项下所列举之各种情形之一的要求。

随后,专家组用较大篇幅考证了GATT第21条的谈判历史,从而得出结论:对援引成员是否满足第21条(b)项所列要求必须作出客观评价,而不是由援引成员本身决定。换句话说,"没有任何依据使得援引GATT第21条(b)项(iii)成为一种咒语,屏蔽受质疑的措施受到审查"。专家组认为,就设立规则的政策目标而言,也不应允许成员自行判断(b)项所列三种情形的条件是否满足,否则成员可能依其单方意愿逃避WTO规则义务,破坏WTO规则体系的整体稳定性和可预期性。

俄罗斯认为,GATT第21条(b)项保留了各成员方以其认为必要的方式对国际关系中的战争和其他紧急情况作出反应的"权利",对第21条(b)项的任何其他解释将"导致干涉主权国家的内政和外交"。因此,一个成员方只要声明所采取的措施是它认为在战时或国际关系中的其他紧急情况下为保护其基本安全利益所必需的行动就足够了,对"国际关系中的其他紧急情况"完全由成员方自行确定。乌克兰则提出,俄罗斯仅提及2014年发生的国际关系紧急情况,未能履行其举证责任,俄罗斯应当证明,国际关系出现严重中断,构成了一种紧急状态,这种紧急状态类似于一场与俄罗斯有充分联系的战争,从而对俄罗斯的基本安全利益造成真正和足够严重的威胁,从而证明俄罗斯采取的每一项涉案措施都是保护这些国家利益所必需的。

专家组认为,就涉及(b)项的三种情形而言,首先,是否处于战争或其他国际关系紧急状态期间作为一个时间问题完全可以进行客观判断;其次,规则用“或”和“其他”作为战争和国际关系紧急状态的连接词,说明其他国际关系紧急状态的性质应与战争类似。

专家组认为,已有证据表明,至少截至2014年3月,乌克兰和俄罗斯之间的关系恶化到国际社会关注的程度,并至少持续到2016年年底。到2016年12月,乌克兰和俄罗斯之间的局势被联合国大会确认为涉及武装冲突。局势严重性的进一步证据是,自2014年以来一些国家就这一局势对俄罗斯实施了制裁。

因此,专家组确信,2014年以来乌克兰和俄罗斯之间的局势构成了GATT第21条(b)项(iii)所指的国际关系紧急状态。

俄罗斯于2016年1月1日提出了2016年白俄罗斯过境要求,2016年7月1日提出了2016年非零关税过境禁令和第778号决议货物,2014年提出了白俄罗斯—俄罗斯边境禁止过境货物。因此,所有这些措施都是在国际关系出现紧急情况时采取的,因此满足在第21条(b)项(iii)“在出现紧急情况时”采取的措施。专家组据此确认俄罗斯对乌克兰采取的措施是在国际关系出现紧急情况时采取的。

综上,专家组得出结论认为,俄罗斯与乌克兰的关系出现了GATT第21条(b)项(iii)所指的国际关系紧急状况,每一项有关措施都是在GATT第21条(b)项(iii)所指的国际关系紧急情况下及时采取的。

(三)“安全例外条款”与“善意原则”

关于第21条(b)项(iii)规定的审查标准,俄罗斯主张,“其认为”这一词意味着确定成员方的基本安全利益,以及确定为保护这些利益而采取的行动的必要性,完全由援引成员自行决定。一些第三方还认为,成员有广泛的酌处权,可自行确定其基本安全利益。乌克兰认为,专家组的客观评估必须包括审查援引成员是否善意地适用了第21条,是否滥用第21条“以追求保护主义目标或对贸易实行变相限制”。因此,无论是确定“其认为”还是“国际关系中的其他紧急情况”,都需要专家组审查援引成员是否秉持了善意原则,没有滥用安全例外条款。

专家组回顾了俄罗斯采取的措施。事实上,2014 年年初乌克兰政府更迭与一些国家对俄罗斯实施的制裁存在明显的关联。换言之,乌克兰寻求与欧盟经济一体化而不是与俄罗斯经济一体化的决定不能被视为与随后发生的事件无关。该行动导致国际关系出现紧急状况,俄罗斯在这期间对乌克兰采取了一些行动,包括通过 2016 年的措施,第 778 号决议禁止货物过境,这是俄罗斯 2014 年 8 月对其他国家 2014 年早些时候为应对国际关系紧急状况而对其实施的制裁作出的回应。此外,所有有争议的措施都限制货物从乌克兰过境俄罗斯,特别是越过乌俄边界,由此俄罗斯与乌克兰关系出现紧急情况,影响乌俄边境安全,并被联合国大会认定为涉及武装冲突。在这种情况下,有关措施不能被视为与 2014 年紧急情况无关,进而认为俄罗斯实施了保护该紧急情况下产生的基本安全利益的措施是不可信的。

专家组认为,“基本安全利益”显然是比“安全利益”更狭义的概念,一般可理解为与国家的基本职能有关的利益,即保护其领土和人民不受外部威胁,以及在国内维护法律和公共秩序。被认为与保护一国免受这种外部或内部威胁直接相关的具体利益将取决于有关国家的具体情况和看法,并可能随着情况的变化而变化。由于这些原因,一般来说,由每个成员方界定基本安全利益的内容。然而,这并不意味着成员方可以自由地将任何关切提升到“基本安全利益”,相反,成员将特定问题确定为“基本安全利益”的自由裁量权受到其善意解释和适用 GATT 第 21 条(b)项(iii)的义务的限制。

专家组此处援引了一般法律原则,认为诚信义务是一项一般法律原则,也是作为所有条约基础的一般国际法原则,这一原则已写入了《维也纳条约法公约》第 31 条第 1 款(“一项条约应善意解释……”)和第 26 条(“每项条约……必须由各缔约国善意履行”)。诚信义务要求各成员不得利用第 21 条作为规避 GATT 义务的手段。专家组指出,如果没有诚信原则,一个成员方试图摆脱构成多边贸易体制的

“互惠互利安排”的结构,只需将本应属于互惠互利安排的利益标记为“基本安全利益”,就可以不属于多边贸易体制系统的范围,这显然是不被允许的。

二、俄罗斯的措施是否违反了GATT第5.2条等条款的规定

乌克兰指出,俄罗斯的措施不符合GATT第5条、第10条以及俄罗斯工作组报告的义务。专家组指出,DSU并不要求专家组分析和决定所有的诉请,但是为了未来可能发生的上诉的需求,尽管专家组已经认定俄罗斯满足GATT第21条安全例外条款的要求,并且认为没有必要在不同的事实和法律基础上分析俄罗斯的措施与GATT义务的一致性,专家组仍决定对乌克兰的这些诉请进行分析。

GATT第5.2条规定:“对于通过国际过境最方便的路线,来自或前往其他缔约方领土的过境运输应具有经过每一缔约方领土的过境自由,不得因船籍、原产地、始发地、入港、出港或目的地,或与货物、船舶或其他运输工具所有权有关的任何情况而有所区分。”乌克兰指出,俄罗斯的措施不能保证来自乌克兰和/或前往哈萨克斯坦或吉尔吉斯斯坦的过境货物在俄罗斯的过境自由,进而认为,“如果WTO成员禁止从与其共有边界的另一国领土过境运输,这种措施必然不能保障过境自由”。相关措施禁止使用跨越乌俄边境的所有路线,使“某些最方便的路线不可用于运输”,导致不能实现“最方便国际过境”的要求。同时,乌克兰认为俄方要求的某些特定检查站、身份印章和登记卡等有关的附加条件为其过境运输“施加了额外负担”,因此不能保证第5.2条的过境自由。俄罗斯并没有就上述说法提出任何反驳。

专家组认为,第5.2条第1句应该被理解为:(a)各成员方必须保证从任何其他成员方进入的任何过境货物在其领土上的过境自由,以及(b)每一成员方都必须保证过境运输自由,以便过境运输能

够出口到任何其他成员方。

因此,一成员阻止通过最方便的国际运输路线从其领土过境的任何其他成员产品进入其领土的过境运输,或阻止从其领土出境的任何其他成员产品的过境运输,即违反了第5.2条第1句。

本案中,俄罗斯的措施符合GATT第5.2条所称的“过境运输”,这些措施禁止另一成员的过境运输进入共享陆地边界沿线的所有点,如果这些措施是在正常时期采取的,即如果这些措施不是在“国际关系紧急情况”发生时采取的[并符合第21条(b)项的其他条件],乌克兰就初步证明了相关措施与GATT第5.2条第1句不一致。

乌克兰指出,第5.2条第2句禁止成员根据“原产地、始发地、入港、出港或目的地,或与货物、船只或其他运输工具所有权有关的任何情况”作出任何区别。俄罗斯的措施虽然各年度有所不同,但仅针对从乌克兰出发(根据出发地)或原产于乌克兰(根据原产地)、运往哈萨克斯坦或吉尔吉斯斯坦(根据目的地)的公路或铁路国际货物过境进行了区分。

俄罗斯没有就乌克兰上述说法提出任何反驳意见。根据同样的分析思路,专家组的结论是,如果这些措施是在正常时期采取的,乌克兰就初步证明了相关措施与GATT第5.2条第2句不一致。

乌克兰针对GATT第5.3条、第5.4条、第5.5条提出了同样的诉请。专家组认为,有了上述结论,没有必要再对其他诉请作出分析和结论。

三、俄罗斯加入议定书中的承诺及GATT第21条(b)项(iii)的适用

乌克兰根据俄罗斯工作组报告第1161、1426、1427、1428段所载的承诺,声称俄罗斯的做法与俄罗斯的加入议定书不一致。专家组已经得出结论认为,有关措施属于GATT第21条(b)项(iii)的适用范围,第21条的导言明确规定了第21条(b)项(iii)对GATT条款的

适用性,但是专家组和上诉机构此前都没有审议过 GATT 第 21 条(b)项(iii)是否适用于任何新加入成员在加入议定书中的承诺。所以,专家组对此进行了分析。

专家组援引了中国稀土案(WT/DS431、WT/DS432、WT/DS433)中上诉机构的观点,该案上诉机构认为,中国加入议定书中的个别条款与 GATT 的条款之间的具体关系必须"通过审查有关条款,并根据其上下文、目的和宗旨来解读,适当考虑到 WTO 制度的整体结构,将其作为一套单一的权利和义务,以及管辖或阐明不同文本规定之间关系的任何具体规定";同时上诉机构指出,这种评估必须以"根据条约解释的习惯规则对有关规定以及每一争端的情况进行彻底分析"为前提。本案专家组认为,上述方法同样适用于俄罗斯加入议定书与 GATT 第 21 条(b)项(iii)之间的关系。WTO 体系的结构赋予俄罗斯单一的一揽子权利和义务,GATT 及其加入议定书是其中的组成部分,这构成了第 21 条(b)项(iii)适用于此类承诺的有力论据。

俄罗斯工作组报告第 1161 段要求俄罗斯"按照 GATT 第 5 条的规定和 WTO 协定的其他有关规定"采取措施。专家组认为,对于第 1161 段中"其他有关规定"的要求,只要它们对 GATT 第 5 条具有法律影响即可。第 21 条(b)项(iii)显然属于这一定义,因为它通过"本协定的任何规定不得解释为……"的表述直接适用于包括 GATT 第 5 条在内的 GATT 条款。

第 1426 段要求俄罗斯以"符合《WTO 协定》要求,包括 GATT 第 10 条要求"的方式迅速公布某些措施。专家组认为,正如前文对"其他有关规定"的分析一样,第 21 条(b)项(iii)明确适用于 GATT 第 10 条。

第 1427 段没有提及"《WTO 协定》"或 GATT 的"有关规定"或"相关要求",而是具体提及该段中在"紧急情况"和"涉及国家安全的措施"时排除适用有关义务的例外情况。专家组注意到,在 GATT、GATS 和《TRIPS 协定》中使用"紧急"一词的唯一背景是,成员在战时或其他紧急情况下"为保护其基本安全利益"而认为必要所采取的行动。这表明,“国际关系中的紧急情况”是俄罗斯工作组报告第1427段所设想的“紧急情况”类型。俄罗斯可以依据第21条(b)项(iii)作为其偏离工作组报告第1427段义务的抗辩。

第1428段要求俄罗斯确保某些措施在公布前不生效,“如同《WTO协定》,包括GATT所规定的那样”。专家组认为,该段的一般含义可以支持两种可能的解释:首先,“如同……规定”一语可解释为仅仅是说“WTO协定的相关条款”中也规定了相当于第1428段的义务;其次,“如同……规定”一语可解释为《俄罗斯加入世界贸易组织工作组报告》的其他规定“适用”于第1428段中的义务。专家组注意到俄罗斯工作组报告第1427段与第1428段措辞的区别,并认为这突出了第1428段中“WTO协定相关条款”的重要性。专家组认为,俄罗斯可以依据第21条(b)项(iii)作为其偏离俄罗斯工作组报告第1428段义务的抗辩。

基于上述分析,专家组认为,俄罗斯可以为违背俄罗斯工作组报告第1161、1426、1427、1428段所作承诺的任何行为辩解,认为这是在“国际关系出现紧急情况”时保护其基本安全利益所必需的,其在GATT第21条(b)项(iii)含义范围内。同时,如果这些措施是在正常情况下采取的,即不是在“国际关系紧急情况”时采取的[并且符合第21条(b)项的其他条件],乌克兰就初步证明了这些措施与俄罗斯工作组报告不一致,因为它们也不符合GATT第5.2条第1句或第2句,或与两者都不一致。

【案件评析】

由于WTO争端解决上诉机构对“必要性测试”和一般例外引言部分执行严苛的客观解释标准,成员方引用一般例外抗辩的成功率很低。[①] 本案的重要价值就在于,首次对安全例外条款进行了解释,

---

① 参见徐程锦:《WTO安全例外法律解释、影响与规则改革评析——对“乌克兰诉俄罗斯与转运有关的措施”(DS512)案专家组报告的解读》,载《信息安全与通信保密》2019年第7期。

为成员引用安全例外条款提供了参考。

本案的专家组首先分析了其对 GATT 第 21 条的管辖权问题,认为依据 DSU 和 GATT 的相关规定,第 21 条并没有其他特殊程序,其对俄罗斯引用 GATT 第 21 条拥有管辖权。专家组进一步分析了俄罗斯的行为是否符合 GATT 第 21 条(b)项(iii),包括“其认为”“国际关系中的其他紧急情况”。专家组认为,就第 21 条(b)项而言,可以偏离义务的“国家安全”例外仅限于该条款所列的三种情况。换句话说,这一条的列举是“穷竭性列举”,而非“举例性列举”。至于第 21 条(b)项(iii)的条件是否满足,不应由成员自行进行判断,而应当由专家组根据客观情况进行判断;同时,成员对采取措施的必要性拥有一定的裁量权,但是其应当秉持“善意”的原则采取行动并负担举证责任。最后,专家组作出了俄罗斯采取的行动符合 GATT 第 21 条(b)项(iii)的要求的结论。

本案的指导意义在于:一方面,对成员引用安全例外条款进行了一定的限制。根据专家组的解释,第 21 条(b)项的三种情形均与军事、国防有关,只有存在与军事、国防相同等级的危险才可以援引该条款。另一方面,承认了采取行动必要性的自主裁量权,但是要求的“善意”原则却太过不确定,本案专家组并没有对俄罗斯如何满足“善意”、哪些满足“善意”作出比较明确的论述,这将导致未来对该条款的援引和评价仍具有较大的不确定性。

笔者认为,本案应当被理性对待。首先,尽管专家组支持了俄罗斯对安全例外条款的引用,但是本案整体对安全例外的分析不够彻底,认定标准不够明确,整体上仍存在矛盾。尽管目前全球化的趋势不可逆转且其程度愈加深化,但是伴随经济频繁交流沟通的结果是更多的单边主义和保护主义。笔者担心本案为部分国家采取单边主义、保护主义政策提供一个躲避责任的理由,更有甚者滥用制裁措施,随便加之国家基本安全利益、构成国际上其他紧急情况,引用安全例外条款的情况。成员主张的处于基本安全利益与安全利益的交界地带是内容复杂、界限模糊的存在,评判其行为是否符合善意的要求很大程度上只能回归对自决权的肯定,进而导致只能由客观审查服从于成员的自决权。①

其次,本案揭示,安全例外条款也能成为我国应对他国单边制裁措施的武器。② 以中美关系为例,近年来,美国单边制裁我国的行为频有发生。2016 年 3 月 7 日,美国商务部在其网站上发布消息,将中兴通讯等中国企业列入"实体清单",对中兴公司采取限制出口措施。2019 年 11 月 22 日,美国联邦通信委员会决定,初步将华为和中兴公司列为构成国家安全威胁的企业,禁止美电信运营商使用"通用服务基金"采购华为和中兴的服务和设备。2020 年 5 月 15 日,美国商务部产业安全局发布公告,要求采用美国技术和设备生产出的芯片,必须经美方批准才能出售给华为。2020 年 7 月 14 日,在美国政府霸凌政策的施压下,英国政府宣布将从 2021 年起禁止英国移动运营商购买新的华为产品,2027 年前在英国网络中撤除所有华为产品。对此,我国在 WTO 寻求救济时,就可以借鉴本案,对安全例外条款进行限定,美国的行为无一符合 GATT 第 21 条的要求,并不存在本案中的军事、武装冲突等情况,美国并不是在双方国际关系紧张的情况下采取上述行为,不能利用安全例外条款逃脱责任。相反,美国政府随意对中国采取抵制政策,在没有根据的情况下禁止中国技术、限制中国人员赴美学习、取消中国记者资格,违背了国际上的"善意"原则,滥用了其国际地位以及安全例外条款。

---

① 参见刘美:《论 WTO 安全例外对单边贸易制裁的有限治理——基于"俄罗斯过境限制案"的分析》,载《国际经贸探索》2020 年第 1 期。

② 参见张倩雯、王梓萱:《谁来认定国家安全例外——乌克兰诉俄罗斯运输限制措施案评析》,载《情报杂志》2020 年第 8 期。

中国:农产品关税配额*
(WT/DS517)

申诉方:美国

被申诉方:中国

第三方:澳大利亚、巴西、加拿大、厄瓜多尔、欧盟、危地马拉、印度、印尼、日本、哈萨克斯坦、韩国、挪威、俄罗斯、新加坡、中国台北、乌克兰、越南

2016年12月15日美国提出申诉,要求就中国的农产品关税配额进行磋商。由于磋商未果,经美国请求,DSB于2017年9月22日决定成立专家组审理,2018年2月12日,专家组由WTO总干事指定组成。专家组报告于2019年4月18日公布。2019年5月28日,DSB通过了专家组报告。

本案涉及中国对小麦、大米和玉米的关税配额。中国的进口关税配额分配的操作程序如下:每年9月15日,国家发改委对总配额作出公告,10月15日至30日,进口商可以申领下一年度的农产品进口配额,在下一年度1月1日之前颁发进口配额证书。用不完的配额在该年9月15日前交回,由国家发改委在9月30日前进行再分配。国家发改委和商务部联合发布的《农产品进口关

* 本篇法规中"涉及豆油、棕榈油、菜子油的相关条款"已被商务部公告2005年第93号——取消豆油、棕榈油、菜子油进口关税配额和进口国营贸易管理实行自动进口许可证废止。

税配额管理暂行办法》(2003 年)(以下简称《农产品暂行办法》)对关税配额的申请、分配等事项做了规定。美国针对其中的规定提出多项诉请。

美国提出,中国对关税配额的实施,包括最初分配、重新分配、配额的公布、国有企业的占比等做法违反了 GATT 第 10 条以及《中国入世工作组报告》(以下简称《中国工作组报告》)第 116 段(由《中国入世议定书》第 1.2 条纳入中国义务)。

【专家组的分析和结论】

一、涉及《中国工作组报告》第 116 段的诉请

《中国工作组报告》第 116 段规定,中国代表表示,自加入日起,中国将保证在透明、可预测、统一、公平和非歧视的基础上管理关税配额,使用能够提供有效进口机会的明确规定的时限、管理程序和要求;反映消费者喜好和最终用户需求;且不抑制每一种关税配额的足额使用。中国将完全依照 WTO 规则和原则及中国货物贸易减让和承诺表中所列规定实施关税配额。工作组注意到这些承诺。[①] 美国认为中国的谷物配额制度违反了上述承诺中的 6 项义务,具体体现在《农产品暂行办法》的若干规定中。专家组逐一分析了美国的诉请。

1. 基本资格要求

《2016 年配额分配通知》第 2 条规定了申请者的条件。2016 年申请者基本资格为:2015 年 10 月 1 日前在工商管理部门登记注册;具有良好的财务状况、纳税记录和诚信情况;严格执行粮食流通统计制度,遵守粮食经营者最低和最高库存规定;2013 ~ 2015 年在海关、工商、税务、外汇、检验检疫、粮食流通、环保等方面无违规记录,无不良贷款信用记录,没有违反《农产品暂行办法》的行为。

---

① 根据《中国工作组报告》第 342 段,第 116 段的承诺属于中国的义务。

美国对资格要求的4个方面,即"信用状况"、"社会责任"、"财务状况良好"和"没有违规行为"提出申诉,专家组同意美国的观点,这些要求语义模糊,可以做多种解释,尽管后面两个方面的语义或许稍微清楚一些,文件中对这些要求没有定义,也不清楚有关机构要审查哪些资料。据此,专家组认为这些要求不符合在透明、可预测和公平的基础上管理关税配额的义务,也不符合使用明确规定的要求管理关税配额的义务。

美国还提出,不同的申请人可能会提交不同的材料,潜在的申请人可能会因为不知要提交哪些材料而放弃申请。对于这两个说法,专家组认为美国没有提交证据,因此未予支持。

2. 分配原则及再分配程序

发改委对通过资格审查的企业"根据申请人实际生产和经营能力以及其他相关商业标准"分配配额。对于年度未使用完的配额再分配时,如果所有申请的总量小于再分配的总量,每个申请都将获得批准,否则要根据配额分配原则再分配。美国指出,《中国工作组报告》第116段不仅要求中国列明分配配额时考虑的因素,还要求解释如何评估申请人实际生产经营能力,中国没有这样做,违反了承诺的义务。专家组指出,美国虽然提出了主张,但是对其主张没有论证,专家组不支持美国的这一主张。至于"其他商业标准"包括哪些因素,中国没有解释,专家组认为含混不清的措辞违反了中国的承诺;中国在专家组庭审过程中的解释则表明,中国主要考虑了以往的进口,对于以往没有进口实绩的,不可能获得配额,除非公布的配额没有分配完。这样的做法表明配额的分配没有在透明、可预测和公平的基础上实施,违反了中国承诺的义务,也不符合使用明确规定的行政程序管理关税配额的义务。根据同样理由,专家组确认重新分配程序也不符合上述义务。

3. 公众评论程序

在配额申请阶段结束后,发改委在其官网上公布申请人的信息,任何人都可以对公布的信息发表评论意见,但通知中没有说明发表意见的程序。美国提出，申请人无从知晓发改委是否收到过评论，也不知道是否有机会对评论作出反驳。中国指出，实践中，申请人会得到通知并有机会反驳，但中国对此没有提供证据。专家组指出，通知中没有明确公众评论的后续程序，特别是考虑到在申请人基本资格方面的模糊规定，这一程序不符合透明、可预测和公平的基础上管理关税配额的义务，也不符合使用明确规定的行政程序管理关税配额的义务。

4. 国有企业和非国有企业配额占比

《农产品暂行办法》第 4 条把小麦、玉米和大米配额分成国有企业和非国有企业两部分。2017 年粮食进口关税配额中，国有企业的配额占比为 963.6 万吨小麦（占比为 90%），720 万吨玉米（占比为 60%），532 万吨大米（占比为 50%）。《农产品暂行办法》和 2017 年配额公告没有关于这两部分占比的解释。国有企业的配额必须由国有企业进口，非国有企业的配额由具有外贸经营权的企业（包括最终用户）进口；中国粮油食品进出口公司（COFCO）是被指定进口谷物的唯一国有企业。美国指出，申请人只能在国有或非国有企业配额中选一个，却不知道这些配额是如何分配的，每类申请的费用、时间和管理成本不同，造成申请的不确定性。非国有企业如果要使用国有企业的配额，在 8 月 15 日之前未能与 COFCO 签订合同的，可以向发改委申请自行进口或者通过另一家企业进口，这也有很大的不确定性。中国指出，美国假设的情况不会出现，因为非国有企业只能用非国有配额，而国有企业配额只给予了 COFCO，而且 COFCO 无须将用不完的配额交回发改委；此外，中国的承诺并没有禁止把国有企业配额给予一个企业。

专家组注意到，中国把 3 类谷物进口配额分成国有和非国有企业配额两部分，但任何文件中都没有解释如何分配这些配额，申请人无从知晓，也不能跨所有制申请，可见这样的做法违反了透明度和使用明确规定的行政程序管理关税配额的承诺。关于将国有企业配额只给予 COFCO 的问题，《农产品暂行办法》第 4 条第 1 款规定："小麦、玉米、大米、豆油、菜子油、棕榈油、食糖、棉花进口关税配额分为国营贸易配额和非国营贸易配额。国营贸易配额须通过国营贸易企业进口;非国营贸易配额通过有贸易权的企业进口,有贸易权的最终用户也可以自行进口。”专家组认为,这一规定表明,非国有企业也可能使用国有企业的配额,否则这一条的第一款就成了同义反复,《农产品暂行办法》第14条和第22条的规定也佐证了专家组的这一理解。① 此外,中国也不否认这一点。关于COFCO不用归还未用完配额的问题。《农产品暂行办法》的规定是普遍适用的规定,中国提出“国有企业”与“最终用户”是相互排斥的,专家组不接受这一观点。专家组认为,根据《农产品暂行办法》第39条的定义,COFCO也是最终用户。任何一个文件里都没有规定COFCO不是最终用户,也没有规定国有企业配额只给予COFCO一家,且COFCO无须交回未用完的配额。可见法规条文的规定与发改委的实践不一致,而申请人无从知晓明确的进口配额分配程序。

非国有企业使用国有企业配额,必须通过指定的国有企业(COFCO)进口,如果在8月15日之前无法签订合同,则须向发改委申请通过其他企业进口或自行进口,然而,任何文件中都没有提到8月15日之后申请的流程。换句话说,非国有企业如果不能在8月15日之前与COFCO签约或得到国家发改委的批准,是无法使用国有企业的配额的,事实上也无权申请配额再分配,还可能在第二年受到减少配额的处罚。这些做法都不符合中国的承诺。专家组据此确认,中国小麦、大米和玉米进口关税配额中对国有企业和非国有企业配额分配的管理不符合在透明、可预测和公平的基础上管理关税配额,使用明确规定的行政程序管理关税配额,以及以不妨碍充分使用每项关税配额的方式管理关税配额的义务。

---

① 《农产品暂行办法》第14条规定:每年1月1日前,商务部、发展改革委通过各自授权机构向最终用户发放《农产品进口关税配额证》,并加盖“商务部农产品进口关税配额证专用章”或“国家发展和改革委员会农产品进口关税配额证专用章”。国营贸易配额在《农产品进口关税配额证》上注明。第22条规定:分配给最终用户的国营贸易农产品进口关税配额量,在当年8月15日前未签订合同的,按本办法第7条规定的管理权限报商务部或发展改革委批准后,允许最终用户委托有贸易权的任何企业进口;有贸易权的最终用户可以自行进口。

5. 公告

中国每年公布各种粮食作物总的进口配额，以及国有企业和非国有企业配额占比。美国认为中国应当公布总体配额实际使用、交回和再分配的情况。专家组注意到，中国承诺的透明度是一项一般义务，并没有具体要求公告的内容或详细程度，这与 WTO 某些涵盖协定中关于公告具体内容的规定不同。据此，专家组认为美国没有证明在小麦、大米和玉米进口关税配额的分配、返回和再分配方面，中国的公告不符合在透明和可预测的基础上管理关税并以不妨碍每一种关税配额足额使用的方式管理关税配额的义务，专家组不支持美国的这一诉请。

6. 配额进口产品的使用要求

2017 年关税配额公告要求，用进口配额进口的小麦和玉米必须供进口者自己使用，而且是在自有企业加工，有多个加工厂的企业集团必须以加工企业的名义分别申请；对于进口大米，可以以企业或集团的名义分别申请，但不能同时申请，除了上述要求，还必须以进口企业的名义销售。美国认为，这一要求违反了中国承诺的最后一项，即“以不妨碍每一种关税配额足额使用的方式管理关税配额”。

专家组同意美国的说法，“使用要求”阻止了谷物进口商以最有效的方式或者商业上最有利的方式使用进口谷物。有时候集团公司的某个企业加工比另一个企业加工效率更高，或者进口商出售进口粮食比自己加工更有利，而“使用要求”阻止了这样做的可能性。企业知道配额内的粮食必须自己加工，进口配额用不完的结果是第二年的配额会减少，所以企业申请的量会受限于自己企业可以加工的量，企业在申请的时候会格外谨慎，这会影响足额利用配额，违反了最后一项义务。

中国提出，如果没有“使用要求”，企业会申请大量配额，以阻止其竞争者获得配额。专家组指出，按照规定没有使用完的配额要交回，而且还有处罚，所以中国的争辩恰恰是没有顾及这一规定。正是处罚制度使企业尽力完成配额，而“使用要求”与此无关。中国还提出，包括美国在内的不少成员都有“使用要求”。专家组指出，中国在

"入世"时作出了承诺,不能横向跟其他成员相比。中国提出,如果由于不可预见的原因未用完进口配额,不会给予处罚,但这一做法并没有规定在任何文件里,也没有向申请者告知。专家组据此确认,小麦和玉米的使用要求不符合在可预测的基础上管理关税配额、使用明确的行政程序管理关税配额,以及以不妨碍每个关税配额足额使用的方式管理关税配额的义务。

关于大米的"使用要求"有所不同。2017 年通知规定,企业集团只能以总部或附属企业的名称提交申请,得到大米关税配额的申请人必须以自己的名义组织销售进口大米。美国认为这一规定影响了关税配额的足额使用,但是没有说明如何影响。专家组确认,美国未能证明这一主张,因此对这一主张不予支持。

基于这些单项的结论,专家组得出总体结论认为,中国的关税配额总体上不符合在透明、可预测和公平的基础上管理关税配额、使用明确的要求和行政程序管理关税配额以及以不妨碍每个关税配额足额使用的方式管理关税配额的义务。

二、涉及 GATT 第 13.3 条(b)项的诉请

GATT 第 13.3 条(b)项规定:"在进口限制涉及固定配额的情况下,实施有关限制的缔约方应公布未来特定期限内将允许进口的产品总量或总值,及此种数量和价值可能的变化情况,不得拒绝在作出公告时正在运输途中所涉产品的任何供应;但是可将其尽可能记录在所设期限内允许进口的数量中,且如果必要,可计入下一个或几个期限内允许进口的数量中;此外,如任何缔约方对在作出此类公告之日起 30 日内进口消费或自仓库提取供消费的产品按照惯例免除此类限制,则此种做法应被视为完全符合本项的规定。"美国认为中国没有公布配额实际分配情况和变动情况,违反了 GATT 第 13.3 条(b)项。专家组认为,这项规定要求公布可用于分配的关税配额总额及其任何变动,而不是像美国所主张的那样,公布实际分配的关税配

额总额及其任何变动。因此,专家组驳回了美国的这一诉请。

三、涉及 GATT 第 10.3 条(a)项的诉请

美国提出,中国没有以合理的方式管理关税配额,违反了 GATT 第 10.3 条(a)项。专家组指出,第 10.3 条(a)项是关于透明度的要求,属于程序方面的义务。既然专家组已经确认中国违反了《中国工作组报告》第 116 段的实体义务,就没有必要再对这一诉请作出结论。但是,如果一方对这一点提出上诉,专家组对在第 116 段的分析中确认的事实将有助于上诉机构作出结论。此外,就美国对中国基层发改委的做法违反第 116 段义务的诉请,专家组专门就事实作出了认定。[①] 美国根据 2003 年的《农产品暂行办法》第 8 条和第 12 条,认为地方发改委参与了发放配额的审查,中国则提出,地方发改委仅仅是接受和转交申请,并未参与审查。专家组分析了上述条款的措辞,认为美国的理解是错误的。专家组接受了中国的解释,确认美国未能证明地方发改委参与了审查。

美国提出,中国粮食进口配额制度为粮食进口施加了限制,违反了 GATT 第 11.1 条。鉴于专家组已经就中国粮食进口配额问题是否符合《中国工作组报告》第 116 段进行了分析并作出结论,而美国在这一问题上的主张几乎重复了前一个问题上的主张,专家组决定对美国关于 GATT 第 11.1 条的诉请实行司法节制,不做结论。

【案件评析】

这是又一起主要依据中国“入世”承诺提出的申诉。

自“入世”以来,中国作为被申诉方的案件有 45 起,其中在 26 起案件[②]中申诉方援引了《中国入世议定书》或《中国工作组报告》中的

---

① 本案的双方均未上诉,笔者对专家组认定的事实做了概括。

② 在 26 起案件中,有 11 起案件经过专家组/上诉机构程序结案,所有的案件都确认中国违反了相关承诺。

承诺提出指控,占了全部案件的57.8%。在WTO其他成员作为被申诉方的案件中,只有俄罗斯存在这样的情况,但仅占9起案件中的2起(22.2%)。在第67页脚注所述的11起经过专家组/上诉机构处理的案件中,有7起案件涉及进出口配额的问题。①

梳理中国作为被申诉方的案件,我们可以明显地看到,在我国"入世"初期涉及我国的案件主要针对外贸政策法规。比如,2006年的汽车零部件进口措施案(WT/DS339、WT/DS340、WT/DS342)针对的是对进口汽车零部件作为整车征关税条件的规定;2007年的影响知识产权保护和实施的措施案(WT/DS362)针对我国《著作权法》(2001年)第4条的规定,以及最高人民法院和最高人民检察院关于版权侵权构成犯罪的规定;2009年的9种原料出口限制案(WT/DS394、WT/DS395、WT/DS398)和2012年的稀土案(WT/DS431、WT/DS432、WT/DS433)针对我国对矿产品出口管制的制度。中国"入世"10年之后,我们受到的指控更多地聚焦于行政机构在具体反倾销、反补贴调查中的实际做法。从2010年对欧盟紧固件的反倾销税案(WT/DS407)起的27起案件中,有1/3涉及具体的反倾销反补贴税,以及反倾销反补贴调查中调查机构的做法。本案就是其中之一。

从对法律法规的指控到对具体程序和实践做法的指控,诉请的变化一方面说明我们的立法(包括法律和行政法规)已经越来越符合中国加入WTO时所作的承诺,另一方面也表明,我们在实际执行方面还存在缺陷,特别是在合理、公正和统一执法方面,还有很大的改进空间和提高余地。笔者在很多场合说过,在WTO被诉和败诉,不一定是坏事,实际上是通过"外力"检验我们履行国际义务的情况,促使我们更加依法办事。

---

① 除了本案,其余案件是涉及各种原料出口的措施(WT/DS394、WT/DS395、WT/DS398)、稀土出口限制措施(WT/DS431、WT/DS432、WT/DS433)。

卡塔尔:限制产品进口及销售
(WT/DS576)

2019 年 1 月 28 日,阿联酋提出就卡塔尔限制其产品进口和销售的措施与其磋商。阿联酋认为卡塔尔的措施违反了最惠国待遇、国民待遇原则和取消数量限制的原则。由于磋商未果,2019 年 4 月 21 日,阿联酋请求成立专家组,5 月 28 日,DSB 决定成立专家组。阿富汗、巴林、巴西、加拿大、中国、埃及、欧盟、印度、日本、墨西哥、挪威、俄罗斯、沙特、新加坡、中国台北、土耳其、乌克兰、美国要求保留作为第三方介入的权利。到 2021 年年底,专家组仍未组成。

印尼:涉及产品进口的措施
(WT/DS592)

2019年11月22日,欧盟要求就印尼的产品进口措施与其磋商。欧盟指出印尼的措施不符合取消数量限制的义务。到2021年年底,双方仍在磋商。

………《农业协定》

中国:对农业生产者的补贴(WT/DS511)*

申诉方:美国

被申诉方:中国

第三方:澳大利亚、巴西、加拿大、哥伦比亚、厄瓜多尔、埃及、萨尔瓦多、欧盟、危地马拉、印度、印尼、以色列、日本、哈萨克斯坦、韩国、挪威、巴基斯坦、巴拉圭、菲律宾、俄罗斯、沙特、新加坡、中国台北、泰国、土耳其、乌克兰、越南

2016 年 9 月 13 日,美国要求就中国对农业生产者的补贴问题进行磋商。由于磋商未果,2016 年 12 月 5 日,经美国请求,DSB 于 2017 年 1 月 25 日决定成立专家组。专家组于 2017 年 6 月 24 日由双方协商组成。2019 年 2 月 28 日,专家组报告发布,2019 年 4 月 26 日,DSB 通过专家组报告。

本案主要围绕中国国内的农产品价格支持。美国对中国在 2012 年、2013 年、2014 年和 2015 年通过市场价格支持(Market Price Support,MPS)向小麦、籼米、粳米和玉米的生产商提供超过其特定产品最低水平的国内支持提出怀疑。具体而言,美国认为中国提供的国内支持水平超过了其附表第 152 号减让表第四部分第一节规定的

---

* 本案初稿由华东政法大学国际法专业研究生裴永楠撰写。

“零”的承诺水平。不仅如此,美国还认为中国颁布的法律文件/政策文件为国内的农业生产者提供价格支持。美国要求专家组认定中国的行为不符合《农业协定》第3.2条、第6.3条和第7.2条(b)项规定的义务。

【专家组的分析和结论】

一、中国的玉米临储政策是否属于专家组的职权范围

(一)措施是否到期

对于玉米临时采购和储备政策(Temporary Purchase and Reserve Policy for Corn,以下简称玉米临储政策),中国主张该政策在美国请求成立专家组之前就已经到期,不能作为此次争端中的争议事项。第一,中国在2015年玉米收获季后,自2016年3月起即终止实行玉米临储政策,并在之后明确了包括直接付款和市场定价的新措施。这意味着玉米临储政策已经终止,因此不属于专家组的职权范围。第二,根据欧共体鸡块案(WT/DS269、WT/DS286)的上诉机构报告,一项措施若要属于专家组的职权范围,就必须是在专家组成立之时存在的措施,专家组不能就到期措施作出裁决。第三,新的玉米政策与玉米临储政策相比也有很大的不同:(1)支付方式不同;(2)新政策鼓励限制玉米的生产;(3)不涉及适用的管理价格(Applied Administered Price,AAP),也不干涉玉米的市场价格。第四,在停止玉米临储政策后,中国的玉米市场价格出现了波动,这证明了中国并未再向玉米生产者提供价格支持。

美国对此持完全对立的观点:一方面,授权以管理价格购买玉米的总体法律框架,尤其是《粮食流通管理条例》(国务院令第407号)(已被修改)、《国务院关于进一步深化粮食流通体制改革的意见》(国发〔2004〕17号)等仍然存在,这一法律框架反映了中国政府保护国内农民利益的意图,并为采取市场价格支持措施提供了明确的法

律依据。并且，一号文件①并不能说明玉米临储政策已经不再实行，中国还可以继续储存和出售2012～2015年购买的玉米，这就表明玉米临储政策仍在实施。另一方面，中国玉米市场价格仍然高于国际市场价格，这反映了中国政府仍在干涉国内玉米市场价格。此外，美国辩称，中国关于玉米临储政策到期的主张忽略了涉及综合支持量（Aggregate Measures Support，AMS）计算的争端背景。这是因为评估成员遵守国内支持承诺的情况涉及回顾性审查支持水平。

专家组仔细比对了中国的新旧措施，得出结论，中国的玉米临储政策已经在2016年到期。原因主要有：第一，2015年的一号文件中明确提出了中国2016年农业政策的重点，的确不涉及AAP。其他一些文件如一些地方实施玉米政策的通知也明确指出：取消玉米临储政策，建立"市场化收购＋补贴"的新机制。美国农业部的报告也指出"中国政府取消了对玉米生产者的价格支持"。专家组认为，基于法律文件证据，AAP的取消反映中国废除了玉米临储政策，中国通过以市场价格购买玉米的方式脱离了市场价格支持政策。第二，美国提出中国仍可以继续储存和出售2012～2015年的玉米，专家组认为这样的活动并不构成对《农业协定》的违反。也就是说，储存和出售以前购买的玉米与为玉米生产者提供价格支持这一措施没有关系。事实上，《农业协定》附件3第8段明确将其排除在协定约束之外。第三，对于中国国内玉米市场价格的问题，专家组认为，中国和美国分别提供的数据显示，2016年年初中国玉米平均市场价格水平出现了大幅下降，随后各省份的价格在一定幅度内波动。美国提出中国国内玉米市场价格高于国际市场价格，专家组认为，除政府之外的其他因素，如关税和非关税措施等均可能影响某一产品特定市场的价

---

① 2012～2015年关于农业的一号文件的统称。包括：《中共中央、国务院关于加快推进农业科技创新持续增强农产品供给保障能力的若干意见》（中发〔2012〕1号）、《中共中央、国务院关于加快发展现代农业进一步增强农村发展活力的若干意见》（中发〔2013〕1号）、《中共中央、国务院印发〈关于全面深化农村改革加快推进农业现代化的若干意见〉》（中发〔2014〕1号）、《中共中央、国务院关于加大改革创新力度加快农业现代化建设的若干意见》（中发〔2015〕1号）。

格,这并不足以得出中国政府仍在实施玉米临储政策干预市场的结论。

(二)专家组能否就到期政策作出裁决

美国认为,无论如何,玉米临储政策到期不应妨碍专家组就这项政策提出调查结果和建议。这是因为该政策已在专家组请求中确定,因此构成DSB提交专家组裁决的事项的一部分。更何况,由于国内支持要求必须以历史数据为基础,因此,为了实现DSU第3.7条提出的“积极解决争端”的目标,有关此类信息的调查结果是必要的。而中国认为,该政策在请求成立专家组之前就已经到期,因此不属于专家组的管辖范围。

专家组在分析了可能对到期玉米临储政策作出调查结果的因素后,认为:第一,欧共体鸡块案的情况与本案不同,对于该案上诉机构的论断,即一项政策是否仍然有效“并不是一个专家组是否可以分析涉及该政策的诉请的决定性因素”,中国提出的理解与该论断不一致。第二,根据美国石油案(WT/DS2、WT/DS4)、欧共体生物产品批准和销售案、中国电子支付服务案(WT/DS413)的专家组报告,专家组通常拒绝处理申诉方请求专家组成立前已经到期的政策。第三,DSU第4.2条提到了“影响任何涵盖协定运作的措施”,因此,专家组认为,在考虑是否就一项到期政策作出裁决时,需要审查该政策是否会影响所涵盖协定的运作。专家组同时指出,其查看历史证据以得出结论,并不意味着它就过期的政策作出裁决,“历史证据”有别于一个成员方的“涉争措施”。

本案中,中国停止对玉米的市场价格支持后,玉米市场价格出现大幅下跌,之后处于波动状态,并且新的政策和原政策存在明显的本质不同,也没有任何证据表明原政策将会重启,这表明针对玉米的相关政策到期时已经不再对《农业协定》的运作产生影响。

专家组确认,由于中国已经停止了玉米临储政策,因此其不属于专家组职权范围。

二、对小麦、籼米和粳米的市场价格支持计算要素的确定

美国要求专家组认定中国的行为不符合《农业协定》第3.2条和第6.3条规定的义务,因为中国提供的国内支持水平超过了中国附表第152号减让表第4部分第1节中规定的"零"水平;如果中国的"零"水平被理解为没有提出任何承诺,美国要求专家组认定这些措施不符合中国在《农业协定》第7.2条(b)项下的义务。因此,专家组首先评估美国根据《农业协定》第3.2条和第6.3条提出的主张,然后在必要时考虑其根据《农业协定》第7.2条(b)项提出的替代性主张。

《农业协定》第3.2条规定:"在遵守第6条规定的前提下,一成员不得提供超过其减让表第4部分第1节中所列明的承诺水平的有利于国内生产者的支持。"第6.3条规定:"如一成员在任何一年中其以现行综合支持总量表示的有利于农业生产者的国内支持未超过该成员减让表第4部分列明的相应年份或最终约束承诺水平,则该成员应被视为符合其国内支持削减承诺。"第7.2条(b)项规定:"如一成员减让表第4部分无综合支持总量承诺,则该成员给予农业生产者的支持不得超过第6.4条所列的有关微量水平。"

双方分歧在于如何计算中国通过这些措施提供的AMS。中国认为,美国提出的对中国AMS的计算存在各种基本错误,特别是由于这些计算完全基于美国所称的《农业协定》附件3中的规定。中国认为,本争端中的关键方法是中国[关税减让表(schedule)]附表第4部分参考的支持性材料表中所使用的中国构成数据和方法(Constituent Data and Methodology,CDM)。

专家组的工作是对当前总的AMS(current total AMS)和国内支持承诺进行比较。在这一特定争端的背景下,这些规定表明,在评估中国是否遵守其国内支持承诺时,专家组必须计算中国当前综合支持总量,然后将得出的数值与中国的"零"水平进行比较。根据《农

业协议》第6.4条的规定,一个成员的当前综合支持总量不包括任何低于或等于微量支持上限的具体产品的AMS(在中国的情况下,微量支持上限为8.5%)。因此,在评估《农业协定》第3.2条和第6.3条的义务时,专家组首先需要计算中国的AMS,以得出中国当前综合支持总量。

根据《农业协定》第1条的规定,AMS或综合支持总量是以货币形式给予基本农产品生产者的支持,AMS通常可以针对特定或不特定的产品。在本案中,综合支持总量指的是为一些特定产品(如小麦和大米)提供的支持总量以及非特定产品的AMS和其他支持方式的同等资助额的总和。对低于微量支持上限的适用《农业协定》第6.4条,对直接支付的适用第6.5条,若在特定年份下计算,就得出当前综合支持总量。

专家组注意到,根据《农业协定》第1条的规定,在计算AMS和当前支持总量时,必须使用《农业协定》的规定,包括附件3和辅助材料表格中的CDM组成数据和方法。这一计算过程涉及许多特有的概念,如固定的外部参考价格(Fixed External Reference Price, FERP)、AAP、有资格接受适用的管理价格的产量(Quantity of Eligible Production, QEP)、CDM、AMS等。所有的概念都与专家组最终确定中国是不是违反了自己的承诺有关。然而,《农业协定》对CDM的定义模糊,在不同的条款中,对适用CDM有不同的措辞,因此专家组必须作出解释,并根据其理解来评估中国的措施。《农业协定》3次提到CDM:在第1条(a)项(ii)的"AMS"定义中,在第1条(d)项(ii)的"支持的等效衡量"定义中,以及在第1条(h)项(ii)的"当前支持总量"定义中。在这3项中,CDM都是在如何计算这些国内支持的背景下使用的。虽然前两项使用的语言是"考虑到构成性数据和方法而计算的……"但第三项使用了不同的语言,即"根据……构成性数据和方法计算"。

专家组认为,由于AMS和综合支持总量的计算有先后顺序,所以第1条(a)项(ii)和(h)项(ii)各自涉及AMS计算的不同阶段。

计算当前支持总量应通过使用整体方法和对《农业协定》不同条款的一致性解释。在根据第1条(a)项(ii)规定计算AMS时,要“考虑到构成性数据和方法”并且给予附件3的措辞更大的分量;当根据第1条(h)项(ii)计算当前支持总量时,附件3和CDM都应当被同等考量。但是二者的关系并不能仅从冲突的角度来评估,即其中一个条款的适用并不应该完全排除另一个条款的适用。考虑到第1条(a)项(ii)和(h)项(ii)是有机的整体关系,在AMS和当前支持总量的计算中,附件3和CDM完全有可能同时适用,不能仅因为条文中措辞不同而以附件3排除其适用。接着专家组将对中国的国内支持承诺作出评估。

三、中国是否违反了“入世”承诺

(一)辅助材料的问题

中美双方对中国提交材料中的表格是不是构成中国的承诺有不同意见,专家组经过分析认为,首先,CDM在计算当前支持总量中的作用已经在第1条中得到澄清;其次,表格是否包含成员具体的国内支持相关承诺的问题对解决这一争端并不重要,专家组认为没有必要就辅助材料表格是否包含成员具体的承诺得出明确的结论。

(二)与计算有关的概念

专家组先讨论和确定了与MPS的定义和计算有关的一些概念,包括AAP、FERP,并分析了计算基础支持总量和当前支持总量的一致性问题,认为这些国内支持的计算方式必须是一致的,否则最终将导致两种完全不同事物之间的比较。经过分析,专家组认为本案计算要使用的FERP是符合《农业协定》附件3第9段要求的1986~1988年的数据。

1. AAP。当一项措施采取市场价格支持的形式时,AAP是该措施的一个组成要素。由于《农业协议》没有定义AAP,也没有就确定这一价格的方法提供任何具体指导,专家组在争议双方观点的基础上提出界定：AAP是由政府制定的价格，特定实体将以该价格购买某些基本农产品。就本案的中国而言，AAP是针对每种产品每年制定的、被称为最低收购价的价格，标准分三等，按斤报价单位是元/斤。

2. FERP。在这个问题上双方的分歧在于以哪个年份为基础。美国主张按1986～1988年的FERP，而中国主张按1996～1998年的FERP。中国提出，附件3中的1986～1988年基期是在1994年乌拉圭回合结束后加入WTO的创始成员适用的，其他非创始成员都没有使用附件3第9段提出的基期，采用的都是1986～1988年以外的基期。最后，为了保持与“入世”时根据技术说明计算的基础综合支持量的一致性，应该选用1996～1998年作为基期。

3. QEP。QEP指的是有资格获得适用管理价格的生产量。对该概念的理解关键在于“有资格”(eligible)。专家组根据条款上下文得出的理解是，只有能得到AAP的产品才会计算AMS。而有资格接受AAP的生产量是指适合或能够从AAP提供的价格支持中受益的产品生产量。且QEP这个数值“随时变”，数值与相关的措施与规则框架都有联系。

在受质疑的中国法律文件中并未提到对产品收购数量的限制，但提出了质量要求。在这一问题上，美国认为中国对小麦、籼米和粳米的价格支持使得在实施地理范围内的小麦、籼米和粳米都可以获得管理价格支持，因此，QEP应确定为相应省份中的所有小麦、籼米和粳米的产量。但中国提出了以下5个隐含的限制生产量的因素，并因此主张能获得AAP的QEP并不是地理范围(省、自治区)内所有的小麦、稻米，而是有限的数量。专家组对中国提出的5个因素分别作出考察：

(1)适用地理范围。在实施计划中，中国明确规定了实施针对的省份，包括6个小麦生产省份(河北、江苏、安徽、山东、河南和湖北)、5个早籼生产省份/自治区(安徽、江西、湖北、湖南和广西)和11个中晚籼和粳米生产省份/自治区(辽宁、吉林、黑龙江、江苏、安徽、江西、河南、湖北、湖南、广西和四川)。2015年实施计划所涵盖的小麦产量占全国总产量的79.2%,稻米产量占全国总产量的79%。对此,双方没有异议,专家组认为这意味着QEP将限制在全国小麦和稻米产量的约79%。

(2)措施的暂时适用性。对于措施实施的时间区间,中国认为每个文件都规定了相应年份实施价格支持的时间区间,并非全年都实施这一计划,这意味着并非所有相关农作物都可以计入QEP。专家组认为,中国的时间区间限制在小麦和稻米的年度收获季,而这段区间正是大多数农民出售农作物主要集中的时段,而且粮食的价格也最有可能跌至最低水平。此外,措施中没有任何会阻止生产者规划出售农产品时间的规定。因此,这一时间区间的限制并不影响产品获得AAP的资格,也不能降低有资格获得AAP的生产量。

(3)措施仅在市场价格低于AAP时适用,而当其高于AAP时则停止适用。中国提出,只有在粮食市场价格下降到政府规定的最低收购价以下时才会启动以最低采购价格采购的措施,而当价格高于最低采购价格时,该措施不启动。专家组表示这只是市场价格支持措施的一般运作模式。因此,这并不影响产品获得AAP的资格,也不能降低有资格获得AAP的生产量。

(4)购买产品的最低质量要求。中国表示,质量低于5等(国内支持措施的最低质量要求)的粮食不在采购范围内。但美国认为这一数量基本可以忽略不计,每年不合格粮食的产量是很低的,并且如果农民预期到可以从政府那里获得最低收购价格,那么农民就会种植可销售的高等级农作物。对此,专家组同意这一因素会直接影响有资格获得AAP的生产量,并在最后计算时纳入考量。

(5)小型农场对"相当大一部分"产量的消费。在中国看来,(尤其在发展中国家的)小规模农场通常出于自己消费或下一种植年度留种的目的,处分相当大一部分当年产量。农民在市场上或者在AAP下可出售的小麦和稻米总数小于实际生产的总量。专家组并未采纳这一说法,认为无论粮食是在市场上销售还是被农民消费,如果农民愿意,所生产的粮食就可以从相关措施中获益,因此,这一因素不影响 QEP 的计算。

综上,专家组认为除了双方已经考虑到的地理限制之外,以上因素中只有质量要求限制了 QEP,因此 QEP 的计算为相关指定省份的全部产量减去劣质粮。

4. 对 FERP 和 AAP 之间的差异进行产品加工水平的调整。

在中国加入 WTO 系列文件第 38 号之第 3 号修订(Rev. 3)[①]中,FERP 规定的稻米加工水平为碾磨和半碾磨的大米,而 AAP 规定的稻米加工水平是未碾米,这要求需要将加工水平统一到同一个标准。

双方都同意这一调整的必要性,但双方在调整幅度和受到调整的变量上存在相反的观点。

中国认为根据经济合作与发展组织《2016 年稻米新品种组分文件》的标准,在第一级加工中,80% 的未碾米保留为糙米。在下一级加工中,为了生产全精米,会再损失另外 10% 。因此,未碾米和精米的平均“碾磨率”为 70% ,这与美国自己的统计数据一致,故应使用 70% 的“碾磨率”来调整。而美国声称应根据价格调整,并通过未碾米和全精米价格计算出中国未碾米的调整率为 60% 。专家组分别就以下两个问题进行考察:

(1)应调整的变量。对这一问题的考察,专家组从《农业协定》的文本出发,附件 3 第 7 段规定,“综合支持量的计算应尽可能接近该有关基本农产品的第一次销售时点……”第 1 条(b)项也规定,“涉及国内支持承诺的基本农产品指一成员减让表和有关支持性材料中列明的尽可能接近第一次销售时点的产品”。为了正确计算综合支持量,必须先确定基本农产品。专家组提出,第一个销售时点表明应按照所销售的第一个实例即未碾米的销售,所以基本农产品是未碾米。因此,应将 FERP 下调到接近未碾米的水平,确保尽可能接近第一次销售时点。

(2)调整幅度。在调整幅度方面,专家组采纳了中国的观点,认

---

① 中国加入 WTO 过程中起草工作组报告时提交的关于国内支持的修订文件。

为60%的调整率将导致计算结果被扭曲，但由于也没有更好的基于价格的调整率，基于数量的70%调整率虽然并不是最优选择，但考虑到其仍有效，因此在计算中使用70%的调整率进行调整。

综上，专家组决定：(1)调整籼米和粳米的FERP，这是比“未研磨”更高的加工水平的唯一变量；(2)由于缺乏适当的基于价格的转换数据，使用基于数量的70%调整率来进行调整。

（三）对中国当前市场支持总量的计算

在解决了计算公式中的概念和各变量的基础上，对小麦的计算没有过多异议，但在稻米的计算上，由于双方采取的数学方法和数据差异，出现了两套计算方案。

AAP是在《国家发展改革委、财政部、农业部、国家粮食局、中国农业发展银行关于提高2012年小麦最低收购价格的通知》(发改电〔2011〕250号)、《国家发展改革委、财政部、农业部、国家粮食局、中国农业发展银行关于提高2012年稻谷最低收购价格的通知》(发改电〔2012〕17号)两份文件中确定的(等级3的)最低价格。FERP以1996～1998年作为基期计算，数值是此3年外部参考价格的平均数值。对籼米和粳米，FERP将按70%调整以反映AAP和QEP中未研磨米的水平。QEP由相关的特定省份的生产总量减去劣等谷物数量所得出。总产值由某个年度中国生产的小麦(或大米)总量乘以该年度小麦(或大米)的生产价格(或农场出场价格)所得出。

根据对MPS计算各变量的裁决，专家组计算了小麦的综合支持量，认为超过承诺水平。在稻米的计算上，专家组充分采纳了两组在粳稻比例和数据上的差异，采取两套方案计算。在拒绝了中国采用加权平均法计算的要求后，采取了简单平均的做法，但却没有为这种做法提出依据。最终基于两组数据计算的综合支持量仍是超过承诺水平的。专家组最终裁决中国用市场价格支持措施为小麦、籼米和粳米生产者提供国内支持，超过了承诺特定产品的微量支持上限8.5%的水平，违反了《农业协定》第3.2条和第6.3条。鉴于这一调查结果，专家组认为没有必要对美国提出的其他诉请进行评估。

综上所述,专家组确认中国没有遵守《农业协定》第3.2条和第6.3条规定的国内支持承诺,对《农业协定》第7.2条(b)项不予考虑和展开。

【案件评析】

补贴与反补贴,特别是农产品的补贴与反补贴,是国际贸易中各国争议最大的议题之一。然而,自WTO成立以来,涉及《农业协定》的案件本身就不多,[①]本案是极少数涉及农业补贴和国内支持总量的案件,也是唯一一个专家组报告获得通过的案件。农业反补贴案件尤其复杂。在申请加入WTO时,允许成员保留一定水平的国内价格支持,只有超过承诺水平的才不被允许,因此补贴是否超过承诺的水平,涉及精细的计算过程,在确定计算规则和方法、公式后,其中的每一个变量都意味着单独的争议解决和法律与事实的探讨。

本案专家组除了分析上述主要问题外,还分析了中国承诺的性质等问题。

专家组针对特定的争议内容的处理路径,一般都会按照先查明事实,后参照协定的顺序,首先分析双方争议措施的事实情况,再考察既定情况下根据WTO下的协定应如何作出处理,同时参照过往案件对协定作出解读和认定。并且,专家组的分析更倾向于从时间和空间的动态视角,观察文件的关联以及其所体现的实质,而不仅停留在静态的文本层面。

从中国在"一致性问题"上与专家组观点的偏差可见,我国对条文文本之间的联系有时仍拘泥于文字,未来我国对"一致性"的说理应当基于有更加具体内容的条文。

需要注意的是,对条约文本的解释依然举足轻重。本案中,对

---

① 至2021年年底,共有9起案件诉至争端解决机制。其原因可能是由于《农业协定》第13条"适当克制"的规定,要求各成员在实施期(根据《农业协定》第1条,实施期自1995年起9年)内克制对农业补贴的指控。除本案外,另有4起案件专家组已经成立,但报告尚未公布。

《农业协定》、《农业协定》的附件3、Rev. 3、中国的承诺减让表都需要结合考量。比如,本案中对一系列涉及复杂计算的概念的争议,美国只基于对《农业协定》附件3第9段条款的孤立解读,而忽略了该条约的其他相关条款、上下文、后续实践,以及《农业协定》的目标和宗旨。这些恰恰是我们在未来对案件的回应中应当继续注意的。

印度:涉及糖和甘蔗的措施(WT/DS579、WT/DS580、WT/DS581)*

申诉方:巴西、澳大利亚、危地马拉

被申诉方:印度

第三方:澳大利亚、巴西、加拿大、中国、哥伦比亚、哥斯达黎加、萨尔瓦多、欧盟、洪都拉斯、印尼、日本、巴拿马、俄罗斯、泰国、美国(澳大利亚是WT/DS579和WT/DS581案的第三方,巴西是WT/DS580和WT/DS581案的第三方)

2019年2月27日,巴西提出就印度涉及糖和甘蔗的措施与其进行磋商。巴西认为印度的措施违反了《农业协定》和《SCM协定》相关条款。2019年7月11日,巴西请求成立专家组,8月15日,DSB决定成立专家组。2019年10月28日,专家组组成。

2019年3月1日,澳大利亚提出就印度涉及糖和甘蔗的措施与其进行磋商。澳大利亚认为印度的措施违反了《农业协定》和《SCM协定》相关条款。2019年7月11日,澳大利亚请求成立专家组,8月15日,DSB决定成立专家组。2019年10月28日,专家组组成。

2019年3月15日,危地马拉提出就印度涉及糖和甘

---

* 至2021年年底,本案专家组公布不足20日,上诉期还有一个多月。2021年1月11日,印度提起上诉。

蔗的措施与其进行磋商。危地马拉认为印度的措施违反了《农业协定》和《SCM 协定》相关条款。2019 年 7 月 11 日,危地马拉请求成立专家组,8 月 15 日,DSB 决定成立专家组。2019 年 10 月 28 日,专家组组成。

2021 年 12 月 14 日,专家组针对三个案件发布一份报告。

本案涉及印度中央政府和邦政府对甘蔗生产的激励措施,中央政府的措施包括:市场价格支持和对蔗农的其他支持措施;印度中央政府维持的公平和补偿性价格(Fair and Remunerative Price, FRP)要求印度的甘蔗购买者支付强制性最低价。FRP 由中央政府根据农业成本委员会的推荐每年确定。地方政府实施的是各个邦的建议价格"State-Advised Prices (SAPs)",由印度各邦政府决定,每个邦要求不同。SAPs 比 FRP 高,如果某个邦规定了 SAPs,购买甘蔗的人就不能支付 FRP,而要支付 SAPs。除了 FRP 和 SAPs,印度中央政府以及部分邦政府还提供一系列政策和支付,包括向甘蔗种植者提供直接现金支付,如泰米尔纳德邦的生产激励计划,安得拉邦的退税计划,卡纳塔克邦通过糖厂的激励计划。印度中央政府还根据糖的出口向蔗农或蔗糖生产提供补贴。

【专家组的分析和结论】

一、印度的国内支持

申诉方认为印度在加入世界贸易组织时的减让表里对甘蔗没有国内支持,因此根据《农业协定》第 6.4 条和第 7.2 条(b)项的规定,印度对具体产品的补贴不可以超过甘蔗生产总值的 10%。申诉方提交了 2014 ~ 2019 榨季印度的补贴水平的数据。印度承认在其"入世"减让表中没有关于综合支持量(Aggregate Measurement of Support, AMS)的承诺。但是印度认为,申诉方的诉请是基于其对市场价格支持的错误解释,而且印度称其对甘蔗没有提供任何市场价格支持,申诉方也未能证明被申诉方向蔗农提供的支持如何超过了允许的支持量。

专家组指出,《农业协定》有好几个条款涉及 AMS 问题,其中第 7.2 条(b)项规定,如一成员的减让表第 4 部分无综合支持总量承诺,则该成员给予农业生产者的支持不得超过第 6.4 条所列的有关微量水平。第 6.4 条相关部分则规定,对于本应包括在一成员现行综合支持总量计算中的对特定产品的国内支持,如此类支持未超过该成员一基本农产品在相关年度内生产总值的5%,则成员不需将其包括在其现行综合支持总量的计算中,也不需削减,对发展中国家成员,这一款规定的微量百分比应为 10%。

印度是发展中国家成员,根据上述规定,其对甘蔗的支持不得超过甘蔗年生产总值的 10%。申诉方提供了印度国家数据和项目实施部 2020 年公布的统计数据,印度对这些数据并无异议。专家组根据这些数据计算出了印度被允许提供的补贴和印度实际提供的补贴。关键的问题在于印度是否提供了市场价格支持。申诉方提出,根据《农业协定》第 6.1 条的规定,除非根据协定的相关条款可以不计算,对农产品生产者提供的任何资助都应当计算在这个成员的综合支持总量里。此外,根据《农业协定》附件 3 第 1 段,一个成员向特定产品提供的综合支持量,应当根据市场价格支持的直接支付或者其他任何补贴方式予以计算;而印度则称只有政府直接向农产品生产者支付,才是《农业协定》所指的市场价格支持,印度并没有提供《农业协定》所称的市场价格支持,也就不存在超过允许的国内支持总量的问题。

专家组认为,《农业协定》中计算国内综合支持总量有这样一个逻辑:一成员向国内农产品生产者提供资助的任何措施,都必须包括在计算该成员综合支持量中,除非这一措施属于《农业协定》其他条款豁免的措施。专家组注意到,印度并未提出其措施根据《农业协定》第 6.2 条或者附件 2 可以豁免。专家组先分析了市场价格支持和未豁免的直接支付的性质,然后计算了其总量。是否只有在政府直接购买农产品的时候才存在市场价格支持？专家组认为，从市场价格支持这一术语的普通含义看，政府实施的、与农产品市场供求无关的、确定或维持市场价格在某一水平的任何措施都是市场价格支持。印度实施的最低价格显然属于这一范围。

印度提出，根据《农业协定》附件3第1段和第2段，只有政府的补贴行为，即政府有开支或者放弃了收入，才可以计算在综合支持量里。印度这一抗辩提出了两个观点：所谓价格支持必须是补贴，所谓补贴必须有政府开支或者政府放弃收入。《农业协定》附件3第1段规定，在遵守第6条规定的前提下，综合支持总量应在特定农产品基础上对每一种接受市场价格支持、不可免除的直接支付，或其他不属豁免削减承诺范围的任何补贴的基本农产品进行计算。专家组指出，"任何其他补贴"确实可以做多种解释，但第1段并未明确市场价格支持是否一种补贴。印度认为第2段中使用的"二者都"(both)表明补贴必须既要有政府的支出，又要有政府放弃收入，专家组不同意这样的解释。专家组认为，第2段中列举的两种情况并不能代表补贴的所有形式，印度的解释是本末倒置。印度还引用了《农业协定》第9.1条(c)项的措辞，但专家组认为第9.1条(c)项仅涉及由政府行为提供的支付，这一条也没能够明确附件3第2段所说的补贴必须仅仅是政府支出或放弃收入。专家组指出，印度仅仅引用了附件3第1段和第2段，实际上第8段也涉及市场价格支持。第8段规定，市场价格支持的计算应使用固定的外部参考价格与适用的管理价格之间的差额，乘以有资格接受适用的管理价格的产量……专家组指出，尽管这一段没有为市场价格支持提出定义，但这一段通过规定市场价格支持的计算方法提供了市场支持价格的定义；即便它只是提供了计算方法，也与解释市场价格支持高度相关。在援引了《农业协定》中关于市场价格支持的条款之后，专家组认为《农业协定》还有其他条款也与本问题的讨论相关。第6.2条规定：政府鼓励农业和农村发展的支持措施，不管是直接或间接的，均可以免除减让义务。专家组认为，这也表明如果没有这一条款，这些措施本应承担减让义务;有相当多的措施,不管是直接还是间接的,都构成应当承担减让义务的国内支持措施。《农业协定》的前言部分也表明,协定的长期目标就是要纠正和防止农产品市场的扭曲,包括通过实质性逐步减少农业支持和农业保护。一个政府对农产品实施不同于市场价格的管控价格,不管政府是否支付这一价格,或者要求其他人这样做,都是对市场的扭曲。综上所述,专家组指出:市场价格支持的普通含义就包括了由政府制定但是由私人机构支付的强制性最低价。如果把市场价格支持仅限于由政府购买农产品,会损害《农业协定》的目标和目的。专家组认为,他们没有必要分析附件 3 第 1 段和第 2 段的模糊不清之处,因为《农业协定》很明确,市场价格支持既不要求政府购买,也不要求政府支付。实际上这与印度自己的理解也是一样的,印度的减让表中包括了 1986～1988 年的市场价格支持计算,其基础就是由私人支付的甘蔗最低价。韩国:涉及牛肉的措施案(WT/DS161、WT/DS169)和中国:农业生产者的补贴(WT/DS511)的专家组指出,市场价格支持并不基于政府的支出,如果政府制定价格而特定实体要用这个价格购买基本农业产品,就是市场价格支持。

专家组根据申诉方提交的证据对地方政府所提供的各种项目和激励措施做了分析。专家组指出,泰米尔纳德邦的生产激励计划为了促进从 SAPs 制度转到以价格分享为基础的甘蔗价格体系,由邦政府向蔗农直接支付。申诉方提出,蔗农通过这个计划收到的支付超过通过 FRP 收到的钱。邦政府向蔗农支付 2016～2017 榨季 SAPs 与 2017～2018 榨季 FRP 之间的差额;2019 年 3 月,邦政府又将这一项目延长到 2018～2019 榨季。印度对此没有提出抗辩。专家组认为邦政府措施构成了市场价格支持,应当计算在印度的综合支持量里。安得拉邦政府向蔗农返还税款的退税计划,申诉方没有说清这些钱是如何给予蔗农的,印度指出这一计划 2018 年就停止实施,而实际上,2014～2015 年就没有证据显示在这一项目上有任何支出。专家组审查了印度相关邦的预算,确认在这些项目上都没有支出。据此,专家组认为申诉方未能证明印度安得拉邦的返税项目向蔗农提供了支付。巴西和澳大利亚称卡纳塔克邦通过糖厂集团公司激励计划向蔗农提供了支持。专家组审查了证据，认为巴西和澳大利亚未能证明这一项目向蔗农提供了支持。

专家组随后计算了印度实际提供的市场价格支持量(见表1)。

表1　市场价格支持量

单位:百万卢比

榨季	向蔗农提供的实际补贴总量	允许的补贴总量
2014～2015	903,750.80	96,529.000
2015～2016	880,418.99	95,864.000
2016～2017	815,045.69	94,698.000
2017～2018	1,074,049.91	117,351.000
2018～2019	1,111,065.83	123,049,007.112

很显然，印度在这些年所有榨季向蔗农提供的支持都超过了允许提供的补贴(10%)。

二、关于印度的项目是否构成出口补贴，从而违反《SCM协定》和《农业协定》相关条款

1.被诉项目情况

申诉方指出，印度中央政府实施的生产协助项目、库存缓冲项目、市场和运输项目都是出口补贴。这些项目分别与MIEQ(Minimum Indicative Export Quotas，最小指示性出口配额)和MAEQ(Maximum Admissible Export Quantity，最大允许出口量)共同实施。MIEQ，是指根据每个榨季最低出口量分配给每个糖厂最低出口配额，只有完成配额才能够得到前两个项目的资金；MAEQ是2019年实施的新项目，每个糖厂必须完成分配到的最大出口量的50%，才可以得到MAEQ的资金。据印度称，生产协助项目是为了抵充甘蔗的成本，让蔗农可以及时得到付款，资助只能用于支付甘蔗货款。

在2015～2016榨季、2017～2018榨季和2018～2019榨季，资助分别是每公担4.5卢比、5.5卢比和13.88卢比。根据规定，只有完成了80%的MIEQ配额，才能得到生产协助项目的资助。库存缓冲项目据称是为了加强流动性。联邦政府确定了400万吨的库存上限，将其分配到各个糖厂，糖厂对配额内的糖必须单独存放。想要得到资助，必须符合诸多条件，其中包括完成了政府的指令。如果到了申请资助的截止日期，糖厂还没有完成MIEQ出口配额，没有完成的吨数将从其库存缓冲项目中扣减。销售和运输项目由中央政府提供，用于糖出口的各项开支：销售费用包括处理、质量升级、拆袋和重新装袋的费用，每吨4400卢比；内部运输的费用包括装载、卸载，每吨3428卢比；从印度的港口运到国外港口的海运费用，每吨2620卢比。项目明确，这并不是对运输和处理费用的补偿，而是一种协助。政府还制定了一些规定，保证资助会直接到蔗农的手里。得到资助的条件是糖厂出口至少达到MAEQ配额的50%。

为生产出口产品而进口的物料可以免税，根据这一项目获批的进口可以免除关税。在2018年3月28日至9月30日出口白糖的糖厂，可以就其2019年10月1日至2021年9月30日进口的原糖免税，批准证书还可以转让。

2. 三个资助项目

专家组首先回顾了《农业协定》中与本案相关的条款，包括第1条、第3条、第8条和第9条。《农业协定》第1条将出口补贴定义为取决于出口实绩的补贴；第8条将出口补贴限制在符合《农业协定》和成员减让表可以提供的补贴，如果一个成员所提供的补贴不符合《农业协定》以及其自己的减让表，那就是违反了第8条；《农业协定》第3.1条规定，每一个成员减让表的第4部分作出的出口补贴承诺构成其限制补贴所做的承诺。

申诉方提出，印度的销售与运输项目不符合《农业协定》第9.1条，而印度则提出根据《农业协定》第9.4条其采取的措施是允许的。第9.4条规定，在实施期内，发展中国家无须就第1款(d)项和(e)项所列的出口补贴作出承诺，只要这些补贴不是以规避进出口削减承诺的方式实施。第9.1条(d)项和(e)项分别规定：为减少出口农产品的营销成本而提供的补贴，包括处理、升级和其他加工成本以及国际运输成本和运费；政府提供或授权的、出口装运货物的国内运费，其条件优于国内专用货物。换句话说，第9.1条列举的两种补贴，只要不是以规避减让义务的方式实施，根据第9.4条就是可以提供的。

双方对于销售和运输项目是否属于9.1条(d)项和(e)项有不同意见。印度认为，这一项目就是为了降低出口费用，而申诉方认为这是为了补贴蔗农。专家组指出，从这个项目的全称以及印度政府号称的目的看，这个项目是为了降低出口的费用。但这一项目的其他因素表明，其目的是补贴蔗农。这些因素包括项目规定本身，如第1条第1句话称：资助的目的要提供出口协助，用以支付向蔗农购买甘蔗的价款。第5条也明确，这一资助是用于购买甘蔗的价款。此外，项目还规定了一系列措施，以保证资助用于购买甘蔗：糖厂必须另立单独账户，并向银行提供甘蔗价格的详细资料，银行代表糖厂将资助的款项直接打入蔗农的账户；在资助下拨3个月内，糖厂必须提交配额使用证书，证明补贴被用于购买甘蔗，如果未能提供合格的证明，糖厂接受的资助将被收回，而糖厂在下一个季节将不能得到中央政府的资助。在证书中并没有要求糖厂证明资助用来减少出口销售和运输的费用。根据这些证据，专家组确认印度提供的销售和运输项目与《农业协定》第9.1条(d)项和(e)项所列举的情况没有关联。

有了这一结论，专家组本可以确认这个项目不属于《农业协定》第9.1条的范围。但是印度提出其提供的资助是多方调研的结果，而且没有超过出口运输和处理费用。专家组认为，根据《农业协定》第9.1条的规定，出口补贴不应当超过销售和运输的实际费用，也不应当超过内部运输费用。专家组注意到，根据印度的规定，补贴的资金是根据出口货物的吨数提供固定的数值，而与糖厂实际销售和运输费用没有关系,也没有任何规定可以保证提供的资助不超过糖厂的销售和运输费用。此外,申诉方提交了证据,证明至少部分糖厂得到的补贴超过了出口销售和运输费用。根据这些证据,专家组得出结论,销售和运输项目与《农业协定》第9.1条(d)项和(e)项所列举的情况没有关联,也未能保证提供资助的金额不超过实际费用。据此,专家组拒绝采纳印度的抗辩。

针对三个项目,印度提出,根据《SCM协定》第1.1条的规定,要构成补贴,必须由政府提供了资助。也就是说,要有资金的实际转移。印度说申诉方未能证明这一点,印度还说申诉方没有提出用于比较的基准来确定存在利益。印度提出,其项目属于《SCM协定》脚注一的范围,因此不构成《农业协定》意义上的补贴。

专家组首先指出根据《农业协定》第9.1条(a)项的规定,提供资助的应当是政府或政府机构,接受资助的应当是一个公司、产业、农产品生产者,资助必须是直接补贴,即《SCM协定》所说的补贴,补贴还须取决于出口。专家组根据这些条件分析了三个项目,得出结论认为,这些项目的资助是由政府或其机构提供,资助提供给了农产品的生产者,这些项目构成《SCM协定》第1.1条意义上的补贴,而且是直接支付,且取决于出口实绩。

3. 免税项目

结合《SCM协定》脚注一和附件2的规定,为生产出口产品而进口的生产过程中投入的物料,如果投入的物料参与了生产过程,而且体现在出口产品上,退回关税就不构成《SCM协定》项下的补贴。双方对于印度的退税是不是符合这些条件有不同意见。专家组注意到印度没有对事实提出异议,根据免税项目,2018年3月28日至9月30日出口白糖的糖厂,可以退回其2019年10月1日至2021年9月30日进口原糖的关税。专家组指出,不考虑其他条件,2019年10月1日至2021年9月30日进口的原糖无论如何不可能使用在2018年3月28日至9月30日出口的白糖中。因此,印度的免税项目不符合《SCM协定》脚注一的条件,而且免税项目批准书的可转让性进一步削弱了印度的抗辩。

澳大利亚指出,免税项目不符合《农业协定》第9.1条的所有条件,而印度除了抗辩说这一项目符合《SCM协定》脚注一,没有就这一问题提供其他抗辩理由。

4. 印度的项目是否构成《SCM协定》第3.1条项下的法律取决于出口的补贴

印度抗辩说由于有《SCM协定》第27条的规定,《SCM协定》第3.1条(a)项对印度不适用。但印度没有否认,印度的人均国民生产总值连续三个年度超过1000美元。《SCM协定》第27.2条规定,本协定第3.1条(a)项下的禁止不适用于(a)项附件7所界定的发展中国家成员,(b)项在受制于第4款的前提下,在《建立WTO协议》生效后8年内适用于其他发展中国家。印度属于附件7所列举的国家。附件7(b)项规定附件7列举的发展中国家成员,如果年人均国民生产总值达到1000美元,就将适用对其他发展中国家适用的条款。各方都承认,印度在2017年年人均国民生产总值达到了1000美元,因此不再适用附件7。

根据条约措辞的普通含义,有关8年过渡期的规定非常清楚,至2003年1月1日过渡期已经到期。印度将附件7(b)项解释为,从"毕业"日起继续享受8年的过渡期。专家组不支持这一主张。专家组指出,附件7(b)项表明,某一个成员不再享受附件7的待遇,之后就只能跟其他发展中国家成员享受相同的待遇,也就是从《建立WTO协定》生效日起,享受8年过渡期。如果某一发展中国家成员在2003年1月1日之后达到了附件7(b)项的条件,那么,第27.2条(b)项对它就没有实际意义,因为8年的过渡期在它"毕业"之前就已经到期了。《SCM协定》第27.4条要求第27.2条(b)项所说的任何发展中国家成员,在8年的时间里逐步取消其出口补贴;第27.5条规定,对某一种产品具备了出口竞争力的发展中国家成员,需在2年的时间里逐步取消其出口补贴,但是附件7所列的发展中国家成员应在8年的时间里逐步取消补贴,印度认为《SCM协定》第27.5

条给予印度延长的过渡期。专家组指出,《SCM 协定》第 27.5 条确实给予了印度附件 7 所说的发展中国家成员特殊的待遇,对具有竞争力的产品,一般发展中国家成员要在 2 年内取消出口补贴,而附件 7 所列发展中国家成员可以在 8 年内逐步取消补贴,条件是它们需要遵守附件 7 的其他要求。对于已经从附件 7"毕业"的发展中国家成员,就要遵守《SCM 协定》第 27.2 条的规定,或者是在其"毕业"后 2 年的时间内,或者是 2003 年 1 月 1 日之前取消出口补贴,以其中时间短的为准。根据上述分析,专家组不接受印度的解释。

专家组最终的结论是:印度的三个项目是法律上取决于出口实绩的补贴,违反了《SCM 协定》第 3.1 条的规定。维持这些措施也违反了《SCM 协定》第 3.2 条的规定。根据《SCM 协定》第 4.7 条的规定,专家组建议印度在 120 天内撤销这些措施。

三、关于补贴项目的通知

澳大利亚提出,印度没有将自己的补贴项目通知农业协定委员会,违反了《农业协定》第 18.2 条;印度没有将新的补贴计划通知农业协定委员会违反了第 18.3 条。印度于 2012 年最后一次通知农业协定委员会,通知的是 2004~2005 年度至 2009~2010 年度的项目,自此之后印度就没有发出过新的通知,这违反了《农业协定》第 18.2 条。澳大利亚还提出印度没有将其被禁止的补贴通知补贴与反补贴措施委员会,违反《SCM 协定》第 25.1 条和第 25.2 条,同时也违反了 GATT 第 16.1 条。印度则提出《农业协定》第 18 条并没有规定强制性通知义务。

《农业协定》第 18 条涉及各成员对承诺执行情况的审议。专家组注意到,《农业协定》第 17 条规定建立农业委员会,第 18.1 条要求委员会监督成员承诺的执行情况,关于通知的问题,这一条虽然不是非常明确,但若将 18.1 条第 18.2 条一起解读,可以看出,成员被期待就其义务的执行情况作出通知。第 18.3 条规定,除根据第 2 款应提交的通知外,对于要求免除削减的任何新的国内支持措施或对现有措施的修改,均应迅速作出通知。这一条款再次强调了对成员发出通知的预期,而且使用了“应当”的措辞。专家组指出,协定的起草者要求成员将新的措施和已有措施的修改通知委员会,就不可能不要求将不能豁免的措施通知委员会。因此,专家组不接受印度的解释。印度最后一次发出通知是在 2012 年,涉及 2004 ~ 2010 年的项目,其 2014 ~ 2019 年度的补贴项目均未通知。专家组认为印度的做法违反了《农业协定》第 18. 2 条。

澳大利亚还提出印度的做法违反了《SCM 协定》第 25 条。第 25 条是关于各成员通知的义务,不仅规定了通知的时间,还包括通知内容的要求。关于通知的时间和内容,印度没有提出任何抗辩,其唯一的抗辩是其没有提供出口补贴。既然专家组已经确认在三个项目下印度都提供了出口补贴,这一抗辩就不能成立。

据此,专家组得出结论:印度在补贴项目的通知方面违反了《农业协定》第 18 条和《SCM 协定》第 25 条。

印度:对美国农产品的额外关税 (WT/DS585)

2019年7月3日,美国提出就印度对美国农产品的额外关税进行磋商。美国认为印度的措施违反了《农业协定》相关条款。2019年9月19日,美国请求成立专家组,10月28日,DSB决定成立专家组。欧盟、日本、中国、墨西哥、加拿大、巴西、危地马拉、乌克兰、土耳其、瑞士、中国台北、挪威、委内瑞拉、俄罗斯、马来西亚、新加坡、印尼要求保留作为第三方介入的权利。2020年1月7日,专家组组成。到2021年年底,专家组仍在工作。

………《SPS 协定》

韩国:放射性核素进口禁令和测试鉴定要求(WT/DS495)*

申诉方(上诉方、被上诉方):日本

被申诉方(被上诉方、上诉方):韩国

第三方(第三参与方):巴西、加拿大、中国、欧盟、危地马拉、印度、挪威、新西兰、俄罗斯、中国台北、美国

2015年5月21日,日本提出就韩国放射性核素进口禁令和测试鉴定要求进行磋商。由于双方磋商未果,2015年9月28日,DSB根据日本的请求成立了专家组,巴西、加拿大、中国、欧盟、危地马拉、印度、挪威、新西兰、俄罗斯、中国台北和美国要求保留作为第三方介入的权利。2016年2月8日,专家组经总干事指定组成。2018年2月22日,专家组发布了报告,随后双方都提出上诉。2019年4月11日上诉机构发布报告。同年4月26日,DSB通过了上诉机构和专家组报告。

本案涉及韩国在日本福岛第一核电站事故发生后实施的进口禁令以及对放射性核素含量的附加测试和认证要求。这些措施包括:2011年禁止进口日本某些县的特定水产品(特定产品进口禁令),后来扩大到日本某些县的所有水产品(全面进口禁令)以及对某些日本产品进行检测和认证。

---

* 本案初稿由华东政法大学国际法专业研究生彭素娟撰写。

最初针对特定产品实施的进口禁令与日本在事故发生之后实施的内部限制类似。然而,当日本当局逐渐取消对某些产品的限制时,韩国的措施仍在实施。日本对韩国2012年针对日本5个县的太平洋鳕鱼以及来自福岛的阿拉斯加波洛克鳕鱼实施的特定产品进口禁令提出了质疑。

2013年,韩国还对青森县等8个县的所有日本水产品实行全面进口禁令(以下简称2013年全面进口禁令),日本对针对28种水产品的进口禁令提出怀疑。

在事故发生之前,韩国在边境对所有进口商品进行随机检测,以确定铯或碘含量是否在其容许范围之内。在2011年事故发生之后不久,韩国对日本产品实施了一些附加检测要求。这些措施包括对某些县的产品要求出口前的铯和碘含量证明,对所有在边境的日本进口货物进行铯和碘的检测,以及如果在非渔业产品和牲畜产品中检测出少量的铯或碘,那么就要对其他放射性核素进行检测。对额外的放射性核素的测试要求(附加测试要求)扩大到水产品。在这些措施中,日本对附加测试要求提出怀疑。日本认为韩国的进口禁令和附加测试要求违反了《SPS协定》和GATT中的相关条款。

【专家组的分析和结论】

专家组首先要确认这些措施是否属于SPS措施。专家组分析了韩国的保护水平,并确认韩国的进口禁令和附加检测要求适用于保护人类健康免受食品中污染物的危害,这些措施直接影响国际贸易,得出结论确认,这些措施是《SPS协定》第1条意义上的SPS措施。韩国抗辩说其措施都是临时措施,专家组引用了《SPS协定》第5.7条关于临时措施的规定,继而审查了韩国的措施,并认为韩国针对特定产品的禁令、2013年全面进口禁令或附加测试要求没有足够的科学证据,是基于现有的相关信息。此外,它也没有在合理的时间内审查,因此不符合《SPS协定》第5.7条。

一、韩国的措施是否违反《SPS 协定》第 5.6 条

日本认为韩国的措施超过了达到其目标所必需的对贸易的限制程度，违反了《SPS 协定》第 5.6 条，该条要求成员实施的措施不超过为达到保护水平所要求的限度。专家组引用了澳大利亚鲑鱼案（WT/DS337）中上诉机构的观点，指出，要证明某项措施违反该协定第 5.6 条，必须证明存在其他措施：[①]在技术和经济上合理可行，可以达到成员设定的保护程度，且对贸易的限制程度比被指控的措施小得多。只有替代措施同时满足这 3 个条件才能认定被申诉方所采取的措施违反了该协定第 5.6 条。日本提出了替代措施：仅检测日本进口的产品中的铯含量。专家组针对日本提出的替代措施对 3 个要素做了分析。

专家组指出，韩国已经对日本产品的每一批货物随机选择样本进行铯和碘的检测，而且日本的初步证据表明韩国完全能够在技术上和经济上对日本的每一批货物进行铯和碘的检测。据此专家组得出结论，日本已经证实提议的替代措施在技术上和经济上是可行的。

日本认为对进口产品进行附加检测实际上是不必要的并且会花费额外的时间和成本，这等于事实上的禁止进口。专家组认定日本证明了额外检测所要求的时间和成本，据此专家组认为替代措施明显比其他检测要求对贸易的限制程度要小得多。

上诉机构在澳大利亚苹果案（WT/DS367）中指出，专家组必须对进口成员设定的保护程度和替代措施所能达到的保护程度进行比较，如果后者可以达到甚至超过前者，那么成员的措施对贸易的限制就超过了必要的程度。

韩国承认其采取了国际食品法典委员会制定的指导标准的总体限制水平，即每年 1msv[②] 的辐射暴露限制。此外，专家组还观察到，

---

① 本部分为叙述方便，将这种措施称为替代措施。

② 毫西弗，辐射剂量。

韩国对所有来源的人造放射性核素总体消耗量的最大限值也是每年1msv。专家组认为如果一个成员采取一项措施明确地表达了数量限制,就表明低于该限制的产品能满足其保护水平。韩国自行确定的保护水平是每年1msv。国际原子能组机构专家的报告得出结论,在事故期间释放的主要的放射性核素是铯134、铯137和碘131,此外还有锶和钚。专家组还确认韩国的争议措施仅仅明确规制了铯134、铯137、碘131、锶90、钚239和钚240。韩国认为自事故发生以来的持续泄漏以及未来可能发生的泄漏也必须进行评估,在听取技术专家的意见后,专家组认为这些因素与对日本食品中可能的污染物进行分析不相关。

关于日本食品中污染物的水平,专家组在审查了日本提供的食品监测项目和其他数据之后,一致同意日本所作的各种检测结果为以下结论提供了支持,即铯含量少于100bq/kg① 的农业和渔业产品所含的其他放射性核素将会低于或者远远低于其容忍水平。因此,根据全部证据,专家组得出结论认为,日本已经确定,如果一种食品中铯(铯134和铯137)含量低于100bq/kg,那么它所含的锶、钚和其他放射性核素的含量必然少于指导标准的水平。专家组随后审查了日本提出的证据和计算结果,认为只检测食物中的铯含量,如果低于100bq/kg,其有效剂量将低于甚至可能显著低于每年1msv。

专家组指出,韩国的容忍水平上限是每年1msv,这表明韩国认为低于这一辐射水平的食品应被视为对人类消费是安全的。在进行了以上分析之后,专家组对日本提议的措施与韩国的保护水平相比所达到的保护水平进行了评估。专家组确认,在韩国采用附加测试要求和2013年全面进口禁令时,日本的替代措施能够达到韩国的保护水平。此外,至少自2013年以来,数据足以证实铯的含量始终都低于100bq/kg,而锶和钚的含量,甚至没有检测到接近指导水平的含量。专家组出于相似的理由认定日本已经确定其替代措施能够确保

① bq,贝可,单位质量物质中放射性活度,称为活度浓度。

总剂量低于或者显著低于 1msv 的水平，并且在所有措施的维持方面都达到了韩国的保护水平。

综上所述，专家组认定，2011 年的附加测试要求和针对特定产品的进口禁令在 2011 年通过时，其贸易限制性并没有超过协定的规定。但是，在专家组成立时仍然维持这两项措施，就不符合《SPS 协定》第 5. 6 条，因为它们对贸易的限制性超过了协定的规定。2013 年附加测试要求和 2013 年全面进口禁令的采用和维持都不符合《SPS 协定》第 5. 6 条，因为它们对贸易的限制性超过了协定的规定。

二、韩国的措施是否违反了《SPS 协定》第 2. 3 条

《SPS 协定》第 2. 3 条规定："成员方应该确保其卫生与植物卫生措施不在情形相同或相似的成员之间，包括在其领土与其他成员领土之间构成任意或不合理的歧视。实施卫生与植物卫生措施不得构成对国际贸易的变相限制。"要确认一项措施违反第 2. 3 条就必须满足三个条件：一是成员的情况相同或相似；二是措施对情况相同或相似的成员区别对待；三是这样的区别是任意或不合理的。专家组针对这三个方面展开了分析。

由于日本和韩国分别提到了《SPS 协定》和 GATT 的相关条款来支持自己对第 2. 3 条的解释，专家组就第 2. 3 条和《SPS 协定》以及 GATT 中的其他条款进行分析。专家组认为 SPS 措施管制的是产品从一个领土转移到另一个领土的风险。专家组认为，对第 2. 3 条下相关情况的确定，应考虑争议措施的监管目标以及成员所依据的理由和案件的特殊情况。在这方面，专家组认定其并不能将国际贸易产品中的风险排除在有关情况之外。专家组审查了韩国的监管目标以及其措施所要解决的风险。专家组注意到，韩国的措施、它们的互补性以及它们单一的监管目标之间的密切联系，并且基于这些因素，专家组将韩国的进口禁令和附加测试要求视为韩国整体制度的一部分，其追求的单一目标是保护韩国人免受放射性核素污染的食品的

潜在不利影响。因此,专家组认为,应比较来自日本和世界其他地方的产品是否具有相似的受污染的可能性,以及污染水平是否低于韩国的容忍水平。

在评估来自日本和其他来源的食品中的铯和其他放射性核素污染的可能性时,专家组虽然承认福岛核事故是前所未有的,该事故是向海洋环境中释放放射性核素最多的一次核事故,但是专家组也指出,在该事故之前海洋环境中也存在大量的放射性核素的释放和污染。专家组审查了有关一般放射性核素释放和植物、动物、真菌污染过程的证据,得出结论认为,过去向环境释放的放射性核素继续影响着食品,这意味着世界上任何地方的食物都有可能被放射性核素污染。专家组接着根据日本提供的数据讨论了食品中的放射性核素水平。专家组回顾,韩国的措施是随着时间推移逐步实施的,专家组必须首先分别确定2011年、2012年、2013年措施所涵盖产品的情况是否相似。其次,专家组将确定在2015年9月28日专家组成立时的放射性核素污染情况是否与前几年相似。专家组发现,在2011年附加测试要求和特定产品进口禁令通过的时候,日本没有确定日本产品和非日本产品存在相似情况。关于2013年全面进口禁令措施的采取,专家组认定,产品中铯的潜在污染低于100bq/kg的水平,日本质疑的措施所涵盖的产品中只有一种产品是例外的。关于2013年全面进口禁令和附加测试要求的维持,专家组认定日本已经证实了其主张。总体而言,专家组认定,日本已经满足其举证责任,确定超过100bd/kg含量铯的污染可能性很低。

专家组随后比较了日本产品和其他来源的产品中铯的潜在污染,认为大多数日本产品和非日本产品所含的铯含量可能低于100bq/kg的水平。关于锶和钚,专家组发现来自日本和其他来源的食品中,锶和钚的含量可能低于它们各自的耐受水平。专家组不认可福岛核事故未来可能释放的物质与韩国采取措施时以及专家组成立时食品情况是否相似之间具有相关性。专家组据此得出结论认为,在采用附加测试要求和2013年全面进口禁令时,日本和其他成员的产品(禁止从福岛和茨城进口太平洋鳕鱼除外)存在相似情况,在专家组成立时,在维持韩国的进口禁令和附加测试要求方面也存在相似的情况。

关于韩国的进口禁令和附加测试要求是否构成对日本产品的歧视对待。毫无争议,在当事方之间,只有日本的产品受到了特定产品进口禁令和全面进口禁令的限制。专家组认定2013年全面进口禁令的采取以及特定产品进口禁令和2013年全面进口禁令的维持都构成了对日本产品的歧视对待。关于附加测试要求,专家组已经确认,韩国要求对每批铯或碘含量测试到超过0.5bq/kg的日本产品至少要对锶和钚进行测试。专家组还注意到,附加测试所带来的高昂费用和时间延误实际上阻碍了日本产品进入韩国市场。这些要求只针对日本产品,专家组认定,在边界和销售点进行测试有可能会对日本进口产品造成负担,相比于韩国的和第三国的产品,这样的潜在负担是歧视性的。此外,专家组经过调查发现,韩国并没有对国内产品在生产阶段进行附加测试。因此,专家组认为,韩国采取2013年上市前额外测试要求和2011年、2013年上市前仅对日本产品进行的附加测试要求是歧视性的。

专家组继续分析措施是否任意或无理地歧视了日本产品。关于进口禁令,专家组基于各种因素得出结论,认为韩国的进口禁令与保护韩国人口免受污染食品所带来的风险的目标之间没有合理联系。专家组还认定,韩国维持特定产品进口禁令和全面进口禁令等同于任意或者不合理的歧视。关于附加测试要求,专家组认为,对日本食品实施附加测试要求所造成的歧视与韩国所陈述的措施的监管目标之间没有合理联系。因此,专家组认为,2013年附加测试要求以及对2011年和2013年附加测试要求的维持构成对日本产品的任意或不合理的歧视。

综上所述,专家组认定韩国的措施在情况相同的成员之间,对日本产品造成了任意和不合理的歧视待遇。专家组根据这一裁定,认定进口禁令和附加测试要求同样构成对国际贸易的变相限制。

三、韩国的控制、检查和批准程序是否符合《SPS 协定》第 8 条和附件 C(1)

《SPS 协定》第 8 条要求成员在实施控制、检查和批准程序时遵守附件 C 的规定。根据该条,不符合附件 C 义务的也必然不符合第 8 条。专家组首先分析韩国的 2011 年和 2013 年附加测试要求是否属于第 8 条和附件 C(1)的范围,然后判断该程序是否以对进口产品更为不利的方式予以实施。

专家组回顾,韩国的附加测试要求包括两项措施,第一项是在 2011 年针对非渔业产品(除了牲畜产品)采取的,第二项是在 2013 年将附加测试要求扩展适用到所有的渔业产品和牲畜产品。附件 C 的序言中使用了"任何程序"这一表述,双方对附加测试要求是否构成第 8 条和附录 C 中所述的程序存在争议。专家组指出,附录 C(1)的措辞表明其适用于"检查和确保实施卫生与植物卫生措施的任何程序",条款的标题只是对内容的说明,没有限制其适用范围的作用。专家组引用了上诉机构在澳大利亚苹果案中的观点:虽然第 8 条和附录 C(1)指向程序,但这并不表明其他规定就一定被排除在外,有一些不属于"控制、检查和批准程序"的措施也可能会违反上述规定。如果专家组狭义地界定程序,将会使得《SPS 协定》的目的难以实现。所以专家组认定,韩国的附加测试要求属于第 8 条和附录 C 中的程序。

韩国还对第 8 条和附件 C 对其措施的适用性提出了异议,韩国认为额外测试要求本身就是 SPS 措施,而不是确保履行 SPS 措施的程序。韩国依赖之前的专家组和上诉机构报告认为,控制、检查和批准程序必须和它们将要实施的 SPS 措施区分开来。专家组同意此前案件中专家组和上诉机构的意见,即在相关程序和 SPS 措施之间必须存在联系,但是专家组认为,这些报告并没有排除将实质性 SPS 措施的要求或目标和程序合并为单一措施的可能性,如果采用韩国的解释,各成员只需在同一文书中规定控制、检查和批准程序以及实质性 SPS 要求,就可以轻松地逃避对第 8 条和附件 C 项下的程序要求的审查。专家组得出结论认为,如果一项程序属于第 8 条和附件 C 的范围,则该程序与该成员确保履行的 SPS 措施之间必须存在联系,而且采用实质性 SPS 要求的措施不一定要与程序性的措施分开。此外,专家组认为,韩国的附加测试要求规定了韩国要求测试日本产品是否含有某些特定的放射性核素,以及检查这些产品是否超过韩国的容许水平的方法或方式,还特别规定了分析报告完成的方式、应如何收集和处理样品和标本、应测试的放射性核素以及容忍程度。因此,它们完全符合附录 C 脚注 7 中提到的程序类型。因此,专家组认为,2011 年和 2013 年附加测试要求构成了第 8 条和附录 C 意义上的程序。

关于附加测试要求是否检查和确保履行韩国的 SPS 措施的问题,专家组回顾,韩国在福岛核事故发生后不久实施了这些措施,以保护其公民。专家组理解韩国采取的措施的目的是确保从日本进口的食品放射性核素的浓度不超过韩国允许的水平,确保韩国的消费者对食品中的放射性核素的接触和所有人造放射性核素的水平一样低。专家组认定附加测试要求是检查并确保履行韩国的 SPS 措施的程序,据此专家组得出结论,2011 年和 2013 年附加测试要求构成了第 8 条和附件 C 意义上的检查和确保履行韩国 SPS 措施的程序。

专家组接着分析这些程序的实施是否以对进口产品较为不利的方式实施。附件 C(1)(a)要求控制、检查和批准的程序的实施和完成要求不能以对进口产品较为不利的方式进行。在俄罗斯猪案(WT/DS475)中专家组认为,根据附件 C(1)(a)进行的评估必须包含两个分析步骤:(1)国内产品和进口产品是否相似;(2)在实施措施时,后者是否受到较为不利的待遇。

首先是相似性分析。专家组承认,2011 年和 2013 年附加测试要求仅适用于日本产品,产地是韩国用来区分国内产品和日本产品的标准。然而,对于专家组来说,不能仅仅因为产地是区分产品的一项标准,就假定措施满足推定的条件。专家组根据宣布2011年和2013年附加测试要求的新闻稿和专家组记录上的相关文件,注意到这些文件提到了福岛核事故和与健康有关的问题。此外,专家组注意到,日本没有否认支撑2011年和2013年附加测试要求的除了产地之外的其他关切。专家组补充说,即使2011年和2013年附加测试要求适用的范围超过了必要的限度,但仅仅凭着这种要求适用于日本,还是不能和公共健康关切以及日本发生福岛核事故这一事实分开。此外,专家组审议了韩国的SPS制度,认为该制度考虑到了来自日本以外产地的受污染产品所造成的健康风险。专家组特别注意到,韩国密切监测从乌克兰、白俄罗斯和其他受切尔诺贝利核事故余尘影响的邻国进口的食品,并对太平洋区域捕获的6种鱼每周进行两次铯测试。因此专家组认为,韩国措施的实施基础是多样的,不仅仅基于产地,还考虑到了食品被放射性核素污染的可能性。基于所有这些原因,专家组认定就日本根据附件C(1)(a)提出的要求而言,日本没能证明日本进口产品和韩国国内产品可以被推定为相似。

由于日本未能推定进口产品和国内产品相似,专家组要分析根据先前专家组和上诉机构阐述的传统四项标准,日本是否证明了它们的相似。专家组认为由于日本声称国内产品和进口产品是相似的,日本负有举证责任。鉴于日本没有提供进一步证据,专家组认为,根据附件C(1)(a),日本未能证明国内产品和进口产品能够被视为相似产品。专家组还据此认定日本未能证明韩国采取或维持2011年和2013年附加测试要求的行为不符合附件C,因此也未能证明不符合第8条。有了这一结论,专家组认为没有必要分析韩国的附加测试要求是否以对日本的产品更为不利的方式实施。

综上所述,专家组认定,日本未能证明韩国在采取和维持2011年和2013年附加测试要求方面的行为与附件C(1)条款的相关段落不一致,从而也未能证明其与《SPS协定》第8条不一致。

四、韩国的措施是否符合其透明度义务

《SPS 协定》第 7 条和附件 B 规定了促进 SPS 措施透明度的义务。日本指称,韩国没有按照附件 B(1)的要求公布其进口禁令和额外测试要求,韩国的咨询点没有按照附件 B(3)(a)和(b)的要求提供有关文件并对日本的问题作出回答。双方争论的主要焦点是,韩国通过政府网站发布新闻稿宣布实施进口禁令和额外测试要求,是否符合附件 B(1)的义务。

韩国和日本就附件 B(1)是否要求成员公布法规本身的文本存在分歧。日本认为,条约条款的文本明确规定,必须公布的是规章本身,而不是该文本的摘要、概要或其他描述。韩国认为,公布 SPS 条例只需包含能使利益相关方注意到该 SPS 措施的充分信息。专家组指出,根据《SPS 协定》附件 B(1),各成员有义务确保已采取的措施迅速公布,使有关成员能够了解。专家组注意到,日本质疑韩国在某些网站上发布新闻稿的行为足以满足附件 B(1)中的其他要素。专家组比较了附件 B(1)与附件 B(5)(a)的措辞,认为,附录 B(1)项下的义务是公布 SPS 法规的内容而不是其概要。对专家组而言,公布的形式可以是多样的。专家组还认为,《SPS 协定》附件 B(2)为解释《SPS 协定》附件 B(1)提供了上下文。专家组指出,附件 B(2)要求成员在 SPS 法规公布和生效之间留出一段合理的时间间隔,以便给出口成员方的生产商,尤其是发展中国家成员方,一定的时间来调整它们的产品和生产方法,以适应进口成员方的要求。专家组指出,如果没有充分了解这些要求的细节内容,出口成员的生产者不可能调整其产品和生产方法来满足进口成员的要求。鉴于公布的目的是让各成员了解适用于其产品的条件,并让它们有时间适应新规定,人们也希望获得以下资料:出口商必须满足的实质性和程序性要求、法规生效的日期、受 SPS 法规影响的产品,以及如果该法规影响到特定成员或地区,则该法规适用的成员或地区。专家组得出结论认为,为

了遵守《SPS 协定》附件 B(1)的要求,必须使有关措施通过适当的媒介被普遍了解或获得,并包含有关成员希望知道的适用于其货物的要求(包括具体原则和方法)的充分内容。

专家组接下来分析韩国的措施是否以能够确保日本了解的方式予以公布。谈到针对特定产品的进口禁令,专家组认定宣布这些禁令的新闻稿包含了法规的内容,因为它们列出了货物、原产地和适用条件。关于这些新闻稿在韩国提供的网页上的可访问性,专家组认定,它无法知道该网址在韩国宣布这些措施的当天是否可用以及当天提供了哪些内容。专家组指出韩国并没有提供该网站在适当时期的存档版本。此外,专家组认为,韩国没有提供任何证据证明,在采取措施时,有关成员会知道去韩国指定的网站上查找有关这些产品的 SPS 措施的信息。日本已经给出初步证据表明韩国公布特定进口禁令的方式没有确保日本了解其内容,专家组认定,关于特定产品进口禁令,韩国的行为不符合《SPS 协定》附件 B(1)和第 7 条。

关于全面进口禁令,专家组指出,宣布这项措施的新闻稿载有有关产品的来源和适用条件,这是毫无争议的。但是韩国和日本对新闻稿中提到的所有渔业产品是否足以说明全面进口禁令所涵盖的产品有不同意见。专家组注意到,在韩国向 WTO 提交关于全面进口禁令的通知中,与其新闻稿相比,韩国提供了更多关于这一措施的产品范围的细节。专家组认为,韩国在其新闻稿中使用了一个模糊的用词,而事实上其全面进口禁令的范围包括在其 WTO 的通知中通常被认为属于其他类别的产品。鉴于新闻稿不包括将受到措施规定的禁令限制的所有产品,专家组认定韩国没有公布该条例的全部内容。关于新闻稿的可获取性,专家组注意到其与上一问题存在同样的情况,由于日本提出了初步证据,即韩国没有以使日本能够了解的方式公布全面进口禁令,专家组认为韩国的行为不符合《SPS 协定》附件 B(1)和第 7 条。

关于 2011 年和 2013 年附加测试要求,专家组依据同样的事实和理由认定韩国的行为不符合《SPS 协定》附件 B(1)和第 7 条。

接下来专家组审查了韩国的咨询点是否对日本提出的合理问题作出了答复并提供了相关文件。日本声称,韩国的行为和《SPS 协定》附件 B(3)和第 7 条不符,因为其 SPS 咨询点未能提供实施进口禁令和附加测试要求的措施副本,未能对日本提出的很多问题作出充分的回答。对于它在 2014 年 6 月 24 日所提出的请求,日本认为韩国咨询点的回答是不充分和不完整的,并且没有对其在 2014 年 11 月 13 日提出的第二次请求作出回复。韩国则认为,既然日本承认韩国的咨询点回复了日本 2014 年 6 月 24 日的请求,就意味着其履行了附件 B(3)下的义务。关于咨询点没有对日本的后续请求作出回应,韩国辩称,咨询点没有作出回应的单一实例并不构成违反附件 B(3)。专家组不同意韩国的观点。专家组的结论是,为了符合附件 B(3)的规定,不能仅仅在形式上设立一个咨询点,而要实际提供资料和对合理问题作出答复来遵守第 7 条。

在审查韩国的行为是否与《SPS 协定》附件 B(3)不一致时,专家组注意到,韩国的咨询点对日本 2014 年 6 月 24 日的请求作出了回应。虽然答复不完整,也没有使日本能够方便地将所提供的文件与日本提出的问题联系起来,但专家组认为韩国的答复并没有达到不符合附件 B(3)义务的程度。

韩国没有对日本 2014 年 11 月 13 日的请求作出任何回应。专家组认为尽管韩国对日本第一次请求的回应本身不足以证明与附件 B(3)不一致,但是韩国的咨询点没有回应日本的第二个请求,因此未能遵守附件 B(3)的义务。专家组澄清说,它所作出的不一致的裁决是基于 SPS 咨询点既没有答复日本的第二个请求,也没有说明所提供的答复与日本在第一次请求中提出问题的相关性。既然专家组已经确定韩国的行为与附件 B(3)的义务不一致,因此也不符合《SPS 协定》第 7 条的义务。专家组认定韩国采取这些措施的行为不符合其透明度义务。

【上诉机构的分析和结论】

一、韩国的措施是否符合《SPS 协定》第 5.6 条

专家组认为日本提议的替代措施符合第 5.6 条,韩国认为这一结论是错误的,韩国认为专家组实际上适用了错误的保护水平,从而导致错误地认定日本提出的措施满足韩国的保护水平。

上诉机构指出,根据《SPS 协定》,日本为证明存在第 5.6 条下的替代措施,应满足 3 个条件。

韩国认为,专家组的分析和结论仅仅侧重于定量,忽略了“尽可能低的放射暴露”,以及将放射性核素水平维持在普通环境中存在的水平这两个要素,这两者都是韩国的保护水平的一部分。上诉机构发现,尽管专家组认识到韩国的保护水平包含若干要素,但其分析反映出其主要的关注点是低于每年 1msv 的暴露水平,将它作为日本提议的替代措施能否满足韩国保护水平的决定性指标。上诉机构认为,《SPS 协定》第 5.6 条和附件 A(5)都没有排除成员的保护水平可以包含多个要素,因此,由韩国提出并为专家组所接受的方案反映了一种多方面的保护,需要根据《SPS 协定》第 5.6 条的要求予以全面满足。在上诉机构看来,虽然专家组接受了韩国自己表述的多方面的保护水平,但其分析侧重于每年 1msv 的定量因素。专家组的认定结果实际上是将其他两个因素从属于定量因素。这和专家组在分析之初所明确接受的韩国自己的保护水平并不一致。据此,上诉机构认定,专家组在适用《SPS 协定》第 5.6 条时错误地认定日本的替代性措施达到了韩国的保护水平。上诉机构推翻了专家组的以下结论:(1)2013 年全面进口禁令(除了对来自福岛和茨城的太平洋鳕鱼的进口禁令)以及附加测试要求不符合第 5.6 条;(2)韩国所有措施的维持不符合第 5.6 条。

二、韩国的进口禁令措施是否符合《SPS 协定》第 2.3 条

韩国质疑了专家组关于《SPS 协定》第 2.3 条的结论，韩国认为专家组适用了错误的标准，仅仅将存在于产品中的风险作为有关条件。在韩国看来，有关条件必须包括日本的环境和生态条件以及福岛核事故的情况。

上诉机构指出，根据《SPS 协定》第 2.3 条的规定，有关情况必须根据措施的特定性质和案件的特殊情况来确定。上诉机构认为，虽然根据第 2.3 条的分析可能要考虑包括来自不同成员的产品中存在的情况，但是对第 2.3 条进行的解释也包括对相关情况进行考虑，例如发生在领土内的情况，在何种程度上它们可能会影响争议中的产品。因此，根据第 2.3 条进行的分析必须考虑不同成员方的所有有关情况，包括由于监管目标和特定争议中的 SPS 风险，目前为止还没有在产品中显现，但又是有关领土内的情况。本案专家组在适用第 2.3 条时，实际上依赖于食品的实际污染水平而没有考虑其他可能影响食品污染水平的有关领土情况，所以专家组的结论最终未能考虑到不同成员领土内普遍存在的有关情况可能造成的污染。

据此，上诉机构得出结论认为，专家组在解释和适用《SPS 协定》第 2.3 条的时候，错误地认定在日本和其他成员之间存在相似的情况。上诉机构推翻了专家组以下结论：(1)采用 2013 年全面进口禁令(禁止从福岛和茨城进口太平洋鳕鱼除外)和附加测试要求与第 2.3 条不一致；(2)韩国所有措施的维持与第 2.3 条不一致。

三、韩国的进口禁令措施是否符合《SPS 协定》第 5.7 条

《SPS 协定》第 5.7 条规定，在相关科学证据不足的情况下，一成员可根据可获得的有关信息，包括来自有关国际组织的信息以及来自其他成员实施的 SPS 措施的信息，临时采取 SPS 措施。专家组对

韩国的措施是否符合第5.7条的四个要求进行了审查,并且确认韩国的措施都不满足这些要求。韩国认为日本在其专家组请求中并没有针对该条款提出诉请,《SPS 协定》第5.7条超出了专家组的职责范围,根据 DSU 第6.2条、第7条和第11条,专家组错误地根据《SPS 协定》第5.7条作出了结论。上诉机构认为申诉方的专家组请求界定了争议范围。由于日本在专家组请求中并没有根据《SPS 协定》第5.7条提出诉请,专家组就韩国的措施是否符合第5.7条作出结论,超出了它的职权范围,从而违反了 DSU 第7.1条和第11条。为此,上诉机构宣布,专家组根据《SPS 协定》第5.7条得出的结论无效并且没有法律效力。

四、韩国的进口禁令措施是否符合《SPS 协定》第7条和附件B

(一)是否符合附件B(1)

专家组认为,附件B(1)要求 SPS 法规的出版物应该包含足够的信息来确保利益相关方了解将适用于其货物的要求。韩国认为专家组给成员方施加了该条款中并不包含的义务。上诉机构修改了专家组报告第7.464段中的结论,即附件B(1)要求在所有情况下公布的 SPS 法规应包括适用于产品的"具体原则和方法"。上诉机构认为,在附件B(1)下 SPS 法规的出版物是否需要包括适用于产品的特定原则和方法,要根据每一个案件的特定情况来确定,例如争议中的 SPS 法规的性质、所涵盖的产品以及所包含的 SPS 风险的性质。

关于全面进口禁令,韩国在上诉请求中认为关于其措施适用的产品范围,使用"所有渔业产品"这样的表述是清楚的。上诉机构指出,为了确保利益相关方了解所采取的 SPS 法规,附件B(1)所指的出版物必须是为相关成员方可获取的,并且包含足够的信息,包括采取的 SPS 法规的产品范围和要求,以及为利益相关方提供了解这些措施的方式。因此,上诉机构同意专家组的结论,即宣布全面进口禁令的新闻稿没有包含全面进口禁令的全部产品范围。专家组将《SPS 协定》附件 B(1)适用于此措施的产品范围有关的全面进口禁令的做法没有错。

关于 2011 年和 2013 年附加测试要求,上诉机构认为,若出版物中不包括 SPS 法规的内容和要求,新闻稿就没办法确保利益相关方成员了解 2011 年和 2013 年的附加测试要求。因此,上诉机构支持专家组的结论,即韩国没有公布足够的信息来确保日本了解 2011 年和 2013 年附加测试要求,韩国的行为不符合附件 B(1)的义务。

关于所有措施的新闻稿的可获取方面,正如上述提到的,附件 B(1)要求以能够确保利益相关方了解的方式公布所采取的 SPS 措施,不仅要公布出版物的内容而且也要具有可获取性。上诉机构指出,本案应该由韩国来提出证据证明日本知道从这些网站查阅相关信息,但是韩国并没有给出清晰的解释来说明日本能够定位并获取这些新闻稿。尤其是上诉机构并不清楚为什么韩国的这些措施发布在不同的网站上。鉴于上述情况,上诉机构认为在出版物的获取方面,专家组的结论没有错误。

韩国指出,专家组认定韩国没有按照《SPS 协定》附件 B(1)的规定公布所有的争议措施,其行为不符合 DSU 第 11 条。韩国认为关于新闻稿的出版日期是毫无争议的,专家组要求韩国针对一项无争议的事项提供证据是不适当的,尤其是考虑到专家组从未要求韩国提供网页的存档版本。在上诉机构看来,日本的专家组请求明确列举了韩国新闻稿以及确切日期,但这并不等于承认了在这些特定日期这些新闻稿在这些网站上就是可获取的。韩国提出日本在其专家组请求中列举出有确切日期的新闻稿名单,等同于明确承认了新闻稿的公布日期,上诉机构不赞同这种说法。上诉机构称,根据 DSU 第 11 条,专家组有义务对争议事项作出全面、客观地评估,其中包括考虑所有证据并评估其可信性。然而专家组在缺乏关于新闻稿公布日期的进一步的证据,且日本还未提出反驳的情况下作出了结论,这意味着专家组暗示地将举证责任分配给了韩国。上诉机构认为,专家组让当事方自己去猜测其将承担什么样的举证责任是不够的。因此上诉机构认定在该案中,专家组不应该在日本没有提交反驳意见的情况下,让韩国自己去预测其将会被要求提交存档版本的网页来证明政府网站上的新闻稿的公布日期。据此上诉机构认定,专家组作出的关于它无法知道韩国提供的网址在韩国宣布每一项争议的措施的时候是否可以获得,以及什么内容能够获得的行为不符合 DSU 第 11 条。

关于全面进口禁令,鉴于专家组关于争议中的 SPS 措施作出的结论所依据的其余理由是没有争议的,并且每一个理由都证明了专家组作出最终结论的正当性,因此专家组关于韩国没能根据《SPS 协定》第 7 条和附件 B(1)的规定公布其 SPS 措施的结论仍然成立。

(二)是否符合《SPS 协定》附件 B(3)

韩国在其上诉请求中声称,专家组对《SPS 协定》附件 B(3)的解释和适用存在错误,从而错误地认定韩国的咨询点仅仅因一次未对日本的请求进行答复就构成了与该条款的不一致。在上诉机构看来,附件 B(3)的义务是确保存在一个咨询点来负责对合理问题提供答复并提供有关文件。上诉机构强调,一个咨询点是否以及在何种程度上回答了所有合理问题并提供相关的文件,与根据附件 B(3)所进行的评估相关。这种评估要求对所有相关因素进行审查,包括咨询点所收到的问题总量以及问题在多大比例或程度上被答复,请求和收到的信息的性质和范围,以及咨询点是否一再地不予答复。上诉机构认为专家组错误地解释了附件 B(3),认定咨询点有一次未能对合理问题作出答复或者提供有关的文件就导致不符合附件 B(3),上诉机构据此推翻了专家组的这一结论。

在适用附件 B(3)时,专家组主要是根据日本向韩国咨询点提出的两项请求展开分析,在将附件 B(3)适用于案件事实时,专家组将其分析局限于韩国咨询点对日本的两项请求所作的答复上。在上诉机构看来,这并不构成对所有必要的相关因素的充分审查。因此,上诉机构认为,专家组错误地适用了附件 B(3),仅仅基于两个特定的例子来认定韩国的行为不符合附件 B(3),从而不符合第 7 条。上诉机构据此推翻了专家组的结论。

五、专家组关于《SPS 协定》第 8 条和附件 C 的解释是否错误

日本认为专家组对附件 C(1)(a)的解释和适用存在错误,从而错误地认定日本进口产品和韩国的国内产品可以推定为相似。专家组没有分析 SPS 措施的程序是否完全基于产地进行区分的问题,因此也没有探讨进口产品和韩国国内产品是否能够在附件 C(1)(a)的背景下推定为相似产品的问题。专家组指出,无论韩国的措施是否符合《SPS 协定》第 2.3 条和第 5.6 条,对日本适用 2011 年和 2013 年附加测试要求,这种区分并非仅仅基于产地,本案不能脱离公共健康关切和日本发生的福岛核事故这一事实。专家组根据附件 C 拒绝认定日本进口产品和韩国国内产品相似。上诉机构据此认为专家组的分析和结论没有错误,支持专家组在其报告中关于日本未能证明韩国的行为与附件 C(1)(a)和第 8 条不符的结论。

【案件评析】

本案是在全球范围内破坏力极强的核事故所引发的纠纷,因此对于本案中韩国所采取的措施就必须审慎对待。韩国在日本发生福岛核事故之后逐步采取了一些针对日本产品的进口禁令。不可否认,日本核事故所造成的破坏性后果极为严重,但是成员方也必须在 WTO《SPS 协定》的规定下采取相应的应对措施,否则《SPS 协定》就很容易沦为一个成员针对其他成员实施贸易歧视的非关税壁垒措施的工具。正是因为考虑到《SPS 协定》被某些国家用作实施贸易壁垒的工具的可能性,该协定本身也规定了严格的适用条件。只有在被诉方所采取的措施符合这些条件的情况下,其措施才可被视为该协定项下的措施,从而不会被认定为违反 WTO 的义务。

本案中,日本提出的涉及《SPS 协定》第 5 条和第 2.3 条的实质性

诉求虽然得到了专家组的支持,但均被上诉机构推翻。上诉机构推翻专家组结论的关键点在于专家组对核事故这一重大事件没有给予足够的重视,在认定产品的相似性、成员情况是否相同、韩国的保护水平等问题上,都没有做深入的分析。日本提出的涉及程序的诉请都得到了支持,这也从另外一个角度提示我们,即使目的正确,措施得当,其实施也应当符合正当程序的要求,否则仍然可能违反《SPS 协定》。

《SPS 协定》所涉及的是保护人类、动植物的生命和健康免受威胁和损害。成员方可以出于保护本国国民、动植物生命健康的目的采取管制措施,但是其采取的措施不能阻碍全球贸易的发展,贸易自由化以及促进贸易发展始终是 WTO 所追求的目标。从本案中专家组和上诉机构所作分析可以看出,《SPS 协定》要求成员方采取的措施应该是为了实现其保护水平所必需的。因此成员方在采取措施之前必须进行风险评估,确保其措施和其所要取得的保护水平之间具有客观联系,同时确保其措施是为了达到其保护水平对贸易的限制程度最小的措施,由此,才能确保其措施的正当性和合理性。

自 1995 年 WTO 成立以来,DSB 受理了 26 起涉及《SPS 协定》的案件,其中 17 件通过或正在通过专家组/上诉机构审理。案件总量与反倾销、反补贴和保障措施案件相比是比较低的,但是通过专家组解决纠纷的比例却是比较高的(占提出申诉案件量的 65%)。在这些案件中,都是被诉方“败诉”。这反映了国际贸易中新形式的贸易壁垒的复杂性,同时也表明 WTO 成员一方面要运用 SPS 措施保护本国国民生命和健康,另一方面要遵守 WTO 的各项规定,是一件非常困难的事。

随着中国步入世界贸易大国的行列,我们必须重视对《SPS 协定》的应用。一方面在我国与他国进行贸易往来时,要积极利用《SPS 协定》保护我国国民和动植物生命健康;另一方面当我国的出口产品被其他国家采取 SPS 措施时,我们也要利用该协定在程序和实体两方面的严格要求来判断其措施是否符合该协定规定,以此来维护我国的正当权益。

哥斯达黎加:鳄梨进口限制
(WT/DS524)

2017年3月8日,墨西哥要求就哥斯达黎加对鳄梨的进口限制措施与其磋商。墨西哥指出哥斯达黎加的措施不符合GATT第1条、第3条、第10条和第11条,也违反了《SPS协定》的义务。2018年12月18日,DSB应墨西哥的请求成立专家组。中国、印度、美国、巴拿马、洪都拉斯、加拿大、俄罗斯、欧盟、萨尔瓦多保留作为第三方介入的权利。2019年5月16日,专家组组成。到2021年年底,专家组仍在工作。

中国:油菜籽进口措施
(WT/DS589)

2019年9月9日,加拿大要求就中国对油菜籽的进口措施与其磋商。加拿大指出中国的措施不符合《SPS协定》相关条款的义务。到2021年年底,双方仍在磋商。

巴拿马：食品进口措施
（WT/DS599）

2021 年 1 月 11 日，哥斯达黎加要求巴拿马就食品进口措施与其进行磋商。哥斯达黎加指出巴拿马的措施违反了《SPS 协定》相关条款。由于双方磋商未果，应哥斯达黎加的请求，DSB 于 2021 年 9 月 27 日成立专家组。巴西、加拿大、中国、澳大利亚、美国、俄罗斯、英国、欧盟、印度、洪都拉斯、尼加拉瓜和墨西哥要求保留作为第三方介入的权利。至 2021 年年底，专家组仍未组成。

欧盟:进口禽肉的措施
(WT/DS607)

2021 年 11 月 3 日,巴西要求欧盟就进口禽肉的措施与其进行磋商。巴西认为欧盟的措施违反了《SPS 协定》第 2 条、第 5 条、第 8 条和附录 C 的相关条款,以及 GATT 第 3 条和第 11 条。至 2021 年年底,本案仍在磋商中。

………《TBT 协定》

俄罗斯:影响铁路设备进口的措施 (WT/DS499)*

申诉方(上诉方、被上诉方):乌克兰

被申诉方(被上诉方、上诉方):俄罗斯

第三方(第三参与方):加拿大、中国、欧盟、印度、印尼、日本、新加坡、美国

2015 年 10 月 21 日,乌克兰请求就铁路设备进口的措施与俄罗斯进行磋商。由于磋商未果,应乌克兰的请求,DSB 于 2016 年 12 月 16 日决定成立专家组。2017 年 3 月 2 日,专家组经双方协商组成。2018 年 7 月 30 日,专家组报告公布。双方都提出上诉。2020 年 2 月 4 日,上诉机构报告公布。2020 年 3 月 5 日,DSB 通过了上诉机构和专家组报告。

该争议涉及俄罗斯就其铁路产品合格评定程序采取的某些措施。自 2014 年以来,俄罗斯停止向乌克兰铁路产品生产商颁发合格评定证书,且不承认由其他中亚国家向乌克兰生产商颁发的合格评定证书。此外,乌克兰生产商提交的申请被拒绝或不加考虑地退回。乌克兰认为,俄罗斯的做法违反了《TBT 协定》的相关条款。

---

* 本案初稿中专家组和上诉机构报告部分由华东政法大学翻译硕士专业研究生常健撰写。

【专家组的分析和结论】

一、对合格评定证书的暂停是否符合《TBT 协定》第 5 条的相关条款

1. 俄罗斯的措施是否符合第 5.1.1 条①

第 5 条规定了中央政府机构的合格评定程序,其中第 5.1.1 条要求合格评定程序的制定、采用和实施应在可比的情况下以不低于给予本国同类产品的供应商或源自任何其他国家同类产品的供应商的条件,使源自其他成员领土内的产品的供应商获得准入;该准入意味着产品供应商有权根据该程序的规则获得合格评定,包括在该程序可预见的情况下,在设备现场开展合格评定和获得该评定体系的标志。

乌克兰称,俄罗斯在没有对有关产品进行检查控制的情况下,暂停了铁路产品生产商持有的证书,在进行检查控制后,维持了俄罗斯铁路产品生产商和其他国家铁路产品生产商持有的证书的有效性,却暂停乌克兰铁路产品生产商持有的有效合格证书。乌克兰认为俄罗斯的 14 项指令均不符合第 5.1.1 条。俄罗斯辩称,乌克兰应当证明所涉乌克兰产品与俄罗斯产品或其他国家的产品相似。由于乌克兰的安全局势,乌克兰铁路产品供应商的情况无法与俄罗斯铁路产品供应商和其他国家铁路产品供应商的情况相比。

专家组认为,第 5.1.1 条规定了最惠国待遇和国民待遇的义务,要确定进口成员的行为不符合关于合格评定程序的非歧视义务,首先必须确定涉案措施是中央政府的合格评定程序,其次需要审查三个要素:(1)以较差待遇获得准入的供应商的产品与国内供应商或任何其他国家的供应商的产品相似;(2)进口成员以低于给予国内产品

① 本案中除特别说明外,其他的条款均指《TBT 协定》。

或来自任何其他国家的产品供应商的条件给予来自另一成员的产品的供应商准入;(3)进口成员对处于类似情况的同类产品供应商以不利的条件给予准入。

乌克兰质疑的14项指令涉及中央政府机构的合格评定,而且是强制性合格评定程序,双方对此没有争议。所有记录在案的证据证实第5.1.1条适用于14项指令。首先,这14项指令是由联邦预算组织(Federal Budgetary Organization, FBO)联邦铁路运输登记官(Register of Certification on the Federal Railway Transport)发布的,FBO受俄罗斯交通部联邦铁路运输局管辖,是负责铁路运输认证的实体。因此,FBO是一个中央政府实体。此外,这些指令的依据是俄罗斯铁路产品的合格评定程序,即由俄罗斯铁道部的指令所采用的《俄罗斯联邦铁路运输规则》。因此,专家组认为,涉案指令涉及由中央政府机构进行的合格评定。其次,关于暂停乌克兰生产商持有的铁路产品合格证书的14项指令。合格证书是"根据《俄罗斯联邦铁路运输规则》签发的文件,以确认经认证的铁路运输设施符合适用要求"。铁路产品只有在获得证书后才能在俄罗斯境内流通。因此,很明显,涉案指令涉及强制性合格评定程序。

本案是WTO成立以来,在争端解决中第一次遇到第5.1条的问题,许多第三方都发表了看法。专家组指出,"类似产品"和"类似情况"都必须结合案件的事实进行具体分析。专家组决定结合14项指令来分析上述三个要素。基于审查结果,专家组认为FBO通过14项指令暂停向乌克兰铁路产品生产商发放以前有效的证书,并且拒绝对乌克兰供应商的产品进行合格评定,给予了乌克兰铁路产品生产商较差的待遇。那么,产品是否处于类似情况呢?乌克兰认为情况相同,而俄罗斯则提出安全局势及俄罗斯公民不得进入乌克兰的禁令造成不同情况。专家组依据双方提交的证据,对这两点做了仔细审查,专家组注意到下列情况:2014年1月,乌克兰国内发生动乱,2014年上半年,包括涉案产品生产商所处地域在内的局势很不稳定,直到2017年5月初,乌克兰各地爆发反俄集会;2013~2017年,从俄罗斯进入乌克兰的人数自2014年年初起急剧下降。俄罗斯外交部发出旅行警告;FBO官员表示拒绝去乌克兰,而乌克兰生产商表示愿意提供安全保护。关注到这些情况,专家组认为,FBO从工作人员安全出发认为,在乌克兰进行合格评估程序的条件得不到满足,这样的决定没有超出其权限。因此,在特定的时段(2014年4月~2016年12月)两国的产品面临的情况并不类似。有了这一结论,专家组认为没有必要就产品是否类似作出结论。根据上述分析,专家组得出结论认为,乌克兰未能就所涉14项指令证明俄罗斯的行为不符合第5.1.1条规定的义务。

2. 俄罗斯的措施是否符合第5.1.2条

第5.1.2条规定:“合格评定程序的制定、采用或实施在目的和效果上不应对国际贸易制造不必要的障碍。这意味着,在考虑到不符合法规或标准可能产生的风险的情况下,合格评定程序或其实施方式不得比令进口成员足以相信产品符合适用的技术法规或标准所必需得更为严格。”乌克兰声称,FBO的14项指令均不符合第5.1.2条。乌克兰认为,考虑到不符合规定所造成的风险,俄罗斯实施其合格评定程序过于严苛,从而给国际贸易制造了不必要的障碍。俄罗斯辩称,乌克兰质疑的14项指令不违反第5.1.2条;乌克兰未能证明其提出的替代应用方式如何能起到同样的作用,保证在俄罗斯寻求的保护水平上满足技术法规的相关要求。专家组注意到,乌克兰的诉请仅针对14项指令的实施,而没有针对指令本身。

专家组决定分析:俄罗斯的措施对其目的(确信乌克兰的产品符合技术法规)的作用;俄罗斯措施的严格程度,或者对贸易的限制程度;如果不遵守规定可能造成的风险;是否存在贸易限制作用较小的替代措施。专家组认为俄罗斯通过14项指令中的每一项,以限制贸易的方式实施了其合格评定程序。这种合格评定程序的应用方式有助于让俄罗斯充分相信暂停证书所涵盖的铁路产品符合俄罗斯适用的技术法规。不合规可能导致事故,从而危及人类、动物和植物的生命和健康,也可能对环境造成严重损害。因此,受保护的价值和利益显然很重要。专家组注意到,根据适用的合格评定程序,暂停证书不是 FBO 原则上可以适用的最严格的方式。在权衡这些因素和决定时,专家组注意到,FBO 严格适用了合格评定程序的要求,产生了重大的贸易限制效应。但如果采用不同措施,俄罗斯是否仍然相信这可以达到其目的?双方对这一点存在分歧。专家组认为,这种分歧涉及是否有贸易限制性较小的适用方式问题。专家组接着分析了替代措施问题。乌克兰提出了替代措施,如与乌克兰生产商加强沟通,指派乌克兰境内的检查人员做合格评定,授权非俄罗斯的检查人员到乌克兰检查等。乌克兰认为这些替代措施都比俄罗斯的措施对贸易的限制作用小。专家组逐一做了审查,认为这些替代措施都不是合理可得的措施。专家组认为,乌克兰未能证明在适用的合格评定程序下,FBO 适用俄罗斯的合格评定程序的方式超过了必要的限度。考虑到不符合规定所造成的风险,专家组认为,乌克兰未能就 14 项有争议的指令中的任何一项确定俄罗斯的行为不符合第 5.1.2 条规定的义务。

3. 对合格评定证书的暂停是否符合第 5.2.2 条

第 5.2.2 条要求公布每个合格评定程序的标准处理时限,或应请求告知申请人预期处理时限;主管机构在收到申请后迅速审查文件是否齐全,并以准确和完整的方式告知申请人所有不足之处;主管机构尽快以准确和完整的方式向申请人传达评估结果,以便使申请人在必要时采取纠正措施;即使申请有缺陷,如果申请人提出要求,主管机构也将尽可能继续进行合格评定;并应申请人的请求,告知申请人程序的阶段,并解释任何迟延。

乌克兰声称,关于 FBO 暂停乌克兰铁路产品生产商持有的有效合格证书的 14 项指令,俄罗斯的行为不符合第 5.2.2 条中的第 3 项义务,即未能尽快向乌克兰以准确和完整的方式告知合格评定结果,并允许申请人采取纠正措施。专家组仔细审查了涉及 14 项指令通知的日期、内容,事实上,第 1 项指令的通知包括了完整的内容,至于其他指令,由于双方已经发生矛盾,合格评定程序无法进行。俄罗斯在通知中并未告知乌克兰企业其无法进行合格评定的理由。据此,专家组得出结论,除了第1项指令,乌克兰已证明俄罗斯的第2～14项指令不符合第5.2.2条中的第3项义务。

二、FBO拒绝乌克兰申请的行为是否符合第5条的相关条款

1. FBO的拒绝是否符合第5.1.1条和第5.1.2条

乌克兰请求专家组认定,FBO拒绝乌克兰铁路产品生产商提交的合格证书申请,理由是“无法全面执行认证程序”,或“没有文件”。而俄罗斯、欧盟、白俄罗斯和哈萨克斯坦生产商的申请没有被拒绝。乌克兰认为俄罗斯的决定均不符合第5.1.1条的规定,因为俄罗斯以不符合非歧视义务(国民待遇和最惠国待遇)的方式适用其合格评定程序。专家组认为乌克兰质疑的3项决定是由中央政府机构通过的,且涉及一项强制性符合性评估程序。专家组沿用在前面一个问题的分析思路,确认俄罗斯给予乌克兰产品较差待遇,但是乌克兰产品与俄罗斯或其他国家(或地区)的产品并不处于类似情况下,专家组不再对产品是否类似作出决定。专家组得出结论认为,乌克兰未能就FBO“不经审议”退回乌克兰生产商提交的证书申请的两项决定,以及“取消”乌克兰生产商提交的证书申请的决定,证明俄罗斯的行为不符合第5.1.1条规定的义务。

乌克兰根据第5.1.2条对FBO拒绝乌克兰铁路产品生产商提交的新证书申请的3项决定提出怀疑。乌克兰声称,通过发布这3项决定,俄罗斯在每一情况下都适用了其合格评定程序,从而对国际贸易造成了不必要的障碍。专家组沿用了前一问题的分析路径,认为乌克兰未能证明俄罗斯的行为不符合第5.1.2条规定的义务。

2. FBO的拒绝是否符合第5.2.2条

乌克兰还指控俄罗斯的措施违反了第5.2.2条。专家组沿用前一问题的分析路径,确认俄罗斯的第1项和第2项决定不符合第

5.2.2 条的第 3 项义务，而乌克兰未能证明第 3 项决定违反第 5.2.2 条第 3 项义务，也未能证明 3 项决定违反了第 5.2.2 条第 2 项义务。

三、“不承认要求”是否违反第 2.1 条和 GATT 相关条款

1.“不承认要求”是否违反第 2.1 条

第 2.1 条规定：各成员应确保在技术法规方面，给予源自任何成员领土进口的产品不低于其给予本国同类产品和来自任何其他国家的同类产品的待遇。

乌克兰称，俄罗斯根据欧亚经济联盟（Eurasian Economic Union，EEU）第 001/2011 号技术规则，拒绝承认 EEU 其他成员方向乌克兰生产商颁发的证书的有效性（这一措施后文统称为“不承认要求”），俄罗斯还增加了额外的要求，即只有位于 EEU 成员方生产产品的供应商才可以申请证书，只有在申请证书的国家注册的企业才可以申请证书。乌克兰认为这些做法违反了第 2.1 条、第 5.1.1 条和第 5.1.2 条，也违反了 GATT 第 1.1 条、第 3.4 条和第 10.3 条。

双方对是否存在这样的措施有不同意见。专家组仔细审查了证据，确认乌克兰提交的证据表明，俄罗斯的相关部门并没有独立“决定”建立一个新规定，而是通过解释 EEU001/2011 技术规则起到了这样的作用。因此，专家组认为存在乌克兰指控的措施，而且这一措施属于专家组的职权范围。专家组指出，第 2.1 条针对的是技术法规，即实体方面的要求，而不是评定程序方面的要求。关于程序方面的要求是第 5.9 条而不是第 2.1 条规定的。据此专家组认为，由于“不承认要求”不属于第 2.1 条的适用范围，因此该要求与第 2.1 条并不矛盾。

2. 乌克兰根据 GATT 第 1.1 条、第 3.4 条、第 10.3 条（a）项提出的诉请

GATT 第 1.1 条、第 3.4 条和第 10.3 条（a）项分别规定了成员的最惠国待遇义务，国民待遇义务和透明度义务。

乌克兰声称,俄罗斯决定在其领土上不接受其他中亚国家向乌克兰生产商颁发证书的有效性,因为根据该要求,只有在中亚国家领土上生产的产品才可接受认证。乌克兰指出,俄罗斯给予原产于EEU 成员方同类产品的待遇没有立即无条件地给予原产于乌克兰的同类产品,违反了 GATT 第 1.1 条。专家组逐一审查了 GATT 第 1.1 条的四个要素:措施是否属于 GATT 第 1.1 条的范围;是否为同类产品;有没有对其他国家的产品给予优惠或好处;优惠或好处有没有立即无条件给予所有成员的同类产品。双方对第一点没有争议。根据以往案件中专家组的分析,如果产品待遇不同的唯一依据是产地不同,则可以推定产品是“同类产品”。其他成员产品得到的待遇显然没有立即无条件地给予乌克兰生产的同类产品,因此,专家组确认,“不承认要求”不符合 GATT 第 1.1 条的要求。

乌克兰声称,俄罗斯的“不承认要求”也不符合 GATT 第 3.4 条,因为这项决定给予乌克兰铁路产品的待遇低于给予本国同类产品的待遇。专家组分析了国民待遇义务的三个要素:是否属于法律法规、是否为同类产品、对进口产品的待遇是否较差。专家组认为由于 GATT 第 3.4 条的三个要素均已得到证明,因此“不承认要求”不符合 GATT 第 3.4 条的要求。

乌克兰声称,俄罗斯违反了 GATT 第 10.3 条(a)项,因为它没有以统一、公正和合理的方式实施。专家组指出,其已经确认“不承认要求”不符合 GATT 第 1.1 条和第 3.4 条。从解决争端的目的出发,没有必要就俄罗斯的行为是否也不符合 GATT 第 10.3 条(a)项作出裁定。因此,对于这一诉请行使了司法节制,没有作出结论。

四、系统性阻止乌克兰产品进口问题

乌克兰还提出,自 2014 年年中以来,俄罗斯维持系统性阻止乌克兰产品进口的非书面措施。专家组指出,为证明非书面措施的存在,申诉方必须证明:(1)该措施可归于被申诉方;(2)该措施的确切内容;(3)申诉方所描述的该措施的其他要素,这些其他要素可能包括证明该措施的具体性质,即该措施是具有普遍性和前瞻性还是具有不同性质。申诉方可能还需要证明该措施的不同组成部分如何作为单一措施的一部分共同运作,以及这种单一措施如何不同于其组成部分而存在。此外,证明不成文措施存在的证据门槛很高。

乌克兰将不成文措施描述为暂停已发证书的效力,拒绝新证书的申请,以及拒绝承认其他 EEU 成员方颁发的证书。专家组指出,它已经分别分析了乌克兰认为构成"系统性阻止"措施的组成部分。在仔细审查了乌克兰提交的证据之后,专家组认为乌克兰未能证明存在"系统性阻止"乌克兰产品进口的不成文措施。

【上诉机构的分析和结论】

一、乌克兰根据第 5.1.1 条提出的上诉

在上诉中,乌克兰称专家组在解释和适用第 5.1.1 条时犯了错误,未能根据 DSU 第 11 条对问题进行客观评估,从而认定乌克兰未能确定俄罗斯的行为不符合第 5.1.1 条。乌克兰要求上诉机构推翻专家组报告的这一结论。

在第 5.1.1 条的问题上,专家组分析中最关键的结论是认为"在与 FBO 雇员的生命和健康风险有关的情况下,乌克兰的情况无法与其他国家相比"。在此基础上,专家组得出结论认为:"2014 年 4 月至 2016 年 12 月期间,乌克兰铁路产品供应商被拒绝同样条件的准入,这种情况与俄罗斯允许俄罗斯铁路产品供应商和其他国家铁路产品供应商准入的情况是不一样的。"

上诉机构认为,在对第 5.1.1 条的解释中,专家组概述了一些可能与确定"可比情况"存在相关的因素,特别是认识到特定于所涉供应商的各种因素的相关性。此外,专家组正确地得出结论,认为必须

根据合格评定程序的相关规则和记录在案的其他证据,逐案评估一种情况是否具有可比性。上诉机构认为专家组充分阐述了第5.1.1条的解释框架,而且在对第5.1.1条的解释中,专家组并没有"完全遵循"被申诉人争论的"线索"或"就'具有可比性的情况'作出不完整的结论",专家组对这一条的解释并不存在错误。

根据第5.1.1条,评估是否在不低于"可比较的情况下"的条件下给予准入,应侧重于对给予同类产品供应商准入合格评定的条件以及监管成员确保遵守基本技术法规或标准要求的能力有影响的因素。因此,与调查是否存在"可比情况"相关的因素必须是可能影响进口成员授予合格评定的准入条件所涉及的特定供应商。上诉机构认为专家组对第5.1.1条中"可比情况下"一语的解释没有错误。然而,在审查与确定本案特定情况下存在"可比情况"相关的因素时,专家组过于依赖关于乌克兰总体安全局势的信息,而没有如同专家组自己所说的充分关注供应商的具体情况。因此,上诉机构认为专家组错误地将第5.1.1条适用于本案的事实,认定在2014年4月至2016年12月,乌克兰铁路产品供应商被拒绝给予同样条件的准入,这种情况与俄罗斯允许俄罗斯铁路产品供应商和其他国家铁路产品供应商准入的情况不可比。此外,上诉机构也不同意专家组将FBO工作人员的生命和健康风险与一个国家产品准入的利益做比较。上诉机构认为那是判断措施是否超过必要限度时考虑的因素,而不是在分析第5.1.1条时要考虑的。出于同样的原因,上诉机构认为,专家组错误地将第5.1.1条适用于本案的事实,认定FBO拒绝乌克兰供应商提交的申请,给予乌克兰铁路产品供应商不利的准入条件与俄罗斯允许俄罗斯铁路产品供应商和其他国家铁路产品供应商准入的情况不可比。

因此,上诉机构推翻了专家组报告中的相关结论,即乌克兰未能就14项指令证明俄罗斯的行为不符合其在第5.1.1条下的义务,以及乌克兰未能就FBO"不经审议"退回乌克兰生产商提交的证书申请的两项决定,证明俄罗斯的行为不符合第5.1.1条规定的义务。

鉴于乌克兰没有要求上诉机构完成法律分析，而专家组对事实的认定侧重于乌克兰的安全局势，没有针对具体供应商的情况作出事实结论，上诉机构认为其无法完成分析。

二、乌克兰根据第 5.1.2 条提出的上诉

在上诉中，乌克兰不同意专家组根据第 5.1.2 条分配举证责任的做法，特别是专家组的结论认为乌克兰未能证明俄罗斯可以合理地实施贸易限制较少的替代措施。上诉机构先审查第 5.1.2 条下举证责任的适当分配，确定合格评定程序及其应用是否超过了必需的程度，然后评估在本案的情况下，专家组在审查乌克兰提议的替代措施时，在分配举证责任时，是否没有根据 DSU 第 11 条进行客观评估。

在专家组审理阶段，双方和专家组都认为，第 2.2 条为第 5.1.2. 条的解释提供了相关背景。上诉机构注意到第 2.2 条和第 5.1.2 条的措辞相似，两个条款的第 1 句都包含了 WTO 成员的义务；与此同时，这些条款的案文也存在相关差异。例如，虽然第 2.2 条第 2 句提到“贸易限制”，但第 5.1.2 条第 2 句提到“更严格”或“适用更严格”。此外，第 5.1.2 条第 2 句中表述的合格评定程序的功能是“充分确信”产品符合适用的技术法规或标准。相比之下，第 2.2 条第 3 句列举了技术法规可以实现的目标。上诉机构认为，第 2.2 条和第 5.1.2 条分别规定了 WTO 成员在技术法规和合格评定程序方面不对国际贸易造成不必要障碍的义务，并确定了在必要性分析中需要考虑的因素。具体而言，与第 2.2 条下的分析相关的因素包括技术法规的合法目标、其贸易限制程度以及不实现该目标将产生的风险；而关于第 5.1.2 条的分析，相关因素包括合格评定程序的功能、其严格性以及与基本技术法规或标准不一致将产生的风险。

上诉机构认为，与某一特定条款有关的举证责任“不能脱离该条款的总体逻辑及其旨在发挥的作用来理解”。在这方面，根据第

5.1.2条提出初步证据的责任在于申诉人,这一点与第2.2条类似。相比之下,在采用必要性概念的例外情况下,例如GATT第20条和GATS第14条,关于措施"必要性"的举证责任在于被申诉人。为了表明合格评定程序或其适用与第5.1.2条不一致,申诉人必须根据该条款的第1句或第2句确定被质疑的措施对国际贸易造成了不必要的障碍。根据第2句,申诉方必须提供足够的证据和论据,证明被质疑的合格评定程序或其应用超过了必要的程度,同时考虑到不符合将产生的风险。在提出初步证据时,申诉方还可以提出可能的替代措施,这种措施对贸易的限制作用较小,对确保目标的实现有同等作用,并且是合理可得的。在申诉人完成了这样的举证责任之后,应由被申诉人反驳申诉人的初步证据,提出证据和论据,表明被质疑的合格评定程序并没有超过必要的限度,例如证明申诉人确定的替代措施事实上并不是合理可行的,其严格程度并不低,或对确保目标充分实现没有同等作用。

乌克兰提出的替代措施之一是可以做非现场检查(off-site inspection)。俄罗斯认为,根据EEU的PC-FZT 08-2013规则第7.4.1条,乌克兰必须满足该条款中的所有条件,俄罗斯才可以做非现场检查。专家组认为,乌克兰未能对自己提出的替代措施提供足够的证明。

上诉机构指出,替代措施只是申诉方提出的设想,它无法详细描述该措施将怎样得到被申诉方的执行。一旦申诉方作出了初步证明,则应当由被申诉方证明替代措施并非合理可行。上诉机构认为将举证责任给予乌克兰,要求乌克兰证明在本案的所有情况下都符合PC-FZT 08-2013第7.4.1条规定的条件,这样的举证责任分配是错误的。专家组在分析替代措施时根据第5.1.2条分配举证责任时,未能根据DSU第11条对问题进行客观评估。专家组认为乌克兰未能证明关于其他三种拟议的替代措施是合理可行的,上诉机构确认,乌克兰未能证明专家组这一结论错误,因此也就未能证明专家组对另外三项的评审违反了DSU第11条。

上诉机构据此推翻了专家组报告的相关结论，即乌克兰未能就14项指令确定俄罗斯的行为不符合第5.1.2条第1句和第2句规定的义务；但乌克兰未能证明专家组关于其余三项替代措施的结论错误。上诉机构认为其缺乏专家组关于事实的结论而无法完成法律分析。

三、乌克兰关于存在系统性阻止进口措施的上诉

专家组认为乌克兰未能证明存在"系统性阻止"乌克兰产品进口的措施，因而未能证实该措施不符合GATT第1.1条、第11.1条和第13.1条。乌克兰要求上诉机构推翻这一结论，并称专家组没有对问题进行客观评估，违反了DSU第11条。

专家组审查了该措施存在的证据。乌克兰提交的证据包括：(1)指称措施的三个组成部分（暂停证书、拒绝证书申请和不承认在其他EEU国家签发的证书）；(2)关于乌克兰铁路产品进口俄罗斯的下降和乌克兰在俄罗斯铁路产品进口中所占份额下降的贸易和经济数据。专家组的结论是：乌克兰提交的证据没有证明这三个要素是经过设计、安排的，也没有证明这些因素是旨在实现防止乌克兰铁路产品进口到俄罗斯的计划或协调努力的一部分。乌克兰提交的贸易和其他经济数据也没有证明存在所谓的系统性阻止进口措施。在审查指称措施的三个要素的设计、结构和运作时，专家组侧重于关于暂停证书、拒绝新证书申请和"不承认要求"背后理由的证据。在这方面，专家组依赖此类证据来确定是否存在将所称措施的各个组成部分联系起来的共同阻止进口的政策或计划，而不是认定其中每个组成部分都是基于不可能完成合格评定程序中的必要步骤。

上诉机构指出，在审查专家组对争议措施的评估时，上诉机构"不会轻易干涉"专家组的事实调查结论，包括关于"国内法是如何适用的、专家的意见、行政惯例或国内法院的声明"的调查结果。相反，根据DSU第11条提出的诉请要获得成功，上诉机构必须确信专

家组"超越了其作为事实审理者的权限"。在本案中,专家组彻底审查了双方的证据,评估了证据的可信度,并得出了调查结论。鉴于乌克兰提出的所谓非书面措施的特点,以及专家组对记录在案的证据的评估,上诉机构确认专家组适当考虑了所谓的非书面措施的各个组成部分是否构成防止乌克兰产品进口到俄罗斯的共同计划的一部分,专家组也没有错误地考虑这些个别暂停和拒绝的理由。因此,上诉机构认为,乌克兰未能证明专家组没有根据 DSU 第 11 条对问题进行客观评估,也未能证明俄罗斯系统性阻止乌克兰铁路产品进口。

本案中,俄罗斯对专家组的下列结论提出上诉:确认存在"不承认要求"的措施并认为这一措施属于专家组的职权范围;解除了乌克兰的举证义务。上诉机构在审查了双方的观点及专家组的分析之后,认为俄罗斯未能证明专家组在这些问题上的结论是错误的。

【案件评析】

涉及《TBT 协定》的争端在 DSB 受理的案件中有 14 起,占比并不大,[①]但是 14 起案件中有 11 起通过专家组/上诉机构程序解决,专家组解决的占比却是所有类型中最高的,[②]而且这 11 起案件都经过了上诉程序。由此也可以看到,这类案件比较复杂。

《TBT 协定》第 5 条涉及中央政府的合格评定程序,特别是其中的第 5.1.1 条、第 5.1.2 条和第 5.2 条是本案争议的焦点。以往的案件中,虽然申诉方提出的问题也有涉及第 5 条的,但从来没有一个专家组分析过涉及第 5 条的问题。本案专家组是第一个对第 5 条作

---

① 根据笔者的统计,截至 2021 年年底,WTO 的 DSB 共受理 607 起纠纷,其中涉及《TBT 协定》的案件有 14 起,占案件总数的 2.3%。笔者的统计方法与 WTO 官网不同,笔者将每一纠纷仅归入一类,而 WTO 官网根据申诉方提出的法律问题,将一个纠纷归在许多类。根据 WTO 官网的统计,截至 WT/DS650 号案件,涉及《TBT 协定》的案件有 57 起。参见 WTO:*Dispute settlement-index of disputes by agreement cited*,https://www.wto.org/english/tratop_e/dispu_e/dispu_agreements_index_e.htm,2021 年 8 月 10 日访问。

② 涉及《TBT 协定》的占比为 78.60%,第二位的是 DSU 和《纺织品协定》的占比为 66.67%。

出分析的“开拓者”。

尽管专家组的某些结论后来被上诉机构推翻,但专家组对第5.1.1条和第5.1.2条的解释得到了上诉机构的肯定,而我们也可以从中了解到这些条款的内涵。

对于第5.1.1条来说,有四点需要考虑的因素:(1)是不是中央政府的合格评定程序;(2)产品的相似性;(3)是否以较低待遇获得进口准入;(4)情况是否类似。而第5.1.2条与GATT第20条的一般例外有类似的作用,即一方面承认评定程序可能对贸易有限制作用,另一方面又为合格评定程序规定了纪律。分析第5.1.2条,需要考虑一项措施对其宣称要达到的目的的作用;措施的严格程度,或者对贸易的限制程度;不遵守规定可能造成的风险。从本案专家组的分析,我们得知,在情况是否相似的问题上,不仅要考虑产品本身的物理特性,还要考虑对产品使用合格评定程序的各种条件。比如本案中,由于乌克兰禁止俄罗斯公民入境,俄罗斯的相关工作人员无法进入生产企业进行合格评定,或者说进入乌克兰可能有生命危险,这些也构成了专家组评估“相同情况”的要素,虽然上诉机构认为专家组应当针对具体供应商的情况做分析,但并没有说专家组不应该分析乌克兰的安全情况。

不管是作为申诉方还是被申诉方,前文所说的14个案件都不涉及中国,但是中国作为第三方参加了14个案件中的13个。① 中国需要从这些案件中了解各成员对《TBT协定》条款的理解、操作和遇到申诉时的抗辩,以便我们在制定规则时参考。

---

① 中国没有作为第三方介入的案件是美国丁香香烟案(WT/DS406)。

欧盟:涉及生物柴油的措施(WT/DS593)

2019年12月9日,印尼提出就欧盟对生物柴油的措施进行磋商。印尼认为欧盟的措施违反了《TBT协定》的相关条款。2020年3月18日,印尼请求成立专家组,7月29日,DSB决定成立专家组。阿根廷、澳大利亚、巴西、加拿大、中国、哥伦比亚、哥斯达黎加、厄瓜多尔、危地马拉、洪都拉斯、印度、日本、马来西亚、挪威、俄罗斯、新加坡、韩国、泰国、土耳其和美国要求保留作为第三方介入的权利。2020年11月12日,专家组组成。到2021年年底,专家组仍在工作。

欧盟:棕榈油进口措施
(WT/DS600)

2021年1月15日,马来西亚要求就棕榈油进口措施与欧盟磋商。马来西亚指出欧盟的措施违反了《TBT协定》相关条款。由于磋商未果,DSB应马来西亚的请求于2021年5月28日决定成立专家组。专家组于2021年7月29日经总干事指定组成。到2021年年底,专家组仍在工作。

………《反倾销协定》

乌克兰:硝酸铵反倾销措施(WT/DS493)*

申诉方(被上诉方):俄罗斯

被申诉方(上诉方):乌克兰

第三方:阿根廷、澳大利亚、巴西、加拿大、中国、哥伦比亚、欧盟、日本、哈萨克斯坦、墨西哥、挪威、卡塔尔、美国

2015 年 5 月 7 日,俄罗斯请求与乌克兰磋商,解决乌克兰对来自俄罗斯的硝酸铵采取反倾销措施的问题。由于双方磋商未果,DSB 于 2016 年 4 月 22 日应俄罗斯请求成立了专家组,2017 年 1 月 23 日,总干事指定组成了专家组。2018 年 7 月 20 日,专家组作出最终报告,乌克兰提出上诉。2019 年 9 月 12 日上诉机构作出了报告。2019 年 9 月 30 日,DSB 通过了上诉机构和专家组报告。

2008 年,乌克兰决定对从俄罗斯进口的硝酸铵征收反倾销税(以下简称 2008 年决定)。俄罗斯生产商 JSC MCC EuroChem(EuroChem)将 2008 年决定诉至乌克兰国内法院并成功推翻了该决定。乌克兰国际贸易政府间委员会(ICIT)在 2010 年 10 月 25 日修正了 2008 年决定(以下简称 2010 年修正决定)来执行前述国内法院的判决。

乌克兰之后对 EuroChem 发起了中期和到期审查(以

* 本案初稿由华东政法大学国际法研究生孙浩宇撰写。

下简称行政复审)。根据行政复审,乌克兰经济发展与贸易部(MEDT)发布了对源自俄罗斯的硝酸铵反倾销措施的审查的调查报告,根据这份报告,ICIT 发布了对俄罗斯硝酸铵的反倾销措施的变更及延续通知(2014 年延续决定),从而继续对源自俄罗斯的硝酸铵按照修改后的税率征收反倾销税。

俄罗斯认为乌克兰的反倾销决定及采取的反倾销措施违反了《反倾销协定》的相关条款。

【专家组的分析和结论】

一、倾销及倾销可能性的认定

(一)MEDT 的倾销认定是否符合《反倾销协定》第 2 条

1. 采用替代价格计算成本是否符合《反倾销协定》第 2.2.1.1 条和第 2.2 条

俄罗斯指出,MEDT 拒绝依据被调查的俄罗斯硝酸铵生产商保存的记录,而采用俄罗斯向德国出口天然气的边境价格,在扣除运费的基础上计算生产硝酸铵的天然气成本,并进而计算可比价格以及认定倾销的构成,这违反了《反倾销协定》第 2.2.1.1 条、第 2.2 条的规定。专家组分析第 2.2.1.1 条指出,产品在原产国的生产成本通常应以被调查的出口商或生产商保存的记录为基础进行计算,但必须同时满足两个条件:(1)此类记录符合出口国公认的会计准则;(2)此类记录能够合理反映与涉案产品相关的生产和销售成本。第 2.2 条则强调成本应当是原产国国内的相应数额。接着,专家组从以下几个方面分析了 MEDT 对进口俄罗斯硝酸铵的倾销认定。

本案中,乌克兰参考专家组和上诉机构在欧盟生物柴油案(阿根廷诉,WT/DS473)中的论述,认为上述生产商记录的天然气成本受到了“非常规交易”和“类似实践”的影响,因为俄罗斯国内的天然气价格受到政府规则的扭曲。换言之,该成本价不具有商业上的公允性。尽管 MEDT 在调查报告中并未就此进行详细论述，但乌克兰正是据此认为其拒绝采用该成本价格的做法具有正当性。对此，专家组认为，欧盟生物柴油案的专家组报告明确了主管机关有权判断被调查出口商或生产商保存的成本数据的可靠性与准确性，但主管机关并非必须检验相关产品在出口国国内市场的交易是否满足“非常规交易”和“类似实践”。

尽管 MEDT 指出俄罗斯国内的天然气价格受到政府规则的扭曲，使得天然气成本明显低于其他国家，但是在专家组看来，MEDT 的论述仍然缺少充足依据。第一，MEDT 的分析仅论证俄罗斯生产商提供的天然气成本在价格上的“不合理性”，其并未论证生产商保存的记录无法合理反映与硝酸铵生产和销售有关的成本，而后者才是第 2. 2. 1. 1 条第 1 句第 2 项条件的要旨所在。第二，尽管 MEDT 在调查报告中提及俄罗斯天然气股份公司在俄罗斯国内市场以低于成本的价格出售天然气，但其并未说明该公司与被调查的俄罗斯生产商之间存在关系，因而无法否认相关记录的可靠性。第三，本案被调查的是俄罗斯的私人生产商，这些私人生产商与俄罗斯各种供应商之间仅有交易往来而不存在关联性。即便俄罗斯国内市场的天然气供应价格缺乏可靠性，这也不足以否认私人生产商保存记录的可靠性并认定其无法合理反映与硝酸铵生产和销售有关的天然气成本。综上，专家组确认，MEDT 未能提供充分依据来拒绝采用被调查的俄罗斯生产商提供的天然气成本，违反了《反倾销协定》第 2. 2. 1. 1 条。

MEDT 采用俄罗斯向德国出口的天然气价格，并扣除运费来计算天然气成本的做法，违反了《反倾销协定》第 2. 2 条。专家组指出，问题的关键在于 MEDT 采用的替代价格是否为第 2. 2 条所规定的“原产国的生产成本”。MEDT 认为其所采用的替代价格具有代表性，且能够被用于计算生产成本。但是乌克兰在本案专家组程序中并未提出替代价格本身就是原产国的成本价，其认为 MEDT 采用的替代价格能够反映出俄罗斯天然气的成本价。对此,专家组认为主管机关可以适用他国替代价格进行计算,但前提是替代价格能够反映出原产国生产成本。本案中,除扣除运费之外,MEDT 并未采用其他方式证明替代价格能够反映原产国生产成本。MEDT 的调查报告同样没有论述为何仅扣除运费就足以使替代价格反映原产国生产成本。因此,专家组认为 MEDT 采用替代价格的做法缺乏充足依据。此外,乌克兰依据美国针叶木材案(WT/DS277)的裁决以及《SCM 协定》关于选择替代国价格的规定来主张采用替代价格的合法性。对此,专家组指出,《SCM 协定》第 14 条(d)项和《反倾销协定》第 2.2 条不能混为一谈,其采用替代价格的目的并不一致。综上所述,专家组认定 MEDT 违反了《反倾销协定》第 2.2 条。

2."正常贸易过程"测试是否符合《反倾销协定》第 2.2.1 条和第 2.1 条

MEDT 认为被调查的俄罗斯生产商的国内硝酸铵销售情况不属于"正常贸易过程",俄罗斯主张这违反了《反倾销协定》第 2.2.1 条。俄罗斯进一步主张,乌克兰未能通过比较出口价格与硝酸铵的国内销售价格来确定倾销幅度,违反了《反倾销协定》第 2.1 条。乌克兰则指出,即便 MEDT 采用替代价格计算成本的做法违反了《反倾销协定》第 2.2.1.1 条,也不能据此认为 MEDT 同样违反第 2.2.1 条,因为两个条文对主管机关施加的义务并不相同。此外,乌克兰反对俄罗斯基于第 2.1 条的主张,其认为第 2.1 条是一项概念性条款,并未规定独立的义务。

专家组初步分析了第 2.2.1 条和第 2.1 条的内容。第 2.2.1 条明确了主管机关只有在同时满足以下三个条件时才能认定低于成本价的国内销售或出口构成"因价格原因而不属于正常贸易过程的销售":(1)在一段时间内持续;(2)以实质数量进行;(3)以在一段合理期间内无法收回全部成本的价格进行。此外,专家组援引美国归零案(WT/DS322)中上诉机构的论述,指出第 2.1 条本身并没有给 WTO 成员施加独立义务。在上述分析的基础上,专家组对双方的争议焦点分析如下：

专家组首先指出“正常贸易过程”测试应当分为两步。第一，被调查生产商的硝酸铵的国内销售价格应当低于成本；第二，应当检验国内销售是否满足第2.2.1条规定的三项条件。随后，专家组援引欧盟鲑鱼案(WT/DS337)专家组报告中的相关表述，认为第2.2.1条“正常贸易过程”测试中使用的“成本”应当与第2.2.1.1条中的“成本”一致。由于在前述分析中专家组已经认定MEDT采用替代价格计算成本的做法违反了第2.2.1.1条，因此MEDT对于硝酸铵在俄罗斯国内的销售价格低于成本的结论无法成立，其关于硝酸铵的国内销售构成“因价格原因而不属于正常贸易过程”的认定同样是错误的。乌克兰认为俄罗斯并未证明，若MEDT使用被调查的俄罗斯生产商提供的成本进行计算，“正常贸易过程”的测试结果可能会有所不同，但专家组认为这并非俄罗斯的法律义务。据此，专家组确认，MEDT进行的“正常贸易过程”测试违反第2.2.1条。

专家组赞同上诉机构在美国归零案中对第2.1条性质的陈述，即第2.1条是概念性条款且并未对主管机关施加独立义务。接着，专家组指出俄罗斯主张MEDT违反第2.1条的依据是一种假设情形，即若MEDT采用被调查生产商提供的成本计算硝酸铵在俄罗斯国内的销售价，从而将出口价格与国内销售价格比较来认定倾销及倾销幅度。专家组明确，其仅解决因主管机关实际作出决定而引发的争议，不涉及基于假设情况的争议。专家组确认俄罗斯未能证明MEDT的行为违反第2.1条。

3. 出口价格与可比价格的比较是否符合《反倾销协定》第2.4条

专家组首先分析了《反倾销协定》第2.4条的表述，并指出第2.4条对主管机关施加了公平比较出口价格与正常价值的独立义务。接着专家组指出，基于前述分析，MEDT采用替代价格计算生产成本从而建构“正常价值”的做法违反《反倾销协定》第2.2.1.1条和第2.2条，因而专家组认为没有必要再分析公平比较的问题，MEDT同样违反第2.4条。

(二)MEDT对倾销可能性的认定是否符合《反倾销协定》第11.1~11.3条

专家组首先援引先前案例中专家组和上诉机构的观点指出,在认定倾销可能性时,主管机关根据第11.2条、第11.3条计算倾销幅度应当与其依据第2条认定倾销时的相应计算保持一致。本案中,专家组已经认定MEDT对倾销幅度的计算违反了《反倾销协定》第2.2条、第2.2.1条、第2.2.1.1条,因此,MEDT同样违反了第11.2条、第11.3条。对于俄罗斯依据第11.1条提出的独立主张,专家组认为关于第11.1条的分析对于争议的解决并非必要,因而采用司法节制。

二、针对EuroChem的调查未终止

(一)MEDT对EuroChem的初始调查决定是否符合《反倾销协定》第5.8条

《反倾销协定》第5.8条明确规定:"如主管机关认定倾销幅度属微量,或者进口产品的实际或潜在的数量或造成的损害可忽略不计,则应立即终止调查。"本案中ICIT并未在2008年决定中将EuroChem排除在反倾销措施对象范围之外,且在2010年修正决定中仍然确定EuroChem的反倾销税率为0%。对此,俄罗斯主张ICIT违反了第5.8条,而乌克兰则认为ICIT并未违反第5.8条,因为ICIT没有在初始调查阶段对EuroChem作出有法律效力的倾销幅度认定。

专家组指出,本案中双方争议的焦点在于上述条款对主管机关施加的义务是否触发。专家组指出,乌克兰地方法院及上级法院均认定EuroChem在初始调查阶段不存在倾销,ICIT同样执行了法院的判决,并在2010年修正决定中将其反倾销税率修改为0%。在这一过程中,ICIT并没有对乌克兰法院认定EuroChem不存在倾销的判决产生异议,乌克兰在本案程序中也承认其并未质疑国内法院对

EuroChem 判决的效力。因此，专家组认为初始调查阶段中 EuroChem 的倾销幅度属微量。

乌克兰提出，在国内法院的案件审理阶段，倾销幅度的计算由 EuroChem 单方提供且法院无权计算。ICIT 在初始调查阶段、庭审阶段以及后续修正决定中并未对 EuroChem 作出有法律效力的倾销幅度认定，因而不能得出 EuroChem 的倾销幅度属微量的结论。对此，专家组指出，乌克兰主张的依据是其国内法，然而国内法对于 WTO 争端解决事项并不起决定性作用。因此，专家组不赞同乌克兰的此项主张。专家组同样不认为乌克兰国内法的相关规定会减损其国内法院判决的效力，乌克兰主张初始调查阶段 EuroChem 倾销幅度不属于微量明显缺乏依据。综上，专家组支持俄罗斯的主张，认定《反倾销协定》第 5. 8 条第 2 句可适用于本案。

根据第 5. 8 条第 2 句，当主管机关认定倾销幅度属微量时，其应立即终止调查。专家组援引上诉机构在墨西哥大米反倾销措施案(WT/DS295)中的观点，认为“立即终止调查”的唯一方式是将被调查的生产商排除在反倾销调查对象范围之外，并不对其作出任何征收反倾销税的认定，即税率为 0% 。本案中 ICIT 的行为与上述要求并不相符，因此 ICIT 违反了《反倾销协定》第 5. 8 条。

(二)MEDT 将 EuroChem 纳入行政复审范围是否符合《反倾销协定》第 5. 8 条

俄罗斯认为乌克兰在 2014 年延期决定中仍然将 EuroChem 纳入行政复审范围并决定对 EuroChem 征收反倾销税的行为，违反了《反倾销协定》第 5. 8 条第 2 句。而乌克兰则认为其没有违反第 5. 8 条，因为：(1)ICIT 在初始调查阶段没有对 EuroChem 作出有法律效力的倾销幅度认定；(2)根据美国不锈钢日落复审案(WT/DS244)和美国 DRAM 反补贴调查案(WT/DS296)的专家组报告，第 5. 8 条不适用于主管机关的行政复审。

专家组首先指出，其在前述分析中已经解决了乌克兰的第一项主张，因此这里主要分析乌克兰的第二项主张，即第 5. 8 条是否适用于主管机关的行政复审。专家组指出,乌克兰引用的两个案件与本案要解决的问题不同。前者需要解决的问题是第5.8条的"微量"标准能否适用于终局性的以及其他各类行政复审,专家组认定第5.8条的"微量"标准仅适用于初始调查而不适用于各类行政复审。而本案需要解决的问题是第5.8条是否允许主管机关将初始调查阶段认定产品有微量倾销幅度的生产商纳入行政复审范围并对其征收反倾销税。因此,专家组不赞同乌克兰提出的第二项抗辩理由。随后,专家组援引了墨西哥大米反倾销措施案中上诉机构的观点,指出一旦针对生产商的反倾销调查终止,主管机关就不能将其重新纳入各类行政复审程序。据此,专家组认为,本案乌克兰将EuroChem重新纳入行政复审程序并征收反倾销税的行为违反了《反倾销协定》第5.8条。

(三)MEDT对EuroChem的行政复审是否符合《反倾销协定》第11.1～11.3条

俄罗斯认为乌克兰将EuroChem纳入行政复审程序并征收反倾销税的行为违反了《反倾销协定》第11.2条、第11.3条。俄罗斯还认为若非乌克兰征收了反倾销税,也不会存在反倾销税在存续期间应当以抵销倾销损害为限的问题,因此乌克兰还违反了《反倾销协定》第11.1条。乌克兰认为俄罗斯的上述主张都是其基于第5.8条主张的结果,且俄罗斯并未就乌克兰违反第11.1～11.3条完成初步证明。

专家组认为俄罗斯根据第11.1～11.3条提出的主张与其根据第5.8条提出的主张具有相同的事实基础,即乌克兰将EuroChem纳入行政复审程序并对其征收反倾销税。在此情形下,乌克兰显然同样违反第11.1～11.3条,专家组认为再去进行额外的分析并不会推动争议的有效解决。因此,专家组在这一问题上使用了司法节制。

三、损害可能性的认定

俄罗斯在其书面陈述中指出,乌克兰确认并依据未遵守《反倾销协定》第3.1条、第3.4条认定的损害,违反了《反倾销协定》第11.1~11.3条。而乌克兰则认为,《反倾销协定》第3条并未要求MEDT作出损害认定,并且MEDT实际上也并未依据该条作出损害认定。MEDT仅根据《反倾销协定》第11.2条、第11.3条作出损害可能性的认定。乌克兰认为俄罗斯主张适用的法律依据明显错误。

对此,专家组指出,在审查俄罗斯主张的与损害相关的实体问题之前,有必要解决两项先决问题。第一,MEDT在行政复审程序中是否根据第3.1条、第3.4条作出了损害认定;第二,如果MEDT没有作出上述损害认定,是否意味着俄罗斯关于乌克兰违反第11.2条、第11.3条的主张不成立?

(一)MEDT在行政复审中是否根据《反倾销协定》第3条作出损害认定

俄罗斯指出,MEDT的确在行政复审程序中作出了损害认定,原因有二:其一,MEDT在行政复审中作出了损害持续可能性的认定。鉴于只有实际存在的损害才有持续的可能,因此MEDT在认定过程中必然对国内产业遭受的实质损害进行了分析和认定;其二,俄罗斯指出,MEDT调查报告中的部分表述表明其的确作出了损害认定。对于俄罗斯提出的第一项理由,专家组指出,MEDT是否作出损害认定是一个事实问题,应当根据其作出的调查报告进行判断。专家组不能从MEDT作出的是关于损害持续可能性的认定,而非损害可能再次发生的认定来论证MEDT作出了损害认定。因此,专家组将分析重点放在了俄罗斯的第二项理由。

专家组认为,要明确MEDT是否作出了损害认定,必须全面审视其关于损害问题的分析。专家组审查了俄罗斯援引的内容后认为,MEDT仅仅是在评估原反倾销措施在消除损害方面的有效性,并据此判断停止征收反倾销税或调整税率是否会导致国内产业遭受的损害持续或者重新产生。专家组认为,MEDT的分析方式是符合常理的,其不应被理解为在对损害进行分析和认定。实际上,对损害可能性进行客观公正的分析却不在一定程度上考虑进口产品对国内产业的影响,是十分困难的,但这并不意味着主管机关正在作关于损害的分析和认定。此外,专家组还审查了调查报告中其他与损害相关的分析。专家组发现,MEDT 的分析聚焦于当前有效的反倾销措施的影响以及若反倾销措施终止,国内产业遭受的损害持续或重新产生的可能性。这进一步佐证了专家组的观点,即 MEDT 在行政复审中进行的是损害可能性的认定。

综上所述,专家组指出,由于 MEDT 在行政复审中并未根据第 3 条作出损害认定,其无须判断 MEDT 的行政复审决定是否符合第 3.1 条、第 3.4 条。

(二)如果 MEDT 未依据《反倾销协定》第 3.1 条、第 3.4 条作出损害认定,俄罗斯能否主张 MEDT 违反《反倾销协定》第 11.1~11.3 条

专家组指出,设立专家组的请求划定了申诉方诉请的范围,因而专家组不能超出此范围来审理案件。本案中,俄罗斯设立专家组的请求中并未表明其意图依据第 11.1~11.3 条质疑 MEDT 的损害可能性认定。在其设立专家组的请求书中,俄罗斯称乌克兰确认并依赖未遵守第 3.1 条、第 3.4 条认定的损害,并以此为由提出乌克兰的行为违反了第 11.1~11.3 条。显然,俄罗斯在庭审时的主张与其在设立专家组请求中的诉求并不一致。因此,专家组认定,在明确 MEDT 在行政复审中并未根据第 3 条作出损害认定的前提下,俄罗斯关于 MEDT 违反第 11.1~11.3 条的主张无法成立。

【上诉机构的分析和结论】

一、专家组关于乌克兰违反《反倾销协定》第 5.8 条的决定是否违反了 DSU 第 11 条

根据 DSU 第 11 条,专家组在 WTO 争端解决案件中应当对案件事实、所涉协定的适用以及争议措施是否与协定相符作出客观的分析。乌克兰认为,专家组未能客观、适当地分析和判断乌克兰就其国

内法院和主管机关在计算倾销幅度方面的职权所提出的主张和证据,因而违反了 DSU 第 11 条。对此,上诉机构首先指出,专家组并没有意图去认定乌克兰法院是否有权计算倾销幅度。专家组关注的是 MEDT 在 2008 年对 EuroChem 作出的倾销认定以及征收反倾销税的决定都被其国内法院所推翻。其次,上诉机构指出专家组的论述并未关注乌克兰法院及其主管机关是否实际上认定了特定的倾销幅度。专家组关注的是事实,即乌克兰法院的判决以及 ICIT 的决定共同产生的影响使对 EuroChem 征收反倾销税失去了有效的法律依据。上诉机构认为,乌克兰提出的证据尽管能够反映乌克兰国内行政机关的实践做法,但是并不影响专家组作出上述结论。最后,尽管乌克兰认为其前述主张依据的并非其国内法而是其国内法院和主管机构没有对 EuroChem 认定倾销幅度的事实,但上诉机构再次明确,乌克兰国内法院以及 ICIT 是否有权认定和计算倾销幅度是国内法上的问题,并且该问题无论如何都不会减损乌克兰国内法院判决以及主管机关决定的法律效力,这意味着乌克兰主张的上述事实同样不存在。因此,上诉机构认为,鉴于乌克兰国内法院的判决已经使得倾销幅度认定以及征收反倾销税决定的法律依据无效,专家组通过合理且具有关联性的解释得出结论,即初始调查阶段对 EuroChem 认定的倾销幅度应属微量,从而应当适用第 5.8 条认定乌克兰将 EuroChem 重新纳入反倾销审查范围并征收反倾销税的行为违反了其义务。上诉机构并不认为专家组的上述分析和决定违反了 DSU 第 11 条。

二、专家组是否错误地解释和适用《反倾销协定》第 2.2.1.1 条

乌克兰首先主张在本案中,专家组在认定 MEDT 拒绝采用生产商提供的天然气成本缺乏充足依据过程中,错误地解释和适用了第 2.2.1.1 条。“非常规交易”和“类似实践”已经相关案件专家组和上

诉机构认定为第2.2.1.1条第1句中的第2项条件,即"合理反映与产品有关的生产和销售成本"的例外情形。然而本案中,专家组并未审查是否存在此两项例外情形。对此,上诉机构认为第2.2.1.1条或者其他条款均没有"非常规交易"和"类似实践"的表述。上诉机构分析了欧盟生物柴油案专家组和上诉机构报告的相关表述,并指出该案中专家组和上诉机构仅列举了被调查生产商或出口商保存的记录可能被认定为无法合理反映与产品有关的生产和销售成本的几种情形,包括"非常规交易"和"类似实践",但列举此类具体情形并非在界定第2.2.1.1条中第2项条件的法定例外情况。因此,本案上诉机构并不认为欧盟生物柴油案中的专家组和上诉机构已经将第2.2.1.1条中的第2项条件解释为包含"非常规交易"和"类似实践"的例外情形。上诉机构同样不认为此两项例外能够体现在相关条文的表述中。综上,上诉机构不认为专家组在解释和适用第2.2.1.1条第2项条件时有义务审查"非常规交易"和"类似实践"的存在。专家组在这一问题上的分析和认定不存在错误。

乌克兰进一步主张,专家组的分析似乎表明只有当供应商与生产商存在隶属关系时,生产商保存的记录才可能被认定为不可靠,而这一观点是错误的。对此,上诉机构首先表明其对专家组区分供应商与生产商之间是否存在关联,并以此来判断是否应当采用被调查生产商保存的记录持保留态度。其次,上诉机构赞同专家组的观点,即对第2.2.1.1条中第2项条件的分析应当关注生产商保存的记录能否合理反映与产品相关的生产和销售成本,而非相关记录中包含的成本情况的合理性。本案中,MEDT忽视了前者而将分析重心放在了后者,且仅仅强调了俄罗斯国内的天然气价格低于国内供应商的出口价这一事实。此外,尽管乌克兰主张俄罗斯天然气股份公司以低于成本的价格销售天然气,但其并未说明该公司向本案被调查的俄罗斯生产商提供天然气,或者该公司对本案被调查生产商的供应商施加了影响。实际上,MEDT甚至没有说明被调查生产商的供应商有哪些。因此,MEDT的上述分析显然不足以说明生产商保存的记录无法合理反映与产品有关的生产和销售成本。综上所述，上诉机构认为，在认定 MEDT 拒绝采用生产商提供的天然气成本缺乏充足依据的过程中，专家组对第 2. 2. 1. 1 条的解释和适用不存在错误。

三、专家组是否错误地解释和适用《反倾销协定》第 2. 2 条

乌克兰首先提出，专家组认定 MEDT 未能计算原产国生产成本来构建正常价值，错误地解释和适用了《反倾销协定》第 2. 2 条，其原因是专家组错误地解释和适用了《反倾销协定》第 2. 2. 1. 1 条。对此，上诉机构认为，乌克兰关于专家组错误地解释和适用《反倾销协定》第 2. 2 条的主张有赖于其提出的专家组错误地解释和适用第 2. 2. 1. 1 条的主张的成立。鉴于上诉机构在前述分析中已经认定，专家组在解释和适用《反倾销协定》第 2. 2. 1. 1 条的过程中不存在错误，上诉机构同样不认为专家组在分析和决定过程中错误地解释和适用《反倾销协定》第 2. 2 条。

此外，乌克兰主张不论专家组对第 2. 2. 1. 1 条第 1 句中第 2 项条件的解释和适用是否错误，专家组对第 2. 2 条的解释和适用仍然存在错误。具体包括：(1) 专家组认定美国针叶木材案中上诉机构对《SCM 协定》第 14 条(d)项的解释和适用与本案无关；(2) 专家组认定 MEDT 未能对天然气出口价格进行调整来反映“原产国生产成本”。

就乌克兰的第一项主张而言，上诉机构基本赞成专家组的观点。上诉机构指出，尽管《SCM 协定》第 14 条(d)项与《反倾销协定》第 2. 2 条措辞相似(“in the country of origin” vs “in the country of provision”)，但是这两个条文的功能完全不同。前者是为了明确补贴接受方通过政府提供商品和服务所获取的补贴利益，而后者是在无法确定国内销售价格的前提下要重新构建一个“正常价值”，通过与出口价格比较来认定倾销以及倾销幅度。因此，上诉机构认为专家组

的结论不存在错误。

就乌克兰的第二项主张而言,上诉机构指出,除扣除运费之外,乌克兰在专家组审理以及上诉阶段均未说明 MEDT 采用何种方式调整其在计算中使用的出口价格以确保能够反映俄罗斯的生产成本。因此,上诉机构同意专家组关于 MEDT 基于运输费用的考虑对出口价格的调整不足以使得该价格反映俄罗斯的生产成本的结论。

综上所述,上诉机构认为,乌克兰未能证明专家组错误地解释和适用《反倾销协定》第 2.2 条。

【案件评析】

本案核心争议之一是乌克兰采用的“替代价格”做法是否违反《反倾销协定》第 2 条关于倾销认定的相关规则。本案专家组的裁决再次明确了倾销认定中“正常价值”计算的例外规则的适用逻辑。第一步,根据《反倾销协定》第 2.1 条,“正常价值”通常是出口国国内市场的可比价格。第二步,根据《反倾销协定》第 2.2 条,若出口国不存在“正常贸易过程”或存在“特殊市场状况”时,主管机关可以排除国内市场的可比价格,转而采用“同类产品出口至第三国的可比价格”或“原产国的生产成本加合理金额的管理、销售和一般费用及利润”(有人所称“结构正常价值”[①])。依据《反倾销协定》第 2.2.1 条,“正常贸易过程”的判断主要分析涉案产品的销售是否属于“在一持续时间内以实质数量、且以在一段合理时间内不能收回成本的价格进行”。“特殊市场状况”的界定更依赖于各成员主管机关的自由裁量。第三步,如果主管机关依据前述步骤选择采用“结构正常价值”,那么根据《反倾销协定》第 2.2.1.1 条,对“原产国生产成本”的认定通常应“以被调查的出口商或生产商保存的记录为基础进行计算”。第四步,若主管机关能够证明出口商或生产商保存的记录不符合“出口国公认的会计准则”且无法“合理反映与考虑中的产品相关

---

① 车路遥:《论欧盟反倾销“成本调整”方法及其 WTO 合规性》,载《经贸法律评论》2021 年第 1 期。

的生产和销售成本”，则其可采用其他能够反映“原产国生产成本”的替代价格来计算“结构正常价值”，否则仍应“以被调查的出口商或生产商保存的记录为基础进行计算”。

DSB在实践中总结出的这套适用逻辑，在欧盟成本调整方法案（WT/DS474）以及欧盟成本调整方法案Ⅱ（WT/DS494）中均有表现。多个WTO争端解决案件的实践表明，WTO规则所允许的成本确定和正常价值确定方法例外条款的援引条件是严格的、穷尽的。因此，无论是乌克兰采用的“替代价格”做法还是欧盟运用的“成本调整”方法，结合实践来看，往往都违反了《反倾销协定》第2条的相应规定。

本案另一主要争议是EuroChem反倾销调查程序是否违反《反倾销协定》第5.8条的相关规定。在“主管机关确定倾销幅度属微量”的这一问题上，乌克兰采取了狭义理解，即必须由主管机关明确作出倾销幅度低于2%的结论，才构成“主管机关确定倾销幅度属微量”。而本案中调查机关并未对EuroChem倾销幅度作出具体认定，因而看似不能引用第5.8条的规定。本案专家组及上诉机构则采取了广义理解，即虽然没有直接且明确地作出EuroChem倾销幅度的认定，但是由于乌克兰国内法院通过判决认定倾销不存在且主管机关执行了该判决，因而可以实质上认为“主管机关确定倾销幅度属微量”。显然，专家组和上诉机构的观点更具说服力。国内司法审查是制衡主管机关反倾销调查行为的重要机制，如果削弱了国内司法判决的效力，则极有可能使得国内司法救济处于失灵状态，导致各成员主管机关在进行反倾销调查时不会受到任何限制。这一方面不利于国际贸易的持续稳定发展，另一方面也会加重DSB的工作负担，特别是在当前WTO上诉机构已经陷入瘫痪状态且《多方临时上诉仲裁安排》确立的上诉仲裁机制尚不完备的情况下。

对中国而言，本案乌克兰采取的“替代价格”做法应当引起足够的重视。“替代价格”或“成本调整”方法为其他成员对我国产品采取反倾销措施提供了新的路径。实践中，这样一种“替代价格”或者

“成本调整”做法，往往会不合理地高估案涉产品的正常价值，提升倾销认定的可能性或者扩大倾销幅度，从而在客观上产生与“替代国做法”类似的效果。对此，中国一方面应当加快国内市场化改革，坚持市场在资源配置中发挥的决定性作用。在诸如天然气、石油等能源产业中，应当保证足够的透明度，使政府对此类产业采取的各类政策、制度安排清晰可见，以消除外界对我国能源产业领域的主观臆断。同时，我国的行业自律组织应当充分发挥指导和监督作用，推动构建公平、有序的国内能源市场。此外，乌克兰、欧盟的主管机关采用的“替代价格”或“成本调整”方法，也可以为我国探索能源领域的反倾销规则提供借鉴，从而形成有利于我国的反倾销规则及相应实践。

欧盟:价格调整方法及对俄罗斯产品的反倾销措施(WT/DS494)

申诉方(上诉方、被上诉方):俄罗斯

被申诉方(被上诉方、上诉方):欧盟

第三方(第三参与方):阿根廷、澳大利亚、巴西、加拿大、中国、埃及、印度、印尼、日本、韩国、墨西哥、挪威、乌克兰、美国、越南

2015年5月7日,俄罗斯提出就欧盟反倾销调查中的成本调整方法及对俄罗斯产品的反倾销措施进行磋商。因磋商未果,2016年12月16日,DSB应俄罗斯的请求决定成立专家组。2018年12月17日,专家组经总干事指定组成。2020年7月24日,专家组报告公布。俄罗斯和欧盟都提出上诉。因上诉机构僵局,至2021年年底,本案仍处于上诉阶段。

俄罗斯的诉请既涉及欧盟的法规,又涉及反倾销措施,具体包括:欧盟《反倾销基本条例》第2(3)条的第1段和第2段;第2(5)条第2段;反倾销调查和复审时确定产品价格时使用的成本调整方法;对焊接管反倾销税到期复审时的问题;对硫酸铵的第三次行政复审。

【专家组的分析和结论】

一、欧盟的成本调整方法是否违反第2条[①]相关条款

俄罗斯指出,欧盟通过一系列规则和方法形成的不成文措施(俄罗斯将其称为成本调整方法)拒绝承认调查记录中生产商的成本,代之以“代表性市场”其他生产者的信息,未能保证这些信息反映原产国生产者的成本。俄罗斯认为欧盟的做法违反了第2.2条和第2.2.1.1条。

1. 是否存在成本调整方法的不成文措施

双方对是否存在俄罗斯指控的不成文措施存在异议。专家组首先要确认措施是否存在。专家组指出,在WTO争端解决语境下,措施的范围很广,既可以是作为,也可以是不作为,然而申诉方必须证明其具体内容,证明措施是被申诉方的。俄罗斯对措施的描述是:如果记录的投入价格明显偏低,或受到政府管制或调查当局认为存在原产国“扭曲”等其他情况的影响,欧盟拒绝接受被调查生产商或出口商记录中所反映的投入成本,理由是这些记录不能合理反映有关成本;随后通过使用国外投入成本数据取代或调整记录的投入价格,但没有确保确定的或调整的成本代表原产国的生产成本。

在仔细审查了俄罗斯提交的证据,即一系列的反倾销裁定之后,专家组指出,虽然这十几个决定的事实不同,受调查的产品也不同,但这些差异不影响措施的实质。专家组确认俄罗斯已经证实存在成本调整方法的措施。

2. 欧盟拒绝采纳记录中的成本信息,是否违反第2.2.1.1条

第2.2条涉及出口国国内市场价格因故无法用于比较时确定正常价值的方法。其中第2.2.1.1条规定:成本通常应以被调查的出

---

① 除特别注明外,本案中所说条款均指《反倾销协定》的条款。

口商或生产者保存的记录为基础进行计算,只要此类记录符合出口国公认的会计原则,并合理反映与被调查产品有关的生产和销售成本。主管机关应考虑关于成本适当分摊的所有可得证据,包括出口商或生产者在调查过程中提供的证据,只要此类分摊方法是出口商或生产者一贯延续使用的,特别是关于确定资本支出和其他开发成本的适当摊销和折旧期限及备抵的证据。

根据第2.2.1.1条,使用被调查出口商的成本作为依据计算正常价值有两个条件:记录符合出口国公认的会计原则,且合理反映被调查产品的成本。欧盟《反倾销基本条例》第2(5)条规定的条件与第2.2.1.1条基本相同,即生产者的记录是否合理反映其成本,而不是其记录是否合理。专家组指出,在欧盟生物柴油案(WT/DS473)和乌克兰硝酸铵案(WT/DS493)中,都涉及对市场价格影响的不同性质的政府措施,这两个案件专家组和上诉机构都认为,仅仅是政府干预还不足以据此认定生产商的成本记录不能合理反映被调查产品的成本。本案的情况与该两案类似,欧盟并未分析记录是否能充分、合理地反映生产成本。据此,专家组认为,涉案措施拒绝采纳记录中的成本信息不符合第2.2.1.1条。

3.涉案措施允许使用原产国生产成本之外的信息,是否违反第2.2条

第2.2条规定:"如在出口国国内市场的正常贸易过程中,不存在该同类产品的销售,或由于出口国国内市场的特殊情况或销售量较低,不允许对此类销售进行适当比较,则倾销幅度应通过比较同类产品出口至一适当第三国的可比价格确定,只要该价格具有代表性,或通过比较原产国的生产成本加合理金额的管理、销售和一般费用及利润确定。"俄罗斯指出,涉案措施在计算受调查产品的成本时,允许使用欧盟认为具有代表性国家向另一国家出口的价格,扣除与出口相关的费用,如运费、海关出口税、增值税、消费税、当地销售费用等,调整后计算出受调查产品的生产成本。欧盟没有解释这些信息如何保证能代表原产国的生产成本。欧盟提出,受调查者需要提出

调整的请求,还要提出理由,调查机构才会考虑调整。专家组不同意欧盟的说法。专家组指出,第2.2条要求调查机构计算“原产国的生产成本”,所有的调整都是为了这一目的。调查机构应当提供充分的理由解释如何作出调整以使其代表原产国的生产成本。据此,专家组得出结论,涉案措施允许使用原产国生产成本之外的信息,又没有解释其如何代表原产国的生产成本,违反了第2.2条。

二、针对欧盟《反倾销基本条例》相关条款的诉请

1. 欧盟《反倾销基本条例》第2(3)条第1段

俄罗斯指出,根据欧盟《反倾销基本条例》第2(3)条第1段,在计算正常价值时,只允许使用代表性价格,而代表性价格就是没有受到政府扭曲的价格。俄罗斯认为这一规定本身不符合第2.2条。

欧盟《反倾销基本条例》第2(3)条第1段规定:“如果同类产品在正常贸易过程中没有销售或销售不足,或者由于特殊市场情况,这种销售不允许进行适当的比较,则同类产品的正常价值应根据原产国的生产成本加上合理的销售、一般和管理费用以及利润来计算,或者根据正常贸易过程中对适当第三国的出口价格来计算,只要这些价格具有代表性。”双方对如何理解这一规定有不同看法。俄罗斯认为,调查机构只能使用代表性价格,而所谓的代表性价格就是没有经过政府扭曲的价格。专家组从法规用语的普通含义、欧洲委员会的声明、法规的前后文、欧洲法院的判决以及欧盟调查机构在反倾销调查中的实践入手做了分析,根据对双方陈述及相关证据的分析,认为证据并不支持俄罗斯对欧盟《反倾销基本条例》这一条款内容的解读。专家组据此认为,俄罗斯未能证明欧盟《反倾销基本条例》第2(3)条第1段要求在构建同类产品的正常价值时只能使用“代表性”价格。有了这一结论,专家组认为没有必要分析俄罗斯对这一法规本身提出的诉请,也没有必要作出结论。

2. 欧盟《反倾销基本条例》第2(3)条第2段

俄罗斯指出，欧盟《反倾销基本条例》第2(3)条第2段“当价格被人为压低、存在大量易货贸易或存在非商业性加工安排时，第1段意义上的有关产品的特殊市场情况可被视为存在”这一规定本身不符合第2.2条。俄罗斯提出，第2.2条所规定的“特殊市场情况”就是GATT《注释和补充规定》关于第6条第2款第2项所称的“贸易被完全或实质上完全垄断”。专家组认为，其首先要解决第2.2条意义上的“特定市场情况”是否如俄罗斯所宣称的仅指一种特定情况，且这种特定情况就是第2项补充中所规定的情况。俄罗斯提出条款中“特殊市场情况”用了单数名词，前面用了英文中的定冠词the；从“特殊市场情况”措辞的普通含义来分析，第2.7条可以作为第2.2条的上下文支持其理解。专家组认为第2.2条本身就列举了三种情况，单数名词或定冠词并不能证明只要遇到第2.2条规定的情形，“特殊市场情况”就只能是同一种情况；专家组注意到，第2.7条规定了“本条不损害GATT附件一中对第6.1条的第2项补充规定”，如果按照俄罗斯的解释，要么第2.2条因补充规定而变得无效，要么就是第2.2条限制了补充规定的作用。专家组认为，第2项补充提到了确定价格可比性的困难，而第2.2条要求确定出口商同类产品的国内销售“不允许进行适当比较”。换句话说，在确定价格是否具有可比性方面可能存在特殊的困难时，虽然第2项补充允许调查机构不与国内价格进行严格的比较，但第2.2条的限制性更强，要求进行价格对价格的比较，除非确定国内价格不允许进行适当比较。第2项补充给调查机构留下了相当大的自由裁量权，尽管存在“特殊困难”，但严格的价格对价格比较是合适的。相比之下，第2.2条在适用上更具规范性，应使用第2.2条规定的两种确定正常价值的替代方法之一来确定倾销幅度。据此，专家组确认俄罗斯的解释无法构成其诉请的法律依据。

3. 欧盟《反倾销基本条例》第2(5)条第2段

欧盟《反倾销基本条例》第2(5)条第2段规定：“如果与被调查

产品的生产和销售有关的成本没有合理地反映在有关方的记录中，则应根据同一国家其他生产商或出口商的成本进行调整或确定，如果没有或不能使用这种信息，则应根据任何其他合理的依据，包括来自其他有代表性的市场信息。”俄罗斯认为这一段最后半句(如果……有代表性的市场信息)阻止了调查机构以符合第2.2条和第2.2.1.1条的方式计算受调查产品的成本和正常价值。

专家组确认，第2.2条并没有将用于计算生产成本的信息来源限制在原产国境内。一旦被调查的出口商或生产商的记录被拒绝，就不存在据以计算原产国生产成本的来源层次。同一国家的其他生产商或出口商的成本可能是一个适当的来源，但不一定是唯一可能的来源。当然，调查机关仍然有义务计算出“原产国”生产成本。只要调查机关得出的生产成本代表原产国的生产成本，就满足了第2.2条的要求。专家组在前面的分析中已经确认，调查机关可能被要求调整国外的信息，以确保其适合确定“原产国”的生产成本。专家组认为，同一国家的其他生产商或出口商的成本并不是在构建正常价值时使用原产国生产成本的唯一成本信息来源。据此，专家组认为俄罗斯的诉请缺乏法律依据，决定驳回。

专家组指出，第2.2.1.1条将被调查的出口商或生产商的记录确定为生产成本数据的首选来源，但这些记录必须符合两个条件。有关条件适用于被调查出口商或生产商的“记录”，而不是用于代替记录中报告的成本信息。一旦记录被拒绝作为构建正常价值的生产成本来源，第二个条件中的语言就不再适用于将要使用的成本。如果调查机构使用出口商或生产商保存的记录以外的信息来构建生产成本，它必须确保该信息适合于确定“原产国”的“生产成本”，而不是合理反映与所审议产品的生产和销售有关的成本。专家组不接受俄罗斯的解释，并确认俄罗斯的诉请缺乏法律依据，决定驳回。

三、对焊接管和管材的反倾销措施是否违反第 2 条和第 11. 3 条

2008 年,欧盟对俄罗斯的焊接管和管材征收反倾销税,2013 年复审,欧盟认为停止征收反倾销税可能导致倾销或损害再度发生,于是决定延长措施。俄罗斯认为在复审中计算正常价值时,欧盟没有使用生产者的记录,拒绝将实际支付的天然气价格计算在内,而使用了受调查产品生产和销售成本之外的数据。欧盟由于使用了错误的成本数据,违反了第 2. 2. 1. 1 条;依据错误计算的成本数据确认可能会再次发生倾销,违反了第 11. 3 条。

1. 欧盟的做法是否违反第 2 条

专家组注意到,欧盟在确定产品是否在俄罗斯国内市场上以正常贸易的方式销售时,确定了国内销售中可以盈利的部分,欧盟先审查了由单独的出口生产商使用的天然气价格是否合理反映生产和销售成本,认为没有合理反映天然气的实际成本。从欧盟的报告可以看出,它是依据第 2. 2. 1. 1 条的第二个条件,即记录应“合理反映被调查产品的成本”。专家组在前面已经论述过,这一要求只涉及记录本身是否合理反映成本,与政府的管理无关,不能仅仅因为政府管理就拒绝接受成本数据。据此,专家组确认欧盟拒绝受调查企业成本记录的做法不符合第 2. 2. 1. 1 条。

俄罗斯还提出,由于违反了第 2. 2. 1. 1 条,使用错误计算出的生产成本来确定价格是否在正常贸易过程中,也违反了第 2. 2. 1 条。

第 2. 2. 1 条规定:“同类产品以低于单位(固定和可变)生产成本加管理销售和一般费用的价格在出口国国内市场的销售或对一第三国的销售,只有在主管机关确定此类销售属在一持续时间内以实质数量,且以不能在一段合理时间内收回成本的价格进行时,方可以价格原因将其视为未在正常贸易过程中进行的销售,且可在确定正常价值时不予考虑。”专家组指出,调查机构可以把低于成本的销售看

作在正常贸易之外而对其价格信息不予考虑,但这是有条件的。欧盟指出俄罗斯的天然气价格由政府控制,并以此为由认为其不在正常贸易过程中,并未对价格本身进行审查就拒绝采用其信息,欧盟的做法不符合第2.2.1条。

2.欧盟的做法是否违反第11.3条

根据第11.3条的规定,“除非主管机关……进行的复审确定,反倾销税的终止有可能导致倾销和损害的继续或再度发生”,任何最终反倾销税应在征收之日起5年内终止。俄罗斯指出,调查机构在复审中审查了复审期间可能的倾销和撤销措施可能增加的进口,欧盟调查机构在审查可能的倾销时,适用了欧盟《反倾销基本条例》正常贸易的测试并且调整了价格;在审查可能增加的进口时,调查机构审查了生产能力及欧盟市场的吸引力。专家组注意到,根据关于复审的要求,调查机构没有义务计算倾销幅度,但是如果计算了倾销幅度并据此作出复审决定,就应当遵循第2条的要求。鉴于欧盟确定正常价值的方法不符合第2.2.1.1条,在此基础上作出的倾销可能再度发生的结论也不符合第11.3条。

四、欧盟对硝酸铵的反倾销措施

欧盟对从俄罗斯进口的硝酸铵征收反倾销税,在复审后决定继续征税。俄罗斯对此提出了多方面的诉请。欧盟提出,根据第18.3条,《反倾销协定》只适用于成员正式加入后发起的调查或复审。俄罗斯于2012年8月22日成为WTO成员,有些措施是在其成为成员前发起的,因此不适用《反倾销协定》。专家组赞成欧盟的观点,俄罗斯的争辩未被专家组接受。专家组决定在审查具体诉请时对哪些措施在俄罗斯加入WTO之后发起复审予以厘清。

1.关于复审的发起

关于产品范围。俄罗斯指出,欧盟999/2014号条例对复审产品的描述是“税目号3102 30 90和3102 40 90,可以包括工业用和农业用的硝酸铵”，而最初的审查针对的是农业用硝酸铵，IGAN（工业级别硝酸铵）产品没有包括在其中，因此复审扩大了产品范围。专家组指出，999/2014 号条例的描述只是解释税目号所指向产品的范围。专家组注意到，俄罗斯提出的证据都不足以支持其主张，相反，其提供的证据可以证明受调查企业已经知道复审产品范围。专家组驳回了俄罗斯的这一诉请，与这一诉请相关的诉请也就没了基础。

俄罗斯指出，复审包括了 Kirovo 工厂生产的硝酸铵，这家工厂生产的硝酸铵在初始调查中被排除在调查范围之外，由于这样做的结果，俄罗斯 FGAN（化肥级别硝酸铵）的进口量被高估了 4 倍。专家组注意到，Kirovo 生产的硝酸铵确实没有包括在初始调查中，专家组同时注意到，在发起调查的通知中并没有包括倾销的数量，而欧盟调查机构也表明，其并没有依据 Kirovo 的数据发起复审，专家组确认俄罗斯未能证明第 3 次复审发起时依据的数据包括了 Kirovo 生产的产品。

俄罗斯称，复审中欧盟境内申请者提出的结构价格是初始调查中依据错误的方法计算的，因此，欧盟发起调查违反了第 11.3 条。在审查了证据之后，专家组指出，欧盟没有核查境内调查申请人提出的结构价格是否以生产者原产国的价格为基础，从而未能保证其复审是有充分依据的。专家组据此确认，欧盟发起复审违反了第 11.3 条。

2. 关于损害可能继续发生的诉请

俄罗斯认为欧盟在确认削价影响时违反了第 3.1 条、第 3.2 条和第 11.3 条、。具体诉请是：欧盟关于损害可能再度发生的决定是基于欧盟企业非代表性的、错误的和不完整的数据；对取样和非取样的欧盟境内生产者出现的相反表现没有作出解释；错误地认为没有迹象表明欧盟企业不受损的局面会维持下去；关于损害会再度发生的结论不是基于肯定性证据和客观的审查。

欧盟提出，1722/2018 号条例已经取代了 999/2014 号条例，因此专家组不应该对 2014 年的条例进行审查和作出结论，欧盟还质疑专家组审查俄罗斯诉请的法律标准。专家组首先分析了这个问题,认为根据以往专家组对已经被取代的措施的态度,专家组有权进行分析并作出结论,如果确认999/2014号条例不符合,那么在需要作出结论的时候再分析1722/2018号条例是否影响这一结论。关于法律依据的问题,专家组指出,涉及损害可能性的法律依据是第11.3条,但会把第3条作为上下文进行参考。

俄罗斯指出,欧盟在价格影响分析中做了削价计算,其做法不符合第11.3条。专家组决定先分析欧盟是否做了削价计算,然后再分析欧盟的价格计算是否符合第11.3条。根据所有证据,专家组确认,调查机构在分析未来进口的价格影响时并没有做削价计算。专家组注意到,在分析损害可能继续发生时,欧盟分析了许多因素,而且对其分析做了解释,专家组据此驳回了俄罗斯的诉请。

俄罗斯称欧盟调查机构忽略了一类产品和OJSC企业的出口价格,违反了第11.3条。在仔细审查证据之后,专家组确认,欧盟没有参考一类产品的价格是有理由的,而且是正当的,而被忽略的企业不是受调查的企业,欧盟没有理由以非受调查企业的价格作为基准。据此,专家组驳回了俄罗斯的这一诉请。

俄罗斯提出,俄罗斯的出口商曾经要求将关税、出口费用、产品的差异、包装作出扣除,但没有得到同意。俄罗斯认为拒绝调整出口到第三国的价格,违反了第11.3条。专家组审查了调查记录,发现俄罗斯出口商并未提出调整的要求。据此,专家组驳回了俄罗斯的这一诉请。

3. 欧盟是否根据错误或不完整的数据作出了损害可能再度发生的结论

俄罗斯提出,欧盟确认损害可能再度发生所依据的数据错误或不完整,违反了第3.1条和第11.3条;不答复俄罗斯出口商关于欧盟境内企业表现的数据冲突问题,违反了第3.4条和第4.1条。

专家组首先指出,第3条适用于初始调查,因此在本诉请中不适用。专家组仔细审查了欧盟在复审中收集和审查的数据,包括受调查的产品和同类产品以及从欧盟同类产品生产者处获得的数据。专家组发现,俄罗斯称欧盟取样的境内企业不具有代表性的说法与事实不符;欧盟并未排除某些企业的数据,因此俄罗斯称数据不完整的说法也不能成立。至于样本企业和非样本企业的经济表现差异,专家组指出,调查机构没有义务分析和协调企业经济表现不同的数据。专家组驳回了俄罗斯的这一诉请。

4. 欧盟认为产业非损害的局面不可持续,这一结论是否违反第11.3条

欧盟提出,消费下降、业务和价格循环恶化、生产成本持续上升,这些因素造成某个阶段产业非损害的局面不可持续,俄罗斯认为这与事实不符,欧盟的结论没有事实依据。

在仔细分析了记录上的要素和双方的论点后,专家组确认记录上没有迹象表明欧盟境内产业的非损害状况会持续下去,专家组拒绝了俄罗斯的诉请。

5. 欧盟关于备用产能和第三国市场的结论是否违反第11.3条

俄罗斯称调查机构计算俄罗斯剩余产能和第三国市场吸收能力时,对有些企业使用了实际产能,对另一些企业则是用了设备铭牌产能,俄罗斯对这一做法提出怀疑。

专家组指出,铭牌产能与实际产能不可能完全一致,在实际产能高于铭牌产能时,调查机构使用了实际产能的数据,这并没有错误;调查机构认为第三国市场只能吸收一部分俄罗斯的产量,这一结论是建立在肯定性证据的基础上。专家组驳回了俄罗斯的这一诉请。

五、欧盟关于倾销可能再度发生的结论是否违反第2条、第11.3条

专家组注意到,关于第2条的诉请针对欧盟的结论,欧盟主要依据三个方面的事实:俄罗斯向第三国(巴西、哥伦比亚、秘鲁、乌克兰和哈萨克斯坦)以倾销价格出口硝酸铵;俄罗斯的产能;欧盟市场的

吸引力。专家组在前面的分析中已经指出,欧盟结论并不是基于倾销幅度,而第2条也不能直接适用于分析第11.3条的情况。

专家组指出,俄罗斯实际上认为欧盟应该对两类产品分别做倾销和损害可能再度发生的认定。复审针对的是初始调查时的产品,但如果对同类产品的定义出现偏差,那么到期复审就不可能客观地建立在肯定性证据的基础上。审查了证据之后,专家组认为俄罗斯的主张不能成立。

六、调查机构在复审中的某些做法是否违反第6条

1. 拖延提供材料是否违反第6条

俄罗斯提出,俄罗斯企业要求提供非保密材料的申请至少有4次被拖延:2014年3月10日企业申请,4月1日才得到准许;6月2日的申请到6月16日才得到准许;2014年4月16日和17日对方提交的非保密材料,到5月13日才放入案卷,影响了俄罗斯企业提交评论;2014年5月12日的非保密文件5月27日才放入案卷。这些做法违反了第6.1.2条和第6.4条。俄罗斯还指出,俄罗斯化肥生产者联盟2014年3月28日提出申请,而欧盟调查机构没有向俄罗斯利害关系方提供申请全文,到复审调查结束时利害关系方才得知申请的内容。这种做法违反了第6.2条、第6.4条和第11.4条。

第6.1.2条和第6.1.3条都规定,在遵守保护机密信息要求的前提下,一利害关系方提出的书面证据应迅速向参与调查的其他利害关系方提供,并且要提供申请的全文。第6.4条规定,"只要可行,主管机关即应迅速向所有利害关系方提供机会,使其了解与其案件陈述有关的不属第5款规定的机密性质,且主管机关在反倾销调查中使用的所有信息,并使其能以此信息为基础准备陈述"。欧盟提出,"迅速"(promptly)并不意味着"立即"(immediately),而且当事方的拖延不能归于调查机构。专家组指出,欧盟的第二个抗辩虽然有理,但是前一个抗辩不能成立。证据表明,在四种情况下,欧盟都

未能遵守第 6 条的相关规定。

2. 对欧盟境内申请人提交材料的保密处理

俄罗斯指出,欧盟将某些材料作为保密处理而没有说明理由,违反了第 6.5 条和第 11.5 条。第 6.5 条规定:任何属机密性质的信息,主管机关应在对方说明正当理由后按机密信息处理此类信息,未经提供方特别允许不得披露。从规定用语的普通含义可知,说明正当理由是做保密处理的条件。经过对证据的仔细审查,专家组发现,欧盟没有要求 5 月 14 日提交的材料中专家意见的一方提交保密理由,这违反了第 6.5 条;对于其他材料,俄罗斯的诉请与事实不符。

俄罗斯指出,欧盟调查中的非保密材料提供的信息没有意义,无法使其合理了解以保密形式提交的材料的实质内容。专家组审查了所有材料,确认俄罗斯的诉请没有事实依据。

3. 俄罗斯的其他诉请

俄罗斯指出,在评估产能时,调查机构没有使用俄罗斯生产者或俄罗斯化肥生产者联盟的数据,而是使用了三种不同的方法确定产能,这违反了第 6.8 条;欧盟未能披露基本事实,违反了第 6.9 条和第 11.4 条;欧盟未能解释征收反倾销税的原因,违反了第 12.2 条。经过对证据的审查,专家组认为俄罗斯的诉请或是与事实不符,或是未能提供充分证据,驳回了俄罗斯的这些诉请。

韩国:气动阀反倾销税(WT/DS504)*

申诉方(上诉方、被上诉方):日本

被申诉方(被上诉方、上诉方):韩国

第三方(第三参与方):巴西、加拿大、中国、厄瓜多尔、欧盟、挪威、新加坡、土耳其、美国、越南

2016年3月15日,日本提出申诉,要求就韩国对其气动阀征收反倾销税进行磋商。由于磋商未果,经日本请求,DSB于2016年7月4日决定成立专家组。2016年8月29日,专家组由WTO总干事指定组成。专家组报告于2018年4月12日公布。双方均提出上诉。上诉机构报告于2019年9月10日公布。2019年9月30日,DSB通过了上诉机构报告和专家组报告。

2015年8月19日,韩国根据韩国贸易委员会(Korea Trade Commission,KTC)的最终决议,由韩国战略金融部(Ministry of Strategy and Finance,MOSF)作出第498号法令,对来自日本的气动阀征收为期5年的反倾销税。日本认为,韩国的措施违反了《反倾销协定》第1条、第3.1条、第3.2条、第3.4条、第3.5条、第4.1条、第6.5条、第6.5.1条、第6.9条、第12.2条和第12.2.2条,以

---

* 本案专家组和上诉机构报告部分的初稿由华东政法大学国际法专业研究生戴苑撰写。

及GATT第6条。

【专家组的分析和结论】

一、在对“国内产业”的定义方面

韩国在最终决定中确认存在9个同类产品的国内生产商，包括提出调查申请的TPC公司和KCC公司，由于9个生产商中只有这两家公司回复了贸易调查办公室(Office of Trade Investigation，OTI)的调查问卷，且这两家公司的总产量占国内总生产值的55.4%，与日本的气动阀供应商没有特殊关系，符合韩国相关法律规定，因此OTI将“国内产业”定义为TPC和KCC，将这两个企业生产的同类产品的总量作为国内产业的生产量。日本认为，在界定国内产业时韩国没有基于正面证据进行客观审查，可能产生实质性扭曲风险，违反了《反倾销协定》第3.1条和第4.1条。韩国则认为关于国内产业的定义问题不在专家组的职权范围内，且从在生产总值中所占比例、生产型号、分销渠道等各角度看，这两家国内企业从本质上代表了国内生产者。

专家组认为，日本在专家组请求中主张韩国违反《反倾销协定》第3.1条和第4.1条时仅对第3.1条中的用语进行一般性引用，不足以说明日本为何认为韩国的措施违反相关的义务，以及如何违反具体义务。日本的此项主张不能满足DSU第6.2条对成立专家组请求的充分性要求，无法实现专家组请求的双重功能，即确定专家组的职权范围及争端的范围，同时将申诉的法律性质令被申诉方和其他WTO成员知晓。因此，专家组得出结论：日本根据《反倾销协定》第3.1条和第4.1条提出的有关国内产业定义的诉请不在专家组的职权范围之内，专家组将不予考虑或进一步解决。

二、在倾销进口数量方面

在基础调查中,KTC 考虑了相对于国内消费和国内生产而言倾销进口数量的绝对值是否显著增加,并得出结论:倾销进口数量在 2010 年到 2012 年有所下降,而 2012 年到 2013 年急剧增加;倾销进口产品的市场份额从 2010 年到 2012 年下降,在 2013 年急剧上升,但即便如此,倾销进口产品的市场份额还没有达到 2010 年的水平。由于倾销进口数量大大增加,且价格下降,国内同类产品的份额在 2013 年突然下跌。日本声称,韩国的这一决定"没有基于对正面证据的客观审查",违反《反倾销协定》第 3.1 条和第 3.2 条。

专家组认为,日本的专家组请求仅解释了《反倾销协定》第 3.1 条第一部分的措辞,没有解释所涉措施为何以及如何违反了《反倾销协定》第 3.1 条和第 3.2 条的义务。因此,专家组得出结论,日本的这一项诉请中关于进口量的问题不在专家组的职权范围之内,专家组对这一问题不予分析,也不做结论。

三、在倾销进口对价格的影响方面

KTC 在最终决议中认定:在 2010 年至 2013 年的趋势分析期间,国内同类产品的价格受到抑制并下降。日本认为韩国的这一结论与《反倾销协定》第 3.1 条和第 3.2 条不符。

专家组认为,日本的这一主张包括两个要素:一是韩国分析倾销进口产品给国内同类产品价格造成的影响没有基于对正面证据的客观审查;二是韩国没有适当认定被调查的进口产品是否显著抑制和降低了国内同类产品价格。关于第一个要素,专家组认为日本的专家组请求没有解释韩国的做法为何以及如何违反《反倾销协定》第 3.1 条的义务;关于第二个要素,专家组指出这涉及复杂的经济问题,"主张"和"论点"之间的界限可能并不十分清楚,但作为申诉方,仍然要进一步确定其指控的主要内容，日本请求不包含其认为韩国行为与《反倾销协定》不一致的具体叙述，没有将该主张与《反倾销协定》的具体义务联系起来，因此不在专家组的职权范围之内，专家组不会考虑或进一步解决这一问题。

四、在倾销进口对国内产业的损害方面

KTC 在其最终决议中指出，从 2010 年至 2013 年，国内同类产品市场份额下降，在整个调查期间销售价格下降；国内产业的持续经营亏损导致债务增加，削弱其内部筹资能力和外部筹资能力；整个趋势分析期间国内产业的盈利为负增长。这些现象表明国内产业受到实质性严重损害。关于 KTC 的这一结论，日本主张，韩国的结论与《反倾销协定》第 3.1 条和第 3.4 条不符，认为韩国未能将其对数量和价格效应与有关国内产业状况的调查结果联系起来；未能证明倾销进口产品对国内产业状况造成影响的作用大小；没有审查《反倾销协定》第 3.4 条明确列出的两个经济因素——筹集资本或投资的能力和倾销幅度的大小；未考虑在趋势分析期间若干经济因素表现出的积极趋势。韩国则认为日本关于倾销进口产品对国内产业状况的影响的主张不在专家组的职权范围之内。

专家组首先审查日本根据《反倾销协定》第 3.1 条和第 3.4 条提出的主张的充分性，认为日本仅一般性地提及第 3.1 条不足以解释韩国的措施为何以及如何违反该条义务。关于日本主张"KTC 未评估与所涉国内产业状况有关的所有经济因素和指标"，专家组指出，《反倾销协定》第 3.4 条列出了必须评估的相关因素，调查机构必须对其中的每一项因素进行审查，日本关于 KTC 未评估筹集资金或投资的能力以及倾销幅度的大小的诉请满足专家组请求的条件，因此在专家组的职权范围之内。然而，在申诉过程中日本提出的韩国违反《反倾销协定》第 3.1 条和第 3.4 条的其他三项指控因使用的语言不够准确而无法满足专家组请求的条件。专家组认定，日本根据《反

倾销协定》第3.1条和第3.4条提出的关于倾销进口产品影响国内产业状况的主张,仅限于指称KTC没有评估第3.4条所列的两个具体经济因素。

接着,专家组对KTC是否未能评估《反倾销协定》第3.4条所列的两个具体因素进行审查。首先,第3.4条要求对所列的15项因素中的每一项进行评估。虽然第3.4条没有提供如何评估这些因素的特定方法,但第3.1条中规定了依据正面证据进行客观审查的总体原则。在"筹集资金或投资的能力"方面,专家组认为KTC已经提及潜在的投资下降,指出"目前预计国内产业对设备投资的需求将大幅缩减",关于国内产业资金能力,KTC已经注意到国内产业研发支出费用与销售额的比率仅在2011年增加,此后持续下降。日本仅凭在趋势分析期间中的一部分投资增加认为KTC的结论不成立,而专家组认为在国内市场对气动阀产品的需求下降以及国内产业经营亏损的情况下,审查期间的前两年投资增加与KTC对那段时间末期该产业的投资能力下降的总体评估之间没有矛盾。此外,专家组认为日本未能证明KTC对国内产业筹集资金的能力的评估不是一个客观公正的调查机构能够作出的。关于倾销幅度的大小,专家组认为第3.4条要求调查机构在将倾销幅度大小作为"实质性因素"评估的同时,评估其相关性以及在损害国内产业中的权重。KTC已经注意到倾销幅度很大,影响了国内同类产品价格,日本只是不同意KTC关于倾销幅度大小的认定,却未能证明必须进行何种特定的分析。因此,专家组认为日本未能证明韩国调查当局在审查倾销进口产品对国内产业影响方面违反了《反倾销协定》第3.1条和第3.4条。

五、在因果关系方面

日本根据《反倾销协定》第3.1条和第3.5条提出三项独立的主张:第一,日本主张KTC的因果关系分析因其对倾销进口产品的数量、价格效应和倾销进口产品对国内产业状况的影响的分析有缺陷而受到负面影响；第二，日本声称由于数量、价格以及国内产业的利润趋势之间的相关性不足，KTC 未能适当地确定倾销进口产品与国内产业状况之间存在因果关系；第三，日本主张韩国未能对倾销进口产品之外造成国内产业损害的其他已知因素进行分析。专家组分别对日本的上述三项主张进行评估。

（一）第一项主张：独立的因果关系

对日本提出的第一项"独立因果关系"的主张，专家组认为虽然叙述简短，但表面上足够清楚地提出了问题，属于专家组职权范围。专家组从数量、价格、影响三个角度分别进行评估。

在数量方面，KTC 得出的结论是，倾销产品的进口量在 2013 年急剧上升，价格在同年急剧下降，从而抑制了已经低于合理价格的同类产品的价格上涨，甚至导致价格下降。专家组认同 KTC 关于倾销进口量的分析，即倾销进口量从 2010 年至 2012 年均下降，从 2012 年至 2013 年急剧上升，倾销进口产品的市场份额也呈现同样的趋势，KTC 认定这是抑制和降低国内同类产品价格的一个因素，导致了国内产业状况的恶化。专家组认为 KTC 依靠倾销进口量在 2012 年至 2013 年增长确定因果关系不是没有道理的。无论是在《反倾销协定》的内容上还是逻辑上都没有要求调查机构只有在整个趋势分析期间的每一年都认定倾销进口量显著增加才可以确定因果关系，因此专家组驳回日本的第一点理由。KTC 只是注意到一个无可争议的事实，即 2013 年的倾销进口量比 2010 年增加，在这种情况下，专家组不必决定 KTC 认定的这一比例构成显著增长是否合理。就该独立主张而言，作为申诉方的日本应当让专家组确信，从 2010 年至 2013 年按绝对值计算倾销进口额的增长必然破坏 KTC 的因果关系分析，且一个合理的调查机构不会得出这样的结论，然而日本没有做到。此外，专家组认为，自 2010 年至 2013 年倾销进口产品的市场份额没有增加，这一事实本身并不意味着 KTC 得出的结论是不合理的。日本未能证明在确定因果关系时，KTC 对倾销进口量的相关性和权重的考虑和解释是不充分的，因此，专家组拒绝日本提出的第二点理由。专家组得出结论,日本未能证明韩国调查机构的行为与《反倾销协定》第3.1条和第3.5条不一致。

在价格方面,专家组的结论是:在某些倾销进口产品的单笔交易价格与国内同类产品的平均价格进行比较时,韩国未能确保价格可比性;价格从2012～2013年的下降幅度不同,以及2011～2012年的价格走势各不相同本身并不表明KTC对因果关系的确定与第3.1条和第3.5条不一致;无论是比较整体产品的平均价格还是代表型号的平均价格,在整个趋势分析期间倾销产品的价格比国内同类产品价格高,双方对这一事实没有争议,而韩国调查机构的最终报告中确定因果关系时未能充分解释其对倾销进口商品的价格抑制作用的考虑,违反了第3.1条和第3.5条的规定。

日本认为以下三点表明在倾销进口产品与国内产业的损害之间不存在因果关系:第一,倾销进口产品的影响与国内产业状况之间没有逻辑联系;第二,KTC没有审查两项特别要求的因素;第三,KTC忽略了某些积极趋势。鉴于专家组已经在前面的分析中驳回了日本的第二点,专家组也驳回日本认为韩国调查机构没有审查两项特别要求,违反了《反倾销协定》第3.5条的观点。关于日本提出的第一点,专家组认为,《反倾销协定》没有规定比较的具体方法,也没有要求调查机构必须证明倾销进口产品的数量和价格效应之间存在逻辑联系,因此不能得出KTC在确定因果关系时没有证明倾销进口产品数量与国内产业影响之间的逻辑联系从而存在错误的结论。此外,就日本指控KTC未能证明倾销进口产品对国内产业状况的作用,专家组认为消费下降、国内产业市场份额下降以及产能增加因素对国内产业状况的作用不是KTC必须考虑的。关于日本提出的第三点,即KTC没有适当地考虑国内产业的销售和筹资能力的积极趋势,专家组认为KTC对这一问题做了解释。专家组认定,日本未能证明韩国调查机构没有考虑某些经济因素的积极趋势从而违反《反倾销协定》第3.1条和第3.5条。

(二)第二项主张:未能适当地证明因果关系

日本认为,KTC 未能证明倾销进口产品通过倾销的影响对国内产业造成损害;数量趋势、价格趋势和利润趋势与国内产业状况之间的相关性不充分,不足以支持倾销进口产品与国内产业受到损害之间存在因果关系。

首先,关于数量的关联性,专家组认为日本未能确定关键数量趋势之间的相关性不足,不足以证明一个合理公正的调查机构无法适当地确立倾销进口产品与国内产业损害之间的因果关系。其次,关于价格的关联性,专家组认为日本未能证明韩国调查当局在认定不存在平行的价格趋势方面的行为与第 3.5 条不一致。最后,关于利润的关联性,专家组认为 KTC 对整个调查期间国内产业的经营亏损与倾销进口产品之间的关系的考虑是合理的,日本未能证明倾销进口产品与国内产业利润趋势之间的相关性不足。专家组的结论是,日本未能证明韩国调查机构的行为与《反倾销协定》第 3.1 条和第 3.5 条不一致。

(三)第三项主张:未能进行适当的非归因性分析

日本认为,除倾销进口产品对国内产业造成损害外,KTC 没有对某些已知因素进行客观分析和审查,包括:第三国进口、国内消费趋势以及韩国的产业的出口。

专家组逐一分析了这些因素,认为日本未能证明韩国调查机构关于第三国进口产品对国内产业影响小的结论不是一个合理公正的调查机构能够得出的结论;关于国内消费,专家组认为日本只是建议一种不同的审查数据的方式。仅仅是提出以其他方法审查数据也许会有不同结论,尚不足以证明调查机构的决定存在错误。日本未能证明韩国调查机构在分析其他因素问题上的结论错误。关于国内产业的出口表现,专家组认为《反倾销协定》第 3.5 条没有指导如何进行非归因性分析。国内产业的出口业绩虽然与销售相关,但不表明出口业绩必然影响销售。专家组认为日本未能证明韩国调查机构得出的国内产业出口业绩对国内产业没有不利影响的结论不是一个合理公正的调查机构可以得出的结论。

关于其他“已知”因素的累积影响,《反倾销协定》第3.5条并未包含对调查机构应如何进行非归因性分析的任何指导。专家组认为没有必要要求调查机构审查对国内产业造成损害的其他因素的累积影响。KTC分析了每一项“其他因素”,并得出结论认为这些因素对国内产业没有不利影响。因此,专家组得出结论,日本未能证明韩国调查机构未考虑其他已知因素累积影响的行为与《反倾销协定》第3.1条和第3.5条不符。

六、在对信息的保密处理方面

2013年12月23日,TPC和KCC公司向KTC提交了有关从日本进口气动阀的公开和保密两种版本的调查申请,在公开版本中,申请人对某些部分进行了删减。对此,被调查的日本公司SMC则向KTC申诉,认为其正当程序权利受到侵犯。在随后申请人向KTC提交的回应、律师意见摘要和律师反驳意见中,公开版本都对特定信息进行删除或以其他符号替代。日本主张,韩国没有提供将某些信息视为机密的正当理由,这一行为与《反倾销协定》第6.5条不符;日本还主张,韩国没有要求申请人提供非机密摘要,即便提供了此类摘要,其中的细节也不足以使人对保密信息的实质内容有合理的了解,这违反第6.5.1条。专家组认为日本的这一主张在其职权范围之内。

专家组认为,《反倾销协定》第6.5条和第6.5.1条在保密和正当程序之间谋求平衡,正当理由是进行保密处理的先决条件。正当理由的要求适用于所有寻求机密处理的信息,无论其本质上是机密的还是以机密形式提交的。专家组根据一系列事实认为,韩国调查机构给予部分信息保密待遇而没有要求申请人提供正当理由,且韩国调查机构也没有考虑申请人要求保密处理的理由;韩国调查机构在对申请人提交的信息进行保密处理时,未考虑所涉信息是否属于韩国《海关法实施规则》第 15 条所列机密信息类别,韩国调查机构的行为与《反倾销协定》第 6.5 条不一致。而关于非机密摘要,专家组注意到第 6.5.1 条的义务适用于与第 6.5 条一致的机密信息,前述 TPC 和 KCC 公司向 KTC 提交的公开版本的调查申请中没有叙述性地总结删除的特定信息,专家组不同意韩国辩称的这些公开版本本身构成了非机密摘要,确认韩国调查机构的行为与《反倾销协定》第 6.5.1 条不一致。

七、在基本事实的披露方面

日本主张,韩国的措施与《反倾销协定》第 6.9 条不符,KTC 在作出最终裁定之前没有充分披露构成其裁定基础的"必要事实",包括:价格效应、倾销进口量、国内产业的状况以及因果关系。根据韩国法律,是否采用反倾销措施由 MOSF 决定,MOSF 有权接受和审查有关 KTC 最终决议的评论和其他意见。KTC 于 2015 年 1 月 20 日根据 OTI 的最终报告发布了最终决议,2015 年 8 月 19 日,MOSF 根据 KTC 的最终决议通过了第 498 号法令,决定对来自日本的气动阀征收反倾销税。专家组认为,日本的这一主张仅重复第 6.9 条的措辞,没有解释日本为什么认为韩国调查当局没有向有关当事方通报构成必要事实。专家组认为这一问题不在其职权范围之内,专家组将不会进一步考虑和解决该问题。

八、在附随主张方面

日本认为,鉴于韩国违反了《反倾销协议》第 3.1 条、第 3.2 条、第 3.4 条、第 3.5 条、第 4.1 条、第 6.5 条、第 6.5.1 条、第 6.9 条、第 12.2 条和第 12.2.2 条,其对日本提出的气动阀的反倾销措施也与《反倾销协定》第 1 条以及 GATT 第 6 条相抵触。专家组认为日本根据《反倾销协定》第 1 条提出的后续主张在其职权范围内,而根据

GATT 第 6 条提出的相应主张不在其职权范围之内。《反倾销协定》第 1 条规定反倾销措施仅应在根据本协定规定发起和进行的调查中适用,而前面已经得出结论,韩国调查当局的行为与《反倾销协定》第 3.1 条、第 3.5 条、第 6.5 条和第 6.5.1 条不一致,可见韩国的反倾销措施并未完全按照《反倾销协议》的规定进行调查和实施,因此必然违反《反倾销协定》第 1 条。

【上诉机构的分析和结论】

日本和韩国分别提出上诉。上诉机构分析了以下问题。

一、关于 DSU 第 6.2 条下的法律标准

上诉机构认为,这一问题涉及日本的专家组请求是否已经足够明确地确定申诉的法律依据。在此前的许多案件中上诉机构已经认定,为满足 DSU 第 6.2 条的要求,成立专家组的请求必须将其质疑的措施与声称违反的涵盖协定的规定联系起来,仅指出被违反的协定规定是不够的,需要解释其质疑的措施"为什么或如何"违反了 WTO 的具体义务。

在本案中,专家组就《反倾销协定》第 3.1 条规定的义务的相关性提出意见,以评估日本成立专家组请求的充分性。在日本提出的 13 项主张中有 7 项主张援引了《反倾销协定》第 3.1 条以及第 3 条的其他段落,专家组认为第 3.1 条是一项"总体规定",起领头作用,引出了后续各段中更具体的义务,仅提及第 3.1 条不足以满足 DSU 第 6.2 条的要求,并根据这一理由确定日本的某些主张不在其职权范围之内。上诉机构认为,日本的专家组请求中的诉请不限于对《反倾销协定》第 3.1 条措辞的解释,至少确定了被违反的其他条款,上诉机构将在分析每项上诉请求时,确定专家组在适用 DSU 第 6.2 条所述的法律标准时是否出现错误。

二、国内产业

专家组认为，日本的专家组请求中所列与韩国调查机构对国内产业定义有关的第7项主张不在专家组职权范围之内，日本对此提出上诉并要求上诉机构完成法律分析，裁定韩国在涉诉的反倾销调查中对国内产业的定义违反《反倾销协定》第3.1条和第4.1条。

上诉机构认为，日本的这一主张同时提及了《反倾销协定》第3.1条和第4.1条，因此明确了涵盖协定中的条款。日本的主张也明确指出，其诉请特别针对涉及国内产业的定义，这一主张提供了足以清楚地说明申诉法律依据的概要。上诉机构由此认定，专家组裁定日本的这一诉请不在其职权范围内是错误的，该诉请在专家组的职权范围之内。

上诉机构需要判断自己是否能够完成法律分析。《反倾销协定》第4.1条第1句提供了两种定义国内产业的方法，第二种方法是“产品产量构成国内总产量主要比例的生产者”，上诉机构认为“主要比例”分为定量和定性两个方面：定量应理解为是否占国内生产总量相对较高的比例，定性指包含在这一定义中的同类产品的国内生产商是否代表了国内生产总量。本案中，从专家组报告可以得知，OTI将调查问卷发送给了所有已知的9家同类产品的国内生产商，但只有TPC公司和KCC公司提交了答复并报告了产量，其余7家生产商中有两家因缺乏信息，未对调查问卷作出答复。随后，在进行公开听证时，这两家生产商提交的数据有限。关于其他5个国内生产商，由于OTI没有可靠的来源获取准确生产数据，因此根据申请人提供的数据计算了产量。根据这些数据，OTI确认两个申请人的产量占同类产品国内总产量的55.4%。OTI认为，这两个申请人的总产量占国内生产总量的相当一部分，为调查对国内产业造成的损害，将“国内产业”定义为TPC和KCC生产同类产品的总量。根据OTI的调查结果，KTC在其最终决定中，将国内产业产量定义为TPC和KCC生产同类产品的产量之和。上诉机构认为,在"主要比例"要求的定量方面,专家组没有解决KTC计算国内总产量的比例时存在的问题,包括数据的准确性和以哪些生产商的产量为基础计算出了55.4%。专家组记录中没有足够的事实以及对这一问题的充分探讨,因此上诉机构无法评估KTC在计算时是否客观地考虑了现有证据。在"主要比例"要求的定性方面,调查机构定义国内产业的过程,包括调查机构作出的努力程度,与评估定义国内产业时是否存在实质性扭曲风险有关,只有两家生产商回复调查问卷不代表调查机构尽了最大努力确保列入国内产业定义的国内生产商确实代表了国内总产量。

综上,由于专家组报告缺乏事实和证据,上诉机构无法就"主要比例"的要求完成法律分析,因此,也就无法对日本声称韩国对国内产业的定义与《反倾销协定》第3.1条和第4.1条不一致的主张完成法律分析。

三、损害的确定

日本的专家组请求就损害确定提出了6项主张,认为韩国调查机构的措施违反《反倾销协定》第3条,专家组裁定一部分主张不在其职权范围内,一部分在其职权范围内,日本和韩国分别对专家组的结论的不同方面提出上诉。

首先,上诉机构审查专家组关于部分诉请不在其职权范围内的结论。专家组裁定日本关于倾销进口数量的诉请、关于倾销进口产品价格效应的诉请和关于倾销进口对国内产业影响的第三项诉请不在其职权范围内。上诉机构认为,日本的这些诉请将《反倾销协定》的第3.1条和第3.2条或第3.1条和第3.4条认定为被违反的条款,并指出其与韩国对被调查进口产品的数量大幅增加的分析涉及韩国措施的具体部分;具体说明韩国对国内同类产品价格受到抑制和压低的影响的分析与第3.1条和第3.2条不一致;指出了有争议的措施中与韩国调查机构分析被调查的进口产品对国内产业的影响的有关部分。这些都符合 DSU 第 6.2 条的规定。专家组认定这些诉请不在其职权范围内是错误的。专家组裁定日本的有关倾销进口产品与国内产业损害之间因果关系的第 4～6 项诉请在其职权范围之内，上诉机构认可专家组的这些裁定。韩国在上诉中主张，专家组在评估日本的专家组请求是否符合 DSU 第 6.2 条时与 DSU 第 11 条不符，上诉机构进行了审查，认为专家组并未与 DSU 第 11 条不一致。

专家组认定日本未能证明 KTC 对倾销幅度的评估不符合《反倾销协定》第 3.1 条和第 3.4 条，日本对此提出上诉。上诉机构认为，第 3.4 条要求审查倾销进口产品对国内产业的影响，应评估与产业状况有关的所有相关经济因素，该条款列出了 15 项因素，其中包括倾销幅度的大小。上诉机构指出调查当局应当在正面证据的基础上客观评估所有与国内产业状况有关的因素及其权重，就倾销幅度而言，专家组正确地认定了《反倾销协定》中没有关于评估方法的指导，专家组在解释第 3.1 条和第 3.4 条时没有错误。接着，上诉机构审查专家组在适用《反倾销协定》第 3.1 条和第 3.4 条裁定 KTC 对倾销幅度的评估时是否出现错误。上诉机构认同专家组的结论，即 KTC 认为倾销幅度很大，对国内同类产品价格产生重大影响，这一结论解释了倾销进口产品与国内同类产品之间存在激烈竞争。上诉机构维持专家组的结论，即日本未能证明韩国调查机构对倾销幅度大小的评估与《反倾销协定》第 3.1 条和第 3.4 条不符。

日本对专家组关于因果关系的结论提出三点上诉请求。专家组在适用《反倾销协定》第 3.5 条时把第 3.2 条和第 3.4 条下的义务归入第 3.5 条，日本认为这是错误的。上诉机构指出，第 3.5 条要求证明倾销进口产品通过第 3.2 条和第 3.4 条所指的倾销效应损害国内产业时，调查机构根据第 3.5 条的要求进行整体评估，在这种情况下第 3.2 条和第 3.4 条下的审查是调查机构最终确定因果关系的“必要组成部分”。这就要求专家组审查调查机构是否按照第 3.5 条要求的证据和因素，将根据第 3.2 条和第 3.4 条进行的倾销进口产品和国内产业损害之间因果关系的分析正确地关联起来，本案中专家组将日本关于第3.2条和第3.4条的主张排除在其职权范围之外,没有处理这些主张,但认为日本有关《反倾销协定》第3.5条的诉请在其职权范围内,并根据第3.5条审查了调查机构分析数量、价格效应和影响所依据的证据,上诉机构认为专家组这样做没有错误。日本指出,专家组在分析日本的因果关系主张时没有将数量作为确立因果关系的关键要素,没有将价格效应和影响作为因果关系结论的必要基础,这样做是错误的。上诉机构认为,专家组根据第3.2条第一句对该诉请进行分析,而专家组在处理第3.5条下的诉请时的任务是审查调查机构是否适当地将根据第3.2条和第3.4条进行的分析的结果关联起来,专家组违背了第3.5条的要求。关于价格效应,上诉机构认为,需要对第3.2条的第2句进行审查,专家组的分析没有问题。但专家组对价格趋势差异的分析是基于第3.2条,而不是基于第3.5条的要求,在适用第3.5条时出现了错误。上诉机构认为专家组对韩国调查机构分析影响的审查主要涉及该审查是否符合第3.4条的要求,而没有恰当地适用第3.5条,这是错误的。关于专家组是否违反了DSU第11条,上诉机构认为根据DSU第11条提出的主张必须指出严重的具体错误,须证明专家组对该问题的评估的客观性遭到破坏。上诉机构无法在专家组分析中看到日本指出的错误,特别是日本没有提出任何有关"合理的销售价格"的论点,也没有说明与专家组对日本"独立"因果关系主张评估的客观性的关系,上诉机构因此驳回日本的这一上诉请求。关于专家组在解决日本在《反倾销协定》第3.1条和第3.5条下的主张时,在有关价格可比性和超额销售的决定中是否出现错误,上诉机构认为,一旦进行价格比较必然会出现价格可比性的问题,在调查机构考虑倾销进口的价格影响时依赖价格比较的情况下,需要确保倾销进口产品与国内同类产品之间具有价格可比性。在分析专家组是否过分减轻日本的举证责任,是否增加了《反倾销协定》第3.2条或第3.5条未包含的价格比较要求时,上诉机构认为,专家组的结论虽然正确,但因为是适用了第3.2条而不是第3.5条,仍然构成适用第3.5条的错误。关于日本的"独立"因果关系的主张,上诉机构推翻了专家组的部分结论。

日本请求上诉机构完成法律分析。第一,韩国调查机构在考虑倾销进口数量时是否违反《反倾销协定》第3.1条和第3.2条。上诉机构认为,专家组并未直接接受KTC的调查结果,而是严格审查后认定尽管前两年倾销进口量有所减少,但在2012年至2013年出现重大逆转,适当地完成第3.2条第1句的要求。但是,专家组没有充分探讨第3.2条第1句要求的表明倾销进口产品已经替代国内同类产品,从专家组记录中也无法看出,上诉机构由此认为自己无法完成这一上诉问题的法律分析。第二,韩国调查机构在考虑价格效应时是否与《反倾销协定》第3.1条和第3.2条不符。在价格可比性上,上诉机构认为韩国调查当局没有在确保价格可比性基础上基于交易价格与平均价格的比较认定倾销进口产品对国内同类产品的价格抑制,从而造成国内同类产品价格下降,因此与《反倾销协定》第3.1条和第3.2条不一致;在超额销售上,上诉机构认为在确定倾销进口产品造成国内同类产品价格抑制和下跌时,韩国调查当局有责任解释和分析国内同类产品的价格如何以及在何种程度上受到倾销进口产品持续超卖的影响,上诉机构认定韩国调查机构的行为违反《反倾销协定》第3.1条和第3.2条;在价格趋势差异上,上诉机构认定专家组已适当根据第3.2条的要求审查韩国对价格差异趋势的考虑,据此认定韩国这一行为并不违反第3.1条和第3.2条。在下列问题上,上诉机构认为,由于专家组的结论有限,其无法完成以下法律分析:反事实分析①、"合理的销售价格"、价格抑制和价格下降是否"重大"。日本根据《反倾销协定》第3.1条和第3.4条提出的诉请要求上诉机构完成法律分析的论点涉及的范围比专家组在审查中涉及的范围更广,要求上诉机构分别审查第3.4条所列的每种经济因素的相关性,而专家组并未充分处理这些证据和论点,鉴于上述考虑,上诉机构认为自己无法完成关于这一问题的法律分析。

---

① 在假定事实与实际相反的情况下进行的分析。

四、对信息的保密处理

专家组认为日本有关韩国调查当局处理机密信息的第 8 项和第 9 项诉请在其职权范围内,并且日本证明了韩国调查机构的行为违反了《反倾销协定》第 6.5 条、第 6.5.1 条。韩国对此提出上诉。

上诉机构注意到,日本在专家组请求中的第 8 项和第 9 项诉请将《反倾销协定》第 6.5 条和第 6.5.1 条确定为被违反的规定,符合 DSU 第 6.2 条的最低要求,并且日本的诉请将其质疑的措施与被违反的第 6.5 条和第 6.5.1 条下的义务明确地联系起来。上诉机构认定,专家组确认日本的诉请在其职权范围内,没有错误。

关于专家组在保密资料方面的结论,在以往案件中上诉机构对第 6.5 条的解释可以归纳如下:要求保密处理的信息表明“正当理由”既适用于“本质上”是机密的信息,也适用于“基于保密信息”提供的信息。所谓的“正当理由”必须证明该理由足以对公众和利害关系方隐瞒信息。“正当理由”必须由调查机构客观评估和确定,而不能仅仅根据提交方的主观意愿来确定。因此,尽管有关方面必须提出“正当理由”表明某些信息应被保密处理,但最终由调查机构对该问题进行“客观评估”,以确定是否已经充分证实应给予这种保密待遇。上诉机构同意专家组的观点,即尽管韩国的相关法律规定了有权得到保密待遇的某些类别的信息,但是调查机构在基础调查中完全没有任何迹象表明被删除的信息与法律规定的一般类别的信息有何关系,不足以证明已经表明了正当理由。上诉机构维持专家组认定韩国违反《反倾销协定》第 6.5 条的规定的结论。

专家组认为需要根据个案情况具体确定删除了某些机密信息的版本本身是否构成机密信息的非机密摘要,并认为第 6.5.1 条要求调查机构提供的非机密摘要应该包含足够详细的信息以使人们能够合理地理解机密处理信息的实质。上诉机构同意这一点。KTC 提出其已经提供了符合第 6.5.1 条标准的非机密摘要,上诉机构不同意这种说法，认为在评估第6.5.1条下的主张时，专家组的说理与关注正当程序的作用是一致的。上诉机构没有接受韩国的观点，维持了专家组的结论。

五、基本事实

日本对专家组认定其第10项诉请主张不在专家组职权范围内提出上诉。日本的第10项诉请是韩国的措施与《反倾销协定》第6.9条不符，专家组以日本的主张仅阐释第6.9条的措辞而没有指出所谓的未披露的基本事实为由，拒绝进一步考虑或解决该问题。上诉机构认为，日本的诉请虽然简短，但符合DSU第6.2条的要求，且明确提及韩国调查机构在本案反倾销调查中未披露基本事实，将被质疑的措施与被指控违反的条款联系起来。由此，上诉机构推翻专家组的裁决，认定日本的第10项诉请属于专家组的职权范围。

日本认为韩国调查当局没有披露的基本事实可以分为四类：价格效应、倾销进口产品数量、国内产业状况以及因果关系。上诉机构指出，第6.9条规定的是调查机构最后决定前基本事实的披露问题，“基本事实”指在决定是否采用反倾销措施的过程中具有重要意义的、正在审议的事实，且披露的时间应当在作出最后决定之前并给予当事各方维护其利益的充分时间。因此，在本案中，应当先确定“最终决定”，再判断韩国调查当局是否根据第6.9条适当地披露了审议中的“基本事实”。日本认为KTC的最终决议就是“最终决定”，而韩国则主张MOSF 2015年8月19日的决定使第498号法令通过，是“最终决定”。专家组对此没有任何结论，记录的事实也没有确定在反倾销调查中何时达成了《反倾销协定》第6.9条含义内的“最终决定”，也没有确定在第6.9条下哪些是“披露”的文件，因此，上诉机构无法确定哪一份文件构成本案调查的“最终决定”，也就不能评估韩国调查当局是否在作出最后决定之前以及给予充分的时间让当事各方捍卫其利益之前披露了基本事实，上诉机构无法完成法律分析。

【案件评析】

本案专家组认为日本提出的多项诉请不符合 DSU 第 6.2 条的要求,因而不在其职权范围之内。日本针对这些结论提出上诉,并请求上诉机构完成法律分析,认定韩国的做法违反了《反倾销协定》的相关规定。我们可以看到,上诉机构推翻了专家组关于诉请不在其职权范围之内的多项结论,但仅就其中一项完成了法律分析,对于其他的上诉,上诉机构没有完成法律分析,其理由是专家组对这些问题没有提供足够的事实结论或法律分析。在 WTO 争端解决机制运行 27 年的时间里,曾经有许多案件发生过类似的情况。专家组对某一个问题没有作出结论,或是因为专家组行使了司法节制,或是因为专家组认为该诉请不在自己的职权范围之内。[①] DSU 第 17.6 条规定:上诉应限于专家组报告涉及的法律问题和专家组所作的法律解释。换句话说,上诉机构只能在专家组确认的事实或双方无争议的事实基础上作出自己的法律分析,而不能对事实作出评判。于是就造成了这样的局面:专家组的结论被推翻,但上诉机构无法完成法律分析。这样的结果无论对申诉方还是被申诉方都不公平,也没有最终解决矛盾。这个问题在 10 多年前就已经凸显,WTO 成员关于 DSU 改革的谈判中有 12 个议题[②],其中就包含上诉机构发回重审权。然而,由于美国政府的阻挠及不合作态度,尽管自 2016 年 11 月以来,成员就这些问题采取了依次并集中讨论的方式(sequential and focused manner),但至 2021 年 6 月底,没有一个问题取得实质性进展。

那些认为 DSU 未能解决问题的成员,在遇到前述问题时,似乎无能为力,所能做的恐怕就只有重新提出申诉。幸好到目前为止所有的案件中,凡是发生了上诉机构无法完成法律分析的,还没有哪一

① 以前一个原因居多。

② 这 12 个议题是:双方同意的解决方案;第三方权利;保密信息;顺序;后报复程序;透明度及法庭之友;时间框架;发回重审;专家组构成;灵活性与成员控制;有效的执行;发展中国家利益,包括特殊和不同待遇。

个专家组全盘推翻申诉方的诉请。也就是说，申诉方的诉请总有一部分得到支持。因此，即使上诉机构没有发回重审权，也不影响申诉方要求被申诉方执行专家组和上诉机构的报告。

摩洛哥:热轧钢反倾销措施(WT/DS513)*

申诉方(被上诉方):土耳其

被申诉方(上诉方):摩洛哥

第三方(第三参与方):中国、埃及、欧盟、印度、日本、哈萨克斯坦、韩国、阿曼、俄罗斯、新加坡、阿联酋、美国

2016年10月3日,土耳其提出就摩洛哥针对热轧钢的反倾销措施进行磋商,由于磋商未果,土耳其请求成立专家组,2017年2月20日,DSB决定成立专家组,2017年5月8日,专家组经总干事指定组成。2018年10月30日,专家组公布最终报告。摩洛哥2018年11月20日提出上诉,后于2019年12月10日撤回上诉。2020年1月8日,DSB通过专家组报告。

本案涉及摩洛哥对从土耳其进口的热轧钢实施的反倾销措施。2013年1月21日,摩洛哥调查机构针对从土耳其进口的热轧钢展开反倾销调查。2013年10月29日,工业贸易投资和数字经济部(MDCCE)作出初步裁定。2014年8月12日,MDCCE发布了最终裁定。最终反倾销措施于2014年9月26日生效。

土耳其认为,MDCCE对争议货物进行反倾销调查的

* 本案专家组报告部分的初稿由华东政法大学国际法专业研究生张梦昕撰写。

时间超过了第5.10条[①]规定的最高时限，并且对于倾销幅度的认定也不符合第6.8条及附录Ⅱ中的规定，同时关于其国内产业遭受实质损害的认定也不符合第3.1条和第3.4条以及GATT第6条的规定。

【专家组的分析和结论】

一、MDCCE调查时长是否违反第5.10条

第5.10条规定：除特殊情况外，调查应在调查开始之后1年内结束，在任何情况下都不得超过18个月。MDCCE于2013年1月21日开始调查，于2014年8月12日公布裁定，调查共持续了18个月22天。

专家组认为，第5.10条中“在任何情况下都不得”的表述十分清楚地表明调查机构无论如何都不能超过18个月的调查期间，也就是说，对该期间要求的遵守不允许出现例外情况。同时，上诉机构和先前案件中的其他专家组也同意这一说法，认为该期间是“强制的”并应被“严格执行”。

被申诉方提出两点抗辩：第5.10条应灵活运用，因为类似条款都允许最终期限有所延长；调查期间超过18个月的原因是MDCCE同意利益相关方延迟提交文件和召开额外会议的请求。考虑到第5.10条是强制性遵守的、无适用例外的期限要求，专家组没有接受摩洛哥的抗辩。专家组认定MDCCE超出18个月调查期限的行为违反了第5.10条规定。

二、MDCCE认定倾销幅度的事实是否违反第6.8条及附录Ⅱ第1、3、5、6、7段的规定

第6.8条允许调查机构在利益相关方于合理期间内拒绝接受调

① 除特别注明外，本案所说的条款均指《反倾销协定》的条款。

查或提供必要信息,或者严重妨碍调查时,使用可得事实作出裁定;附录Ⅱ规定了调查机关使用"最佳可得信息"的条件和处理。

专家组认为,使用可得事实的前提是生产商确实没有提供该类信息。MDCCE 在其终裁草案中明确了这一点,然而,从生产商提供的附加证据来看,这一论断不能成立。在最终裁决中,MDCCE 表明生产商提供的解释和证据"不能使 MDCCE 明确地认定出口商是否报告了出口量"。MDCCE 在这一问题中的表述是"存疑和不确定",而不是生产商没有提供所需信息。在没有确认生产商确实没有提供所需信息的前提下,MDCCE 依据可得事实的举措缺少合理基础。

在专家组看来,当调查当局对于接受调查方提供的信息有正当怀疑时,其必须以合理的方式进行调查并澄清。但 MDCCE 在发布终裁草案时并没有向生产商指出存在任何问题,同时,事实说明 MDCCE 有充足的时间求证生产商未报告销售量的问题,但 MDCCE 并没有这样做,而是适用可得事实发布了终裁草案。

专家组认为 MDCCE 不能拒绝采纳并替换生产商提供的所有销量信息,尤其是 MDCCE 没有指出据称未报告的信息如何影响已报告的 18,800 公吨的销量数据。摩洛哥辩称由于未报告的销量占已报告销量的 50%,占总销量的 30%,因此摩洛哥有权拒绝所有已报告销量数据。然而摩洛哥的解释并没有作为一项理由反映在最终裁决中,因此专家组认为这是事后解释,不予采信。

综合上述分析,专家组认为摩洛哥使用可得事实的行为违反了第 6.8 条。

土耳其提出生产商完全配合并报告了完整的出口销量数据,但 MDCCE 并没有提供足够的与未报告的销量有关的信息,没有仔细审查生产商提交的解释和证据,也没有合理解释为什么拒绝接受生产商提交的信息。根据第一部分分析的同样理由,专家组认定 MDCCE 违反了附录Ⅱ中第 1、3、5、6、7 段的规定。

三、摩洛哥未披露基本事实是否违反第6.9条

土耳其针对第6.9条提出的诉请包含两个层面:(1)MDCCE作出最终裁决所依据的基本事实完全没有披露;(2)其他基本事实的披露没有给予生产商足够的时间保护自身权益。

土耳其称,MDCCE没有依据第6.9条的规定披露某些基本事实。专家组指出,调查当局必须披露足够准确的相关信息以使利益相关方能够“对调查当局考虑认定的事实的完整性和真实性进行评论,提供额外的信息或者改正发现的错误,并且对这些事实适当的解读进行评论或争论”。专家组基于土耳其的诉求就每组数据均进行了检查分析。

专家组认为关于未确认的出口交易量的潜在海关及商业文件,摩洛哥提到的最终裁决中的内容不足以形成第6.9条要求的“最终裁决作出之前的”披露。在终裁草案中,MDCCE仅十分宽泛且模糊地提到了未申报销售额。尽管摩洛哥后续提供了一些相关信息,但其在终裁草案中的表述并不能使土耳其生产商了解其自身未对额外销售额进行申报的事实并进行评论。

综上,专家组认为MDCCE未向土耳其生产商披露其“作出决定依据可得事实的精确基础”,违反了第6.9条的规定。

本案涉及的倾销幅度是MDCCE在拒绝了受调查方提出的信息后,使用了反倾销调查申请者提出的11%。土耳其指出,MDCCE没有披露C & F(成本加运费)价格以及在此基础上确定出口价格所作出的调整。摩洛哥辩称MDCCE用以计算11%的信息不包括基本事实,并且MDCCE在初始报告和终裁草案中已经披露了关于使用的数据来源的足够信息。

专家组认为,第6.9条要求披露的“基本事实”包括最终组成正常价值和出口价格或任何调整的特定要素的基础数据。在涉及适用可得事实的情形下,基本事实还包括“用以代替缺失信息的事实”。

C&F价格和调整都是“用以代替缺失信息的事实”。因此,专家组认定二者属于MDCCE需要披露的“基本事实”。MDCCE的初始报告没有表明确定C&F价格和调整所使用的数据,导致生产商不能确定倾销幅度的准确性,进而不能保护自身合法权益。

综上,专家组认定MDCCE没有披露认定倾销幅度的C&F价格及相关调整所使用数据的行为违反了第6.9条的规定。

根据第6.9条,披露“时间”应在“最终裁决作出之前”,并且应“给予当事方足够的时间维护自身合法权益”。土耳其指出,调查超过了第5.10条规定的最终期限;披露本身没有在合理期间进行;生产商只有5个工作日作出回应,短于摩洛哥国内法规定的21天。

专家组指出,涉及第5.10条的论点与本诉求无关;无论是没有审查土耳其要求披露的评论还是调查过程匆忙得出结论,都不能表明MDCCE没有在合理期间内披露相关基本事实;不能抽象地根据作出评论的最短时限来判定利益相关方是否有足够的机会维护自身合法权益,应根据案件情形具体分析。土耳其没有解释5个工作日的时限是如何限制了生产商维护自身合法权益。仅仅提出只有5个工作日并不能表明被申诉方限制生产商对于基本事实作出评论、进行质疑或提供额外信息以维护自身权益。专家组驳回土耳其的这一项诉请。

四、摩洛哥的国内产业是否尚未建立

第3.1条要求损害的确定要根据肯定性证据作出,并包括对于下述两项内容的客观审查:(1)倾销进口产品的数量以及倾销进口产品对于国内市场中同类产品价格的影响;(2)倾销进口产品对于国内同类产品生产商的影响。在调查过程中,MDCCE关于国内产业尚未建立以及已建立的国内产业遭受实质损害的认定构成了其关于倾销进口产品对于国内产业影响的调查的一部分。鉴于MDCCE在审查倾销进口产品对国内生产商的影响时,以国内产业尚未建立这一事实为基础,专家组根据第3.1条要求做了审查。

1. MDCCE对于国内产业尚未建立的认定是否违反第3.1条的规定

专家组认为,第3.1条并没有规定特定的分析国内产业是否已经建立的方法,因此调查机构在选择分析方法时享有一定的自由裁量权。但该自由裁量权也必须建立在合理的假设和依据的基础上,并且必须在第3.1条的框架下进行。

MDCCE判断国内产业是否已建立的依据包括以下5项:(1)国内产业生产同类产品的时长;(2)国内同类产品的市场份额;(3)国内产业的生产是否稳定;(4)国内产业是否达到了收支平衡;(5)国内产业是否构成"新的"产业。

在认定马格里布钢铁产业是否已经建立时,MDCCE认为根据国际惯例,实质损害的分析需要对至少3年的历史数据进行审查,考虑到高阈值成本和投资规模等因素,热轧钢从生产到投入市场需要两年多的时间。马格里布钢铁未达到时间标准,不属于已建立产业。专家组认为,国际惯例并没有类似的要求,该结论无实质证据支撑。

在决定马格里布钢铁产业是否已建立的过程中,MDCCE没有考虑马格里布钢铁在整个国内同类产品消费市场的份额,而是仅考虑在外购市场中的以及向专属市场转化的份额,理由是外购市场是进口产品能够与国内同类产品竞争的唯一市场。后来MDCCE甚至拒绝考虑马格里布钢铁在外购市场中的份额,理由是马格里布钢铁公司是通过亏损销售获得相应份额,因此该市场份额不应作为认定马格里布钢铁公司稳定性的指标。基于以上原因,MDCCE决定不依据马格里布钢铁的市场份额决定其是否已建立产业。在分析马格里布钢铁是否已建立时,MDCCE应当考虑到对于一个产业来说将已有的专属市场份额转化为商业市场份额会比完全没有市场份额容易得多,然而MDCCE并没有这样做。

专家组认为,在考虑以产业存在稳定性为背景的产业建立问题时,一旦确定的市场份额被保证了,出现销售亏损并不必然影响产业的稳定性判断。一方面,亏损并不一定是持续性的;另一方面,产业拥有40%商品市场份额的事实可能会体现出销售运营、市场存在以及客户基础的稳定性。而这些考虑因素与MDCCE提出的热轧钢产业的特性更具相关性。专家组认为MDCCE对马格里布钢铁的商业市场份额不予认可是不恰当的。

根据前述分析,专家组认为MDCCE只考虑了2012年的数据而认定马格里布钢铁没有达到收支平衡阈值的结论没有证据支撑。

在调查中,MDCCE评估了马格里布钢铁在2010～2012年的国内同类产品的月生产数据,发现马格里布钢铁公司的生产每月浮动都很大,因此认为马格里布钢铁月产量的巨大变化体现出公司生产还不稳定。专家组不否认生产稳定性在分析一个产业是否已经建立的问题上具有重要影响,但决定一个产业是否稳定时也必须考虑产业本身以及周围的市场条件。热轧钢进口量的趋势也是市场条件之一。专家组认为,有记录证明的进口量波动是评估行业生产波动是否反映市场状况的重要因素。因此,专家组拒绝认可摩洛哥的观点,认为MDCCE得出马格里布钢铁的生产不稳定的结论不恰当。

MDCCE声称只有马格里布钢铁公司生产热轧钢板,开创了一个新行业。专家组则指出,虽然市场上只有一个该产品的生产商,但该产品也可能仅是一个新"产品线",至于是新行业还是新产品线,具体取决于现有行业的整体基础设施所涉及的程度。整体基础设施使用的重叠程度越大,就越不可能认为新产品的推出标志着一个新产业的建立。

在考察了MDCCE的抗辩之后,专家组得出结论,MDCCE没有基于肯定性证据和客观审查评估国内产业是否成立。因此,专家组认为MDCCE在确定国内产业未建立时的行为违反了第3.1条。

2. MDCCE的损害分析是否违反了第3.1条和第3.4条

在确认国内产业未建立后,MDCCE着手审查该产业的建立是否受到实质性阻碍。专家组注意到,MDCCE认为应将马格里布钢铁产业归类为"未建立的行业",并因此以实质阻碍的形式进行损害分析。然而,由前述分析可知,MDCCE认定马格里布钢铁产业尚未建立是有缺陷的。据此,专家组认为,MDCCE以实质阻碍的形式进行损害分析不当,从而与第3.1条和第3.4条不符。

五、摩洛哥的国内产业的建立是否受到了实质阻碍

MDCCE在最终裁决中指出,第3条没有规定分析实质阻碍国内产业建立的具体标准,将传统的损害分析完全转换为实质阻碍分析是不合适的。根据国际惯例,第3.1条所列的部分因素,即倾销进口量的增加及其对国内生产者的影响,并不能完全适用于所有实质阻碍案例中。根据MDCCE在这方面的声明,专家组注意到这些因素仅包括第3.4条所列的损害因素中的一部分。

第3.4条列举了审查倾销进口产品对有关国内产业影响程度的15个因素,同时明确这并非穷竭性列举,这些因素中的一个或几个因素也都不能起到决定性的作用。

土耳其认为摩洛哥没有审查15个因素中的6项,即投资回报、对现金流的实际和潜在负面影响以及筹集资金或投资的能力、增长率、工资、影响国内价格的因素。首先,专家组评估MDCCE是否按照第3.4条的要求评估该条款中列出的15项损害因素中的6项。其次,专家组审查了MDCCE在损害分析中排除与专属市场有关的数据是否与第3.1条、第3.4条不一致。最后,专家组评估了MDCCE依赖麦克莱伦报告是否与第3.1条和第3.4条不一致。

1. MDCCE是否评估了第3.4条列出的所有损害因素中有争议的因素

双方就MDCCE是否评估了有争议的6个损害因素存在分歧。被申诉方称其通过其他因素隐含地评估了这6个因素,而申诉方持否定态度。因此专家组对该争论进行了分析。

经过仔细审查,专家组认为MDCCE未能评估第3.4条所列15项损害因素中的投资回报、对现金流的实际和潜在负面影响、工资、

增长率以及筹集资金或投资的能力等因素,违反了第3.1条和第3.4条的规定。

2. MDCCE在损害分析中排除与专属市场有关的数据,是否违反了第3.1条和第3.4条

专家组注意到,MDCCE的决定并未说明在其损害分析中分析第3.4条中列出的每一个因素时是否都排除了专属市场。在其最终裁决中涉及倾销进口量的部分,MDCCE表示,它认为排除专属市场是完全合理的,因为国内市场的特点是专属市场和商业市场之间的明确分离,并且马格里布钢铁的专属市场不直接与进口产品进行竞争。专家组注意到,根据记录和摩洛哥提交的文件,无论MDCCE在分析所有损害因素时是否排除了专属市场,其至少在分析其中一些损害因素时排除了专属市场。

土耳其认为,通过将专属市场排除在行业范围之外,MDCCE进行了"对国内行业的一部分的选择性审查",因此违反了第3.1条和第3.4条。

专家组注意到,美国热轧钢案(WT/DS184)所面临的事实和争议与本案相似。该案上诉机构认为,在没有令人满意的解释的情况下,第3.1条没有授权调查机构对国内产业的一部分进行选择性审查。专家组认为该案上诉机构的分析适用于本案事实。MDCCE的调查结论是,马格里布钢铁公司几乎一半面向专属市场的产品可以进入有保证的市场,因此将对国内产业持有良好的商业前景预期。专家组认为,公正客观的调查机构在分析国内产业状况时,不会忽视对国内产业的表现具有"良好商业前景"且占该产业产量一半的有保证的市场。MDCCE未能对构成摩洛哥国内热轧钢产业的两个部分分别进行评估,因此未能客观地评估整个国内产业,也就未能满足第3.1条规定的客观性要求。

3. MDCCE依赖麦克莱伦报告是否与第3.1条和第3.4条不一致

在损害分析中,MDCCE将国内行业的预期绩效水平与行业在损害因素中的实际绩效进行了比较。其依据的预期绩效水平是马格

里布钢铁公司在麦克莱伦报告的基础上作出的商业计划。MDCCE 在其终裁中认定,国内产业的建立遭受了实质阻碍,具体形式就是国内产业的实际表现未达到预期。土耳其曾经指出麦克莱伦报告中的"错误计算",包括国内消费预测、下游产品冷轧钢的销售预测,以及热轧钢的原材料板坯的价格,并认为这对 MDCCE 的损害分析产生了影响。

专家组审查了证据之后认为,MDCCE 没有客观地消除商业计划中对国内热轧钢消费量预测的不准确之处;没有说明热轧钢产品的内部消费是否与冷轧钢销量预期的上升水平相同;没有调查板坯预测价格不准确对热轧钢铁行业表现的实际影响就将其排除。MDCCE 否定了商业计划中不准确之处的重要性,没有进一步调查这些不准确之处对马格里布钢铁公司实际和预计绩效水平的影响,而仅仅是基于不合理和不充分的解释进行了调查。因此,MDCCE 错误地依赖了麦克莱伦报告,而基于该报告得出的总体损害分析也违反了第 3.1 条和第 3.4 条。

【案件评析】

虽然摩洛哥是 WTO 的创始成员,但在争端解决机制中,它作为被申诉方被诉 3 次,而且都是反倾销案件①,本案是唯一通过专家组程序解决的案件。案件涉及的都是反倾销调查程序中的具体细节。

摩洛哥对反倾销调查的细节还没有给予足够的重视。与中国"入世"20 年在 WTO 被其他成员申诉的反倾销案件比较,中国在"入世"10 年之后才开始遭遇涉及反倾销调查具体程序的申诉,其中 7 个案件经过专家组/上诉机构程序,②这些案件也都涉及本案申诉

① 另外两个案件都是突尼斯提出的学生练习簿反倾销措施案件(WT/DS555 和 WT/DS578)。

② 这些案件是对来自美国的取向电工钢的反补贴反倾销税(WT/DS414)、对欧盟 X 射线检测设备的反倾销税(WT/DS425)、对美国肉鸡产品的反倾销反补贴措施(WT/DS427)、对美国汽车的反倾销反补贴税(WT/DS440)、对日本和欧盟高性能不锈钢无缝焊管反倾销措施(WT/DS454、WT/DS460)、对加拿大进口浆粕的反倾销措施(WT/DS483)。

方提出的问题。从这些案件的专家组报告可以看出,中国商务部在反倾销调查方面已经有了很大的进步。这一进步体现为以下两点:第一,时间靠前的案件,申诉方的诉请涉及商务部的调查程序和结果不符合《反倾销协定》的多个条款,而后面的案件基本上仅涉及确定损害和因果关系分析两点。在专家组程序中,商务部也成功提出了抗辩,多点诉请没有得到专家组的支持。第二,在加拿大提出的浆粕案(WT/DS483)之后,直至2021年6月底,在7年的时间里,商务部又陆续作出了34起反倾销案件的终裁决定。[①] 以往的案件中,申诉方在商务部的终裁决定公布后最长1年,最短10天就向WTO提出申诉,而在浆粕案之后,直至2020年年底,还没有反倾销案件提交DSB,这也从另一面说明商务部的反倾销调查在程序方面更加规范了。

---

① 参见中国贸易救济信息网,http://cacs.mofcom.gov.cn/cacscms/view/notice/jkdc#。

欧盟:反倾销价格比较方法
(WT/DS516)

2016 年 12 月 12 日,中国提出就欧盟的反倾销价格比较方法进行磋商。中国认为欧盟的措施违反了《反倾销协定》相关条款。2017 年 3 月 9 日,中国请求成立专家组,4 月 3 日,DSB 决定成立专家组。澳大利亚、巴林、巴西、加拿大、柬埔寨、厄瓜多尔、印度、印尼、日本、哈萨克斯坦、韩国、俄罗斯、沙特、中国台北、塔吉克斯坦、土耳其、阿联酋和美国要求保留作为第三方介入的权利。2017 年 7 月 10 日,专家组组成。2019 年 5 月 7 日,中国请求专家组中止工作,2020 年 6 月 15 日,专家组职权到期。

欧盟:钢铁反倾销税
(WT/DS521)

2017年1月27日,俄罗斯要求就欧盟的钢铁反倾销税措施与其磋商。俄罗斯指出欧盟的措施不符合《反倾销协定》。2019年3月13日,俄罗斯请求成立专家组,4月26日,DSB决定成立专家组。中国、印度、日本、韩国、沙特、乌克兰和美国要求保留作为第三方介入的权利。2020年3月16日,专家组组成。到2021年年底,专家组仍在工作。

澳大利亚:A4纸反倾销税
(WT/DS529)*

申诉方:印尼

被申诉方:澳大利亚

第三方:加拿大、美国、埃及、欧盟、印度、以色列、日本、韩国、俄罗斯、新加坡、泰国、乌克兰、美国、越南

2017年9月1日,印尼提出申诉,要求就澳大利亚对A4复印纸的反倾销税措施进行磋商,澳大利亚对印尼的两家出口商Indah Kiat和Pindo Deli征收了反倾销税,其中Indah Kiat的税率为35.4%,Pindo Deli的税率为38.6%。由于磋商未果,2018年3月16日,印尼请求成立专家组,DSB于同年4月27日决定成立专家组。2018年7月12日,专家组组成。2019年11月11日,专家组提交了最终报告。2020年1月27日,DSB通过专家组报告。

---

* 本案专家组报告部分的初稿由华东政法大学国际法专业研究生寇雪莹撰写。

【专家组的分析和结论】

一、ADC 不使用印尼生产商的国内销售价格作为正常价值的衡量基础是否违反《反倾销协定》第 2.2 条

在考虑国内售价是否适宜用来认定正常价值时,澳大利亚反倾销委员会(Australian Anti-Dumping Commission,ADC)考虑是否存在人为拉低价格,以及是否存在澳大利亚法律规定的其他影响售价的市场情况使印尼的国内价格不适宜作为正常价值。依据澳大利亚法律,各级政府行为对价格或成本的影响是人为降低价格的一个因素。ADC 确认,印尼政府对林业和纸浆制造业的政策支持,比如补贴木材种植业的发展以及禁止木材出口,都直接导致国内 A4 纸价格的扭曲;而且印尼 A4 纸的价格远远低于可比区域基准。所以,ADC 认为印尼 A4 纸市场存在“特殊市场情况”,因此不能将两个受调查公司的国内售价纳入正常价值的考虑中。

印尼认为 ADC 作出特殊市场情况的结论证据不足,ADC 没有提供相应的证据以证明木材、纸浆在印尼市场中供过于求;ADC 认为木材的扭曲供应量会对下游交易产生影响,不论这些交易是否发生在竞争市场中。

1. 关于“特殊市场”情况的认定

印尼并没有质疑 ADC 认定的基础事实,其质疑的是对“特殊市场情况”的解释。《反倾销协定》第 2.2 条规定:“如在出口国国内市场正常贸易过程中不存在该同类产品的销售,或由于出口国国内的特殊市场情况或销售量较低,而不能用于适当的比较时,则……”“特殊市场情况”在《反倾销协定》中没有明确定义,此前也没有专家组或上诉机构报告对第 2.2 条中的“特殊市场情况”做过解释。

针对“特殊市场情况”,专家组认为这一情况必须是与市场相关的,而且必须具有特殊性。关于投入成本被扭曲的情况,印尼认为,

“特殊市场情况”必须使国内价格不宜与出口价格做比较，当国内售价和出口价都准确使用同样的低成本价格时，这两者是可以进行比较的。

专家组认为，国内售价必须是因为存在特殊市场情况而不能被用于适当比较。印尼没能证明在国内和出口市场生产商品都使用低投入成本会使国内售价被排除在《反倾销协定》第2.2条中的“特殊市场情况”之外。

印尼认为，“市场”一词以单数形式使用，表明该情况仅与国内市场有关。《反倾销协定》第2.2条中其他两个不考虑国内销售的依据（正常贸易过程之外的销售和小批量销售）都涉及影响国内市场销售的情况，而这两种情况都与影响出口价格的情况无关。因此，印尼提出，对国内市场价格不具有完全单方面影响的情况应被排除在“特殊市场情况”之外。

专家组认同“特殊市场情况”应是与国内市场有关的观点，因为《反倾销协定》第2.2条使用了“销售”一词三次，都是指在国内市场上的销售。但是，专家组不赞同印尼的观点。专家组认为，对出口销售产生影响的情况不会自动消除国内销售不被允许进行合理比较的可能性。

印尼认为，在解释《反倾销协定》中“特殊市场情况”时不应将反倾销用来规范政府行为，那是《SCM协定》的范畴。澳大利亚的行动相当于“针对补贴的具体行动”，这样的行动是《SCM协定》第32.1条所禁止的。第32.1条可以恰当地作为理解“特殊市场情况”的上下文，即“特殊市场情况”应排除政府行动。澳大利亚则认为，按照条约解释的习惯规则，《SCM协定》的条款可能与《反倾销协定》的解释有关，但澳大利亚不接受印尼的观点。

专家组认为，《SCM协定》脚注56① 和《反倾销协定》第18.1条都规定《SCM协定》第32.1条并不妨碍反倾销税，只要确认出口价

① 本款无意排除根据GATT的其他有关规定酌情采取行动。

格低于正常价值,并满足《反倾销协定》的条件,即便出口价格低是补贴造成的。印尼根据《反倾销协定》第2.7条提出一个“基本原则”:如果出口价格与正常价值的差异是由政府行为造成的,就不能征收反倾销税。专家组指出,不管是《反倾销协定》还是《SCM协定》都没有明确的条文规定印尼所谓的“基本原则”。

GATT第6.5条禁止采用反倾销税和反补贴税的“双重救济”。印尼认为这是其所述一般原则的例外。专家组不接受这一观点,认为这条规定只是不允许对同一行为征两次税。专家组认为,GATT第6.5条代表了一般原则的一个狭隘的例外,即只要满足GATT、《反倾销协定》和《SCM协定》中规定的标准,就可以适用反倾销税和反补贴税。同时,政府行为影响国内市场同类产品也不是认定存在“特殊市场情况”的充分条件。对于是否存在“特殊市场情况”的问题必须要对特定事实做个案分析。

综上,印尼未能证明根据《反倾销协定》第2.2条的含义,由政府整体或部分行为引起的情况应排除在“特殊市场情况”之外。专家组确认,ADC部分基于印尼政府影响木材和纸浆部门的政策认定“特殊市场情况”,并不意味着该认定与《反倾销协定》第2.2条相悖。

2. 关于“允许适当比较”的认定

ADC是否合理认定了“国内市场销售不允许进行适当比较”。澳方和印尼对ADC忽略国内售价的决定是否违反《反倾销协定》第2.2条有争议。

第一,在决定是否允许进行“适当比较”时,是否应考虑对国内价格和出口价格造成的影响的问题。印尼认为,认定“允许适当比较”时,应考虑对国内价格和出口价格造成的影响。印澳双方都认可《反倾销协定》第2.2条规定,除了认定存在特殊市场情况外,还应该认定由于存在特殊市场情况,国内销售“不允许被用作进行适当比较”。印尼认为,由于适当比较在单个生产者的国内价格和出口价格之间进行,因此不能仅通过检查国内销售量来确定是否允许适当的比较。印尼注意到,上诉机构提出在美国不锈钢案(WT/DS344)中“倾销”

是由个别出口商的定价行为引起的特定于出口商的概念，可以理解为“国际价格歧视”。因此，印尼提出，进行倾销调查的目的是确定国际价格歧视是否正在发生，如果特殊市场情况同样影响国内和出口价格，则国内销售可以用于适当比较。

专家组认为，根据《反倾销协定》第 2.1 条，“正常价值”应理解为“在正常贸易过程中，打算在出口国消费的同类产品的价格”。如果本国（出口国）市场上产品的价格不能与同类产品的出口价格“相比”（当在出口国的国内市场上在正常贸易过程中没有类似产品的销售时；存在特殊市场情况时；销售的数量很低时），则该协定第 2.2 条为推导“正常价值”提供了替代依据（适当第三国的可比且具有代表性的价格；原产国的生产成本加合理金额的管理、销售和一般费用及利润）。

专家组认为，虽然《反倾销协定》第 2.2 条中的“适当比较”是指国内价格和出口价格之间的比较，但两个价格之间的纯粹数字比较可能无法揭示出国内价格是否可以与出口价格进行适当比较，因此，“适当比较”一词要求调查机构根据具体情况对特殊市场情况对国内价格和出口价格的相对影响进行评估。尽管特殊市场情况可能会同时影响国内价格和出口价格，但是并不能因此得出其对国内价格和出口价格的影响是相同的。根据此前的评估结果，在某些情况下，调查机构可能会得出“特殊市场情况对出口价格没有影响”的结论。

第二，当低价投入被同样地用于生产国内和出口市场的商品时，是否能够进行适当比较的问题。专家组认为，尽管投入成本平等下降，但单个出口商的国内价格和出口价格如何受到影响很大程度上仍可能取决于许多因素，包括每个市场的竞争条件以及成本与价格之间的关系。根据每个市场的情况，出口商针对投入成本下降可能会有不同的选择。这类似于当发生成本增加，并且出口商在国内市场和出口市场面临不同的市场条件时，出口商能够将成本增加转嫁给一个市场中的客户却不转嫁给另一个市场中的客户。由此，专家组不认为生产商在国内和出口市场使用同等的低价投入必然会对国内价格和出口价格产生相同影响,必须探究相关的事实来确定是否能进行适当比较。

第三,ADC是否应审查由于特殊市场情况,A4纸的国内销售不允许被用于适当比较。印尼称,Indah Kiat和Pindo Deli使用相同的硬木纤维生产在国内市场销售及出口到澳大利亚的A4复印纸。ADC没有证据表明国内价格出现了扭曲,不适合与出口价格进行比较,因为ADC没有审查所谓的扭曲对国内和出口价格产生了不同的影响。供给国内市场和出口市场销售的A4复印纸是使用相同的纸浆进行生产的。对此,澳方没有异议。澳方认为,"由于特殊市场情况……这种销售不允许进行适当的比较",需要确定国内销售是否"适合"用于确定正常价值,从而提供一个"可靠的基础"。专家组指出,《反倾销协定》第2.2条和GATT第6条都未规定确定国内价格的具体方法,调查机构有权自主选择,只要它以公正和客观的方式评估事实,并提供合理和充分的解释即可。在确定印尼的A4复印纸价格是否可以进行适当准确的比较以确定是否应将A4复印纸视为倾销品并确定倾销幅度时,ADC应考虑:①A4复印纸的国内价格是否受到政府干预的影响,从而扭曲了成本和价格;或②是否存在"特殊市场情况"使得A4复印纸的国内价格以与正常商业惯例不符的方式确定;和/或③是否存在"特殊市场情况"使得A4复印纸的国内价格根据与市场无关的标准确定。而ADC正是依据印尼存在"特殊市场情况"认定印尼国内销售不适合用于确定正常价值。

综上所述,专家组认为,ADC的审查是有缺陷的,其决定违反了《反倾销协定》第2.2条,因为它只关注了国内销售的"特殊市场情况"使得国内销售价格不适于用来确定正常价值,而没有考虑将国内价格与出口价格进行比较,特别是对于"尽管受到特殊市场情况的影响,国内价格是否可以与出口价格适当比较"这一问题,ADC并没有在审查中解决。ADC有义务进行必要的附加检查,以确定由于特殊市场情况,单个出口商的国内销售是否不允许对国内价格和出口价格进行适当的比较。

二、ADC 不使用两家印尼公司的成本记录，是否违反《反倾销协定》第 2.2.1.1 条和第 2.2 条

ADC 在其最终报告中解释了拒绝出口商记录的理由：ADC 发现印尼政府在林业和纸浆工业中有重大影响，扭曲了印尼造纸业和造纸市场的价格，纸浆生产成本大大低于竞争基准。而且由于纸浆是争议商品和同类商品生产中最大的成本组成部分，因此 ADC 认为出口商的记录不能合理反映竞争性市场成本，这使印尼生产商和出口商的成本记录不适合作为确立正常价值的基础。

印尼称，《反倾销协定》第 2.2.1.1 条要求，如果记录符合生产者本国公认的会计原则并且合理反映受调查产品的生产和销售成本，调查机构就应以生产者的记录为基础计算成本。印尼企业的记录满足上述两个条件。澳大利亚则称，印尼企业的记录不是“正常和普通的”，因为它们反映了特殊市场情况，而使用这些记录将使构建的正常价值毫无用处。

关于第 2.2.1.1 条第 1 句“本条第 2 款规定的成本费用，通常应根据……”专家组认为“通常”（normally）一词也应该是被考虑的条件之一。也就是说，即使出口商的记录满足第 2.2.1.1 条第 1 句中的两个明确条件，在某些情况下，相关机关也可能不履行使用这些记录的义务，否则这一条规定有没有“通常”一词就都一样了。但是，在审查了澳大利亚的证据之后，专家组认为 ADC 没有尽到第 2.2.1.1 条的全部义务，仅依据印尼存在特殊市场情况就拒绝使用印尼企业的记录成本，从这一点上来说，ADC 违反了第 2.2.1.1 条的规定。

三、ADC 是否以与《反倾销协定》第 2.2 条不一致的方式为印尼企业构建“生产成本”

1. ADC 是否有权以调整后的第三国纸浆出口价格取代印尼企

业记录的纸浆成本

《反倾销协定》第2.2条中"原产国的生产成本"应理解为"在原产国国内生产某种产品所付或将要支付的价格"。由于专家组已经确认ADC拒绝使用印尼企业记录成本的行为违反了第2.2.1.1条的相关规定,专家组据此认为,ADC无权使用巴西和南美对中国和韩国的纸浆出口价格作为计算印尼纸浆成本的基础,ADC的行为违反了第2.2条的规定。

2. 未对不同利润水平的纸浆基准进行调整是否违反《反倾销协定》第2.2条

印尼认为,ADC用来代替印尼企业实际纸浆成本的纸浆成本基准是不正确的,因为基准包含了利润,且未反映每个公司的具体情况。对Indah Kiat而言,纸浆基准不应该包括利润,因为它是一家综合性公司;而对于Pindo Deli,基准的利润部分应该被剔除或调整。ADC未能进行调整,而根据《反倾销协定》第17.6(i)条,这样的做法是不恰当的。澳大利亚回应说,ADC无法获得其他生产商的机密成本数据,由于可能受到政府影响,没有适当的进口价格信息可以使用,在这样的情况下使用纸浆基准是恰当的,因为它与另一个出口商的纸浆成本保持一致,而后者并未受到扭曲。

最终报告将基准描述为"来自中国和韩国的季度进口纸浆价格,该价格基于来自巴西和南美的漂白桉木牛皮纸的平均CIF价格"。ADC并没有直接使用该基准,而是进行了调整,减去了相关的海运费和内陆运输成本;将Indah Kiat在生产过程中使用的湿纸浆价格进行了替换,并进一步扣除了销售、一般和管理费用。

关于对Indah Kiat的纸浆基准利润调整,澳方指出,在调查过程中,出口商和印尼政府均未要求ADC从纸浆基准中扣除一定数量的利润,印尼必须对ADC提出调整要求,并提供相应的信息和证据,ADC才会予以考虑。

专家组认为,不能因为印尼没有提出相应请求,调查机构就忽略这一点,根据《反倾销协定》第2.2条的规定,调查机构有义务根据被调查方之前提供的事实作出所有必要的调整,以得出"原产地的生产成本"。

生产商 Indah Kiat 称当其使用的硬木纸浆是自产的湿纸浆时,调查机构以干硬木纸浆的购买价格为准计算出的成本要低得多,显然是不合适的。专家组认为,对于 Indah Kiat 这样的综合生产商,使用未经调整的购买价格是不合适的。因此,ADC 为 Indah Kiat 构建的 A4 纸生产成本不符合《反倾销协定》第 2.2 条的规定。

关于对 Pindo Deli 纸浆基准利润调整,印尼提出,Pindo Deli 从包括 Indah Kiat 在内的关联方那里获得纸浆,没有证据表明它在正常贸易过程中没有按独立交易进行采购。因此,必须从 Pindo Deli 的采购价格中扣除利润,该利润就是 Indah Kiat 实际向 Pindo Deli 收取的加价部分。专家组指出,印尼称 Pindo Deli 的纸浆成本是它从关联方那里获得的纸浆的价格,那为什么还需要从替代纸浆基准中剔除利润部分呢?专家组称,从印尼的陈述中无法明确印尼究竟要做怎样的调整。基于反倾销调查中的情况,专家组认为,印尼并没有提供充足的证据证明 ADC 对 Pindo Deli 所用的纸浆基准的利润调整违反了《反倾销协定》第 2.2 条中计算"原产国的生产成本"的要求。

3. ADC 以第三国出口价格为纸浆基准取代 Indah Kiat 的纸浆成本而不是取代木材成本,是否与《反倾销协定》第 2.2 条的规定不一致

印尼认为,即使 ADC 需要弥补扭曲的成本,它也应该替换 Indah Kiat 的木材成本,而不是纸浆成本。而且在调查记录中,ADC 拥有 Indah Kiat 的木材成本数据。专家组认为,澳大利亚的做法与《反倾销协定》第 2.2 条相悖,因为在不当拒绝了 Indah Kiat 和 Pindo Deli 的记录中的纸浆成本之后,ADC 使用巴西和南美对中国和韩国的纸浆出口价格来计算 Indah Kiat 和 Pindo Deli 的纸浆成本是没有依据的。ADC 也没有就其为何不能替换木材成本并利用 Indah Kiat 内部生产纸浆的其他成本提供合理而充分的解释。

4. 澳大利亚计算和征收的反倾销税是否超过了《反倾销协定》第

2 条允许的倾销幅度,因而与《反倾销协定》第 9. 3 条和 GATT 第 6. 2 条的规定不一致

印尼根据《反倾销协定》第 9. 3 条和 GATT 第 6. 2 条提出的主张取决于专家组对第 2. 2. 1. 1 条、第 2. 2 条的调查结果,既然专家组对涉及《反倾销协定》第 2. 2 条的问题有了结论,那么根据《反倾销协定》第 9. 3 条和 GATT 第 6. 2 条作出其他裁决对于解决该争端并不是必要的。专家组行使了司法节制,没有就澳方的行为是否违反《反倾销协定》第 9. 3 条和 GATT 第 6. 2 条作出调查和结论。

【案件评析】

本案专家组报告一共 59 页,其中实际论述印尼诉请的只有 47 页。这是近年来专家组报告中篇幅不超过 100 页的少数报告之一。笔者认为,这一方面是由于反倾销案件相对成熟,许多问题都得到此前多个案件专家组和上诉机构的分析,相对来说,本案专家组无须用过多的篇幅来讨论;另一方面是由于专家组认为印尼提出的一般诉请未能提供充分的证据或论述。

本案的焦点是《反倾销协定》第 2 条,即倾销的确定。一个国家对进口产品实施反倾销税的前提是经过调查确认进口产品存在倾销,倾销产品造成国内同类产品产业的损害或损害威胁,在倾销进口与损害之间存在因果联系。可见,确定倾销是采取反倾销措施的首要条件,而倾销的确定是比较出口价格与正常价值的结果。出口价格是实际存在的数据,而正常价值的确定就成了确认是否存在倾销的关键。截至 2021 年 6 月底,共有 133 个涉及《反倾销协定》的案件诉至 WTO 的争端解决机制,其中 74 个案件通过专家组/上诉机构得到解决或正在解决。在获得通过的 60 个专家组/上诉机构报告里,有 16 个涉及《反倾销协定》第 2 条,即确定倾销。

从专家组的分析得知,确定正常价值是一个非常复杂的问题。虽然《反倾销协定》第 2 条有明确的指引,但如果调查机构认为不能用出口国国内市场的价格,则随后就可能出现各种问题。每一点不

同的选择都可能引发是否遵守了《反倾销协定》相关义务的问题。有一段时间,我国国内有人认为“替代国”是针对像中国这样的转型期成员的。从本案案情可以了解到,这样的理解并不准确。无论是我们对进口产品进行反倾销调查,还是我们的出口产品遭受外国的反倾销调查,以往所有的案件分析都可以作为很好的参考资料。

澳大利亚通过其国内立法针对“特殊市场情况”进行了相应的解释或设置了相关的认定标准,其中涉及“政府行为”这一情况。澳大利亚自2010年的铝型钢材案之后,多次以“中国政府政策对市场形成严重干预”为由认定中国存在“特殊市场情况”从而实施反倾销措施。而在本案中,印尼指出关键性的一点是,根据《反倾销协定》第2.2条,当因为存在“特殊市场情况”而需要构造正常价值时,不仅要考虑存在“特殊市场情况”,还要进一步认定该“特殊市场情况”使国内售价与出口价格无法被进行适当比较。这也给了我国企业在应对外国所实施的反倾销措施时一些启示。

美国:对针叶木材运用不同比价方法的反倾销措施(WT/DS534)

申诉方(上诉方):加拿大

被申诉方(被上诉方):美国

第三方(第三参与方):巴西、中国、欧盟、日本、哈萨克斯坦、韩国、俄罗斯、越南

2017 年 11 月 28 日,加拿大要求就美国运用不同比价方法对针叶木材的反倾销措施进行磋商。由于磋商未果,2018 年 4 月 9 日,DSB 应加拿大的请求决定成立专家组。同年 5 月 22 日,专家组经总干事指定组成。2019 年 4 月 9 日,专家组发布报告。加拿大提出上诉。由于 WTO 争端解决上诉机构陷入僵局,本案至 2021 年年底仍处于上诉阶段。

在调查过程中,美国商务部(USDOC)确认 Resolute FP Canada (Resolute), Tolko Marketing and Sales Ltd. (Tolko)和 West Fraser Mills Ltd. (West Fraser)三家加拿大企业存在《反倾销协定》第 2.4.2 条[①]所称的"一种出口价格在不同购买者、地区或时间之间差异很大"的模式,因此决定不使用加权平均—加权平均(weighted average-

① 除特别注明外,本案所述的条款均指《反倾销协定》的条款。

to-weighted average, W-W)或单笔交易—单笔交易(transaction-to-transaction, T-T)方法,而使用了在加权平均基础上确定的正常价值与单笔出口交易的价格比较的方法(W-T)。加拿大指出,美国使用不同比价方法(different pricing methodology, DPM)决定对加拿大针叶木材征收反倾销税,违反了第2.4条和第2.4.2条,也违反了GATT第6条。

【专家组的分析和结论】

一、是否存在第2.4.2条第2句所称的模式

双方对调查机构是否有权将不同购买者、地区和时间段的出口价格变化汇总起来,以确认存在不同购买者、地区和时间段之间差异很大的单一出口价格模式存在争议。加拿大提出,在基础调查中,美国商务部将三个不相关的类别(购买者、地区和时间段)的价格差异汇总在一起,而专家组和上诉机构在美国洗衣机案(WT/DS464)中曾经指出第2.4.2条的模式条款本身并没有允许调查机构以这种方式确认"模式"的存在。

专家组从条款用语的普通含义出发指出,在模式条款的特定背景下使用连词"或",即与"之间"和"模式"的使用一起证实了所认定的模式必须是同一类型的类别(不同购买者、不同地区或不同时间段)中存在显著差异的出口价格。此外,模式条款并不排除调查机构确认一个以上的模式。因此,在审查了一个出口商或生产商按买方、按地区和按时间段的全部出口销售情况后,调查机构可以根据模式条款,确认不同买方之间有显著差异的出口价格模式,不同地区之间有显著差异的出口价格模式,以及不同时间段之间有显著差异的出口价格模式。调查机构可以自由地审查所确定的模式中的价格差异的程度。专家组认为,模式条款不允许调查机构找到一个单一的模式,将不同购买者、地区和时间段的出口价格差异汇总起来。因此,

美国商务部在相关调查中应用 DPM 时,特别是在比率测试中,将不相关的类别,即购买者、地区和时间段的出口价格差异汇总,以确定在不同购买者、地区和时间段之间有显著差异的单一出口价格模式,这样的做法不符合第 2.4.2 条第 2 句的规定。

然而,第 2.4.2 条中所说的“差异很大”,是不是可以包括某个购买者、地区或时间段的出口价格高出许多的情况?专家组认为可以。专家组指出,即使假设“差别很大的出口价格”这一短语在原则上可以包括对购买者、地区或时间段的明显较低和明显较高的出口价格,这些出口价格也必须共同形成一个有规律的、可理解的序列,在某些行动中可以辨别出来。专家组指出,第 2.4.2 条第 2 句话是为了暴露目标倾销:当对某些购买者或某些地区或某些时间段的明显较低的价格被对其他购买者或其他地区或其他时间段的明显较高的出口价格所掩盖时,目标倾销就被掩盖了。该文本允许调查机构找到一种模式,其中包括对购买者、地区或时间段的出口价格:(1)明显较低,因此可能被掩盖;(2)明显较高,因此可能掩盖了那些较低价格的出口销售。在确定了这种模式后,允许调查机构通过对属于该模式的出口交易适用 W-T 方法来揭露该模式所反映的目标倾销(同时仍然需要对非模式交易适用正常的 W-W 或 T-T 方法)。

根据上述分析,专家组得出结论,在基础调查中适用 DPM 时,美国商务部在确认“模式”的存在时包括了对其他购买者、地区或时间段的出口价格来说明明显较高的交易。加拿大没有证明这一做法不符合第 2.4.2 条第 2 句话的规定。

二、归零法的运用

在加权平均基础上确定的正常价值与个别出口交易的价格进行比较,可能产生多个中间比较结果。当单个出口交易的价格低于加权平均正常价值时,中间比较结果为正数;当单个出口交易的价格高于加权平均正常价值时,中间比较结果为负数。调查机构在 W-T 方法下使用归零,是在汇总中间比较结果时,将负的中间比较结果视为零而忽略,只考虑正数的比较结果。在倾销幅度的计算中,倾销总额被列在分子中,分子只反映了使用归零时的正数比较结果(以及不使用归零时的正面和负面比较结果),分母则包括所有出口交易的价值,包括在确定总倾销额时被忽略的出口交易的价值。

本案的问题是第2.4.2条的第2句话是否允许在W-T方法下进行这种归零。美国洗衣机案和美国反倾销方法案(WT/DS471)的专家组和美国洗衣机案的上诉机构得出结论:根据第2.4.2条第2句确定倾销幅度,不允许在W-T方法下使用归零。然而,美国洗衣机案中有一位上诉机构成员不同意大多数人的观点,认为在W-T方法下可以使用归零。但他们都承认W-T方法是一种特殊的方法,旨在揭露目标倾销。

美国声称,如果在W-T方法下禁止归零,这种方法将不再是特殊的提供揭露目标倾销的手段。美国认为,由于W-T方法是一种特殊的方法,其使用应导致倾销幅度与根据"正常"的W-W或T-T方法确定的倾销幅度有系统的差异。如果在W-T方法下禁止归零,这种方法"在每一种情况下都具有数学上的确定性",将产生与根据W-W方法确定的倾销幅度相同的倾销幅度。如果在W-T方法下禁止归零,那么在W-W方法、W-T方法和混合方法(其中W-T方法适用于一部分出口交易,W-W方法适用于其余出口交易)下确定的倾销幅度之间将存在数学上的等同性。美国认为这种数学上的等同性将使第2.4.2条的第2句话变得毫无意义。加拿大则认为,如果按照美国洗衣机案上诉机构对第2.4.2条第2句话的解释,正确适用W-T方法所得出的倾销幅度在数学上将不等同于根据W-W方法(必须适用于所有出口交易)确定的倾销幅度。

专家组指出,双方关于数学上的等同性论点都与W-T方法的适用范围和非模式交易的处理直接相关。因此有必要阐述调查机构在满足第2.4.2条第2句规定的使用W-T方法的条件时应如何进行倾销幅度计算。首先第2.4.2条第2句不允许调查机构对所有出口交易适用W-T方法。相反,这种方法只能适用于模式交易。然而,在调查机构根据第2句话进行倾销认定时,不可以排除非模式交易。调查机构必须对这些非模式化交易采用W-W或T-T方法。非模式交易与模式交易并存,并不意味着非模式交易变得不正常。相反,非模式交易是调查机构在一般情况下会适用正常方法的出口交易。

W-T方法只能适用于模式交易。这是否意味着在根据第2.4.2条第2句计算总倾销额时,必须简单地排除非模式交易,还是说这意味着调查机构必须对非模式交易采用W-W或T-T方法?如果调查机构必须对非模式交易适用W-W或T-T方法,那么,适用这些正常的方法将产生非模式交易的中间结果,该结果可能是负数的,也可能是正数的。是否允许调查机构在中间结果为负数时将其排除,而在中间结果为正数时将其加入呢?专家组必须解决这些问题,因为如果根据W-T方法排除非模式交易,或当基于非模式交易的中间结果为负数时排除非模式交易,根据W-W方法确定的总倾销幅度和根据第2.4.2条第2句确定的总倾销幅度在每一种情况下都不会在数学上等同。

以往案件中上诉机构就指出,根据GATT第6.1条的规定,产品以低于其正常价值进入另一国商业的概念表明,倾销确定必须基于调查期间目标商品的“出口商的全部交易”。当一个产品以低于其正常价值的价格进入另一个国家的商业时,就被认为是倾销。非模式交易的价格也可能低于正常价值,就像它们的价格可能高于正常价值一样,因此也可能构成倾销。因此,在计算总的倾销幅度时,就不应当排除非模式交易。专家组的结论是,如果第2.4.2条第2句规定的条件得到满足,允许调查机构对模式交易适用W-T方法,但必须对非模式交易适用W-W或T-T方法。第2.4.2条的第1句话并不因为第2句话允许调查机构对在W-W或T-T方法下无法适当考虑的模式交易适用W-T方法而停止适用;相反,W-W或T-T方法必须适用于非模式交易,根据正常方法可以适当地考虑这些交易。

专家组认为,模式交易包括对购买者、地区或时间段的出口交易,这些交易的出口价格被确认有“重大差异”,因为它们明显较高(因此可能掩盖了低价出口销售)或它们明显较低(因此可能被高价出口销售所掩盖)。但较高价格的出口交易只有在高于正常价值时才会掩盖较低价格的出口交易。因此,只有通过比较“在加权平均基础上确定的正常价值”和“个别出口交易的价格”,调查机构才能确定高价出口交易是否确实掩盖了低价出口交易。一旦调查机构采用W-T 方法,它就能确定那些被掩盖的出口交易,以及那些掩盖它们的出口交易。第 2.4.2 条第 2 句允许调查机构将加权平均正常价值与“单个”出口交易的价格进行比较。用“单个”而不是“所有”来限定“出口交易”一词,表明 W-T 方法下的倾销幅度不需要以所有出口交易的比较结果为基础。相反,根据第 2.4.2 条第 2 句话的功能来解释,并考虑到“单个”一词的定义,调查当局可以将那些掩盖其他出口交易的个别出口交易与那些被掩盖的个别出口交易区分开来。因此,调查当局在根据 W-T 方法进行倾销判定时,可以对这些个别交易进行不同的处理。特别是在通过应用 W-T 方法确定了掩盖其他出口交易的个别出口交易和那些被掩盖的个别出口交易后,调查机构不需要重新掩盖高于加权平均正常价值的个别出口交易,而是可以将其视为零。

专家组指出,W-T 方法存在的理由是揭露目标倾销,如果该方法无法做到这一点,将使该方法失去作用。解释者不能随意采用一种会导致条约的整个条款或段落沦为多余或无用的解读。因此,专家组基于上下文的考虑也支持其观点,即第 2.4.2 条的第 2 句并不禁止在 W-T 方法下进行归零。基于上述情况,专家组认为调查机构在对模式交易适用 W-T 方法时,可以使用归零法。

根据这一解读,专家组认为加拿大未能证明美国商务部在调查中使用归零法违反了第 2.4.2 条。

美国:鱼类反倾销措施
(WT/DS536)

2018 年 1 月 8 日,越南提出就美国的鱼类反倾销措施与其磋商。越南认为,美国的措施违反了《反倾销协定》。2018 年 6 月 8 日,越南请求成立专家组,7 月 20 日,DSB 决定成立专家组。欧盟、日本、中国、印度、俄罗斯、泰国、埃及、新加坡和马来西亚要求保留作为第三方介入的权利。2018 年 11 月 30 日,专家组由总干事指定组成。到 2021 年年底,专家组仍在工作。

巴基斯坦：双向拉伸聚丙烯膜反倾销措施（WT/DS538）*

申诉方（被上诉方）：阿联酋

被申诉方（上诉方）：巴基斯坦

第三方（第三参与方）：阿富汗、中国、欧盟、日本、阿曼、俄罗斯、沙特、美国

2018 年 1 月 24 日，阿联酋提出就巴基斯坦对双向拉伸聚丙烯膜的反倾销措施与其进行磋商。阿联酋认为，巴基斯坦的反倾销措施及其日落复审违反了《反倾销协定》[①]。因磋商未果，2018 年 10 月 29 日，DSB 应阿联酋请求决定成立专家组。2019 年 5 月 7 日，专家组经协商组成。2021 年 1 月 18 日，专家组发布最终报告。2021 年 2 月 25 日，巴基斯坦提出上诉。因上诉机构僵局，至 2021 年年底，本案仍处于上诉阶段。

本案涉及巴基斯坦对来自阿联酋的双向拉伸聚丙烯膜（Biaxially Oriented Polypropylene，BOPP）实施的反倾销措施。2013 年 2 月 4 日，巴基斯坦对来自阿联酋的 BOPP 征收反倾销税。2015 年 1 月，该裁定在国内法院提起诉讼后被搁置。随后，巴基斯坦于 2015 年 4 月 9 日发布反倾销最终裁定，“批准”了 2013 年 2 月 4 日的裁

---

* 本案初稿由华东政法大学国际法专业研究生魏君枚撰写。

① 除了特别注明外，本案涉及的条款均指《反倾销协定》相关条款。

定,决定对从阿联酋进口的 BOPP 征收反倾销税直至 2015 年 8 月。2016 年 12 月 1 日,巴基斯坦公布日落复审决定,将 BOPP 的反倾销税延长 5 年。

【专家组的分析和结论】

一、NTC 启动反倾销调查的证据是否符合第 5.3 条

巴基斯坦于 2010 年 9 月首次对从阿联酋等国进口的 BOPP 启动反倾销调查,其依据是国内申请人 2010 年 4 月提交的申请,其中包含了截至 2009 年 12 月的数据。应巴基斯坦国家关税委员会(National Tariff Commission,NTC)的要求,申请人于 2010 年 10 月 9 日提交了额外的损害数据,涉及期间为 2010 年 1 月至 6 月。伊斯兰堡高等法院在 2011 年暂停了第一次调查并在 2012 年终止该调查。法院在其裁决中认定 NTC 可以"继续处理待决的申诉"。2012 年 4 月 23 日,NTC 根据申请人 2010 年 4 月 12 日的申请启动了第二次反倾销调查,依据的是原申请中截至 2009 年 12 月的数据和补充提交的截至 2010 年 6 月的损害数据。阿联酋指控,巴基斯坦依据两年前的数据启动反倾销调查违反第 5.3 条的规定。

双方的第一个分歧点是,就第 5.3 条而言,NTC 启动调查的证据是否必须局限于申请书中的数据,即从 2007 年 1 月到 2009 年 12 月的数据;NTC 是否可以考虑申请人补充提交的截至 2010 年 6 月的损害数据。阿联酋认为,由于第 5.3 条提到了"申请中提供的证据",调查当局不能依据申请书外的证据来启动调查。专家组依据条文解释认为,虽然第 5.3 条提到"申请中提供的"证据的准确性和充分性,但第 5.3 条规定的最终问题是主管机关"是否有足够的证据证明发起调查是正当的",不排除主管机关考虑申请人应调查机构要求提交的补充资料。因此,专家组认定 NTC 在审查证据是否符合第 5.3 条时,有权依据补充提交的损害数据。

第二个分歧点是第5.3条下的核心问题:NTC是否有“足够的证据证明发起调查是正当的”。专家组根据《反倾销协定》和GATT第6条,并考虑了以往专家组和上诉机构相关报告,对第5.3条作出了解释。根据第5.3条的规定,要“足以证明启动调查是正当的”,证据必须与当前的倾销、损害和因果关系有关。启动调查时依据的数据越新,越有可能提供与当前倾销、损害和因果关系有关的证据。但是启动调查所依据的证据的时间是否与当前倾销、损害和因果关系有关,还必须根据相关情况逐案评估。

本案中,NTC启动调查时并没有审查其所依据的数据是两年前的,也没有为未更新数据提供合理解释,据此专家组得出结论,NTC没有履行第5.3条审查是否有“足够的证据证明调查正当性”的义务。巴基斯坦辩称,它没有这样做是因为法院判决允许它依靠原申请中的数据。专家组认定,无论NTC是遵守法院的指示还是自行决定,都不影响第5.3条规定的巴基斯坦的义务。专家组援引墨西哥大米反倾销措施案(WT/DS295)中判断“当前”损害证据的相关情况,认为NTC在2012年启动反倾销调查时没有要求申请人提供更多的最新证据,没有解释其选择依据两年前的数据启动调查的原因,而且巴基斯坦也没有证明不可能寻求更多最新证据。因此,专家组认定NTC无法证明启动调查的证据与当前倾销所造成的损害有关,不符合第5.3条的规定。

二、NTC确定倾销和损害的证据是否符合第2.1条和第3.1条

第2.1条规定,一成员的产品出口至另一成员的出口价格低于正常价值的,该产品被视为倾销。第3.1条规定,对损害的确定应依据肯定性证据。在2012年4月23日启动调查时,NTC选择2009年1月至2010年6月作为倾销调查期和2007年1月至2010年6月作为损害调查期。2013年2月4日,NTC根据该调查期的数据作出了

反倾销最终裁定。专家组认定2015年4月的最终裁定只是"批准"了2013年2月的裁定,因此评估与证据的时间范围有关的最终裁定的日期是2013年2月4日。NTC在确定倾销和损害时启动调查的依据是22个月前的证据,而作出2013年最终裁定依据的是31个月前的证据,并且NTC没有解释为何选择两年前的证据、没有试图更新证据,也没有证明有无法更新证据的情形存在,专家组认定巴基斯坦在没有当前倾销和损害证据的情况下确定了倾销和损害,其行为违反第2.1条和第3.1条。

三、NTC对成本数据的选择是否符合第2条

阿联酋BOPP出口商Taghleef根据NTC的要求分别提交了两份成本数据。阿联酋指出,NTC评估Taghleef的国内销售是否处于正常贸易过程时审查了Taghleef提交的"一般生产和销售成本"数据,而不是阿联酋认为与所审议产品的生产成本和销售有关的更具体的记录数据,而且NTC没有为这样做提供合理和适当的解释。阿联酋声称,NTC使用更"一般"的数据,错误地判断Taghleef的大量销售是在正常贸易过程之外进行的,从而错误地依据一部分销售来确定正常价值。阿联酋认为巴基斯坦的行为不符合第2.2条、第2.2.1条、第2.2.1.1条和第2.2.2条规定的义务。巴基斯坦辩称,NTC在其自由裁量权范围内认为Taghleef提供的更一般的数据更为可信和可靠,NTC基于数据的客观性使用这些数据的决定是合理的。

争议的核心问题是NTC选择使用Taghleef提交的调查表附录2而不是附录D-3中的成本数据评估Taghleef的国内销售是否处于正常贸易,这一行为是否符合第2.2.1.1条。专家组从两个方面分析NTC的行为。首先,巴基斯坦采用的附录2的成本数据是否"合理反映了"与BOPP生产有关的成本?专家组认为第2.2.1.1条中使用的"合理反映"一词表明,当生产商或出口商的记录用于计算成本时,这些记录必须公平地再现所涉产品的实际生产和销售成本。

本案中,阿联酋指出附录 D－3 的数据优于附录 2,因为附录 D－3 载有直接适用于生产和销售 BOPP 的具体成本数据,而且是基于公司的季度平均标准成本。相反,附录 2 的数据不代表国内销售的相关成本,因为它还包括向阿联酋以外的市场销售的某些不相关产品的成本。专家组还注意到,NTC 发出的出口商调查表中的生产成本部分指示 Taghleef 在附录 2 中报告每种被调查产品的单位生产成本信息,并且应基于公司在正常会计系统中记录的实际成本。因此附录 2 中的成本信息反映了该公司的审计财务报表,而附录 D－3 并没有。专家组认为,当主管机关收到似乎相互矛盾的公司成本数据时,第 2.2.1.1 条中的"合理反映"一词为主管机关提供了一定程度的自由裁量权以选择更符合公司实际成本的数据,除非有证据表明某一特定数据明显更优。虽然这种自由裁量权的确切范围应根据每个程序的具体事实而有所不同,但在本案中,专家组的结论是,NTC 在选择使用 Taghleef 的附录 2 数据进行倾销分析时是在其自由裁量权的范围内行事。

其次,NTC 在决定使用 Taghleef 的附录 2 成本数据时是否考虑了所有成本适当分摊,NTC 没有解释使用附录 2 的数据而不是附录 D－3 的数据是否违反其义务?专家组认定 NTC 确实解释了这一问题,最终裁定报告中指出 Taghleef 的附录 D－3 数据将某些"固定成本分摊给巴基斯坦以外的出口市场,也没有分摊给国内销售的生产成本"。专家组认定,NTC 的最终裁定报告总结并回应了 Taghleef 就附录 D－3 和附录 2 数据与成本有关的论点,虽然这一部分并不长,但足以证明 NTC 在确定如何适当分配 Taghleef 的成本时,确实考虑过附录 D－3 的材料。专家组得出结论,NTC 对 Taghleef 成本数据的事实认定是正确、公正和客观的,阿联酋未能证明 NTC 使用 Taghleef 附录 2 数据的决定与第 2.2 条、第 2.2.1 条、第 2.2.1.1 条和第 2.2.2 条不一致。

四、NTC 拒绝贸易水平调整的请求是否符合第 2.4 条

Taghleef 要求对贸易水平的差异进行调整,理由是它在巴基斯坦主要向经销商销售,而在国内市场主要向加工商销售。据 Taghleef 称,它对经销商的价格低于对加工商的价格,因为 Taghleef 给经销商提供了折扣以补偿他们的分销成本。阿联酋称,在与 Taghleef 进行了多次交流后,NTC 以没有证据为由拒绝了 Taghleef 的请求。

专家组分析第 2.4 条以及上诉机构和专家组以往的报告中的解释,认为虽然主管机关有义务确保出口价格和正常价值比较的公平,但出口商有责任尽可能建设性地证实其调整请求。如果出口商要求调整但未能证明存在影响价格可比性的差异,主管机关有权拒绝所要求的调整。首先,专家组审查 NTC 是否拒绝了一项得到充分证实的请求,但没有作出合理和充分的解释。本案中,Taghleef 要求调整贸易水平的依据是其在巴基斯坦的分销商产生了额外成本并减少了利润,Taghleef 向他们收取较低的价格以补偿这些额外的成本和利润。NTC 多次要求 Taghleef 提供其要求调整的证据,例如 Taghleef 与其分销商达成的协议副本及额外费用的证据。Taghleef 提交一项与经销商的协议,该协议设想了自由裁量的与销售量挂钩的价格优惠,但没有说明任何此类优惠的数额。Taghleef 还提交了经销商的"成本明细表",但对此没有提供支持性证据或解释来说明它是如何得出的。NTC 在最终裁定中认定,由于没有证据表明要求作出调整所依据的事实,它不能批准作出调整。专家组认可 NTC 最终裁定的结论。

其次,专家组审查 NTC 的证据请求,即 NTC 是否没有说明需要哪些信息来证实贸易调整水平的请求,并对 Taghleef 施加了不合理的举证责任。专家组记录上的证据表明,NTC 从一开始(在出口商调查表中)就说明了评估贸易调整水平请求所需的信息,并向 Taghleef 发送两封函件,澄清 Taghleef 的调整请求。记录还显示是

Taghleef 要求调整贸易水平，因而 NTC 要求提供 Taghleef 自己主张的证据。鉴于 Taghleef 要求调整贸易水平的前提是分销商产生了额外成本，并且 Taghleef 有一项政策，即给予分销商价格折扣作为对这些成本的补偿，专家组认为 NTC 要求 Taghleef 提供这些费用的证据未对 Taghleef 施加了不合理的举证责任。

专家组得出结论，阿联酋没能证明巴基斯坦拒绝 Taghleef 就贸易水平差异作出调整的行为与第 2.4 条不一致。

五、确定损害和因果关系

1. NTC 确定倾销产品数量是否符合第 3.1 条和第 3.2 条

在损害确定方面，NTC 调查发现倾销进口产品的数量在绝对值上以及相对于国内同类产品的生产数量都显著增加，并且对国内产业价格产生大幅削低和大幅抑制的影响。阿联酋指控该调查结果不符合第 3.1 条和第 3.2 条。

第 3.1 条规定对损害的确定应依据肯定性证据，并客观审查倾销进口产品的数量、对价格的影响及对国内产业的影响。专家组解释确定损害的调查和分析必须是公正的，为了进行客观审查，调查当局必须考虑与自己的假设相冲突的证据，并解释在得出结论时如何协调相互冲突的证据。第 3.2 条规定的是确定倾销进口产品的数量和对价格影响的因素，在确定数量是否“大幅”增长时没有规定增长的最低限度而要取决于个案分析。考察价格影响时，大幅削低价格要求在一段时间内对倾销的进口产品的价格和国内同类产品的价格进行比较，大幅抑制价格需要考虑国内同类产品的价格是否被倾销的进口产品压低。

专家组审查认定，NTC 只是集中审查了 2009 年的数量增加和价格影响，对调查期间的其他年份的相反证据不加考虑也没有提供合理解释，没有解释如何协调数据中相互矛盾的趋势，因此专家组得出结论，巴基斯坦在损害确定方面不符合第 3.1 条和第 3.2 条。

2. NTC评估倾销对国内产业影响是否符合第3.4条

第3.4条要求调查机关评估与国内产业状况有关的所有相关经济因素和指数,并列出15个此类因素。专家组指出,第3.4条规定的是调查机构审查倾销进口产品对国内产业的影响,调查机构应在国内产业受损的背景中,结合相关证据和解释确定损害因素的趋势,并对逐个因素具体分析。如果证据与相关损害因素趋势有不同的解读,客观的审查者应当协调二者得出结论。因此,虽然调查机构必须评估第3.4条所列的因素,但该条款并不要求所有因素都表明存在损害。调查机构有可能在个别因素未表明存在损害的情况下得出国内产业受到损害的结论,只要该机构充分解释其对相关经济因素和指数的评估如何支持损害的总体判断。

阿联酋提出三点指控:第一,NTC没有评估倾销幅度的大小;第二,NTC没有客观地评估对经济状况有影响的7个经济因素和指数;第三,NTC未能总体评估国内产业受到了损害。首先,专家组认定NTC没有在损害分析的背景下评估倾销幅度的大小。在最终裁定报告中,NTC在“确定倾销”一节中有表格列出相关因素的倾销幅度,但是没有分析对国内产业损害的影响。因此,专家组认定这一数据涉及的是倾销幅度计算的部分而不是国内产业损害的部分,NTC没有将该数据与损害分析联系起来。其次,专家组依次评估相关经济因素并得出结论:关于市场份额,NTC只关注下降的那一年而没有考虑调查期间的其他时间段的矛盾数据;关于利润,国内生产商认为其从国内同类产品中获得的利润下降,主要是由于原材料和财务成本的增加;关于销售,销售下降涉及国内现实因素而不是倾销进口的影响;关于生产力,NTC没有承认雇员人数的增加,也没有解释倾销进口产品如何影响生产力;倾销产品对现金流动、工资和投资能力的实际和潜在的消极影响,NTC没有给出合理和充分的解释。专家组认定,NTC得出国内工业遭受实质性损害的结论时,没有对倾销产品对国内产业在相关因素上产生影响提供任何解释。专家组得出结论,NTC评估倾销产品对国内产业影响的行为,不符合第3.4条。

3. NTC 确认倾销和损害的因果关系是否符合第 3. 5 条

阿联酋指控 NTC 的因果关系分析不符合第 3. 1 条和第 3. 5 条，理由如下：第一，所依据的调查结果不符合第 3. 1 条、第 3. 2 条和第 3. 4 条；第二，NTC 未能排除将其他已知因素造成的损害归因于倾销进口产品。

专家组指出，第 3. 5 条要求成员确定倾销进口产品是否对国内产业造成损害（“因果关系”），还要求各成员确保不将倾销以外的其他已知因素造成的损害归于倾销进口产品（“不归因”）。主管机关只有在“已知”倾销以外的损害因素时，才对这些因素进行审查。专家组依据此前案件的报告指出，调查机关要么“知道”要么“不知道”某一因素，它不可能在调查的一个阶段（如倾销和损害分析）“知道”，而在随后的一个阶段（如因果关系分析）“不知道”某一因素。

首先，专家组认定，NTC 关于倾销进口产品的数量、对价格的影响以及对国内产业影响的调查结果是其因果关系分析的组成部分。专家组已经认定这些调查结果与第 3. 1 条、第 3. 2 条和第 3. 4 条不一致。这些错误的调查结果导致了 NTC 对因果关系的认定错误。其次，在不归因分析中，NTC 未能排除两个其他已知因素的归责。第一个已知因素是金融危机。NTC 未能确定国际金融危机的有害影响，更不用说分离和区分。NTC 在其分析中承认金融危机是已知因素，认为全球经济发展压低了国内产业的价格。然而它只是简单地断言国内市场规模的趋势表明金融危机没有影响国内产业，并没有给出任何解释。这不符合第 3. 5 条和第 3. 1 条分别规定的不归因分析和基于肯定性证据的客观审查要求。第二个已知因素是国内生产商在 2009 年确定的损害其业务的因素，但是 NTC 未能“审查”这些产品并确保“其他因素造成的损害”不“归因于倾销进口产品”，NTC 的行为不符合第 3. 5 条。专家组得出结论，NTC 的因果关系分析与第 3. 1 条和第 3. 5 条不一致。

六、2016 年 12 月 1 日的日落复审是否符合第 11.3 条

第 11.3 条规定,反倾销税应在 5 年内终止,除非调查机关在复审中确定反倾销税的终止有可能导致倾销和损害的继续或再度发生。专家组认为,依据第 11.3 条复审倾销继续或再次发生可能性的关键问题是第 2 条是否适用以及在多大程度上适用。专家组指出,第 11.3 条并不要求对倾销作出决定而是要求确定反倾销税期满将可能导致倾销的继续或再次发生。因此,调查当局不必在日落复审中确定倾销幅度,但是在确定倾销可能性时调查当局可以依据倾销幅度。如果调查当局选择依据倾销幅度确定倾销的可能性,那么倾销幅度的确定就必须符合第 2 条的要求,因为第 2.1 条规定了“为了本协定的目的”的单一倾销定义。第 11.3 条并不要求确定损害而是要求确定反倾销税期满是否可能导致损害的继续或再次发生。因此,在日落复审中,调查机关无须确定第 3 条所指的损害,然而为了确定损害继续或再次发生的可能性,调查机关可以选择评估第 3 条中提到的某些因素并分析。

阿联酋指出,NTC 日落复审的决定不符合第 11.3 条。理由如下:第一,在确定倾销可能性时,NTC 所依据的倾销幅度不符合第 2 条;第二,NTC 未能在充分的事实基础上确定损害再次发生的可能性。

首先,专家组认为虽然第 11.3 条不要求调查当局在日落复审中计算倾销幅度,但当调查当局能够并实际上依据第 11.3 条选择依据倾销幅度时,必须符合第 2 条的要求。鉴于 NTC 在确定倾销是否可能继续或再次发生时选择计算并依据倾销幅度,这些倾销幅度应符合第 2 条的要求。专家组发现,NTC 确定倾销幅度时构建正常价值不符合第 2.2 条规定的正常价值计算的情形,因此,根据该倾销幅度作出的倾销可能继续或再次发生的决定不符合第 11.3 条。

其次,专家组指出,NTC 的调查结果是,反倾销税到期可能导致

进口量增加、国内生产减少、国内产业市场份额下降进而削低或压低国内产品价格。专家组认定该调查结果建立在一系列假设之上，而非建立在肯定性证据上，并且 NTC 也没有提供合理和充分地解释说明它所预见的事态发展为什么可能发生。因此，NTC 关于损害可能再次发生的决定不符合第 11.3 条。专家组的结论是，NTC 日落复审的决定不符合第 11.3 条。

七、NTC 在没有异常情况下超过 12 个月完成日落审查是否符合第 11.4 条

第 11.4 条第 2 句规定复审应迅速进行，且通常应在自复审开始之日起 12 个月内结束。专家组解释，“通常”一词表明在某些情况下可以超过 12 个月的最后期限，这种情况是指异常的情况。

NTC 于 2015 年 8 月 4 日启动了对来自巴基斯坦的 BOPP 反倾销措施的日落复审，并于 2016 年 12 月 1 日结束，大约经过 16 个月完成日落复审。巴基斯坦辩称，这是因为国内司法程序导致 NTC 的所有工作在 2016 年暂停数月。具体而言，国内高等法院于 2016 年 3 月 15 日裁定，NTC 的成员组成不符合巴基斯坦法律规定的资格要求，暂停国内诉讼程序。NTC 决定“以此类推”，暂停所有未决的反倾销程序，直至其组成缺陷得到纠正，即直到 2016 年 9 月 5 日。专家组审理查明，国内高等法院的日落复审程序中止的判决主要是 NTC 组成人员的程序问题，不能被视为在第 11.4 条意义上的“异常”情况。专家组得出结论，在没有异常的情况下，NTC 用超过 12 个月的时间完成日落审查，这与第 11.4 条的规定不符。

对阿联酋余下的诉请，专家组行使了司法节制。

美国:反倾销反补贴税 (WT/DS539)

申诉方(被上诉方):韩国

被申诉方(上诉方):美国

第三方:巴西、加拿大、中国、埃及、欧盟、印度、日本、哈萨克斯坦、墨西哥、挪威、俄罗斯

2018年2月14日,韩国就美国对韩国出口的钢铁产品征收反倾销反补贴税,请求与美方进行协商,由于磋商未果,DSB应韩国的请求于2018年5月28日成立专家组。2021年1月21日,专家组报告公布。同年3月19日,美国提出上诉。因上诉机构僵局,至2021年年底,本案仍处于上诉阶段。

2016年5月至10月,美国决定对从韩国进口的不锈钢制品、某些冷轧钢板产品和大型变压器征收反倾销税和反补贴税。韩国指出,美国的反倾销反补贴税违反了《反倾销协定》和《SCM协定》的相关条款;韩国基于USDOC使用可得事实以及相关不利推断,质疑美国的国内法。韩国称美国在调查中使用不利事实的做法是普遍和预期应用的模式,或者是持续发生的行为,这构成不成文措施。韩国认为这些做法和法规违反了《反倾销协定》相关条款和附件二的有关规定。

【专家组的分析和结论】

一、《反倾销协定》和《SCM 协定》相关条款的含义

1.《反倾销协定》第 6.8 条

双方对于调查机构在选择替代事实方面的义务有不同的观点，专家组决定先对这一问题作出解释。专家组指出，《反倾销协定》第 6.8 条允许调查机构使用可得事实，但是也规定了限制条件：只有利害关系方在合理时间内拒绝提供相关信息，或者严重阻碍调查的，调查机构才可以使用可得事实。专家组进一步指出，第 6.8 条和附件二共同构成了协定起草者所寻求的在调查机构完成调查和利益方正当权利之间的利益平衡。

问题是哪些可得事实可以构成调查当局作出决定的依据。专家组注意到，第 6.8 条设想使用可得事实以取代作出具体决定时缺失"必要信息"。根据规定，第 6.8 条"不是为了弥补'任何'或'不必要'信息的缺失，而是为了克服完成工作所必需信息的缺失"。这表明，"确定'可得事实'的过程应限于记录中缺失的'必要信息'"。专家组认为，第 6.8 条的条文要求调查当局根据"现有事实"进行确定，并"合理地替代"缺失的"必要"信息。要求调查当局必须选择合理替代所缺的"必要"信息，这意味着这种选择不能以惩罚不合作的一方为目的。至于哪些事实可以作为可得事实，需要根据每个案件的不同情况具体确定。调查机构在使用可得事实替代缺失的必要信息时，必须非常谨慎。

专家组认为，根据其背景和目标及宗旨来解释，第 6.8 条要求调查当局以无偏见和客观的方式，选择那些在特定案件的具体事实和情况下可以合理替代所缺"必要"信息的可得事实。在这样做时，调查当局必须考虑到其可以适当获得的所有事实。在选择可得事实时，第 6.8 条并不要求调查当局选择那些对不合作方最"有利"的事

实。调查当局可以考虑到信息缺失的程序性情况,但第6.8条并不允许为惩罚有关方面而选择替代事实。

2.《SCM协定》第12.7条

专家组注意到,第12.7条与《反倾销协定》第6.8条类似,但不同的是没有附件二列出的内容。专家组认为《SCM协定》的其他条款提供了解释这一条的上下文。上诉机构在此前的案件中曾经说过,“如果《SCM协定》第12.7条允许在反补贴调查中以明显不同于反倾销调查的方式使用‘现有事实’,这将是不正常的”。

因此,与《反倾销协定》第6.8条一样,《SCM协定》第12.7条要求调查机构在特定案件的具体事实和情况下,选择那些构成合理替代所缺“必要”信息的可得事实。在选择合理替代时,调查机构必须考虑到可以适当获得的所有事实。虽然调查机构在选择替代事实时可以考虑到信息缺失的程序性情况,但第12.7条不允许为了惩罚不合作方面而进行这种选择。

韩国认为调查机构在任何情况下都必须对信息进行比较分析,专家组没有接受这一观点。

二、韩国对具体措施的指控

有了上述结论,专家组接着审查USDOC在反倾销和反补贴调查中具体使用可得事实的情况,并确定其做法是否违反相关规定。

1.对不锈钢制品的反倾销税

韩国提出,现代钢铁提供了所有的信息,因此USDOC没有理由使用可得事实;韩国还指出,USDOC在使用其他来源的替代事实时,没有确保替代事实仅用来弥补缺失的必要信息。韩国的诉请涉及现代钢铁向非关联的公司销售用于再生产的产品。专家组回顾了USDOC在调查中的细节:USDOC从2015年7月至12月,多次要求现代钢铁回答调查问卷,又根据其答复要求提供补充信息。2015年11月,USDOC发布初步裁定,认为现代钢铁提供的信息有缺陷且无法使用，要求现代钢铁提供补充信息，现代钢铁在 12 月初才提供了补充信息，USDOC 表示时间紧迫，无法仔细审查补充提交的信息，遂作出初裁。初裁公布之后，现代钢铁在 2015 年 12 月底和 2016 年 2 月两次提交补充材料。USDOC 发现在最初提交信息与补充信息之间存在差异，要求解释，现代钢铁的解释没有令 USDOC 满意，USDOC 决定对现代钢铁再销售的价格数据不予采用，最终决定了最高的倾销幅度 86.34%。双方的分歧集中在问卷 E。韩国认为，USDOC 一开始说现代钢铁无须回复问卷 E，后来又基于问卷 E 的答复对现代钢铁的数据不予采用并使用了可得数据，对现代钢铁实施最高税率，违反了《反倾销协定》第 6.8 条和附件二。

专家组梳理了 USDOC 与现代钢铁的通信往来，认为 USDOC 并没有“最初决定”现代钢铁不必答复问卷 E。相反，USDOC 最初通知现代钢铁，将根据其对问卷 A 的答复在稍后阶段作出决定。事实是，现代钢铁从一开始就知道它随后可能被要求答复问卷 E，而且问卷 E 的答复时间可能受到现代钢铁的豁免请求和 USDOC 考虑的影响。

韩国还提出，USDOC 没有将要求补充之信息的详细情况告知，违反了《反倾销协定》附件二第 1 段。附件二第 1 段要求调查机构详细列明所需信息。在这个问题上，USDOC 承认，直到 2015 年 10 月，其都聚焦于审查现代钢铁豁免答复问卷 E 的申请，没有告知现代钢铁如何提供问卷 E 的答复。随后，现代钢铁就问卷 E 寻求 USDOC 的指导，但 USDOC 只是要求现代钢铁尽力调整以适应复杂的事实。虽然 USDOC 后来发出了三份补充问卷，但都没有指出缺失的信息是什么。专家组据此确认，USDOC 没有解决现代钢铁公司提出的困难，在要求答复问卷 E 时没有提供任何有意义的指导，USDOC 的行为不符合《反倾销协定》附件二第 1 段的规定。鉴于附件二第 1 段是调查机构根据《反倾销协定》第 6.8 条使用可得事实的前提条件，专家组认为 USDOC 的做法也不符合第 6.8 条。有了这一结论，专家组认为没有必要对韩国根据《反倾销协定》附件二第 3 段、第 5 段和第 6 段提出的诉请作出裁决，也没有必要对 USDOC 选择替代事实的问题作出裁决。

2. 对冷轧钢板产品的反倾销税

USDOC 认为现代钢铁没有解释关联方提供的服务为什么是公平交易,且错误报告了在韩国国内市场和美国市场销售的某些产品的信息,USDOC 据此使用了可得事实。

韩国认为 USDOC 的做法违反了《反倾销协定》第 6.8 条和附件二第 3 段。附件二第 3 段要求调查机构“在作出裁定时,应考虑所有可核实的、适当提交的、可用于调查而无不当困难的、及时提供的信息”。韩国主张,其关联公司国内销售的仓储和运费也是盈利的,而且现代钢铁没有为非关联公司提供类似服务,因此其价格数据是公平交易。USDOC 要求提供与非关联公司的所有合同,现代钢铁以非关联公司拒绝为由没有提供。在终裁时,USDOC 以现代钢铁拒绝提供相关信息为由,采用了对现代钢铁最不利的数据,即对韩国国内运输仓储采用了现代钢铁回复中最低的数据,而国际同类数据采用了最高或次高的数据。

双方的分歧仍然在于 USDOC 使用可得信息的依据是否充分,是否符合《反倾销协定》第 6.8 条和附件二。专家组详细回顾了 USDOC 与现代钢铁之间的通信,认为现代钢铁从一开始就披露了其与关联公司的关系,并详细解释了其交易属于公平交易,这一点也被 USDOC 接受。但是在终裁报告中,USDOC 对此没有做任何分析和考虑。据此,专家组认为 USDOC 的做法与附件二第 3 段的第一句话不符。有了这一结论,专家组认为没有必要对韩国根据《反倾销协定》附件二第 3 段、第 5 段和第 6 段提出的诉请作出裁决,也没有必要对 USDOC 选择替代事实的问题作出裁决。

关于产品 Spec D、E、H,在调查中,USDOC 要求现代钢铁提供在美国进一步生产的数据,现代钢铁提供了经过修正的数据,并因此重新计算了现代美国公司间接销售的费用。在初裁报告中,USDOC 肯定现代钢铁配合调查,并提供了充分的证据使 USDOC 可以计算倾销幅度。USDOC 确认的初裁倾销幅度是 2.17%。到了核查阶段,

USDOC 指出现代钢铁的产品数据有问题,现代钢铁解释了原因,USDOC 在核查现代钢铁的数据时忽略了这个问题,但在核查现代美国公司的数据时予以了考虑,还做了完整性测试。专家组发现,在 USDOC 发现了产品数据错误并予以纠正之后,USDOC 并没有解释这样的错误如何造成制造成本必要信息的缺失,也没有解释为什么调整以后的数据就不准确,但 USDOC 却据此使用了可得信息。专家组认为,USDOC 的这一做法违反了《反倾销协定》第 6.8 条。有了这一结论,专家组认为无须再分析韩国关于 USDOC 违反了附件二第 3 段、第 5 段和第 6 段的诉请。

关于产品 Spec C 的销售,USDOC 没有纠正数据,而是确认这些数据无法核查。专家组确认,对现代钢铁的解释,USDOC 并未忽视,而是予以了考虑。专家组认为,美国对产品 Spec C 的决定是有依据的,并未违反《反倾销协定》第 6.8 条和附件二。那么,在这个产品上选择替代信息是否符合《反倾销协定》相关规定呢?韩国认为,USDOC 有许多可以利用的信息,而它却选择了最高的价格。专家组指出,在选择合理的替代信息时,调查机构必须考虑可以适当获得的所有事实。对于与 Spec C 产品有关的美国销售,USDOC 为现代钢铁指定了最高的计算利润率。当面对这样的利润率范围时,一个客观和无偏见的调查机构需要解释为什么最高的利润率是对所缺失必要信息的合理替代。USDOC 的决定中没有任何证据表明它的推理和评估过程,或者它考虑了可获得的各种利润率。因此,USDOC 在 Spec C 产品上选择替代信息的做法违反了附件二第 7 段。

3. 对热轧钢板产品的反倾销税

专家组指出,USDOC 没有"在启动调查后尽快详细说明"要求提供有关联营公司与非联营客户的合同信息,其行为不符合《反倾销协定》附件二第 1 段的规定。鉴于附件二第 1 段是调查机构根据《反倾销协定》第 6.8 条诉诸可得事实的前提条件,USDOC 的做法也不符合《反倾销协定》第 6.8 条。有了这一结论,专家组认为没有必要对韩国根据《反倾销协定》附件二第 3 段、第 5 段和第 6 段提出的要求作出裁决。

4.对冷轧和热轧钢板产品的反补贴税

韩国提出USDOC在反补贴调查中使用了可得事实,不符合《SCM协定》第12.7条。第12.7条规定:“如果任何利害关系成员或利害关系方不允许使用或未在合理时间内提供必要的信息或严重妨碍调查,则初步和最终裁定无论是肯定的或是否定的,均可在可得事实的基础上作出。”韩国认为,受调查企业浦项制铁已经尽最大努力对USDOC的要求作出回复、提交信息,它并没有严重阻碍调查,因此美国没有理由使用可得事实。

浦项制铁的一家附属企业DWI是向浦项制铁提供生产投入物料的,DWI位于韩国的经济特区。在初次调查的时候DWI提供了信息,USDOC做补充调查的时候,要求浦项制铁公司确认没有交叉拥有的关联公司为生产目标商品提供投入,浦项制铁给予肯定的答复。USDOC认为两次信息中涉及的贷款不是同一个贷款项目,确认浦项制铁隐瞒了相关信息,因此没有采用韩国提供的数据而依据可得事实作出了结论。

韩国认为其答复是正确的,因为DWI是交叉拥有的关联公司,并不是浦项制铁的全资子公司,而且它的产品在浦项制铁的产品中也不是主要投入物。韩国也承认,是不是主要投入物的决定权在USDOC,如果没有充分的信息,USDOC就不可能作出正确的决定。专家组注意到,浦项制铁及DWI提交了关于DWI贷款项目的补充信息,但是USDOC对其答复未予考虑而使用了可得事实。专家组确认这一做法不符合《SCM协定》第12.7条。

关于替代信息选择中非全资子公司的问题,USDOC本应根据其适当掌握的所有事实来确定投入是否主要是专用的。这些事实显然包括浦项制铁作为调查表答复提交的合并财务报表中与DWI及其销售有关的信息,以及浦项制铁在核查时提供的信息。USDOC没有分析这些信息是否表明有关投入主要用于生产下游产品,没有考虑它已经得到的信息,而只是假设这些投入主要用于生产下游产品,这是不允许的。

5. 对大型变压器反倾销税的行政复审

韩国提出,USDOC 在对现代重工(Hyundai Heavy Industries, HHI)大型变压器反倾销的三次行政复审中,以 HHI 拒绝提供必要信息为由,使用了可得事实,违反了《反倾销协定》第 6. 8 条和附件二的相关规定。涉及的信息包括销售价格、折扣、回扣和其他收入。USDOC 提出了 4 个实例,并且指出,这 4 个实例使 USDOC 怀疑 HHI 的报告存在问题。

专家组逐一审查了几次复审的情况。

(1)在第二次行政复审中,USDOC 起初没有使用可得事实,国内的反倾销申请方向法院起诉,法院发回重审,USDOC 在重审的过程中拒绝了在初审中接受的数据,使用了可得事实。最后的结果将原来的倾销幅度从 4. 07% 提高到 25. 51% 。《反倾销协定》附件二第 6 段规定:“如证据或信息未被接受,则应将有关理由通知提供方并应提供在合理时间内作出进一步说明的机会,同时适当考虑调查的时限。如主管机关认为该说明不令人满意,则应在任何公布的裁定中列出拒绝该证据或信息的理由。”专家组注意到,在拒绝这些数据之后,USDOC 并没有告知 HHI 拒绝的理由,也没有给 HHI 机会提供补充资料。据此,专家组确认,USDOC 违反了《反倾销协定》附件二第 6 段。有了这一结论,专家组认为没有必要再分析 USDOC 选择替代信息的问题。

(2)在第三次复审中,USDOC 提出 HHI 提供的资料中存在 4 个方面的问题:服务收入、国内市场价格、配件、销售文件。USDOC 说,这些问题单个看都不足以作为使用可得事实的依据,但综合起来的效果可以作为使用可得事实的依据。第三次复审的情况与第二次复审类似,不同的是,USDOC 给了 HHI 提供补充信息的机会,但是拒绝了 HHI 提供的信息。韩国认为 USDOC 违反了《反倾销协定》第 6. 8 条和附件二第 3 段和第 5 段。

关于服务收入。专家组注意到,USDOC 拒绝接受 HHI 数据的理由是其提交太迟。专家组指出,USDOC 确实要求 HHI 补充信息,但在初裁时,USDOC 认为记录符合 HHI 报告的销售资料,因此接受了 HHI 的报告数据。但是在发回重审环节,直到 2016 年 11 月 7 日 USDOC 才提出补充资料的要求,但又不曾通知 HHI 相关数据的缺陷,所以 HHI 在 11 月 7 日之前不可能知道缺少哪些信息。专家组认为,HHI 及时提交了资料,而 USDOC 没有解释为什么在期限内提交的资料无法核实。专家组据此确认 USDOC 的做法与《反倾销协定》附件二第 3 段不一致。有了这一结论,无须对 USDOC 选择替代事实的问题进行分析。

关于低报国内市场价格。在第一份调查问卷中,USDOC 要求 HHI 对零部件价格分别填报,在补充问卷中,USDOC 又要求根据国内市场产品序列号提供完整的销售资料。美国国内的反倾销申请方认为 HHI 系统性低报国内市场价格,在最终裁定中,USDOC 确认 HHI 错误地填报了国内市场价格。韩国主张 USDOC 的做法与《反倾销协定》第 6.8 条和附件二第 3 段、第 5 段不符。HHI 承认最初确实存在误报的情况,但认为这是一个非故意的错误。专家组注意到,数据错误是由于将一个部件归类错误,虽然这确实会造成最终计算价格错误,但这并未构成 HHI 系统性低报价格,一个客观且无偏见的调查机构不可能确认存在系统性低报的情况。据此,专家组认为 USDOC 的做法违反了《反倾销协定》附件二第 3 段和第 5 段。

关于配件。USDOC 要求 HHI 分别提供零部件及配件的价格和成本,以确定不同编码产品的价格差是否因配件的物理特性不同造成。HHI 称 USDOC 并没有给出"配件"的定义,而 USDOC 称 HHI 的报表中就有配件一栏,如果它有疑问,本可以询问 USDOC,但 HHI 没有问。USDOC 在终裁中确认 HHI 没有提供被要求提供的信息,并据此使用了可得信息。韩国认为 DSDOC 违反了《反倾销协定》第 6.8 条和附件二的第 1 段、第 3 段、第 5 段。专家组注意到,USDOC 在任何地方都没有提供"配件"的定义,也没有考虑 HHI 在识别"配件"问题上的困难,HHI 反复提出了在答复初始问卷中的担忧,然而

USDOC 还是没有提供指导。附件二第 1 段规定,调查机构在调查开始后应尽快详细列明要求利害关系方提供的信息,及利害关系方在答复中组织此类信息的方式。USDOC 没有这样做,违反了《反倾销协定》第 6.8 条和附件二第 1 段,也因此违反了附件二第 3 段和第 5 段。

关于某些销售文件。在初裁决定公布后,USDOC 要求 HHI 提供包含所有销售环节中费用的完整单据,HHI 就此提交了超过 3300 页单据,美国国内反倾销的申请方指出了这些文件中的部分不符之处。在终裁中,USDOC 未采纳 HHI 提交的信息,认为 HHI 有计划地选择性提供单据,他们不再考虑这些文件,决定使用可得事实。韩国认为 USDOC 违反《反倾销协定》第 6.8 条和附件二第 3 段、第 5 段和第 6 段。专家组认为《反倾销协定》附件二第 6 段要求"若信息不被接受,提供方应该了解到原因,并且有机会在合理期间提供进一步解释"。据此,专家组确认 USDOC 的做法不符合《反倾销协定》附件二第 6 段,也因此违反了第 6.8 条。

(3)在第四次复审中 USDOC 对两个受调查的公司(HHI 和 Hyosung)使用了可得不利事实,对未被选作受调查企业的 3 家公司适用"其他所有企业税率"(all others rate)。韩国认为这违反了《反倾销协定》第 9.4 条。

关于对两家企业使用可得不利事实。专家组指出,USDOC 在不接受 HHI 关于其与任何销售代理没有关联的陈述后,没有给 HHI 提供"在合理期限内作出进一步解释"的机会,因此,USDOC 的这一做法不符合《反倾销协定》附件二第 6 段的规定。鉴于附件二第 6 段是调查机构根据《反倾销协定》第 6.8 条使用可得事实的先决条件,USDOC 在第四次复审时使用美国销售代理的可得事实也不符合该条款。专家组指出,USDOC 没有告知 Hyosung 公司在其案情摘要中提供的澄清中存在的缺陷,也没有给 Hyosung 公司提供"在合理期限内作出进一步解释"的机会。USDOC 的这一做法不符合《反倾销协定》附件二第 6 段的规定,也因此违反了《反倾销协定》第 6.8 条。有了这一结论,专家组认为没有必要再处理韩国在《反倾销协定》附件二第3段和第5段下的诉请。

关于对3家企业实施其他所有企业税率。韩国指出,USDOC把根据第6.8条为HHI和Hyosung确定的倾销幅度作为未被选中的韩国出口商的“其他所有企业税率”,这与《反倾销协定》第9.4条的规定不一致。第9.4条要求调查当局“为了本款的目的,应忽略零幅度、微量幅度和在第6.8条所指情况下确定的幅度”。专家组注意到,第9.4条仅适用于抽样调查的情况,这一条将所有未被选中接受调查的企业称作“所有其他企业”,还规定了倾销幅度的上限,即被选中接受调查的企业的加权平均倾销幅度,同时要排除任何零幅度、微量幅度和根据第6.8条确定的幅度。专家组注意到,USDOC根据HHI和Hyosung的倾销幅度确定了“其他所有企业”的倾销幅度,而前者的幅度是利用可得不利事实计算的,《反倾销协定》第9.4条明确要求调查机构排除根据可得事实计算的倾销幅度。专家组据此确认,USDOC的做法不符合《反倾销协定》第9.4条的规定。

三、韩国对法规本身的指控

韩国称美国在调查中使用可得不利事实的做法构成普遍和预期应用的模式,或者是持续发生的行为,已经构成“不成文措施”,其本身违法。美国要求专家组就韩国的这一指控是否符合DSU第6.2条作出初步决定。专家组确认,基于对韩国提出成立专家组的请求时的准确文本和整体结构的客观审查,韩国对法规“本身”提出的质疑在其请求的I.C部分得到了适当的确认,因此属于专家组职权范围。

专家组在初步裁决中指出,唯一属于专家组职权范围内的非书面措施是韩国请求中I.C部分所确定的措施。韩国将其描述为具有普遍性和前瞻性的“规则或规范”,或者说是一种“持续的行为”。专家组认为,要避免过于严格地适用在条约文本中找不到依据的标签,最终必须用论据和证据来证明受指控的措施存在,其具体内容由申诉方对不成文措施的描述来决定。专家组指出,本案中,韩国称措施具有普遍性和前瞻性,因此更类似于一项“规则或规范”,而没有描述为一种“持续行为”。专家组也注意到,针对“规则或规范”和“持续行为”,韩国提供了基本相同的描述和基本类似的论据和证据。

至于其确切内容,韩国指出了几个相互关联的方面,这些方面共同构成了所谓的不成文措施。第一个方面是 USDOC 作出韩国受调查方不合作的结论,第二个方面涉及这一结论的后果,包括 USDOC 采取“不利的推断”和选择“可得不利事实”。

韩国提出,以前争端解决机制也处理过不成文的措施。专家组指出,以前处理的案件与本案并不相同,韩国提交的证据也不相同。韩国援引了一些成文的法律,专家组注意到,这些成文法的内容没有一条是将不成文的实践法典化的,韩国所提出的美国《反倾销手册》以及法院的裁定都不能反映韩国所指控措施的内容。据此,专家组认为韩国未能证明存在其指控的“不成文措施”,据此驳回了韩国的这一诉请。

韩国:不锈钢反倾销日落复审 (WT/DS553)*

申诉方(被上诉方):日本

被申诉方(上诉方):韩国

第三方(第三参与方):中国、欧盟、印度、哈萨克斯坦、俄罗斯、中国台北、美国

2018年6月18日,日本要求与韩国就不锈钢棒(stainless steel bars)反倾销税第三次日落复审的结论进行磋商。由于磋商未果,2018年10月29日,应日本的请求,DSB决定成立专家组。2020年11月30日,专家组报告正式发布。2021年1月22日,韩国提出上诉。因上诉机构僵局,至2021年年底,本案仍处于上诉阶段。

2004年7月30日,韩国对原产于日本、印度和西班牙的不锈钢棒征收5.11%～15.39%的反倾销税,并与部分涉案企业达成了价格承诺,有效期为5年。后来经过几次复审,也调整过反倾销税率。2017年6月2日,韩国调整该案反倾销税至3.56%～15.39%,第三次维持反倾销措施,有效期为3年。

日本认为,韩国就以下事项违反了《反倾销协定》第11.3条①:(1)为了评估损害的可能性,将日本进口品与

---

* 本案初稿由华东政法大学国际法研究生孙思恬撰写。

① 除特别注明外,本案所称的条款均指《反倾销协定》的条款。

印度进口品相加;(2)在对出口商的生产能力和能力利用情况作出结论时,忽略了日本出口商的数据;(3)在审查日本进口品的价格和数量影响方面是错误的;(4)没有审查其他潜在的损害因素。

【专家组的分析和结论】

一、损害再次发生的可能性:日本基于第11.3条的请求

第11.3条规定:任何最终反倾销税应在征收之日起(或在复审涉及倾销和损害两者的情况下,自根据第2款进行的最近一次复审之日起,或根据本款)5年内终止,除非主管机关在该日期之前自行进行的复审或在该日期之前一段合理时间内由国内产业或代表国内产业提出的有充分证据请求下进行的复审确定,反倾销税的终止有可能导致倾销和损害的继续或再度发生。在此种复审的结果产生之前,可继续征税。

关于倾销进口对价格和数量的影响。专家组依次分析了下列问题:韩国调查局(Korean Investigation Authority,KIA)认为日本钢材降价会削弱国内同类产品的价格竞争力的判断是否有误;日本钢材价格下跌是否会导致进口量增加;在评估日本钢材价格降低的影响时是否考虑了不同产品组合;KIA对日本钢材降价影响的评估错误是否违反第11.3条。

日本认为,取消反倾销税后,日本钢材的价格也会大大高于其他产品,尤其是韩国国内同类产品。因此,日本认为,“价格有所下降的事实并不能充分表明它们对国内同类产品的价格产生了不利影响”。韩国认为,“取消反倾销税将自动意味着进口价格,至少相当于反倾销税的水平”,“这当然也会给国内价格带来额外的压力”。

专家组分析了韩国调查机构的结论。韩国认为,如果取消反倾销税,日本不锈钢棒的价格会大幅下降,由此导致倾销继续和损害的再次发生。韩国国内申请人在第三次日落复审中提到,不锈钢棒的

质量有统一的规格,无论是在哪个国家生产,质量都不会有太大差异,因此价格是购买不锈钢棒的主要决定因素。事实表明,即使不征收反倾销税,日本钢材的价格也大大高于国内同类产品的价格。在一个价格敏感的钢材市场上,高价的日本不锈钢棒和削弱韩国国内同类产品的价格竞争力两者是矛盾的。专家组注意到,韩国参照日本所有不锈钢棒的平均转售价格,而不是根据某一等级内的价格来审查取消反倾销税对国内价格竞争力的影响,因此这并不能解释上述矛盾。鉴于韩国未能解释上述矛盾,专家组认为韩国未对事实进行"公正和客观"的评价,据此认为韩国对日本不锈钢棒降价会削弱国内同类产品的价格竞争力的判断有误。

韩国认为取消反倾销税后,日本不锈钢棒价格下降会导致进口量增加。日本辩称,日本不锈钢棒的价格仍会保持较高水平,再加上韩国市场存在大量价格较低的第三国进口产品,因此日本没有对韩国增加出口的动力。在审查期间,韩国发现第三国进口产品的数量和市场份额保持稳定,且价格变动趋势也与国内同类产品相同。韩国称,日本产品溢价高于第三国,这一点可以解释高价格也能使进口增加,但是这一点并没有反映在韩国的审查分析中,专家组不予采纳这种事后的推理。韩国称,事实调查结果显示,在取消反倾销税后,日本出口商有能力也有需求增加对韩国的出口。特别是日本出口商在审查期间已经出口了相当多的产品,而且数量还在不断增加,这表明韩国对日本产品有明显的需求,并表明尽管征收反倾销税,但韩国市场对日本出口商仍有吸引力。其他指标也表明,韩国市场是日本出口商的目标。此外,据韩国称,日本出口商增加了生产量,并对生产设施进行了投资,同时也遇到了产能利用率低的问题,这使韩国得出了如果取消反倾销税,对韩国的出口将会增加的结论。但专家组认为韩国的审查结论是建立在价格是影响消费者购买的重要因素的基础上的,但2015年取消反倾销税后,日本不锈钢棒的价格仍然高于其他国家。韩国未能解释这两者之间的矛盾,即价格较高的产品为什么会导致进口量增加,因此专家组不支持韩国的抗辩。

日本认为韩国没有考虑两国产品结构的差异。韩国拒绝接受这种说法,认为不锈钢棒是一个类似产品的综合组,日本唯一可能增加的出口在特殊钢领域的说法与韩国官方海关数据也不符。而且日本出口商也从未提交这种等级划分的价格数据。专家组认为,日本没有确定价格水平与产品的不同分类之间存在可靠的关系。现有证据只能说明日本通用钢与其他来源的钢材处于不同的价格区间。因此,日本未能证明韩国在这一点上的行为不符合第11.3条。

韩国指出,倾销进口商品,特别是来自日本的进口商品的数量和市场份额在反倾销调查期间结束时有所增加,但仍保持在较低水平,而且远低于实施该措施之前的数量和市场份额。由于产能利用率相对较低,包括日本在内的三个被调查国家都有大量剩余产能。此外,出口生产商正在对生产设施进行额外投资。倾销进口产品的价格在取消反倾销税后必然会下降,并将对韩国国内价格造成进一步的价格压力。欧盟和美国等主要市场仍然通过对不锈钢棒的贸易救济措施受到保护。上述现象意味着如果取消反倾销税,韩国市场将具有吸引力。因此,取消反倾销税很可能会导致继续倾销和再次发生伤害。

KIA得出的"反倾销税取消后,日本产品价格降低"的结论是最终"损害可能性"裁决的中间结论,日本认为KIA将日本产品价格下降和最终损害可能性的认定联系起来是一种逻辑跳跃。日本产品无法在价格上与第三国竞争,从而就不会对韩国增加出口。KIA关于供应方的其余调查结果,即与生产能力、出口能力和其他国家的进口控制有关的调查结果,都不能支持损害可能性的结论。

专家组认为,KIA的错误包含在中间调查结果中,如果这一调查结果对最终结论非常重要,可能使最终的"损害可能性"裁决无效,最终结论的无效才会违反第11.3条。

韩国的最终结论是"一旦反倾销措施终止,倾销进口商品的价格下降和进口数量增加,极有可能再次对国内产业造成实质性损害",从中可以看出,"倾销进口商品价格下降"是核心,这一结论与韩国的中间调查结果“在反倾销措施终止时,预计倾销进口商品价格的急剧下降将导致对韩国的出口增加,削弱同类产品的价格竞争力”有关,而这一中间调查结果又借鉴了取消反倾销税后预计价格下降的分析。可以看出,韩国的中间调查结果对最终结论是非常重要的。因此,中间调查结果的错误使得最终的裁决无效,违反了第11.3条。

二、日本根据第11.3条就其他潜在损害因素提出的请求

日本称,KIA认为“反倾销税到期可能导致损害再次发生”,没有提到影响“可能再次发生损害”的其他三个因素,即从第三国大量低价进口、原材料成本、国内和出口市场需求疲软。

专家组认为,第三国低价进口产品的大量存在是韩国市场价格压力的一个重要来源,可能会阻止日本进口产品的增加,KIA没有考虑到这一点,因此违反了第11.3条。这已经在上文得到了充分解释,无须再进行讨论。

专家组认为,在没有任何相反的解释或证据的情况下,可以预期原材料成本和需求疲软也会以类似方式影响韩国国内同类产品。KIA承认这些是审查期间影响韩国国内产业的损害因素,但没有理由认为这些因素可能切断或削弱“解除反倾销税”与“损害再次发生的可能性”之间的联系。专家组确认,日本没能证明后两个因素如何切断或者削弱“解除反倾销税”与“损害再次发生的可能性”之间的联系。

三、日本根据第11.3条就产能利用问题提出的主张

日本认为KIA没有采用日本出口商提交的关于其生产能力的直接证据,而采用了国际不锈钢论坛的生产能力数据,这一行为不符合第11.3条的规定。韩国认为日本出口商的数字有缺陷,各出口商计算方法不同,而且拒绝提供可供核查的基本数据。相比之下,国际不

锈钢论坛信誉可靠,其数据是从其成员(包括日本出口商)、各国钢铁协会、海外市场调查机构、公开资料以及“行业基本知识”中收集的。

专家组聚焦了两个问题,第一个是国际不锈钢论坛数据的缺陷。第二个是日本出口商遵守了 KIA 最初提出的提供生产能力数据的要求,但被剥夺了随后对 KIA 进行答复的机会。对于第一个问题,日本认为,KIA 使用的国际不锈钢论坛的数据超出了“被调查产品”的范围,采用过于宽泛的数据得出的结果不可靠。专家组认为,第 11.3 条并没有提到确定出口商能力利用率的适当方法。因此,韩国采用更广泛的国际不锈钢论坛的数据并无不当。但是,KIA 没有将该范围的参数通知有关各方,没能让他们有机会根据这些参数发表意见或者指出提交数据是不恰当的,没能达到第 11.3 条在进行“审查”时要作出“适当程度的努力”的要求,对事实的评价也无法做到“公正客观”。对于第二个问题,首先,日本认为,2016 年 6 月 3 日,KIA 向日本出口商发出的初始调查问卷规定“产能数据应与被调查产品有关”,并未提到其他不锈钢产品。韩国提出,这份调查表不是 KIA 为了进行损害调查发出的,而是 KIA 倾销调查司发出的“倾销调查表”,两者是不同的程序。然而,KIA 损害调查司的官方日志将 2016 年 9 月 21 日的调查表描述为“额外补充”,这表明 2016 年 6 月 3 日的调查表是与损害程序相关的初步信息请求。因此,专家组对韩国的辩解不予认同,认为 2016 年 6 月 3 日的调查表包含评估损害可能性的目的。其次是 2016 年 9 月 21 日 KIA 在会议上对日本出口商的询问。日本出口商对问题的理解与其随后于 2016 年 11 月 7 日提交的联合答复内容相一致。然而,没有证据表明 KIA 后续对该材料进行了纠正或澄清。

根据 2016 年 9 月 21 日的会议记录以及调查的正式日志,专家组认为没有证据表明韩方向日本出口商表达了产品范围的重新界定,也不能表明日方理解错误。

专家组审查了相关证据。在 2016 年 11 月 24 日的听证会上,韩方询问的措辞不准确,似乎要求将“倾销进口”的相关数据与“排除产品”的数据区分开来。对于同月30日的电话询问的官方日志,韩国重点提到了“有能力”一词,表示KIA要求提供“所有”设施的数据。由于韩国的要求缺乏精确性,专家组表示不再继续解读该证据表面无法体现的不明含义。

如前所述,韩国似乎要求将“倾销进口”的数据与“排除产品”的数据区分开来,这符合2016年6月3日调查表中的做法,即把“被调查产品”作为所要求数据的基础。因此,从现有证据无法看出韩国感兴趣的数据已经扩大到“被调查产品”范围之外,也不能证明其曾经对日本出口商的数据表示异议。

专家组经过对韩国中期报告的审查,认为KIA的中期报告没有向日本出口商充分传达其使用的数据和材料,因此没能让日方有机会对此作出回应。

韩国称,不论日本出口商提交的材料有何问题,现在的问题是采用国际不锈钢论坛的数据是否合理。韩国认为该数据包含日的宏观数据,客观上更适合韩国进行调查。日本认为国际不锈钢论坛的数据不具有针对性,因此不可靠。专家组认为韩国的说法没有说服力,因为将两组数据进行区分不符合KIA对自己调查方法的描述。

专家组认为,2016年6月3日的调查表是韩国最初要求日本出口商提供的产能和能力利用数据的信息,明确表明范围限于“被调查产品”。而最终,韩国倾向于选择一个更广泛的产品范围以确定日本总体生产能力,并称在审查过程中要求日本答复者提供不限于被调查产品的产品数据。但由于现有证据无法证明,因此,专家组没有采信韩国的说法。

专家组指出,首先,韩国指出,尽管日本出口商对其生产能力数据的产品范围、计算产能利用率的方法、相关数据计算方法的描述有所不同,但仍不断提交相同的数据。日本称数据差异均为无心之失,在这期间韩国从未对这些轻微错误提出异议。专家组认可日本的说法,认为这些错误不足以破坏日本出口商数据的可信度,导致韩国得出这些材料的总体可靠性受到损害而没有进一步审议的必要。韩国调查部门有义务通知日本出口商数据的缺陷。韩国因为这一原因拒绝与日本出口商磋商,根据这一点质疑日本出口商提交数据的可靠性,没能做到公正客观。

韩国认为,日本答辩人在向韩国当局提交的几乎每一份材料中都犯了错误,这表明这些错误并非无心之失,而是日方参与日落复审并非出于善意的表现。专家组认为,如果有日方通过操纵或者伪造数据、故意错误描述数据或者滥用调查等方式主观恶意的证据,不排除韩国当局因此作出不利的推断。专家组认可这种"公然不诚信参与"和恶意行为的证据可以使韩国当局减弱与对方的联系。专家组经过审查发现,韩国指控的唯一证据是日本出口商提交的材料中含有不准确、不一致甚至错误的内容。但日本已经作出了解释并且被专家组采信,无法看出日本是在恶意参与复审。此外,韩国还依据美国国际贸易委员会的日落复审来支持其说法。但美国接受了日本出口商提出且被韩国忽视的重要方面,认为日本不锈钢棒行业越来越重视国内业务,没有动力出口。专家组认为韩国没能证明日本出口商在相关审查中存在恶意行为,也没有证明日本在 WTO 程序中存在恶意行为。韩国调查部门因为提交的数据不符,拒绝了日本出口商的数据,但并未告知其修正。因此,KIA 在审查时未能做到适当谨慎。

日本声称,KIA 的行为不符合第 6.8 条和第 11.4 条以及附件二第 3 段和第 7 段的规定,因为它错误地利用"可得事实"来确定日本出口商的生产和出口能力。韩国提出,日本出口商的生产能力数据不是第 6.8 条规定的"必要信息"。韩国寻求的是日本全国范围内的数据(而不是特定出口商的数据),而且第 11.3 条也没有任何内容表明生产能力数据在日落审查中是必要的。

专家组认为,"必要信息"指的是由相关利益方掌握但在记录中缺失的,因此被有关部门要求提供,且是有关部门需要依此作出裁决的信息。除了第 6.8 条的内容外,《反倾销协定》没有明确"必要信息"的含义,需要根据有关部门进行评估的性质和特定调查的情况来确定。在本案中,专家组认为根据KIA评估损害可能性所采用的方法,关于"能力利用"的信息是必要信息。

双方对日落复审中确定产能利用率的"必要信息"的性质和来源有争议。专家组了解到,韩国确定产能利用率的方法,最初是以"被调查产品"的生产能力数据为分母。韩国发出调查表是反倾销调查的关键环节。KIA指出,如果不按要求提交调查表,韩国将会利用可得事实进行确认。专家组认为,根据韩国函件的内容,它在这方面的评论涉及调查表中要求的一般资料,而不仅仅是倾销幅度的确定。专家组回顾了早先的结论,即调查表并不限于倾销的调查,还包括韩国为调查损害而提出的关于产能数据的初步信息要求。记录中缺少的内容,以及要求日本出口商提供的内容,是关于被调查产品的产能数据。据专家组了解,在复审过程中,KIA确定产能利用所需要的信息是有所调整的。《反倾销协定》并未禁止有关部门调整其审查期间的"必要信息"的参数或方法。但是,如果利害关系方因没有被告知新的参数或方法而没有提供相关信息,就不能说它"拒绝提供必要的信息"。

韩国辩称,KIA已经掌握了国际不锈钢论坛的日本全国产能数据,记录中并不缺少关于日本产能的信息,因此其不构成第6.8条规定的"必要信息"。专家组没有认可韩国的说法,审查过程中,KIA最开始是以被调查产品的范围为基础的,如果日本没有提供被调查产品的数据,则会导致对可得事实的利用。后来韩国选择了国际不锈钢论坛的数据,这一数据涉及更广泛的范围,不限于被调查产品。虽然韩国向日本出口商发出最初的调查表时,记录中已经存在国际不锈钢论坛的数据,但以韩国最开始的调查方法而言,这一数据并不能证明相关信息已经在记录中,也不能证明其不构成第6.8条意义上的"必要信息"。

韩国称,特定生产者的数据不可能是"必要信息",因为在确定损害可能性的情况下,有关部门针对出口国整体的过剩生产和出口能力进行审查。专家组认为,对全国范围的数据和特定出口商的数据进行这样的区分是不相关的。KIA 所依据的国际不锈钢论坛的数据是对特定公司数据的汇总,而日本出口商占据一定比例。日本出口商和申请者在审查期间提交的数据是基于以下假设:参加审查的 3 个日本出口商构成了有关产能的绝大多数。而且,KTC 的一位委员在日落审查的公开听证会上称,3 个参与的日本出口商提供的“产能和能力利用数据”是“必要的”。如果没有 3 个参与的日本出口商的产能数据,韩国不可能得出全日本的产能利用率。因此,在本案中,这些出口商的数据构成第 6. 8 条规定的“必要信息”。

日本进一步称,没有任何迹象表明全国范围的数据是 KIA 向日本出口商要求的“必要信息”。专家组注意到,KIA 最初发出的调查表要求提供各自公司的产能数据,在日本出口商作出初步答复后,KIA 继续就其产能问题与其接触。这一程序表明,KIA 认为日本出口商的产能数据对得出全日本的产能利用率至关重要。韩国审查日本出口商的数据,发现数据不足后又采用了国际不锈钢论坛的数据。这说明调查的起点并非国际不锈钢论坛的数据,而是日本出口商提供的数据。因此,专家组认为,日本出口商的产能数据构成第 6. 8 条的“必要信息”。在审查过程中,韩国调查部门的首选参数或者方法发生了变化,但没有对日本出口商尽到合理通知义务,因此不能说日本拒绝提供必要信息。

专家组接着审查了韩国调查部门是否就第 6. 8 条的“必要信息”利用了“可得事实”。韩国称,韩国调查部门明确援引了第 6. 8 条及其国内立法规定的“可得事实”。日本认为,韩国调查部门不能简单地通过不明确宣布他们实际上依靠的是可得事实而规避关于使用可得事实的规则。专家组认为,KIA 因日本出口商不合作而拒绝其提供的数据,实际上是利用了“可得事实”。那么,日本是否证明了韩国利用日本出口商产能数据的“可得事实”不符合第 6. 8 条?根据第 6. 8 条,只有在“任何利害关系方不允许使用或不在合理时间内提供必要的信息或严重妨碍调查”的情况下,才允许调查当局使用可得事实。专家组确认,由于 KIA 没有将其更新的“必要信息”参数充分通知日本出口商,不能说日本出口商"没有提供或以其他方式拒绝提供必要信息"。因此,韩国的行为不符合第6.8条的规定。

四、保密性:日本根据第6.5条提出的请求

1. KIA在申请人未提出充分理由的情况下实施保密措施是否有误

日本称,在文件中的102个具体事例中,KIA在申请人没有提出"正当理由"的情况下将信息作为机密处理,该行为不符合第6.5条和第11.4条。

第11.4条规定,第6条关于证据和程序的规定适用于日落复审。在这方面,双方都同意根据第11.4条,第6.5条的规定也适用于第11.3条规定的日落审查。

根据第6.5条的规定,任何属机密性质的信息(如由于信息的披露会给予一竞争者巨大的竞争优势,或由于信息的披露会给信息提供者或给向信息获得者提供信息的人带来严重不利影响),或由调查参加方在保密基础上提供的信息,主管机关应在一方说明正当理由后,按机密信息处理。此类信息未经提供方特别允许不得披露。这一规定区分了两类信息:一类是"性质"上属于机密的信息,另一类是"在保密基础上提供的"信息。

韩国的反倾销调查程序的惯例是,提交经编辑的材料,"默示"表明经编辑的材料属于韩国《海关法执行条例》规定的某些类别的机密信息,视为提出了正当理由。这些机密类别是:(1)生产成本;(2)未公开的会计材料;(3)贸易伙伴的名称、地址和贸易量;(4)涉及机密信息提供者的事项。韩国认为,提交给韩国调查部门的经编辑的文件"隐含地声称被删除的信息属于"韩国《海关法执行条例》规定的上述机密信息。韩国的调查人员会对这些文件进行检查,以确认经编辑的信息属于韩国《海关法执行条例》规定的机密信息。

日本认为,要求保密处理的一方必须提供证明这种处理合理的

正当理由,但提交的材料没有任何一项明确提到对经编辑的信息进行保密处理的正当理由。第 6.5 条并没有具体规定该如何确定“正当理由”。专家组认为,在韩国《海关法执行条例》中规定,通过提交经编辑的文件默示有“正当理由”,并未与第 6.5 条不一致。某些类型的信息可能不言而喻就属于韩国《海关法执行条例》中的某一类别,披露该信息会导致商业损害。对于这类信息,“默示声明”就足够了。

日本认为,提交方没有明确表明信息属于哪一类别,也没有补充说明为何应将此类信息视为机密的正当理由,这与第 6.5 条不符。日本观点的前提是,提交方必须在提交时明确说明对某一信息进行保密处理的理由,否则就违反了第 6.5 条。专家组认为,日本对第 6.5 条的理解有误。如前所述,第 6.5 条的规定并没有排除在韩国《海关法执行条例》和韩国调查部门制度的范围内通过提交经编辑的文件默示“正当理由”。由于日本对于第 6.5 条的理解有误,专家组认为日本未能证明韩国在申请人未说明正当理由的情况下,将申请人所提交的经编辑的文件进行保密处理不符合第 6.5 条的规定。

2. KIA 是否未明确说明实施保密措施的“依据”

日本认为 KIA 没有具体说明实施保密处理的依据。韩国认为第 6.5 条只要求主管机关“确信”是否有正当理由即可。专家组对韩国这一观点的理解是,韩国认为只要韩国官方已经检查了文件中经编辑的信息是否属于韩国《海关法执行条例》的类别,即履行了第 6.5 条的正当理由要求。

专家组认为,第 6.5 条并未要求主管机关在任何情况下都要提供报告或者其他书面证据表明其对正当理由的评估。在某一案件中是否有正当理由必须根据该案的事实确定。因此,韩国内务部没有证明其对正当理由的评估,这只是确定日本是否能够证明韩国调查部门未能确保“显示出正当理由”,以及韩国是否有效地反驳了这一情况时,必须考虑到的事实。但是,专家组对韩国的观点也不予认同。如果韩国当局只需要“确信”有正当理由,那么专家组也就没有必要客观地评估第6.5条是否得到了遵守。

首先,日本指出了一些已经公开的信息,因此这些信息不可能是“性质上”需要保密的。韩国称这些信息是韩国贸易协会提供的商业信息,披露这些信息将会对其产生重大不利影响。专家组认为,虽然这些信息只有某些群体通过商业途径才能获得,但韩国并未表明其他群体无法通过购买等途径获取到这些信息。其次,日本指出有些信息没有披露源材料。如果没有源材料,韩国就无法核实这一信息是否需要公开,也就无法确定是否有正当理由对这些信息进行保密。专家组认同这一点,韩国无法证明在不了解信息来源的情况下将其做保密处理是有“正当理由”的。最后,韩国承认有更多材料已经公开,但后来声称“公开”是在“日本不锈钢协会”成员等相关公众可以获得或付费的意义上来说的。专家组认为,韩国明确承认某些文件是公开信息,后来又试图澄清“公开”的含义,但不完整,没有证据支持。

专家组还注意到,关于其中的一条受保护的信息,韩国认为,由于日本出口商没有提出披露的请求,因此韩国调查部门不需要披露。这表明,韩国认为可以推定一些信息为机密信息而进行保护,除非有关方面提出明确质疑或者要求披露。这种做法在第6.5条中没有任何依据。专家组认为,其审查的出发点是假定韩国真诚地遵守和执行了其国内关于处理机密信息的法律,然而,在本案中韩国的处理明显存在一系列不足之处。因此,韩国的理由无法反驳日本的有关要求。据此,专家组认为韩国对文件中的102个项目实施保密处理的行为不符合第6.5条的规定。

日本根据第6.5条提出的请求与根据第11.4条提出的请求是一致的,因为第11.4条提供了第6.5条适用于日落审查的法律依据。专家组认为,鉴于对第6.5条的调查结论,韩国的行为也不符合第11.4条。

美国:橄榄反倾销反补贴税
(WT/DS577)

2019 年 1 月 29 日,欧盟提出就美国对橄榄的反倾销税进行磋商。欧盟认为美国的措施违反了《反倾销协定》的相关条款。2019 年 5 月 17 日,欧盟请求成立专家组,6 月 24 日,DSB 决定成立专家组。澳大利亚、巴西、加拿大、中国、印度、日本、墨西哥、俄罗斯、沙特、瑞士和土耳其要求保留作为第三方介入的权利。2019 年 10 月 18 日,专家组组成。到 2021 年年底,专家组仍在工作。

摩洛哥:对突尼斯练习簿的反倾销措施(WT/DS578)

申诉方(被上诉方):突尼斯

被申诉方(上诉方):摩洛哥

第三方(第三参与方):巴西、加拿大、中国、欧盟、日本、马达加斯加、俄罗斯、美国

2019年2月21日,突尼斯提出就摩洛哥对其练习簿采取的反倾销措施与其磋商。由于磋商未果,应突尼斯的请求DSB于2019年10月28日成立专家组,2020年3月9日专家组经总干事指定组成,2021年7月27日专家组报告发布。8月4日,摩洛哥提出上诉。因上诉机构僵局,至2021年年底,本案仍处于上诉阶段。但双方都在积极寻求双边谈判解决纠纷。

本案涉及摩洛哥工业投资贸易和数据经济部(Ministry of Industry, Investment, Trade and the Digital Economy of Morocco, MIICEN)2018年11月5日发布的反倾销最终报告,决定自2019年1月14日起对突尼斯进口的练习簿征收15.69%～27.71%的反倾销税。突尼斯认为摩洛哥的反倾销调查及措施违反了《反倾销协定》第2条[①]的相关条款。

---

① 除特别注明外,本案中所说条款均指《反倾销协定》的条款。

【专家组的分析和结论】

一、摩洛哥确定倾销的做法是否违反第 2.1 条和第 2.2 条

1. 关于正常价值的计算

第 2.2 条规定:“如在出口国国内市场的正常贸易过程中,不存在该同类产品的销售,或由于出口国国内市场的特殊情况或销售量较低,不允许对此类销售进行适当比较,则倾销幅度应通过比较同类产品出口至一适当第三国的可比价格确定,只要该价格具有代表性,或通过比较原产国的生产成本加合理金额的管理、销售和一般费用及利润确定。”也就是说,在特殊情况下,调查机构可以通过计算来“构造”正常价值。

突尼斯提出,摩洛哥在计算某些型号产品正常价值时,将一些与利润无关的成本包括在内,对利润的计算不符合第 2.2.1.1 条。突尼斯有两家受调查企业。在调查中,MIICEN 对一家企业使用了其填报的未经调整的销售单价和生产成本,二者相减得出了利润幅度,突尼斯认为其中一些数据与利润无关,比如税收、信贷成本、折扣和国内运输等。另一家企业申报了每笔交易的数量和价值,以及经过调整的、包括销售费用的单价,这家公司称生产成本包括了管理成本和财务成本,其数据还包括分别列明的分销成本和市场营销成本。摩洛哥对事实没有异议,甚至承认其计算的利润幅度大于生产成本与出厂价的差额。但摩洛哥称它没有使用受调查企业提交的数据,因为其没有按要求的格式提交,容易造成混乱。专家组指出,企业填报中的错误或模糊不能免除调查机构确保其调查结果所依据的信息准确性的义务,也不能免除调查机构按照第 2.2 条确定正常价值的义务。调查机构的义务不仅在于收集数据,而且要正确地在这些数据的基础上确定利润。MIICEN 没有做到这一点。

MIICEN 在计算利润时,剔除了带页码和带水印的产品售价和

生产成本,理由是这些产品被禁止出口。突尼斯指出,这些产品包括在受调查产品中,而且摩洛哥也没有证明这些产品是亏损销售,摩洛哥的做法不符合第 2.2 条。专家组指出,第 2.2 条规定了调查机构确定正常价值时计算结构价格的基础是:同类产品在正常贸易过程中国内生产和销售的实际数据。摩洛哥指出,第 2.2 条所规定的“实际数据”并不是指所有产品的销售数据,而仅指受调查产品和同类产品的数据。专家组赞成摩洛哥的这个观点。然而摩洛哥排除部分产品的理由并不是因为这些产品不是处于正常贸易,而是认为它们受到了出口禁令,相当于得到政府补贴。专家组指出,从调查记录中无法看出,摩洛哥也没有证明,在不排除这些数据基础上所计算出的利润无法得出正常价值以用于正确比较。专家组认为,排除这些产品的数据计算出的利润不是基于“生产和销售的实际数据”。

摩洛哥在计算正常价值时包括了销售费用(国内运输和港口费用),突尼斯认为这些费用并没有包含在第 2.2 条列举的项目里,摩洛哥的做法违反了第 2.2 条。双方都承认,第 2.2 条没有明确描述正常价值包括的每一个项目。突尼斯认为,如果摩洛哥以出厂价作为基础,就不应当包括国内销售费用和港口费。摩洛哥指出,如果是在受调查企业提供的数据上计算发生错误,调查机构不应为此负责。专家组没有接受摩洛哥的抗辩。突尼斯企业将生产成本与销售费用分开填报,就算企业填报错误,也不能免除调查机构确保利害关系方提供的信息之准确性的义务。专家组确认,突尼斯证明了摩洛哥计算的正常价值并不是第 2.2 条所称的正确的正常价值。

2. 关于比较

突尼斯指出,MIICEN 在比较的时候没有将授权许可作为影响价格的因素纳入,违反第 2.4 条和第 12.2 条。第 2.4 条规定:“对出口价格和正常价值应进行公平比较。此比较应在相同贸易水平上进行,通常在出厂前的水平上进行,且应尽可能针对在相同时间进行的销售。应根据每一案件的具体情况适当考虑影响价格可比性的差异,包括在销售条件和条款、税收、贸易水平、数量、物理特征方面的差异,以及其他能够证明影响价格可比性的差异。……如在这种情况下,价格的可比性已经受到影响,则主管机关应在与推定的出口价格相同的贸易水平上确定正常的价值,或应根据本款进行适当减免。主管机关应向所涉各方指明为保证进行公平比较所必需的信息,并不得对这些当事方强加不合理的举证责任。”专家组指出,根据第2.4条,双方都负有一定的举证责任,保证公平比较是调查机构的责任,而确保公平比较的过程像是一场对话。专家组要分析调查机构是否向受调查企业指明其所需要的信息,受调查企业有没有提出授权许可影响价格可比性的问题。经过对证据的审查,专家组确认,MIICEN 确实提出了其需要的信息,而受调查企业始终未能证明授权许可如何影响价格可比性。据此,专家组不支持突尼斯的这一诉请。

突尼斯认为摩洛哥的报告没有很好地解释其关于成本和价格影响的决定,违反了第12.2.2条。第12.2.2条规定:在采取反倾销措施的情况下,“关于结束或终止调查的公告应包含或通过一份单独报告提供导致实施最终措施或接受价格承诺的所有有关的事实问题和法律问题及理由,同时应适当考虑保护机密信息的要求,特别是公告或报告应包含第2.1条所述的信息,以及接受或拒绝出口商和进口商所提有关论据或请求事实的理由,及根据第6.10.2条作出的任何决定的理由”。摩洛哥提出,第12.2.2条只要求调查机构在其报告中分析相关论点,突尼斯没有提出任何抗辩的观点,因此其无须解释。专家组仔细审查了摩洛哥的最终报告,认为其相互矛盾的说法使受调查方无法了解调查机构拒绝调整的理由,因此,摩洛哥的做法不符合第12.2.2条。

突尼斯提出,在计算倾销幅度时,MIICEN 错误地将总倾销额作为分子,总出口额作为分母,这样的错误导致了以数量单位(摩洛哥市场销售量的百分比)表示,而不是以货币单位(出口价格的百分比)表示的“倾销幅度”,这与倾销幅度的本质相悖,增大了倾销幅度,违反第2.1条和第2.4条。专家组审查了摩洛哥计算的过程,发现 MIICEN 对每个练习簿型号的正常价值和出口价格进行了比较,并在此过程中得出了每个型号的倾销金额,然后以出口价格的百分比表示,MIICEN 随后对每个型号的出口额乘以每个型号的倾销百分比,并将这一结果作为每个型号的“倾销额”。然而,这个结果并不代表每个型号的倾销价值,而只是每个型号出口的一部分。因此,这些“倾销额”的总和实际上只是一个分量的总和,所以摩洛哥的计算是错误的。专家组又指出,“公平比较”的义务也适用于对公平价值和出口价格的比较。专家组确认,MIICEN 所使用的计算方法无法正确表达倾销,无法产生一个正确反映每个生产商/出口商的倾销幅度的结果,也就无法确保公平比较。因此,MIICEN 使用错误公式,违反了第 2.4 条中的公平比较义务。但是,突尼斯关于第 2.1 条的诉请所提交的证据和论点与其关于第 2.4 条的诉请相同。专家组认为,突尼斯无法证明正确比较也是第 2.1 条的义务,据此专家组确认突尼斯未能证明摩洛哥违反了第 2.1 条的义务。

二、突尼斯关于确定损害的诉请

1. 进口对国内产品价格的影响

突尼斯认为 MIICEN 不客观且错误地分析进口对国内产品价格影响,违反了第 3.1 条和第 3.2 条。第 3.1 条要求:对损害的确定应依据肯定性证据,并应客观审查倾销进口产品的数量和倾销进口产品对国内市场同类产品价格的影响,以及这些进口产品对此类产品国内生产者的影响。MIICEN 把摩洛哥生产商上报的价格与突尼斯进口练习簿价格相比,没有发现削价现象,但 MIICEN 说摩洛哥生产商报的价格不能盈利,因此就构建了一个目标销售价格,加上 15% ～25% 的利润,然后确定了削价影响。摩洛哥争辩说,第 2.2 条[①]提到

① 第 2.2 条规定了可以不适用实际价格的情况,其中包括“同类商品以低于单位生产成本加管理、销售和一般费用的价格在出口国国内生产销售或对第三国的销售”。

了“有利润的价格和无利润的价格”①,其并没有要求使用实际价格。专家组指出,第2条规定了在哪些情况下可以不考虑国内销售价格,这些规定是在确定倾销的语境下,不能直接适用于确定损害时的价格影响。摩洛哥的这一做法不符合第3.2条。

突尼斯指出,在分析是否存在严重的价格抑制时,摩洛哥使用了扭曲的事实基础,且没有解释在进口产品价格上涨的情况下,为什么摩洛哥生产的练习簿的价格下降。报告指出,摩洛哥生产的练习簿售价始终处于低水平,无法上涨到令人满意的水平,按指数计算,以2010年售价指数为100,2017年前4个月价格指数降到了94,MIICEN将其归咎于进口产品的压力。专家组发现,摩洛哥采用了一年里部分时段的数据,如果观察整年的数据就会发现不同,比如2016年前4个月的价格指数是93,而全年的价格指数是98.5。专家组认为应该审查4年时间里完整的价格变化趋势,4年时间价格指数下降了1.69%,而摩洛哥采取了两端比较的方法,得出结论认为价格抑制的影响重大,却没有解释为什么采用这种方法。这样的做法显然是不客观的。从2014年到2017年前4个月,进口练习簿的价格始终高于摩洛哥产品;从2013年至2017年,进口练习簿价格逐年上涨,而摩洛哥国内产品价格下降,MIICEN没有对自己的结论给予任何解释。MIICEN的做法不符合第3.1条和第3.2条。

2.进口数量的影响

突尼斯指出,MIICEN没有客观分析进口数量与国内产品以及销售之间的相对关系,违反了第3.1条和第3.2条。考虑到第3.1条和第3.2条之间的紧密关系,既然有了上述结论,专家组认为,没有必要对突尼斯的这一诉请作出结论。

突尼斯指出,MIICEN忽略了某些因素的积极方面;它依据2017年1~4月的数据得出了不利结论,而忽略了2013年到2016年产业向好趋势;调查机构没有客观审查国内产业负盈利率的问题。这些

---

① 此处为摩洛哥的解读。

做法都违反了第3.1条和第3.4条。第3.4条规定:“关于倾销进口产品对国内产业影响的审查,应包括对影响产业状况的所有有关经济因素和指标的评估,包括……该清单不是穷竭性的,这些因素中的一个或多个均未必能够给予决定性的指导。”该条款列出了15个必须审查的因素。专家组指出,此前多个专家组和上诉机构都曾经指出,分析第3.4条列举的因素并不要求每一个因素都呈现负面趋势。

专家组注意到,从销售量和国内产品的市场份额看,2013年至2016年呈现上升趋势:以2013年为指数100,2016年销售量指数为122,市场份额指数为103;然而2016年1～4月,销售量指数是27,市场份额指数是68,2017年1～4月这两个指数分别为18和35。可见调查机关完全依据2016年和2017年1月至4月的数据得出结论,如果用这两年的全年数据,情形就完全不同。专家组认为,给予4个月的数据决定性偏重,而不考虑这些数据是否具有代表性,影响了其审查的客观性。在审查国内同类产品产量和盈利率的问题上,MIICEN采用同样的做法,比较特定时段的数据而没有分析其是否具有代表性。专家组认为摩洛哥的做法不符合第3.1条和第3.4条关于客观审查的义务。

三、摩洛哥关于因果关系的结论是否违反第3.1条和第3.5条

突尼斯指出,摩洛哥基于其关于国内产业状况的错误结论确认了倾销与损害的因果关系,没有考虑竞争对国内产业的影响,违反了第3.1条和第3.5条。

第3.5条规定:“必须证明通过按第2款和第4款所列的影响,倾销进口产品正在造成属本协定范围内的损害。证明倾销进口产品与对国内产业损害之间存在因果关系,应以审查主管机关得到的所有有关证据为依据。……”专家组指出,因果关系是递进型的分析,

上诉机构在韩国气动阀案(WT/DS504)中指出:“如果专家组确认调查机构的数量、价格和影响分析与第3.2条和第3.4条规定的义务不一致,这种不一致可能会破坏调查机构的总体因果关系确定,并因此导致与第3.5条的不一致。”在前面的分析中,专家组已经确认MIICEN的多个做法违反了《反倾销协定》相关条款,这些结论导致专家组确认,摩洛哥关于因果关系的结论也违反了第3.5条。但是专家组认为,突尼斯未能证明国内竞争是倾销之外造成摩洛哥国内产业损害的因素。

四、突尼斯关于发起调查的诉请

突尼斯提出,摩洛哥生产商要求发起调查的证据有问题,特别是在出口价格和正常价值方面,MIICEN依据有缺陷的证据决定发起调查,违反了第5.3条。第5.3条规定:“主管机关应审查申请中提供的证据的准确性和充分性,以确定是否有足够的证据证明发起调查是正当的。”突尼斯认为,MIICEN没有审查相关证据的代表性。关于产品价格,摩洛哥申请人只提供了涉及个别产品型号的一张发票。摩洛哥则提出,在发起调查之前,无须掌握发起调查和作出决定的证据量;第5.2条只要求提供合理可得的证据。专家组注意到,在MIICEN的报告中,并没有对证据的分析。有关产品在相关时期的销售发票通常具有很高的证明价值,然而,如果没有一些佐证,一张发票不足以证明有关产品的出口价格;如果不与其他“出口价格信息”进行交叉审查,主管部门就无法确保这种信息的准确性和充分性。本案中无论是调查记录,还是摩洛哥提供的论据,都无法让专家组确信申请人提交的发票既相关又有足够的证明力,或者调查当局试图通过与突尼斯练习簿的其他出口价格信息进行交叉核对来验证该证据的相关性。据此,专家组确认突尼斯证明了MIICEN未对证据的充分性和准确性进行审查,这一做法不符合第5.3条。

在审查涉及正常价值的证据时,涉及零售价格的证据是超市销售目录上的价格。突尼斯认为这些销售目录只显示了一部分型号的价格,申请人也没有解释这些价格是否具有代表性。调查机构直接接受了这些价格,同时调查机构又作出了一些调整,扣除了增值税、销售利润、国内运输以及特许权使用费,这些扣除项目的数据也是申请人提供的,MIICEN 没有审查。专家组审查了证据,确认 MIICEN 使用的价格数据是真实的。然而,这种有限的零售价格样本,如果没有一些佐证,就不足以证实有关产品的正常价值。如果不与其他"关于正常价值的信息"进行交叉检查,主管部门就无法确保这种信息的准确性和充分性。在本案中,发起调查的公报并没有提到证实正常价值的其他信息:只有从网页中提取的数据。没有证据表明 MIICEN 进行过验证或核实。MIICEN 的做法违反了第 5.3 条。

突尼斯要求专家组确认摩洛哥的做法与第 5.2 条、第 5.3 条和第 5.8 条不一致,如果专家组认为它可以通过确认其中的一条来解决其诉请,突尼斯不反对专家组对有关的其他诉请行使司法节制。

在本案分析过程中,专家组认为:第 5.2 条确定了国内产业应当提交的申请内容,而并没有直接为调查机构设定义务;由于证据不足以启动调查而确认调查机构违反了第 5.3 条,但不应自动导致确认违反第 5.8 条。据此,专家组得出结论,突尼斯未能证明摩洛哥启动调查违反第 5.2 条和第 5.8 条。

美国:碳钢反倾销税
（WT/DS586）

2019年7月5日,俄罗斯要求就美国对碳钢的反倾销措施与其磋商。俄罗斯指出,美国的措施不符合《反倾销协定》的义务。到2021年年底,双方仍在磋商。

哥伦比亚:冷冻薯条反倾销税
(WT/DS591)

2019年11月15日,欧盟提出就哥伦比亚对冷冻薯条的反倾销税进行磋商。欧盟认为哥伦比亚的措施违反了《反倾销协定》的相关条款。2020年2月17日,欧盟请求成立专家组,6月29日,DSB决定成立专家组。日本、印度、美国、中国、土耳其、俄罗斯、洪都拉斯、巴西要求保留作为第三方介入的权利。2020年8月29日,专家组组成。到2021年年底,专家组仍在工作。

巴西:对 PET 膜和其他产品的进口措施
(WT/DS596)

2020 年 7 月 10 日,秘鲁要求就巴西对 PET 膜等产品的反倾销措施与其磋商。秘鲁指出,巴西的措施不符合《反倾销协定》的相关条款。到 2021 年年底,双方仍在磋商。

中国:大麦反倾销税
(WT/DS598)

2020年12月16日,澳大利亚要求就中国对大麦的反倾销税与其磋商。澳大利亚指出,中国的措施不符合《反倾销协定》的相关条款。由于双方磋商未果,应澳大利亚的请求,DSB于2021年5月28日成立专家组。加拿大、欧盟、美国、印度、俄罗斯、新加坡、挪威、英国、日本、新西兰、巴西和乌克兰要求保留作为第三方介入的权利。2021年9月3日,专家组经总干事指定组成。至2021年年底,专家组仍在工作。

中国:不锈钢产品反倾销措施
(WT/DS601)

2021 年 6 月 1 日,日本要求就中国不锈钢产品的反倾销措施与其磋商。日本指出中国的措施违反了《反倾销协定》的义务。由于双方磋商未果,应日本的请求,DSB 于 2021 年 9 月 27 日成立专家组。巴西、加拿大、澳大利亚、韩国、美国、俄罗斯、越南、欧盟、沙特和印度要求保留作为第三方介入的权利。至 2021 年年底,专家组仍未组成。

中国:葡萄酒反倾销反补贴税
(WT/DS602)

2021年6月22日,澳大利亚要求就中国对其出口的葡萄酒反倾销反补贴税进行磋商。澳大利亚指出中国的措施违反了《反倾销协定》相关条款的义务。由于双方磋商未果,应澳大利亚的请求,DSB于2021年10月26日成立专家组。加拿大、日本、巴西、英国、乌克兰、土耳其、中国台北、新西兰、挪威、瑞士、印度、新加坡、俄罗斯、欧盟和越南要求保留作为第三方介入的权利。至2021年年底,专家组仍未组成。

澳大利亚:不锈钢反倾销反补贴措施
（WT/DS603）

2021 年 6 月 22 日,中国要求就澳大利亚对其出口的不锈钢反倾销反补贴税进行磋商。中国指出澳大利亚的措施违反了《反倾销协定》相关条款的义务。到 2021 年年底,双方仍在磋商。

多米尼加:波纹钢筋反倾销措施

(WT/DS605)

2021年7月23日,哥斯达黎加要求就多米尼加对波纹钢筋的反倾销措施与其磋商。哥斯达黎加指出多米尼加的措施违反了《反倾销协定》的相关义务。由于双方磋商未果,应哥斯达黎加的请求,DSB于2021年12月20日成立专家组。欧盟、俄罗斯、美国、加拿大、日本和中国要求保留作为第三方介入的权利。至2021年年底,专家组仍未组成。

欧盟:对单乙二醇的临时反倾销措施
(WT/DS606)

2021 年 8 月 17 日,沙特要求就欧盟对单乙二醇的临时反倾销措施与其磋商。沙特指出欧盟的措施违反了《反倾销协定》的相关义务。到 2021 年年底,双方仍在磋商。

………《SCM 协定》

美国:超级压光纸反补贴措施
(WT/DS505)*

申诉方(被上诉方):加拿大

被申诉方(上诉方):美国

第三方(第三参与方):巴西、中国、欧盟、印度、日本、韩国、墨西哥、土耳其

2016年3月30日,加拿大提出申诉,要求与美国就其对加拿大超级压光纸采取的反补贴措施进行磋商。由于磋商未果,2016年7月21日,DSB应加拿大请求成立专家组。2016年8月31日,总干事指定组成了专家组。专家组报告于2018年7月5日公布。2018年8月27日,美国提出上诉,上诉机构报告于2020年2月6日公布。同年3月5日,DSB通过了上诉机构和专家组报告。

本案涉及美国对从加拿大进口的超级压光纸征收的反补贴税,以及美国调查过程中适用可得不利事实的"持续行为"。USDOC根据2015年和2016年的多个行政命令,对加拿大超级压光纸征收反补贴税。加拿大认为美国的措施违反了GATT及《SCM协定》的相关规定。

---

* 本案初稿由华东政法大学国际法研究生颜晓缘撰写。

【专家组的分析和结论】

一、关于USDOC对纸业公司PHP征收反补贴税的决定

(一)NSPI对PHP的电力提供是否构成补贴

新斯科舍省政府所有的电力公司于1992年私有化,成立新斯科舍省电力公司(Nova Scotia Power Incorporated,NSPI),为该省提供大部分电力,并由该省公共事业和审查委员会(Nova Scotia Utility and Review Board,NSURB)对其电力销售进行管理监督。NSPI提供电力的费率基于服务成本确定,并维持着两种费率:一是基于费率设计方法计算的“线上”费率;二是基于成本公式计算的“线下”费率。此外,经NSURB批准,NSPI还可与经济困难的最大客户就个别线下费率进行谈判给予更优惠费率,即“负荷保留费率”(Load Retention Rate,LRR)。

霍克斯伯里港纸业有限公司(Port Hawkesbury Paper LP,PHP)原为纽伯格霍克斯伯里港公司(NewPage Port Hawkesbury Corporation,NewPage PH),后NewPage PH破产被西太平洋商业公司(Pacific West Commercial Corporation,PWCC)收购,变更为PHP。在收购NewPage PH期间,PWCC与NSPI就LRR展开了长期的谈判。在收购成功后,NSPI批准了该LRR,并将该费率适用于PHP,向其提供电力。

1. 新斯科舍省《公共事业法》第52节是否构成政府对NSPI提供电力的委托或指示

根据第1.1条①下“补贴”的定义,要构成补贴,必须存在“财政资助”(financial contribution),例如政府提供除一般基础设施外的货物或服务(如电力)。本案中,向PHP提供电力的并非新斯科舍省政

① 除特别注明外,本案中所说的条款均指《SCM协定》的条款。

府,而是私营机构 NSPI。但是,如果 NSPI 向 PHP 提供电力的行为系受政府"委托或指示",该电力提供同样可以构成第 1.1 条定义下的财政资助。

"委托"(entrustment)是指政府对私营机构的授权;"指示"(direction)则是政府对私营机构的命令。在两种情形下,私营机构的行为可归因于政府,从而构成财政资助。无论是委托还是指示,都需要政府的直接或间接参与,且政府与私营机构的行为之间必须有明显联系。委托或指示不可能是无意的或仅仅是政府监管的副产品。因此,并非所有的政府行为都构成委托或指示,政府的政策声明本身以及政府一般干预市场行为就不构成委托或指示。

USDOC 主张,通过《公共事业法》第 52 节中的一般服务义务,新斯科舍省政府委托或指示 NSPI 向包括 PHP 在内该省的所有用户提供电力。

专家组对《公共事业法》第 52 节进行了分析。新斯科舍省《公共事业法》第 52 节规定,"所有公共事业企业都必须提供合理安全和足够的服务及设置,并且在所有方面都是公正合理的"。这一规定不仅适用于 NSPI,同时也适用于《公共事业法》规制范围内的所有其他公共事业。新斯科舍省政府仅仅是行使一般的监管权,而并未要求 NSPI 在任何情形、任何条件下都要向任何用户提供电力。相反,NSPI 享有自由选择权,只有在条件满足的情况下才会向用户提供电力。尽管 NSPI 受 NSURB 监管,但提供电力的条款和条件是由用户与 NSPI 协商达成的。专家组认为,新斯科舍省政府的行为是一般干预市场行为,该干预行为会基于特定的实际情况和市场行为者的自由选择而产生或不产生特定的结果,因此《公共事业法》第 52 节的规定不构成对 NSPI 的委托或指示。

此外,专家组对第 1.1 条中"提供除一般基础设施外的货物或服务"的"提供"(provide)进行了分析。根据"提供"一词的通常含义,政府必须对被提供的具体货物或服务的可得性具有一定的控制;同时,提供货物或服务的政府行为与接受者使用或享有货物或服务之间必须存在合理的相近关系(reasonably proximate relationship)。在本案中,《公共事业法》第52节并未赋予新斯科舍省政府这样的控制权,市场行为者是能够自由选择的。

上诉机构在美国针叶木材Ⅳ案(WT/DS257)中指出,对于是否存在财政资助的评估还涉及政府在其中是否转让了具有经济价值的东西的交易性质。然而,无论是《公共事业法》第52节,还是更广泛的一般服务义务,都未体现任何交易。同时,要构成一项补贴,财政资助与利益之间需存在一定的因果关系。即使《公共事业法》第52节的一般服务义务构成了财政资助,该财政资助也并未给PHP带来利益。根据USDOC的分析,PHP的利益皆来自NSPI的较低费率,但该较低费率并不属于《公共事业法》第52条所确定的财政资助的一部分。

综上,专家组认为,NSPI提供电力并不构成政府"委托或指示",USDOC的认定违反了第1.1条(a)(1)(iv)项的规定。

2. USDOC关于利益的认定是否违反了第1.1条(b)项和第14条(d)项

根据第1.1条下"补贴"的定义,要构成补贴,还必须"授予利益"。第14条(d)进一步规定,政府提供货物或服务,或购买货物不得被视为授予利益,除非政府提供货物或服务所得低于适当的报酬,或购买所付高于适当的报酬。报酬是否适当应根据相关货物或服务在提供国或购买国现行市场情况相比较后确定。

USDOC主张,政府通过对NSPI的委托或指示,提供了绝大部分的电力,因此新斯科舍省电力市场的价格被扭曲了,以新斯科舍省内实际交易的市场价格作为基准判断报酬并不合适。政府提供的价格(LRR)低于正常费率,因此不符合市场原则。

专家组已经确认NSPI提供电力并不构成政府委托或指示,因此,USDOC将NSPI视为政府的电力供应商缺乏依据,新斯科舍省的电力价格并未扭曲。USDOC通过判断LRR是否符合市场原则以判断是否授予一项利益是合理的,但是,USDOC忽略了本案中LRR是

PWCC 与 NSPI 长期谈判的结果,该造纸厂是 NSPI 最大的客户,在谈判过程中 PWCC 声称没有优惠电价其将不会收购和重开造纸厂;管理负荷对 NSPI 十分重要,而 PHP 同意成为其可优先中断供电的用户;PHP 按周预付电费等。在这样的情况下,NSPI 给予的 LRR 完全符合市场原则。

综上,专家组认为,USDOC 对 NSPI 的电力提供给 PHP 带来利益的认定违反了第 1.1 条(b)和第 14 条(d)的规定。

3. USDOC 对于基本事实的披露是否违反第 12.8 条

加拿大主张,USDOC 未向相关利益方披露其考虑依据《公共事业法》第 52 节认定新斯科舍省委托或指示 NSPI 提供财政资助。对此,USDOC 认为,各相关利益方皆已知晓《公共事业法》的内容及其对认定财政资助的重要性,因而无须再行披露。

根据第 12.8 条的规定,主管机构在作出最终裁决之前,应当将其考虑依据的基本事实(essential facts)向相关利益方披露,以保障各方维护其利益的权利。专家组指出,本案中相关的基本事实并非美国所称的《公共事业法》本身,而是 USDOC 认为是真实的并据以作出裁决的"《公共事业法》第 52 节规定的公共服务义务委托或指示 NSPI 向 PHP 提供电力"。然而,没有证据表明美国就这一基本事实向相关利益方进行了披露。基于此,专家组认为,USDOC 违反了第 12.8 条。

(二)新斯科舍省政府向 NewPage PH 提供热闲置资金和林业基础设施基金是否构成对 PHP 的补贴

PHP 造纸厂原为 NewPage PH。NewPage PH 在进入破产程序后,由 PWCC 成功收购,变更为 PHP。在破产程序中,NewPage PH 希望能作为一个持续经营(going concern)企业被收购,为此,NewPage PH 需要使工厂保持在能够相对快速恢复生产运营的状态,即热闲置状态。在公开招标后,PWCC 向 NewPage PH 发出了持续经营要约。然而,在 NewPage PH 与 PWCC 的谈判过程中,NewPage PH 用于维持工厂热闲置状态的资金几乎耗尽。因此,新斯科舍省政府进行了干预,向 NewPage PH 批准了两笔资金以维持其热闲置状态,资金数额皆根据维持热闲置状态所需的实际费用确定。同时,在进入破产程序后,由于维持全面运营的时间有限,NewPage PH 所需的持续商品和服务的数量较之原先正常运营水平大幅减少,包括林业基础设施活动。但新斯科舍省政府希望在该期间内,NewPage PH 仍继续承包林业基础设施活动。为此,新斯科舍省政府与 NewPage PH 签订了《林业基础设施协议》,向 NewPage PH 提供了两笔林业基础设施基金(以下简称林业基金)以资助所需工程费用。

USDOC 认为,PWCC 的投标先于新斯科舍省政府关于热闲置资金的批准和提供,也先于林业基金的批准和提供,热闲置资金的价值不可能包含在 PWCC 为收购 NewPage PH 所支付的对价中,因此 PWCC/PHP 继承了该热闲置资金和林业基金的利益。

根据第 1.1 条(b)的规定,要构成补贴,财政资助必须授予利益。然而,该条款并未对“利益”(benefit)一词作出定义,也未规定如何确定是否授予了利益。根据以往案件中专家组和上诉机构的观点,“利益”一词的通常含义明显地包含了某种形式的好处,关注的是“接受者的利益”,而非“政府的成本”。利益意味着某种比较,只有当接受者在获得财政资助时比没有时处于更好的情况,才能说接受者获得了一项利益。据此,专家组指出,在本案中需要评估的是 PWCC/PHP 在获得热闲置资金的情况下,是否比没有热闲置资金的情况更好。USDOC 仅认定交易价格没有反映该热闲置资金,却并未解决这一问题。对于这一关键问题,专家组认为,PWCC/PHP 的投标及最终支付对价的标的都是一个处于热闲置状态的持续经营企业,新斯科舍省政府提供的资金并没有使 PWCC/PHP 得到比它所支付的(一个持续经营企业)更多的东西,PWCC/PHP 并未因热闲置资金而处于更好的状况。此外,USDOC 认为,如果省政府未提供热闲置资金使工厂维持热闲置状态,该收购交易不会发生,PWCC/PHP 因此获得了利益,是利益的接受者。专家组则认为,如果工厂未处于热闲置状态,PWCC/PHP 亦不会支付任何费用。PWCC/PHP 所出价收购的是处于热闲置状态的工厂,在该过程中,需要维持这一状态的是卖方NewPage PH 而非买方,因此,该热闲置资金的利益应归属于 NewPage PH 及其债权人。

综上,专家组认为,新斯科舍省政府向 NewPage PH 提供的热闲置资金并未赋予 PHP 利益,USDOC 对于新斯科舍省政府热闲置资金赋予 PHP 利益的认定违反了第 1.1 条(b)。

根据同样的分析思路,专家组也确认 USDOC 对于林业基金赋予 PHP 利益的认定违反了第 1.1 条(b)。

(三)USDOC 启动关于新斯科舍省政府向 PHP 提供立木和生物量[①]的反补贴调查是否符合第 11.3 条

新斯科舍省政府与 PHP 签订了为期 20 年的《森林利用许可协议》,授权 PHP 从新斯科舍省的公有土地上采伐立木和生物量,同时要求 PHP 向私营供应商购买一定量的立木和生物量。美国国内调查申请人向 USDOC 提交了该协议的公开版本,声称新斯科舍省政府由此以低于适当报酬的方式向 PHP 提供立木和生物量,授予 PHP 利益,PHP 因此获得了补贴。由于新斯科舍省政府从该协议的公开版本中删去了价格细节,申请人并未确定 PHP 对此实际支付的价格。在这样的情况下,USDOC 启动了对新斯科舍省政府向 PHP 提供立木和生物量的反补贴调查。

根据第 11.2 条和第 11.3 条的规定,要启动反补贴调查,申请中必须有充分证据证明补贴的存在,主管机构应当审查证据是否准确和适当。没有充分证据证明的简单断言无法说明启动调查的合理性。

专家组认为,仅政府与私营方之间达成的规定私营方必须向私营供应商购买一定数量产品的协议,无法充分证明一项利益的存在。并且,申请人仅仅是断言而没有证据证明 PHP 以低于适当报酬的方式获得了从公有土地上采伐的立木和生物量。虽然第 11.2 条承认

① 生物量是指某一时间单位面积或体积栖息地内所含一个或一个以上生物种,或所含一个生物群落中所有生物种的总个数或总干重(包括生物体内所存食物的重量)。

存在申请人无法合理获得的信息,如本案中由于新斯科舍省政府删去了价格细节而导致申请人无法获得的 PHP 所支付的对价信息,但是,正如中国取向电工钢案(WT/DS414)中的专家组所指出的,即使存在申请人无法合理获得的信息,主管机构也不能在没有充分证据的情况下启动反补贴调查。

基于此,专家组认为,USDOC 未履行其义务,即未评估申请中证据的准确性和充分性就启动反补贴调查,违反了第 11.3 条。

二、关于 USDOC 对于 Resolute 公司的反补贴税征收裁决

(一)USDOC 适用可得不利事实判断对 Resolute 公司的补贴及其数额是否违反第 12.7 条

在启动反补贴调查后,USDOC 向加拿大 Resolute 公司发出了初步调查表,包含如下问题:“加拿大、加拿大全部或部分直接拥有的实体或任何省或地方政府是否直接或间接向贵公司提供任何其他形式的援助”(Other Forms of Assistance,OFA)。对此,Resolute 作出了否定回复。

随后,USDOC 在对 Resolute 的全资子公司 Fibrek 进行核查时,发现了 3 个条目为“补贴”的账户,这些资金与超级压光纸无直接联系。USDOC 认为,Resolute 未尽其所能对调查表中 OFA 这一问题作出回复,而其在核查时又发现 Resolute 未报告的信息,USDOC 可对这些被发现的援助形式适用可得不利事实进行认定,确认存在补贴。

根据第 12.7 条的规定,如果利害相关成员或利害相关方不允许使用或拒绝在合理时间内提供必要信息,或严重妨碍调查,主管机构可根据可得事实作出初步和最终的裁决,无论是肯定还是否定性的。

《SCM 协定》与《反倾销协定》都未定义何为“必要”。“必要”一词的通常含义是“不能免除或不做;必要的、基本的、必需的”。“必

要信息"即主管机构为作出决定所要求提供的信息。在根据《反倾销协定》附件二解释该协定第6.8条时,欧盟鲑鱼案(WT/DS337)的上诉机构指出,证据规则是贯穿整个调查过程的,调查机构不方便取得信息并不是使用可得不利事实的理由,只有确认被调查者拒绝提供必要信息,才能适用可得事实。

本案的关键问题是,USDOC在核查中发现Resolute未报告的3笔账目是否属于必要信息,从而构成Resolute拒绝提供必要信息,给予USDOC适用可得不利事实的基础。专家组认为,USDOC仅是推定这些账目与超级压光纸的补贴有关,而没有采取进一步的措施进行确认,也没有就此提供合理、充分的解释。在这种情况下适用可得事实违反第12.7条的规定。

专家组认为,关于OFA这一问题的提出本身并不违反《SCM协定》,但该问题十分宽泛,不仅可能涉及与被调查产品相关的其他补贴的必要信息,也可能涉及更广泛的援助。在这种情况下,主管机构不能推断被调查者未能充分回答该问题即构成拒绝提供必要信息。相反,主管机构应当提供更多信息。《反倾销协定》附件二为进一步解释第12.7条提供了指引,主管机构应当在启动调查后,尽快详细说明要求利益相关方提供的信息以及回复的方式。

此外,USDOC确定补贴数额的方式也存在问题。即使适用可得不利事实是合理的,USDOC无视核查期间发现的补贴数额,依据不相关的调查得出最终数额而不对核查期间所发现的信息进行分析,违反了第12.7条。

(二)USDOC基于缺乏相关证据得出Resolute获得利益的结论是否合理充分

Fibrek是魁北克省一家生产牛皮纸浆的工厂。2012年,Resolute收购了Fibrek,Fibrek成为Resolute的一家全资子公司。在Fibrek被收购前,加拿大政府曾向Fibrek提供了一笔项目资金(Federal Pulp and Paper Green Transformation Programme,FPPGTP)。该工厂虽然不生产超级压光纸,但在反补贴调查期间向Resolute供应了少量的牛皮纸浆。Resolute 称其对 Fibrek 的收购是公平交易,可能存在的任何补贴授予 Fibrek 的利益在收购后消失。Resolute 在调查表中报告了此次收购且提供了大量的证据。

USDOC 认为,加拿大政府提供给 Fibrek 的 FPPGTP 构成财政资助。USDOC 声称加拿大政府和 Resolute 未能提供相关证据,USDOC 认定利益并未消失,在 Fibrek 被 Resolute 收购后,财政资助的利益转移到了 Resolute。

专家组在对魁北克政府和 Resolute 提交的证据进行评估后认为,这些证据清楚地包含了关于 Resolute 收购 Fibrek 的信息,这对于判断 Resolute 对 Fibrek 的收购是不是基于公平市场价值的公平交易至关重要。在对证据进行评估后,专家组评估了 USDOC 的结论。专家组认为,基于魁北克政府和 Resolute 提交的证据,USDOC 不可能合理或充分地得出结论,认为没有证据证明 Fibrek 接受的补贴在对 Fibrek 的收购中消灭了。此外,USDOC 称由于 Resolute 在最初的调查表中未能提供关于 Fibrek 接受补贴的信息,USDOC 无法要求被调查者提供有关 Fibrek 收购的额外信息。但专家组认为,USDOC 自调查启动时就掌握了大量关于 Resolute 收购 Fibrek 的信息,如果真的需要更多信息,其也没有尽到要求提供这些信息的责任。

综上,专家组认为,USDOC 基于所谓的缺乏相关证据,认定授予 Fibrek 的利益在被 Resolute 收购后并未消失,违反了第 1.1 条(b)。

(三)对超级压光纸的补贴数额是否包括通过 FPPGTP、FSPF 和 NIER 计划提供给 Resolute 的补贴

Resolute 接受 FPPGTP 资助的项目是位于安大略省的工厂,安大略省林业繁荣基金(Ontario Forest Sector Prosperity Fund,OFSPF)和安大略省北部工业电费计划(Ontario Northern Industrial Electricity Rate,ONIER)下的资金只提供给位于安大略省的项目,而 Resolute 位于安大略省的工厂不生产超级压光纸。USDOC 在计算对 Resolute 超级压光纸征收的反补贴税时,将 FPPGTP、OFSPF 和 ONIER 给予

Resolute 的补贴包含在内。

根据 GATT 第 6.3 条和《SCM 协定》第 19.4 条的规定,对任何进口产品征收的反补贴税不得超过补贴金额。根据上诉机构的解释,这两条规定确立了主管机构原则上必须尽可能准确地确定对被调查产品的补贴金额,反补贴税不得超出补贴金额。由于《SCM 协定》未规定计算补贴税率的具体方法,主管机构可以自由裁量选择最合适的方法,只要该方法能够充分准确地确定补贴金额。同时,主管机构可在总体基础上计算补贴税率,即以总补贴金额除以相关产品的总销售额。

专家组指出,在某些情况下,主管机构将提供给实体的某一部分的补贴归于该实体的其他部分是合理的,且相关实体不必然要位于同一地理区域内。但是,主管机构的首要义务仍然是确保尽可能准确地确定专门给予被调查产品的补贴金额。本案中,向 Resolute 提供的补贴是提供给未参与超级压光纸生产或销售的工厂的,且不能被合理地认为有利于超级压光纸的生产或销售,在这种情况下,仅凭向 Resolute 位于安大略省的工厂提供补贴这一事实,不足以证明在计算关于超级压光纸的补贴金额时可将这些补贴包括在内。

此外,在某些情况下,主管机构无须证明将一个实体接受的补贴全部认定为投入至被调查产品也是合理的。但是,在有证据表明该补贴事实上只有极少部分用于被调查产品时,主管机关假设该补贴全部投入至被调查产品同样与其尽可能准确确定补贴金额的首要义务相违背。本案中,接受 FPPGTP 资金的 Fibrek 工厂生产的牛皮纸浆仅有少量用于 Resolute 的超级压光纸的生产,USDOC 假设该补贴全部投入至超级压光纸的生产是不准确的。

综上,专家组认为,USDOC 对通过 FPPGTP、OFSPF 和 ONIER 计划提供给 Resolute 的补贴金额的计算违反了 GATT 第 6.3 条和《SCM 协定》第 10 条、第 19.1 条、第 19.3 条和第 19.4 条的规定。

三、关于 USDOC 对于 Irving 和 Catalyst 的反补贴税征收裁决

(一)USDOC 对于其他税率的计算是否符合 GATT 和《SCM 协定》的规定

欧文纸业有限公司(Irving Paper Ltd.,Irving)和催化剂纸业公司(Catalyst Paper Corporation,Catalyst)都是加拿大超级压光纸的生产商,但未被选为应诉企业,因此未获得单独税率。USDOC 对 Irving 和 Catalyst 征收了 18.85% 的其他税率(all-others rate),该税率是通过加权平均 PHP 的 20.18% 单独税率和 Resolute 的 17.87% 单独税率得出的。USDOC 对 PHP 的 20.18% 的单独税率主要是基于与出售或收购该工厂有关的补贴决定的,这些补贴仅适用于 PHP;而在对 Resolute 的 17.85% 的单独税率中,有 17.10% 是通过适用可得不利事实计算的。

根据第 19.3 条的规定,主管机构有权对未实际受调查的出口商确定其他税率。《SCM 协定》并未规定计算其他税率的具体方法。尽管如此,主管机构在确定这一税率时,仍要遵守 GATT 和《SCM 协定》的规定,包括第 19.3 条的征收适当数额的反补贴税,第 19.4 条和 GATT 第 6.3 条的不得征收超过补贴数额的反补贴税。

对于"适当数额",上诉机构已指出,"适当"一词的通常含义表明,适当不是一个自主或绝对的标准,而应当参照或联系其他因素进行评估。总之,适当数额应根据特定情况确定。专家组对 USDOC 确定其他税率的计算方式进行了分析。

其一,基于对 PHP 的单独税率。专家组认为,一般情况下,参照被调查出口商的反补贴税率以确定其他税率是适当的。虽然给予 PHP 的补贴并没有给予 Irving 或 Catalyst,但处于同一行业的被调查出口商及未受调查出口商可能通过不同的补贴方案获得类似数额的补贴。因此,通过受调查出口商的补贴率计算未受调查出口商的补

贴率是适当的。但这并不意味着总是可以用受补贴出口商的反补贴税率来确定其他税率,特别是在前者的税率是依据可得不利事实确定的情况下。其二,基于对 Resolute 的单独税率。尽管在通常情况下,以被调查出口商的单独税率确定其他税率是适当的,但若该单独税率是通过适用第 12.7 条的可得不利事实计算得出的,则参照这一税率很可能是不适当的。第 12.7 条适用于生产商或出口商拒绝向主管机构提供必要信息,或严重妨碍调查的情况。如果主管机构参照如此计算得到的税率计算其他税率,则意味着未受调查的出口商或生产商同样也被视为不合作。然而,事实并非如此,未受调查的出口商或生产商可能愿意充分参与调查而没有机会。因此,这样的计算方式是不适当的。

综上,专家组认为,USDOC 可基于受调查出口商的补贴计算其他税率。但是,由于 Resolute 的单独税率主要基于可得不利事实计算得出,USDOC 基于该税率计算其他税率违反了 GATT 第 6.3 条和《SCM 协定》第 19.3 条以及第 19.4 条的规定,进而违反了第 10 条、第 19.1 条和第 32.1 条。

(二)USDOC 在对 Irving 和 Catalyst 的快速审查中纳入新的补贴指控是否符合第 19.3 条

USDOC 在对 Irving 和 Catalyst 的快速审查过程中,应国内调查申请人要求启动了对新补贴指控的调查。根据第 19.3 条的规定,因拒绝合作以外的原因未被实际调查的出口商有权获得快速审查,以便主管机构迅速确定其单独税率。专家组分析,快速审查的目的是在最大限度上使未被调查的、合作的出口商处于如果它被调查,根据该调查所涵盖的措施,它本来会处于的状态。而在快速审查过程中纳入新的补贴指控,是与快速审查的目的相悖的。快速审查的目的决定了其范围,并非所有与被调查产品有关的补贴指控都可以被纳入快速审查的范围。

基于此,专家组认为,USDOC 在对 Irving 和 Catalyst 的快速审查中纳入新的补贴指控违反了第 19.3 条的规定。

四、关于 USDOC 的不成文措施:“其他形式的援助—可得不利事实措施”

加拿大称,USDOC 实行“其他形式的援助—可得不利事实措施”(Other Forms of Assistance-AFA measure,OFA-AFA)的不成文的措施。加拿大认为其构成“持续行为”(ongoing conduct)或“预期和普遍适用的规则或规范”。

专家组首先要确认加拿大是否充分证明了 OFA-AFA 措施作为“持续行为”或“预期和普遍适用的规则或规范”的存在。专家组指出,主张 OFA-AFA 措施作为持续行为而存在,加拿大应证明该措施:可归因于美国,证明确切内容,可重复适用,以及持续适用可能性。双方对于第一点没有争议。对于 OFA-AFA 措施的确切内容,加拿大对其描述:USDOC 如果在反补贴调查过程中发现有受调查者未在 OFA 问题的回复中报告的信息,就适用可得不利事实以确定补贴。OFA 问题即初步调查表中关于任何其他形式的援助的问题。加拿大提交了自 2012 年以来美国启动的调查中 OFA 问题,多年来 USDOC 的调查表都包含同一实质的该问题。加拿大还提交了一些 USDOC 裁决的摘要以表明 USDOC 的重复性行为。对此,专家组认为,加拿大已提供充分证据证明 OFA-AFA 措施的确切内容。关于重复适用和持续适用可能性,加拿大提交了自 2012 年以来 USDOC 的裁决以及其立法变化和公开的政策声明。基于证据,专家组认为,尽管每个裁决中的用语略有不同,但 USDOC 所采取的方法是基本相同的。加拿大已经充分证明,自 2012 年以来的 9 项裁决中 USDOC 都适用了 OFA-AFA 措施,构成了重复适用。同时,USDOC 在裁决中都提到了该措施或适用该措施的先例,并称其为“惯例”,且将偏离这一措施的做法描述为无心之失,这些证据也充分证明了该行为的持续适用可能性。

综上,专家组认为,加拿大已充分证明 USDOC 的 OFA-AFA 措施构成持续行为而存在，并不再对其是否构成预期和普遍适用的规则或规范进行分析。专家组认为OFA问题过于宽泛，主管机构适用可得不利事实的条件没有满足，因此，USDOC这一不成文措施违反了第12.7条的规定。

【上诉机构的分析和结论】

一、OFA-AFA措施是否构成持续行为

持续行为包括四个要素，归因性、确切内容、重复适用以及持续适用可能性。美国对归因性无异议，但不认可专家组关于后三个问题的结论。

其一，对于OFA-AFA措施的确切内容，美国认为，专家组所审查的每个案例中OFA问题的用语都有所变化，且每个裁决都反映了不同的事实模式、不同的结果和不同的程序阶段。上诉机构同意专家组的观点，认为用语上所体现的变化并未影响问题的实质内容，且USDOC自己也提到了OFA问题是调查表中的一个标准程序；USDOC对应的措施也在实质上相同，尽管裁决涉及不同的事实模式、不同的结果和反补贴调查的不同阶段。专家组的认定是正确的，即加拿大已充分证明OFA-AFA措施的确切内容。

其二，对于OFA-AFA措施的重复适用，美国主张，根据上诉机构在美国持续归零案（WT/DS350）中的说明，重复适用是指一项措施在很长一段时间内连续地适用于裁决，然而专家组所审查的案件中就存在4个案件USDOC并未适用所谓的OFA-AFA措施。本案上诉机构首先回顾在美国持续归零案中，欧共体认为美国在18个裁决中适用归零法，上诉机构在审查过后认定18个裁决中仅有4个裁决有充分的事实认定重复适用归零法。本案上诉机构指出，上诉机构在该案中并非对“重复适用”的法律标准进行一般性限定，而仅是基于欧共体对于持续行为的定性进行审查。因此，上诉机构并未认

定,要证明一项措施的重复适用,其必须在很长一段时间内连续地适用于所有裁决。本案中,加拿大主张自2012年以来,一旦出现相关情况,USDOC即反复适用OFA-AFA措施。上诉机构认为,专家组的分析恰当地反映了加拿大对于OFA-AFA措施的定性,在经过审查之后,正确得出了重复适用的结论。

其三,对于OFA-AFA措施的持续适用可能性,美国主张,除非能够证明其通过了一项决定以明确在之后也将适用这一特定措施,否则仅依据对其行为的模糊陈述不能证明一项措施的持续适用可能性。上诉机构认为,持续适用可能性不等同于确定性。上诉机构同意专家组的观点,USDOC在裁决中都提到了该措施或适用该措施的先例,并称其为“惯例”,且将偏离这一措施描述为无心之失,已充分证明持续适用的可能性。

综上,上诉机构认为专家组对OFA-AFA措施构成持续行为的认定正确,维持了专家组的结论。

二、OFA-AFA措施是否违反第12.7条

美国主张,专家组对OFA-AFA措施违反第12.7条的认定是错误的,理由如下:其一,专家组不恰当地忽视了USDOC基于被调查者对调查的严重阻碍而适用可得不利事实;其二,专家组所认定的违反第12.7条的行为不属于OFA-AFA措施的一部分;其三,专家组错误地认定OFA问题不可能是要求提供必要信息。

对于第一点,上诉机构认为专家组并未不恰当地忽视USDOC基于被调查者对调查的严重阻碍而适用可得不利事实。第12.7条规定了主管机构适用可得不利事实的两种情况。上诉机构认为,OFA-AFA措施中的一系列行为完全是基于被调查者未提供必要信息而采取的,而并不涉及严重阻碍调查的情形,USDOC也未曾依据严重阻碍调查这一理由提出对OFA-AFA措施的适用。因此,OFA-AFA措施仅限于USDOC基于被调查者未提供必要信息而适用可得

不利事实的情形,专家组无须对严重阻碍调查这一基础进行审查。

对于第二点,上诉机构认为专家组所认定的违反第 12. 7 条的行为是 OFA-AFA 措施的一部分。OFA-AFA 措施包含以下步骤:USDOC 提出 OFA 问题;USDOC 在核查过程中发现其认为应当在回复中报告而未报告的信息;USDOC 适用可得不利事实认定其发现的信息构成补贴。在 OFA-AFA 措施的最后阶段,USDOC 拒绝接受被调查者提供的额外信息,仅适用可得不利事实将其发现的信息认定为补贴。专家组认为,USDOC 对被调查者未充分回答 OFA 问题即构成拒绝提供必要信息的简单推断违反第 12. 7 条。此外,上诉机构也认为 OFA-AFA 措施违反了第 12. 7 条的规定。第一,主管机构应当对未报告的信息属于必要信息作出说明。第二,未报告的信息不能单独构成补贴的基础,根据第 12. 7 条的规定,裁决必须基于可得事实作出,而非基于非事实的假设或猜测,主管机构应当作出进一步的分析以及保障相关利益方的正当程序权利。

对于第三点,上诉机构认为,专家组并未认定 OFA 问题不可能是要求提供必要信息。专家组明确指出,OFA 问题"可能涉及有关被调查产品的额外补贴的必要信息"。综上,上诉机构维持专家组对 OFA-AFA 措施违反第 12. 7 条的认定。

【案件评析】

自 2012 年以来,美国在许多裁决中都采用了 OFA-AFA 措施,在本案中,其也是通过 OFA-AFA 措施确定加拿大 Resolute 公司所接受的补贴。《SCM 协定》第 12. 7 条规定,如果利害相关成员或利害相关方拒绝主管机构要求提供的必要信息,或严重妨碍调查,主管机构可根据可得事实作出初步和最终的裁决,无论是肯定还是否定性的。

第 12. 7 条是为了为主管机构提供尽可能广泛的证据基础,确保缺乏信息不会阻碍主管机构的调查,使主管机构可以通过相关的可得事实填补空白以作出裁决,但同时也应保证利益相关方的正当程序权利。本案中,USDOC 提出 OFA 问题,并将在核查过程中发现的、未在回复中报告的信息直接推定为补贴。

OFA的问题过于宽泛,USDOC并未对该问题作出说明,在适用可得不利事实后也拒绝接受相关利益方提供的额外信息。为了保证利益相关方的正当程序权利,主管机构至少应当说明其所发现的信息为什么是必要信息,且可得事实仅是作出裁决的依据,而并非当然地等同于补贴的存在。

主管机构采取的措施,应当平衡好主管机构的调查权和利益相关方的正当程序权利。主管机构有权自行确定什么是作出裁决必要的信息,但主管机构同时有义务迅速、准确地明确其所需要的信息,并告知受调查方,而不是仅通过宽泛的OFA问题就利用可得事实作出对利益相关方极其不利的推定。

对于美国的这一OFA-AFA措施,专家组和上诉机构都认为构成了持续行为。实际上,"持续行为"并非WTO协定中的条约术语,而是上诉机构在美国持续归零案中针对案件的特定情况、主张和证据首次使用的一个描述性术语。持续行为需要满足四个要素:归因性、确切内容、重复适用和持续适用可能性。但对于这些要素的判断方法,并没有具体的规定,也没有具体的标准。本案中,专家组认定重复适用的证据,如USDOC适用的先例等,同样也是其认定持续适用可能性的依据。重复适用是否在一定程度上也能证明持续适用可能性?尽管持续适用可能性不等同于法律上的确定性,如明文规定适用该措施,但重复适用和持续适用可能性的内涵和标准是模糊的。此外,在本案中,专家组认定OFA-AFA措施构成持续行为,而未再对OFA-AFA是否构成预期和普遍适用的规则或规范进行分析,持续行为与预期和普遍适用的规则或规范的区别也有待厘清。

美国:涉及可再生能源产业的措施 (WT/DS510)*

申诉方(被上诉方、上诉方):印度

被申诉方(上诉方、被上诉方):美国

第三方(第三当事方):巴西、中国、欧盟、印尼、日本、韩国、挪威、俄罗斯、沙特、新加坡、中国台北、土耳其

2016年9月9日,印度要求就美国涉及再生能源产业的措施磋商。由于磋商未果,2017年3月21日,DSB应印度的请求决定成立专家组。2018年4月24日,专家组经总干事指定组成。专家组于2019年6月6日发布了最终报告。双方都提出上诉。由于WTO争端解决上诉机构陷入僵局,至2021年年底,本案仍处于上诉阶段。

印度在其请求中列举以下11项措施,[①]包括:(1)华盛顿可再生能源成本回收奖励支付计划(RECIP);(2)加利福尼亚州的自产激励计划(SGIP),;(3)加利福尼亚州水电局的太阳能激励计划(LADWP);(4)蒙大拿州对酒精生产的税收激励计划(TIEP);(5)蒙大拿州对生物柴油混合和储存的税收抵免(蒙大拿州税收抵免);(6)蒙大拿州对本州分销商或零售商在生物柴油的退税(蒙大拿

---

* 本案初稿由华东政法大学国际法专业研究生曾兆珏撰写。

① 为叙述方便,本文以编号形式指代这些措施,如措施1指RECIP,措施3指LADWP。

州退税);(7)康涅狄格州的住宅太阳能投资计划(CRSIP);(8)密歇根州可再生能源标准计划(RESP);(9)特拉华州可再生能源投资组合标准法案(REPSA);(10)明尼苏达州的太阳能激励计划(MSIP);(11)马萨诸塞州的马萨诸塞清洁能源中心的联邦太阳能热水计划(CSHWP)。印度提出,美国通过上述11项措施设立了一系列激励措施,鼓励可再生能源生产的原料及设备等使用国内产品(当地成分要求),从而使进口产品处于不利地位。这些措施造成了印度所享有的利益的丧失或减损,违反了美国在GATT、《TRIMS协定》和《SCM协定》下的义务。

【专家组的分析和结论】

专家组应美国的请求作出初步裁决,确认措施3和措施11不属于其职权范围,而措施10-2、措施10-3(措施10项下的太阳能热能退税和太阳能光伏退税)属于其职权范围。

专家组成立后不久,美国修改了措施1、措施2和措施8,并撤销了措施10项下的太阳能生产激励措施(SEPI)和明尼苏达州太阳能热退税。印度遂请求专家组对措施1和措施8修改后的版本以及措施2的原版和修改后的版本作出调查和裁决,美国认为印度请求的内容不属于专家组的职权范围。

一、印度关于GATT第3.4条的诉请

印度认为每一项涉案措施都违反了美国在GATT第3.4条下的义务,因为这些措施对进口产品的待遇低于国内相同产品的待遇。而美国认为印度没有证明这些措施影响产品的销售、购买、运输、分销或使用,或对进口产品给予较差的待遇。

专家组认为,要确定违反GATT第3.4条的规定,必须满足以下三个要素:(1)涉及的进口和国内产品属于同类产品;(2)有争议的措施是“影响相关产品的内部销售、提供出售、购买、运输、分销或使

用的法律、法规和要求”;(3)进口产品的待遇低于同类国内产品的待遇。专家组逐一做了分析。

1. 对涉案产品“相似性”(likeness)的认定

印度认为,每项涉案措施都区分了进口产品和国内产品,具体而言,涉案措施根据产品的生产或组装地,或根据生产中使用的劳动力来源规定了不同的待遇。印度提出,相关产品的来源是给予不同待遇的“唯一标准”,所以该种产品符合 GATT 第 3.4 条所称的类似产品。美国对印度依据的法律标准及类似产品的认定没有异议。

专家组提出,通常评估产品的相似性,需要对证据全面分析,但根据阿根廷金融服务案(WT/DS453)中上诉机构的观点,申诉方可以通过证明有争议的措施仅根据产品来源进行区分来确定“相似性”,而不必总是根据相关的标准来确定。

对于措施 1(华盛顿州额外激励),印度根据华盛顿州附加激励措施确定了以下相关产品:太阳能组件、斯特林转换器、太阳能或风能发电器中使用的变频器,以及在风力发电机中使用的叶片。印度认为,获得额外(更高)激励的唯一区别标准是某些特定组件是否原产自华盛顿州。专家组审查发现,产品制造商必须获得华盛顿州税务局颁发的华盛顿制造产品合格认证,而进口产品不可能符合这一要求。据此,专家组得出结论,措施 1 给予的激励仅基于上述产品的来源地进行区分,且美国没有提出反驳,从而认定措施 1 项下的争议产品属于 GATT 第 3.4 条所指的类似产品。

专家组通过同样的方法对剩余各项措施中的相关产品进行了调查,发现每一项涉案措施中提供的激励或税收优惠均仅基于相关产品的来源地。因此专家组认为,每个涉案措施中有关的进口和国内产品是 GATT 第 3.4 条所指的类似产品。

2. 涉案措施是否属于“影响相关产品的内部销售、提供出售、购买、运输、分销或使用的法律、法规和要求”

专家组认为,这个问题的分析涉及了两个方面:这些措施是否属于“法律、法规和要求”;如果是,它们是否“影响有关争议产品的内部销售、出售、购买、运输、分销或使用”。

印度认为,有争议的每一项措施都属于 GATT 第 3.4 条中“法律、法规和要求”的范围,并引用日本胶卷案(WT/DS44)专家组报告,认为对该短语应当给予广泛的解释。而且,一个政府政策或行为属于“法律、法规和要求”的范围不一定需要具有实质约束力或强制力。印度又引用印度汽车案(WT/DS146、WT/DS175)的专家组报告,提出有两种不同的情况可以满足第 3.4 条中的“要求”一词,包括对企业“有法律拘束力”的和企业自愿接受以获得政府利益的条件。

专家组认为,以往的案件一贯认为 GATT 第 3.4 条中“法律、法规和要求”的理解是广泛的,认为其范围包括各种政府措施,从适用于全国的强制性规则,到设立给私人主体自愿参加的激励或抑制措施的政府行为。此外,“要求”一词一再被认为不仅包括强制性措施,还包括企业为获得优势而接受的条件。据此,专家组认定,印度所列举的所有措施全部或至少部分体现在正式的法律文书如法典、规则、法案和法规中。这些法律文件显然符合由“政府行为”产生的“法律”或“法规”,并规定了从政府那里获得利益所必须遵守的规则。同时,对于措施 2 中印度列举的说明相关立法文书中规定的某些规则和程序的手册,专家组认为这些文件可能属于广义的“法规”。由于它们规定了要享受相关优惠需要适用的条件和程序,且由负责管理这些项目的公共部门发布,在本质上确定了加州自产激励计划的特定方面,因此专家组认为,这些文书至少符合第 3.4 条所指的“要求”。因此,专家组认为每个争议措施都属于 GATT 第 3.4 条规定的“法律、法规和要求”的范围。

印度认为,每一项涉案措施都影响了进口类似产品的销售、购买、运输、分销或使用,因为它们通过提供基于国内成分的激励或更高激励从而不利地改变了进口产品的竞争条件。

专家组认为“影响”一词的适用范围广泛,不仅包括直接管理买卖条件的法律和法规,还包括任何可能不利改变国内和进口产品之间竞争条件的法规,以及对进口产品的销售、提供销售、购买和使用产生激励或抑制的措施。同时专家组特别参考了加拿大汽车案(WT/DS139、WT/DS142)的专家组报告,认为涉及进口产品和国内类似产品的不同待遇与规定中当地成分要求的比例没有因果关系。据此专家组认为,在评估涉案措施是否影响市场上商品的销售、购买、运输、分销或使用时,专家组应审查这种措施是否对国内和进口产品之间的竞争条件产生影响,但不需要审查该措施的实际影响程度。

在措施 1 中,印度认为措施 1 对国内采购的指定部件规定了更高的激励措施,从而不利地改变了进口类似产品的竞争条件,影响了这些产品的内部销售、提供销售、购买、运输、分销或使用。美国认为,印度举证的数据,即从 2005 年措施 1 开始到 2015 年,华盛顿州安装的太阳能光伏系统的数量增长,这不能证明华盛顿州的额外激励已经导致本地制造的可再生能源产品在华盛顿被广泛应用;印度举证的另一个数据,即 2015 年华盛顿州大约花费了 1700 万美元用于支付激励金,也不能证明本地制造的可再生能源设备或部件的使用比例。

对此,专家组认为,印度证明了华盛顿州的额外激励措施给予使用当地产品的优惠,没有给予使用相关的非本地产品(包括进口产品),这足以成为华盛顿州额外激励影响相关产品的销售、购买、运输、分销或使用的初步证据。同时专家组认可美国认为印度提供的数据不支持印度的主张,但不影响专家组认定措施 1 影响了进口产品的竞争条件。

专家组对余下涉案措施进行了类似分析,最终认定每一项涉案措施都是影响 GATT 第 3.4 条所指的“法律、法规和要求”。

3. 涉案进口产品较差待遇的认定

印度认为,涉案措施给予进口产品的待遇低于给予国内类似产品的待遇,通过鼓励使用国内成分,否认进口产品在国内市场的平等竞争机会。印度进一步认为,有关措施的修改并没有为进口产品提供平等有效的竞争机会。美国则提出,如果一项措施不影响产品的销售、购买、运输、分销或使用,其修改就不可能改变相关产品的竞争条件,印度没有完成举证责任。

专家组同意美国的前述观点,但同时指出,较差待遇和影响标准是 GATT 第 3.4 条规定的两个不同要素,二者提出了相关但不同的考虑。一项措施是否影响产品的销售、购买、运输、分销或使用的问题涉及该措施是否影响竞争条件,然而较差待遇重点关注涉案的措施是否改变了竞争条件而损害进口产品。此前案件中的上诉机构强调,调查较差待遇不需要基于涉案措施在市场上的实际影响,因为 GATT 第 3 条不是保护对任何特定贸易额的预期,而是保护进口产品和国内产品之间的平等竞争关系。因此,专家组认为,申诉人无须量化涉案措施实际上会对进口产品产生不利影响的可能性。相反,分析的重点是衡量措施对竞争条件有效平等的影响,因为它们可以从"措施的设计、结构和预期运作"中看出。

据此,就措施 1 而言,专家组发现,该措施对使用本地制造的可再生能源系统相关产品给予额外的激励。也就是说,它对国内相同产品提供了使用优惠,但对进口产品没有使用,因此影响了进口和国内产品之间的竞争条件。而且,措施 1 确实影响相关产品的销售、购买、运输、分销或使用。但专家组进一步说明,是否对进口产品采取不利待遇的问题不同于它是否影响进口产品的销售、购买、运输、分销或使用的问题。因此,美国在这方面的论点不能反驳印度的初步证据,即措施 1 给予的进口产品的待遇低于国内产品。

专家组对余下涉案措施进行了类似分析,认定印度已经初步证明,与国内同类产品比较,每一项涉案措施对进口产品采取了 GATT 第 3.4 条所称的较差待遇。

综上所述,专家组认定这些措施违反了 GATT 第 3.4 条。

二、关于印度的其他诉请

专家组提出,印度根据《TRIMS 协定》和《SCM 协定》提出的主张是源于其关于美国的措施违反 GATT 第 3.4 条的主张，核心是在进口产品和国内相同产品间的歧视性待遇，而且其在本案中引用的几个涉及当地成分要求的关键条款存在重叠：GATT 第 3.4 条和《TRIMS 协定》中的国民待遇义务，以及《SCM 协定》第 3.1 条(b)项中的原则均是累积义务；GATT 第 3.4 条和《TRIMS 协定》以及《SCM 协定》第 3.1 条(b)项禁止在某些情况下使用当地成分要求。因此，专家组认为需要评估其是应当处理印度根据《TRIMS 协定》以及《SCM 协定》的额外主张，还是根据对 GATT 第 3.4 条的调查结论对该主张行使司法节制原则。

1. 印度关于《TRIMS 协定》第 2.1 条和第 2.2 条的诉请

印度根据《TRIMS 协定》提出的主张涉及该协定第 2.1 条和第 2.2 条，以及附件包含的第 2.2 条提到的清单第 1(a)条。《TRIMS 协定》第 2 条规定了国民待遇和数量限制的义务，其中提到 GATT 第 3.4 条和第 11 条。

专家组指出，虽然这些条款之间有重叠，但它们的适用范围也有不同，特别是 GATT 第 3.4 条的范围比《TRIMS 协定》第 2.1 条更广泛，因为它一般指的是“法律、法规和要求”，而一项措施只有在协定意义内是与贸易有关的投资措施时，才属于《TRIMS 协定》第 2.1 条的管辖范围。因此，如果专家组已经确认某项措施违反了 GATT 第 3.4 条，可能没有必要就《TRIMS 协定》提出的对同一措施的主张作出额外的结论。此前多个案件的专家组遇到同样的情况，在专家组确认被申诉方违反 GATT 第 3.4 条后，决定对根据《TRIMS 协定》提出的诉请实行司法节制，并认为根据 GATT 第 3.4 条得出的调查结果足以解决争端。

据此，专家组认为，根据以往专家组相对一致的做法，本案没有必要为了积极解决争端而处理印度根据《TRIMS 协定》提出的主张，美国为使涉案措施符合 GATT 第 3.4 条而采取的步骤也将消除被指控不符合《TRIMS 协定》义务的行为。因此，专家组决定对印度根据《TRIM 协定》第 2.1 条和第 2.2 条提出的主张行使司法节制。

2. 印度关于《SCM 协定》其他条款的诉请

印度认为所有涉案争议措施都与《SCM 协定》第 3.1 条(b)项、第 3.2 条和第 25 条不符。

专家组回顾了此前类似案件中专家组的做法,与前段分析类似,在那些案件中专家组认为,GATT 第 3.4 条的范围比《SCM 协定》第 3.1 条(b)项更广泛,因为它一般指的是“法律、法规和要求”,而如果某项措施仅属于《SCM 协定》意义上的补贴,则仅由该协定第 3.1 条(b)项规定;证明存在《SCM 协定》第 3.1 条(b)项和第 3.2 条下的禁止性补贴需要符合一个比证明 GATT 第 3.4 条下激励使用国内商品的措施的存在更苛刻的标准。因此,如果已经确认违反了 GATT 第 3.4 条,可能没有必要就根据《SCM 协定》第 3 条提出的同一措施作出额外的调查结论,因为使这些措施符合 GATT 第 3.4 条,也将消除这些措施与《SCM 协定》第 3 条下的任何不一致。

在欧共体食糖出口补贴案(WT/DS265、WT/DS266、WT/DS283)中,专家组在确认被申诉方违反了《农业协定》第 9 条和第 10 条之后,对根据《SCM 协定》第 3 条提出的主张行使了司法节制。然而上诉机构推翻了这一决定,认为专家组有关《农业协定》的认定不足以完全解决争议,行使司法节制原则排除了申诉方获得《SCM 协定》第 4.7 条救济的可能性,也违反了 DSU 第 11 条的义务,专家组应当作出可以协助 DSB 提出建议或提出适用协定所规定的裁决的其他调查结论。专家组对本案进行了审查,认定上诉机构在该案中的分析并不能直接适用于本案的争议,因为该案所提出的诉请及法律依据与本案的纠纷不同,《农业协定》第 3.3 条和第 8 条与《SCM 协定》第 3 条都明确涉及补贴问题,而且《SCM 协定》第 3 条还专门提到了《农业协定》。此外,该案专家组在分析中已经确认欧共体的行为是禁止性补贴,但随后又决定不对《SCM 协定》的问题做结论。本案中 GATT 第 3.4 条和《TRIMS 协定》第 2.1 条和第 2.2 条不涉及补贴,且专家组对违反 GATT 第 3.4 条的争议措施的调查结论既不包括也没有暗示争议措施是不是补贴。

专家组最终参考了与本案情况更为相似的中国汽车零部件案,该案件处理的主要条款与本案印度所援引的完全相同,该案的专家组决定就它已经确认与 GATT 第 3 条不一致的当地成分要求行使司法节制。正是在这些当地内容要求和法律规定的具体背景下,它得出结论,解决美国根据《SCM 协定》提出的诉请对于积极解决争议没有必要,因为"中国使这些措施符合 GATT 第3.2 条和第3.4 条下的义务,也将消除这些措施与《SCM 协定》第3.1 条(b)项和第 3.2 条下的任何不一致"。

据此,专家组认为,涉案措施违反了 GATT 第 3.4 条,如果美国取消只对国内产品提供优惠的当地成分要求的条件以使自己遵守 GATT 第 3.4 条,它也将消除所指称的不符合《SCM 协定》第 3 条规定的义务,从而消除了专家组根据《SCM 协定》第 3 条确定涉案措施是否为禁止性补贴的必要性。最终,专家组决定对印度根据《SCM 协定》第 3.1 条(b)项和第 3.2 条提出的主张行使司法节制。

印度认为,美国未将争议措施通知 SCM 委员会,与《SCM 协定》第 25 条不一致,尤其是第 25.2 条和第 25.3 条。专家组提出,《SCM 协定》第 25.2 条规定的通知义务包括第 1.1 条定义的、第 1.2 条所指的在其领土内授予或维持的任何补贴。因此,对根据《SCM 协定》第 25.2 条的主张进行审查的前提是,必须认定有争议的措施是《SCM 协定》第 1.1 条定义的并在第 2 条中具体规定的补贴。印度没有就具体情况提出任何独立的论点,印度只是辩称,根据《SCM 协定》第 2.3 条,争议措施是《SCM 协定》第 3.1 条禁止的具体补贴。

因此,专家组认定,印度根据《SCM 协定》第 25 条提出的主张直接与《SCM 协定》第 3.1 条(b)项有关,并取决于其主张的结果。由于专家组决定对印度根据《SCM 协定》第 3.1 条(b)项的主张行使司法节制,因此没有理由根据《SCM 协定》第 25 条对印度的主张作出裁决。更重要的是,专家组认为,对确保争端的积极解决来说,没有必要评估这些措施是否应根据《SCM 协定》第 25 条进行通知。

据此,专家组也对印度根据《SCM 协定》第 25 条提出的主张行使司法节制。

加拿大:飞机补贴
(WT/DS522)

2017年2月8日,巴西提出就加拿大对飞机的补贴进行磋商。巴西认为加拿大的措施违反了《反补贴协定》。2017年8月18日,巴西请求成立专家组,9月29日,DSB决定成立专家组。中国、欧盟、日本、俄罗斯、新加坡和美国要求保留作为第三方介入的权利。2018年2月6日,专家组组成。2019年11月25日,专家组通知DSB,根据巴西2019年11月7日提出的请求,专家组同意根据DSU第12.12条,暂停工作,直至2020年4月15日。2020年4月14日,专家组接受了巴西2020年4月9日的请求,将暂停工作的期限延长至2020年11月4日。2020年11月3日,小组主席告知DSB小组接受了巴西于2020年10月29日提出的将暂停工作延长至2020年11月23日的另一项请求。2020年11月26日,DSB通知其已于2020年11月23日恢复工作,至2021年年底,专家组仍在工作。

美国:管道产品反补贴税
(WT/DS523)*

申诉方(被上诉方、上诉方):土耳其

被申诉方(上诉方、被上诉方):美国

第三方(第三参与方):巴西、加拿大、中国、欧盟、日本、哈萨克斯坦、韩国、墨西哥、俄罗斯、沙特、阿联酋

2017 年 3 月 8 日,土耳其请求就美国对其管道产品征收反补贴税进行磋商。由于磋商未果,经土耳其请求,DSB 于 2017 年 6 月 19 日决定成立专家组。2017 年 9 月 14 日,WTO 总干事指定了专家组成员。2018 年 11 月 18 日,专家组公布了最终报告。双方都提出上诉。由于 WTO 争端解决上诉机构陷入僵局,本案至 2021 年年底仍处于上诉阶段。

本案涉及美国对来自土耳其的进口产品的反补贴税措施,具体调查是:石油专用管材调查(OCTG)、焊接线管调查(WLP)、厚壁矩形焊接碳钢管调查(HWRP),以及对圆形焊接碳钢管和钢管反补贴税令进行的 2011 年日落审查和 2013 年行政审查(CWP)。在上述程序中,USDOC 将 Erdemir 及其子公司 Isdemir 认定为公共机构,并认为其以少于应得报酬(LTAR)的方式供应热轧钢(HRS)的行为构成了专向性补贴,决定征收反补贴税。

* 本案初稿由华东政法大学国际法专业研究生王思敏撰写。

在确定授予了某种利益时,USDOC 拒绝使用土耳其国内价格作为基准。在调查所需的必要信息缺失时,USDOC 在可得事实中选取了替代信息。美国国际贸易委员会(USITC)在评估损害时对倾销与补贴进口商品产生的影响进行了累计计算。土耳其认为美国调查机关的上述做法与《SCM 协定》不符。

【专家组的分析和结论】

一、《SCM 协定》第 1.1 条(a)(1)项[①]下的诉请:公共机构的确定

USDOC 将 Erdemir 及其子公司 Isdemir 认定为公共机构,理由是土耳其政府"显著参与"了土耳其军方养老基金 OYAK,而 OYAK 对 Erdemir 享有控股权,进而认为土耳其政府对 Erdemir 及其子公司 Isdemir 实施了有效控制。

专家组援引了上诉机构在美国反倾销反补贴税案(WT/DS379)中对第 1.1 条(a)(1)项下公共机构的解释,即其必须是拥有、行使或被授予政府权力的实体。专家组指出,不同类型的证据均可能表明政府已将权力授予某一特定实体,包括明确授权的法律文件,或在法律没有明确规定时,能证明一个实体实际上正在行使政府职能,特别是能证明上述行为持续且系统地存在的证据;政府对某实体实施有效控制及其行为在某些情形下也可以作为相关实体拥有政府权力并在履行政府职能时行使这种权力的证据。但在没有其他证据的情况下,单凭政府对某一实体的所有权或控制不足以证明该实体是公共机构。最后,在作出裁定时,要综合考虑该实体的所有相关特征,避免专门或不适当地只考虑任何一个特征。

专家组援引美国碳钢(WT/DS436)案中上诉机构的观点,指出

---

① 除特别注明外,本案所说的条款均指《SCM 协定》的条款。

不能忽视政府与被调查实体之间的关系,特别是政府的控制程度与实体享有的自主权。因此,在衡量 OYAK 在土耳其法律下的地位时,OYAK 的财政自主权也是应当被考虑的因素。OYAK 的管理机构由军政人员组成并由其选择董事会的 8 名成员,OYAK 被强制性地要求为养老金供款,OYAK 可能从其特定的财税地位中受益,专家组不认为这三项事实就足以证明 OYAK 处于政府的有效控制之下。专家组指出,政府任命董事会成员的权力与董事会成员是否独立,这是两个不同的问题。本案中 USDOC 没有证明 OYAK 中的军政人员为达到政府经济目标而在政府的指示下作出决定。USDOC 提到一份研究报告中的陈述:"对 OYAK 的成员和行政结构的审查显示其显然由军队控制。"专家组认为,尽管 USDCO 想将土耳其军方在 OYAK 中的出现等同于政府控制,但其却没能考量该研究报告中的其他内容,如 OYAK 的"核心职能是控股公司",OYAK"最重要的目标是保护精算平衡"及"为会员提供最高的回报率"。专家组认为,这些内容都无法支持 OYAK 职员依政府命令行事的推论。综上所述,专家组认为美国没能证明 OYAK 被政府有效控制或是政府的一部分,进而也就不能将 OYAK 对 Erdemir 及 Isdemir 实施的控制归因于政府。

尽管 USDOC 强调土耳其私有化机构(TPA)有决定 Erdemir 和 Isdemir 运行中重大事项的能力,但专家组认为其并未证明 TPA 在 Erdemir 私有化后曾行使否决权,或试图影响 Erdemir 的定价、生产或财务决策。USDOC 还认为 Erdemir 的 2012 年和 2013 年年度报告中的内容表明其行为是为了达到 2012 ~ 2014 年中期报告中设立的改善国际收支状况的目标。专家组认为 Erdemir 的 2012 年和 2013 年年度报告本身并没有提到 2012 ~ 2014 年中期报告;在没有明确证据表明 Erdemir 是根据政府指令行事时,即便 Erdemir 自身的商业策略(鼓励出口导向型行业的客户增加产量或鼓励使用国内原材料)与政府的宏观经济目标一致,也不能证明 Erdemir 和 Isdemir 行使了政府权力。Erdemir 的 2012 年年度报告中的其他内容表明 Erdemir 的商业策略与私有、营利性企业一样。

因此,专家组认为 USDOC 所依据的证据不足以证明 Erdemir 和 Isdemi 拥有、行使或被授予政府权力,从而构成第 1.1 条(a)(1)项下的公共机构。此外,USDOC 未能就其裁定给出充分合理的解释,与第 1.1 条(a)(1)项不符。

USDOC 认为有关 Erdemir 商业行为的证据与公共机构的解释无关,因为政府及其控制的实体也可以实施商业行为。但根据上诉机构在以往案件中的观点,一个实体根据商业原则开展业务的行为可能会对其公共机构性质的认定产生影响。因此,专家组认为,USDOC 在作出 Erdemir 和 Isdemir 是公共机构的裁定时,至少应该考虑与 Erdemir 的商业行为相关的证据,而不是简单地认为这些信息无关就不予理会;USDOC 未能以有效方式考虑这些信息的行为违背了调查机构评估和适当考虑该实体所有相关特征的义务,进而违反了第 1.1 条(a)(1)项。

二、第 1.1 条(b)项和第 14 条(d)项:利益的确定

土耳其声称 USDOC“在评估某一商品是否被以低于适当报酬的方式提供从而给予一种利益时,仅仅基于政府拥有或控制了该商品市场的大部分或很大一部分,便拒绝将国内的价格作为基准,而不再考虑国内价格是否被扭曲”。土耳其认为这一做法本身与第 14 条(d)项不符;USDOC 未能证明 Erdemir 及 Isdemir 以 LTAR 方式供应 HRS,进而未能证明上述 HRS 供应行为给予了第 1.1 条(b)项下的利益。

本案中,专家组首先要审查土耳其是否已经证明了存在普遍和预期适用的规则或规范的上述做法。

专家组指出,在对一项普遍和预期适用的规则或规范质疑时,成员方应证明该规则或规范:由应诉方成员作出,有明确的具体内容,有普遍和预期的适用。如果从规则或规范的构成要素来看不够明确

时,可以通过若干因素来证明预期适用的存在,包括:存在体现该规则或规范的基本政策;被质疑的规则或规范的系统应用的证明;规则或规范为未来的行为提供行政指导的程度;它在经济经营者中产生的规则或规范会在未来被适用的期望。

土耳其指出USDOC在OCTG调查的《最终问题和裁定备忘录》中作出利益认定时,认为土耳其国内的真实交易价格被严重扭曲,不适合作为比较的基准。这一最初的OCTG基准裁定被美国国内法院发回重审并被USDOC在修改后的OCTG基准裁定中撤销,修改后的裁定大约在本案专家组成立的15个月前发布。在修改后的裁定中,USDOC撤销了其以国外价格为基准的裁定,并以国内价格作为修正后的基准。土耳其认为USDOC按照美国国内法院的指示"被迫"修改其裁定的行为不会影响USDOC上述惯例的成立。然而,专家组就本案证据审查后发现,发回重审后的OCTG裁定在一定程度上影响了随后的基准裁定。在随后的2013年CWP《最终裁定备忘录》中,USDOC指出"本次审查记录没有……足以使用外国价格作为基准的证据"。此外在本案的WLP和HWRP程序中,USDOC同样认为尽管Erdemir和Isdemir的产量占国内供应量的很大一部分,但在案证据并不支持土耳其HRS市场已被扭曲到不能被用作适当基准的结论。

美国提出了3个例子用以证明USDOC在分析国内价格能否被用作基准时,在确定政府占有商品的大部分市场之后,在证明构成市场扭曲时,还考虑了其他证据。土耳其认为,尽管USDOC在某些情形下还考虑了政府的市场参与度之外的其他因素,但对其他因素的考量并不能否认被指控惯例的存在。专家组不同意土耳其的观点。专家组认为,不论USDOC是如何评估其他因素的,如果USDOC考虑了额外的证据,就不能说其仅仅基于政府拥有或控制市场的大部分而拒绝将国内价格作为基准。要证明一项非书面的措施是惯例时,申请方需达到更高的证明标准,因此当存在与惯例相反的情况时,专家组认为土耳其未能完成其证明责任。

综上所述,专家组认为土耳其没能证明美国存在其所主张的惯例,因此驳回了土耳其关于美国的行为不符合第14条(d)项的主张。

三、第2.1条(c)项和第2.4条:专向性确定

土耳其认为USDOC在OCTG、WLP和HWRP调查程序和CWP复审程序中作出的专向性认定与第2.1条(c)项和第2.4条的规定不符。

专家组指出,正如第2.1条(c)项中所述,尽管有些补贴根据法律要件来看是非专项的,但实际上也可能是专向性的。例如,当一项"补贴项目"仅被"数量有限的特定企业"使用时,它就是专向性的。为证实专向性的存在,调查机构应首先证实相关"补贴项目"的存在。为此,调查机构应证明该补贴是根据某类计划或方案提供给接受者的。此外,在确定一项补贴项目是否被"数量有限的特定企业"使用时,第2.1条(c)项中的最后一句话要求调查机构应考虑补贴授予机构管辖范围内经济活动的多样性以及补贴项目的持续时间这两项因素。对上述两项因素的考量是调查机构在作出专向性认定时应尽的义务,因此,无论利害关系方有没有提出,调查机构都应当对其进行考量。根据第2.4条,美国应承担证明其所认定的专向性存在的义务。

1. 美国是否证明了"补贴项目"的存在

专家组已在前述公共机构认定中得出结论,USDOC将Erdemir和Isdemir认定为公共机构的行为与第1.1条(a)(1)项的要求不符。由于第2.1条(c)项所指的"补贴项目"仅指政府补贴项目,因此,当一个实体不具有政府职能时,极有可能不存在第2.1条(c)项下的补贴。然而,为了对本案作出更加完整的解释,专家组仍对USDOC是否证明了"项目"的存在进行了审查。

某项补贴项目的性质和范围的证据可以各种各样的形式呈现。然而,仅凭已向某些企业提供财政资助这一事实,并不足以证明该资

助是根据第2.1条(c)项下的一项计划或方案给予的,调查机构必须有充分的证据证明存在一系列系统的行动,且在这些行动下,某些企业得到了构成优惠的财政资助。

专家组认为,当前的问题在于USDOC是否在每项案涉程序中都认定且证明了以LTAR供应HRS的形式存在的"补贴项目"。

专家组认为USDOC将案涉程序中所有受调查的补贴统称为"项目",而没有说明为什么该词可以被用来指代"补贴",这一做法是不足以证实专向性的存在的。专家组指出,一个客观公正的调查机构有理由在作出专向性认定之前,先就一项补贴是否根据某个计划或方案提供给接受者这一问题作出合理的解释。

美国认为,土耳其政府的中期计划、支持出口导向型企业Erdemir的政策及HRS的特定交易账单三项证据结合起来可以证明补贴项目的存在。

专家组认为,USDOC提及2012～2014年中期计划是为了说明Erdemir和Isdemir是公共机构,却并没有在其专向性认定中用该中期计划来证明存在以LTAR的方式供应HRS的项目。达到中期计划中所述的诸如促进收支平衡、增加就业和强化宏观经济稳定等广泛目标的方式有很多种,支持出口导向型生产的方法也有很多种,提供受补贴的HRS并不是达到上述目标的必要方式。二者与所指控的以LTAR的方式供应HRS这一补贴项目之间的联系过于遥远,USDOC在其认定中并没有就前者如何能证明后者的存在作出合理的解释。

HRS交易清单这一证据本身并不充分,特别是其中的交易价格与基准价格相比时高时低。这并不是说一项"补贴项目"中的交易价格必须是完全低于基准价格的,而是说如果含补贴的交易与总交易量相比是不相干的且并不频繁,就难以认定存在根据一项计划或方案实施的补贴。本案中的记录无法表明USDOC在认定存在补贴的系统交易时对HRS交易清单进行了分析。

关于证据的整体性,专家组认为,鉴于上述三项证据每一项都不足以单独证明存在美国指控的补贴项目,其也不认为上述证据结合在一起能证明美国的结论。因此,专家组的结论是USDOC未能证明存在以LTAR方式供应HRS的"补贴项目",违反了第2.1条(c)项;其专向性认定缺乏充分的直接证据,违反了第2.4条。

2. 美国是否考虑了第2.1条(c)项末句中的两个因素

美国认为在其裁定中虽没有明确讨论经济多样性和补贴项目的持续时间两项因素,但已暗含了对上述两项因素的考虑。专家组认为对这两项因素的考量确实不必非得以明确的方式作出,但本案中的问题在于在案证据能否支持美国的说法。

美国认为土耳其中期计划中将土耳其经济与世界经济相联系。然而,专家组认为,美国指出的部分中只涉及土耳其经济的某些方面,如土耳其经济增长率和就业率,与土耳其的经济多样性无关。同样,Erdemir 2012年和2013年的年度报告中对其钢铁生产能力的列举与土耳其的经济多样性也无关。就美国是否隐性地考虑了土耳其的经济多样性的事实而言,撇开土耳其经济的高度多样性是否是众所周知的事实不谈,美国在调查记录中没有发现任何迹象表明USDOC隐含地考虑了土耳其经济的多样性。综上,美国没能证明其以"积极且有意义"的方式对这一因素进行了考量。

专家组认为,调查机构无须证明补贴项目实施的总期限,仅需证明该补贴使用者数量有限不完全是因为该计划实施时间短。本案中,土耳其政府向USDOC提供了受调查期间前两年的扁钢生产和消费数据,以及土耳其所有HRS的进口、出口、生产和消费数据;其没有提供针对Erdemir和Isdemir两公司的特定数据,也没有提供在上述期间任何HRS的定价信息。鉴于在案记录中相关阶段的定价信息丢失,Erdemir和Isdemir也不是相关时间段内土耳其境内HRS唯一的供应商,专家组认为对土耳其政府提供信息的评估无法使USDOC有效考虑补贴项目的实施时间。专家组不认为Erdemir和Isdemir分别成立于1960年和1970年就等于HRS和LTAR这两项计划从其成立之初就开始实施了。因此,美国自身没能充分证明

USDOC“积极且有意义”地考虑了补贴项目的实施时间这一要素。

四、第 12.7 条:对可得事实的使用

土耳其认为 USDOC 在 OCTG、WLP、HWRP 调查中使用可得事实与第 12.7 条不符。

1. OCTG 调查中对可得事实的使用

第 12.7 条旨在确保利害关系方未能提供必要的信息不会妨碍调查。该条仅允许为替换可能缺失的必要信息而使用可得事实,以确保调查机构作出准确的补贴裁定。借助可得事实不允许调查机构随意选择信息,相反,即使这些事实可能不构成要求该方提供的完整信息,调查机构也必须考虑利害关系方提供的所有经证实的事实。调查机构可以从其选取的可得事实中作出推论,但不能通过故意作出不利推论的方式来惩罚不合作方,这一做法将导致作出的补贴裁定不准确。《反倾销协定》附件 2 第 7 段与上述第 12.7 条的解释和适用有关,其规定:“如果因利害关系方不合作而导致调查机构不能获得相关信息,则此情况可导致比该方进行合作时更为不利的结果。”

土耳其认为 USDOC 的行为违反第 12.7 条的原因有二:(1)没有合理考虑 Borusan 在收集被要求提供的信息时所遇到的困难;(2)USDOC 对可得事实的适用是惩罚性的。

土耳其根据上诉机构在美国碳钢案中的陈述,主张第 12.11 条要求调查机构合理考虑利害关系方遇到的困难,其中就包括没能提供第 12.7 条下的必要信息所遇到的困难。专家组认为,在该案中上诉机构是将第 12.4 条和第 12.11 条作为理解无法提供“必要信息”的潜在原因的背景,以证明诉诸第 12.7 条下的可得事实是合理的,这一做法不会产生为第 12.7 条额外增添义务的效果。也就是说,上诉机构没有提出第 12.7 条要求调查机构适当考虑利害关系方遇到的困难。土耳其并没有在第 12.11 条下提出任何请求,因此专家组

驳回土耳其这一主张。

《SCM 协定》中并没有“惩罚”或“惩罚性的”这两个词汇。专家组认为土耳其关于“惩罚性”适用可得事实的主张,是基于 USDOC 选择“可得事实”的方式无法作出准确的裁定以找到对缺失的必要信息的“合理替代”。因此,专家组要解决的问题是为确保裁决的准确性,一个客观公正的调查机构是否会认为 USDOC 在 OCTG 调查中选择的事实是对缺失信息的合理替代。选择合理替代事实需要一个论证和评估的过程,这一过程要求考虑所有已证实的相关事实。当存在多个可得事实可供选择时,调查机构需要进行比较评估,并就其选择作出充分的解释。

在 OCTG 调查中,需要选取可得事实对 Borsan 从 Erdemir 和 Isdemir 购买 HRS 的价格和数量这两项缺失信息作出裁定。就价格而言,USDOC 选取 Gemlik 从 Erdemir 和 Isdemir 购买 HRS 的最低价格作为 Halkali 和 Izmit 两工厂采购 HRS 的价格。在专家组看来,在选择合理替代者时不能排除其他已证实的事实。USDOC 选取最低价格作为替代仅仅是基于 Boruson 不配合而作出“不利推断”,缺乏论证和评估的比较过程,这一行为有可能武断地排除了其他价格。美国认为其选择是合理的,因为这是 Gemlik 工厂购买 HRS 实际支付的价格,Halkali 和 Izmit 两工厂采购 HRS 的价格完全有可能低于该价格。专家组认为事实价格并不必然是缺失必要信息的“合理替代”。本案中有一系列实际价格,如果不考虑交易的具体情况,就无法确定哪一个实际价格可以合理地替代第 12.7 条下缺失的“必要信息”。尽管两个工厂的采购价格可能低于 Gemlik 工厂的最低价格,但该未知价格同样可能高于 Gemlik 工厂的最高采购价格。这一猜测不能作为选取可得事实的依据。即便利害关系方没有配合,一个客观公正的调查机构也不会基于“推测性的假设或现有的最糟糕的信息”进行裁定。

就数量而言,USDOC 将 Halkali 和 Izmit 两个工厂各自的总产量与 Gemlik 从 Erdemir 和 Isdemir 购买的 HRS 占其 HRS 购买总量的比值相乘作为两工厂购买 HRS 的数量。专家组认为这一比例的选取是恰当的。首先,USDOC 进行了一定程度的论证和评估;其次,缺失的两工厂的采购信息与这一比例之间有密切联系。然而,一个客观公正的调查机构不会不考虑两工厂产能利用率,直接以全部产能为基础来计算其购买的 HRS 的数量。美国确认,Gemlik 工厂的产能利用率已记录在案,而这一信息本可以作为两工厂的产能利用率的合理近似值。即便没有这一信息,调查机构也可以选择行业平均利用率作为“合理替代”。综上所述,虽然比例的选择是合理的,但将两工厂全部产能作为计算其 HRS 购买数量的基础缺乏论证和评估,因此价格的选择行为也与第 12.7 条不符。

2. WLP 调查中对可得事实的使用

这里要解决的问题是 USDOC 为补贴项目选择补贴率的行为是否与第 12.7 条相符。

Borusan 曾请求 USDOC 使用 CWP 审查程序的核查报告和证据,因为该程序涵盖了与 WLP 调查相同的补贴项目及时间段。USDOC 拒绝了这一请求,理由是“使用与不同行业相关的单独程序中提交的数据来核实,不符合法案第 782 条(i)项的要求”。就 Borusan 以 LTAR 方式提供 HRS 的行为,USDOC 只是选取了同一程序下另一被调查对象 Toscelik 在相同项目下的最高补贴率作为替代。专家组没有审查 USDOC 拒绝 CWP 核查报告和证据行为是否妥当,也没有评估 CWP 核查报告和证据能否成为可被 USDOC 选择的已证事实中的一部分。然而,专家组认为本案调查记录未能表明 USDOC 对其选择的可得事实是否可以合理替代必要缺失信息进行了论证和评估,因此与第 12.7 条不符。

3. HWRP 调查中对现有事实的使用

USDOC 发现 MMZ 没有报告其将出口收入从应纳税额中扣除及以 LTAR 的方式供电这两项行为,Ozdemir 没有报告其使用财产税豁免的行为。基于此,USDOC 认为 MMZ 和 Ozdemir 没能在其问卷答复中准确回答关于补贴项目的问题,同时没能提供它们所掌握的必要信息,因此 USDCO 认为其有理由作出不利推断。USDOC 选取了相关的最高补贴率。

专家组认为 USDOC 为缺失信息选取补贴率的做法不符合上诉机构在美国碳钢案中确定的调查机构选取的事实必须是经过论证和分析的这一法律标准。USDOC 为确保结果足够不利而选择最高的补贴率,“以实现 AFA 规则的立法目的,促使调查对象及时提供完整和准确的信息”的做法,并未对哪些可得事实可以合理替代缺失的必要信息进行充分和有意义的定性评估。因此 USDOC 的做法与第 12.7 条不符。

五、第 15.3 条:对进口产品影响的累积评估

土耳其认为,当对来自同一国家或多个国家的同一产品的进口提起反倾销和反补贴诉讼时,USITC 在评估损害时存在对倾销和补贴进口产品所产生的影响进行累积评估的惯例(“交叉累积”),这一做法本身及其在本案所涉程序中的使用与第 15.3 条不符。

美国认为第 15.3 条对是否可以将补贴进口产品的影响与非补贴的倾销进口产品的影响进行累积这一问题没有规定,这一沉默不能被解读为禁止在损害评估时对倾销与补贴产品进行累积评估。美国还认为禁止对补贴、非补贴、倾销进口产品的累积将使调查机构无法捕捉倾销和补贴进口产品同时对同一国内产业造成损害的综合影响。美国还主张,根据 GATT 第 6.6 条(a)项,一缔约方不得征收反倾销税或反补贴税(视情况而定),除非确定倾销或补贴的后果会对国内一已建产业造成实质损害或实质损害威胁。美国认为“视情况而定”这一表述考虑了调查机构累积评估倾销和补贴进口产品的有害影响的可能性。

专家组认为,第 15.3 条在能否交叉累积这一问题上并不是没有规定,并认为该条规定了进行累积评估的必要前提条件是来自几个国家的进口产品同时接受反补贴调查。因此,专家组认为不能将没

有受到反补贴调查的进口产品的影响与受调查的进口产品的影响相加后评估。此外,通过对第 15 条上下文的分析,在第 15 条的不同段落中对“补贴进口产品”的反复提及限制了可对损害进行累积评估的进口产品的范围,即在损害评估时禁止对进口产品的交叉累积。专家组驳回了美国提出的第 15 条允许调查机构考虑到所有不公平贸易进口产品对国内产业的影响的主张。专家组认为,第 15 条中没有“不公平交易产品”或类似表述,因此美国说为确定第 15 条下的损害,调查机构可以考虑一组“不公平贸易的进口商品”而不是考虑“同时受到反补贴税调查的进口商品”,这种说法没有依据。至于 GATT 第 6.6 条(a)项中的“视情况而定”及连接词“or”的使用,是指该条款处理的是倾销或补贴造成的损害,而不是倾销和补贴的累积效应。综上所述,专家组认为第 15.3 条不允许在反补贴调查中将补贴进口产品产生的影响与倾销及非补贴进口产品产生的影响进行累积评估。

土耳其还认为 USITC 在评估实质性损害时,在同一天提出申诉或启动调查的情况下,有将受到反补贴税调查的进口产品与只受到反倾销税调查的进口产品(无补贴进口产品)进行累计的惯例。对于“惯例”的认定,专家组重复了前述“利益认定”请求下所述的“惯例”的构成应符合的 3 个条件。如果从规则或规范的构成要素来看不够明确时,可以通过若干因素来证明预期适用的存在。USITC 在 OCTG、WLP、HWRP 等调查中的陈述表明,只要符合 19 U. S. C. §1677(7)(G)下的条件,就需要对进口产品进行交叉累积。这表明当这些条件得到满足时,USITC 必然会遵循案涉惯例,特别是 USITC 曾在 OCTG 和 HWRP 调查中承认上述做法是自己“长期以来的实践”。因此,专家组认为这一惯例确实存在,并构成了一种具有普遍或预期的适用的规则或规范。

美国提交了 4 个在满足累计计算的条件时 USITC 并没有在损害裁定中采取累计计算的例子来否定上述惯例的存在。专家组认为,在这 4 个案例中,USITC 没有对从某些国家进口的产品进行累计计算,是因为它们符合 19 U. S. C. §1677(7)(G)(ii)中的例外规定,但 USITC 仍对同一天提出申请或启动调查的来自其他国家的补贴、倾销、非补贴进口产品的影响进行累积,因此 4 个例外的例子不影响“惯例”的存在。

如前所述,专家组认为第 15.3 条不允许调查机构对没有受到反补贴调查的进口产品与受反补贴调查的进口产品的影响进行累积评估。因此,USITC 的“交叉累积”的惯例本身与第 15.3 条不符。

土耳其认为,美国在日落复审中累积补贴和倾销、非补贴进口产品影响的做法本身及这一做法在 2011 年 CWP 日落复审中的应用与第 15.3 条不符。专家组认为,调查机构根据第 21.3 条进行日落复审、作出损害可能性裁定时不受第 15 条的约束。专家组在得出这一结论时参照了美国石油管产品日落复审案(WT/DS268)中上诉机构对《反倾销协定》下原始调查中的损害裁定与损害持续或复发的可能性裁定之间区别的分析。在该案中上诉机构认为调查机构作出损害可能性裁定时无须受《反倾销协定》第 3 条规定的约束,其理由有二:一是《反倾销协定》第 3 条要求调查机构确定在初始调查时国内产业是否面临损害(或损害威胁),而《反倾销协定》第 11.3 条则涉及对已经存在的反倾销令的审查,以确定该命令是否应继续或撤销;二是《反倾销协定》第 3 条下的脚注 9 对整个《反倾销协定》的“损害”作了定义,但上诉机构认为对损害的定义并不等同于根据第 3 条作出的损害裁定。上诉机构认为脚注 9 中的损害定义适用于整个《反倾销协定》,包括与损害持续或再度发生的可能性有关的裁定。然而《反倾销协定》第 3 条所载的在初始调查中损害裁定的各种规则不一定适用于损害持续或复发的可能性裁定。因此,该案上诉机构认为,特别是在两项规定没有相互参照的情况下,《反倾销协定》第 3 条的所有规定并非都适用于《反倾销协定》第 11.3 条下的日落复审裁定。本案中专家组在审查土耳其的请求时采纳了上述解释,认为根据第 21 条作出损害可能性裁定时并不需要满足第 15 条的要求。基于此,专家组认为无须审查 USITC 在日落审查中是否存在交叉累积的惯例,并驳回了土耳其有关日落审查的请求。

六、第 10 条和第 32.1 条

土耳其认为,基于其根据第 1.1 条(a)(1)项、第 1.1 条(b)项、第 2.1 条(c)项、第 2.4 条、第 12.7 条、第 14 条(d)项和第 15.3 条提出的实体请求,美国的行为也因此违反了第 10 条和第 32.1 条。

当第 1 条中的补贴基本要素不存在或征收反补贴税的权利尚未确立时,征收的反补贴税与第 10 条和第 32.1 条的规定不符,专家组注意到,在此意义上,上诉机构将第 10 条和第 32.1 条下的诉请视为附带请求。本案中,鉴于专家组已经确认 USDOC 与 USITC 的裁定与第 1.1 条(a)(1)项、第 2.1 条(c)项、第 2.4 条、第 12.7 条和第 15.3 条的规定不符,专家组认为上述裁定涉及的措施也与美国在第 10 条和第 32.1 条下所应承担的义务不一致。

专家组对土耳其关于美国的行为与第 19.4 条和 GATT 第 6.3 条不符的诉请行使了司法节制。

美国:针叶木材反补贴措施
(WT/DS533)

申诉方(被上诉方):加拿大

被申诉方(上诉方):美国

第三方(第三参与方):巴西、中国、欧盟、日本、哈萨克斯坦、韩国、俄罗斯、土耳其、越南

2017年11月28日,加拿大要求与美国磋商,解决美国针对加拿大针叶木材实施的反补贴措施问题。由于双方磋商未果,经加拿大请求,DSB于2018年4月9日成立了专家组,7月6日,专家组经总干事指定组成。2020年8月24日,专家组作出最终报告。2020年9月29日,美国提出上诉。因上诉机构僵局,至2021年年底,本案仍处于上诉阶段。

针对加拿大的某些针叶木材产品,美国进行了反补贴调查,作出了一系列裁定。2004年12月20日,USDOC公布关于反补贴税的行政复议和撤销某些公司的特定审查的最终结果,其中,沿海省份的某些针叶木材产品免于适用反补贴税,而其他省份砍伐后在沿海省份生产木制品的皇家木材仍适用反补贴税。后来,美国多次进行复审,公布了多个反补贴税令。最近的这一次是2017年11月8日USDOC公布的反补贴税肯定性最终裁定和关于危急情况的否定性最终裁定,认定加拿大的某些针叶木材产品的生产商和出口商获得补贴。2018年1月3

日,USDOC 公布反补贴税的肯定性的最终裁定的修正和反补贴税令。2018 年 1 月 16 日,USDOC 公布关于加拿大无涂布原木纸反补贴税的肯定性初步裁定。对于 USDOC 的系列措施,加拿大提出异议。

【专家组的分析和结论】

一、第 14 条(d)项[①]是否要求 USDOC 将加拿大某些地区市场的立木价格作为利润评估的基准

USDOC 以加拿大政府在各地区立木市场的份额造成价格基准的扭曲为由拒绝区别处理各地区立木价格基准。USDOC 没有将来自阿尔伯塔省、安大略省、魁北克省、新不伦瑞克省、不列颠哥伦比亚省(以下统称五省,根据案件情况对除新不伦瑞克省之外的其他四个省统称为四省)内陆地区的价格作为决定这些地区的皇家立木[②]报酬的适当基准。另外,对于 USDOC 使用新斯科舍省立木价格作为评估阿尔伯塔省、安大略省的皇家立木供应的利润基准,以及使用美国华盛顿州的木材价格作为评估不列颠哥伦比亚省的皇家立木供应的利润基准,加拿大有异议。加拿大主张,USDOC 采用市场外部的基准违反第 14 条(d)项的规定。

第 14 条涉及补贴金额的计算:就反补贴措施而言,“调查主管机关计算根据第 1.1 条授予接受者的利益所使用的任何方法,应在有关成员方内立法或实施细则中作出规定,这些规定对每一具体案件的适用应透明并附充分说明,此外任何此类方法应与下列准则相一致……(d)政府提供货物或服务或购买货物不得视为授予利益,除非提供所得低于适当的报酬,或购买所付高于适当的报酬,报酬是否适当应与所涉货物或服务在提供国或购买国现行市场情况相比较后确

① 除特别注明外,本案所说的条款均指《SCM 协定》条款。
② 加拿大联邦公有土地上的立木。

定,包括价格、质量、可获性、适销性、运输和其他购销条件”。加拿大认为,根据第14条(d)项的规定,USDOC有义务考虑使用加拿大地区市场的立木价格作为利润评估的基准。美国则称不存在该项义务。

专家组认为应当审查第14条(d)项是否要求USDOC必须考虑分别使用五省市场的立木价格作为利润评估的基准价。美国认为,只要价格是私人的、市场决定的,那么任选供应国的某一地区的价格都足以满足该款的目的。专家组不同意该观点,美国这样做,好像供应国不同地区销售的立木拥有相同的现行市场条件,但事实并非如此。虽然第14条(d)项允许某些情况下调查机构任选供应国的某一地区作为基准,但是,本案证据表明加拿大不同地区的立木的市场条件不同。专家组认为,以另一地区的价格作为某一地区的价格基准,必须仔细选择现行市场条件相同的或相似的地区,并对价格做适当调整。此外,专家组认为,该方法并非获得合适基准的优先方案,这仅仅是政府供应商品扭曲了国内价格的替代方案。在适用外部基准前,调查机构可以将供应国的相同或类似商品的私人交易价格作为起点。专家组认为,即使是同一供应国的政府供应商品,不同地区的现行市场条件也是不同的。现行市场条件被限制在一个特定地理区域。调查机构应当以该地区的价格作为评估的起点,因为这种基准价格与待评估地区的现行市场条件有必然的联系。此外,一旦调查机构发现因政府是主要或重要供应商而导致价格扭曲,调查机构应拒绝使用该价格作为基准,而应使用与该价格尽可能类似的基准价格,包括必要时做适当调整。专家组提出,第19.4条支持专家组的上述理解。该条规定对任何进口产品施加的反补贴税不得超过已确认的补贴数额。调查机构需要尽可能准确地查明被调查产品获得的补贴数额。由于补贴数额取决于利润数额,调查机构需要首先使用最能反映政府供应商品的现行市场条件的基准来进行利润评估。专家组决定先判断是否存在五省具有各自独特的现行市场条件的证据,如果存在相关证据,专家组将进一步判断USDOC是否提供了合理和充分的解释，从而得出 USDOC 是否应当使用这些地区的价格作为利润评估基准的结论。

美国主张基准的选择应被限制在区域管辖范围内，而加拿大未能证明存在这种区域划分。加拿大回应称区域市场的确存在，并且市场受到不同现行条件的影响。加拿大宣称加拿大利益相关方可以提供现行市场条件差异的证据，如区域性的供需情况、质量、运输、砍伐费用和其他买卖条件。专家组注意到，调查记录显示，加拿大的相关生产商已经提交大量的关于争议中的地区的现行市场条件的明显差异的证据，表明立木市场具有当地属性。立木的当地属性使立木价格跨地区比较的结果毫无意义。

加拿大提交了关于不列颠哥伦比亚省沿海与内陆的明显不同的现行市场条件的证据，专家组确认，该省沿海和内陆市场条件差异很大。新斯科舍省的市场条件与阿尔伯塔省、安大略省、魁北克省的现行市场条件也有很大差异。专家组指出，USDOC 承认存在这些证据，但却没有对此进行分析。专家组认为，一个客观且无偏见的机构应该对如此大的市场条件差异予以分析，并解释其为何考虑或不考虑这样的市场条件差异。USDOC 的裁定不合理，不能解决争议地区是否具有独特的现行市场条件的问题，未能就不存在独特的现行市场条件提供合理的、充分的解释。在使用外部基准前，USDOC 应当将争议地区的基准作为评估的起始点。

综上，专家组认定，USDOC 关于四省没有独特的现行市场条件的裁定缺乏合理充分的基础，USDOC 负有使用这些地区的市场基准作为利润评估的起点的义务。

二、USDOC 拒绝使用五省的市场价格作为立木基准是否合理

加拿大主张 USDOC 拒绝使用五省的市场价格作为决定这些省份的皇家立木报酬适当性的基准的行为，违反了第 14 条(d)项

的规定。

1. USDOC 是否不合理地拒绝安大略省的某些私人市场价格作为合适的立木基准

加拿大提议将私人立木的价格作为安大略省立木的比较基准并提交了相应的价格资料,USDOC 未予采纳。对此,加拿大主张 USDOC 违反第 14 条(d)项的规定。USDOC 确认皇家立木占安大略省立木总量的 96.5%,而 96% 的立木价格须遵循政府定价的方法,并认定政府的主导地位扭曲私人交易。USDOC 最终以安大略省私人木材价格不是由市场决定为由使用了新斯科舍省的私人立木价格。

在这一争议中,焦点在于相关私人价格是否被扭曲。专家组认为,仅凭政府占据主要市场份额并不能推导出私人价格扭曲,证据的实质内容十分重要,不能仅以政府的市场地位为由拒绝考虑相关证据。

对于 USDOC 认定私人价格扭曲的原因,专家组逐一进行分析。第一,关于皇家立木的定价,专家组同意加拿大的意见,政府价格的行政性设定,不必然扭曲其他市场价格,还需结合其他证据来认定。第二,关于皇家立木的灵活供应。额外可获得的皇家立木是否影响私人立木的价格,USDOC 未能提供充分解释,仅仅是毫无理由地推断。专家组认为,皇家立木的灵活供应并不当然降低私人立木的需求量和价格,砍伐的经济效益才是影响因素。第三,关于市场集中度,专家组同意加拿大的观点,仅根据私人公司间竞争情况,包括市场集中度,无法认定价格扭曲。至于私人立木的主要购买者也是皇家立木的主要购买者的问题,USDOC 认为这使私人市场严重受制于皇家立木市场。专家组认为,因果关系不一定成立,购买者对于私人立木的需求量也是影响因素。USDOC 的裁定未能给出关于市场集中度如何导致价格扭曲的详细解释。第四,关于 MNP 事务所的调查报告,USDOC 认为其不具代表性,理由是调查中私人立木购买的受调查者数量少,这表明安大略省私人立木需求量减少。专家组指出,对于新斯科舍省和安大略省的调查,两者的受调查者和立木的数量均相同,USDOC 却采取了不同态度。专家组认定 USDOC 未能提供合理的理由来证明安大略省的调查不具代表性。此外,关于受调查者的数量与需求降低之间的因果关系,鉴于 MNP 调查表明合并导致伐木者减少,以及私人立木购买量的基本不变,专家组认定,USDOC 的主张不能成立。第五,关于安大略省的原木价格,USDOC 拒绝使用 KPMG 公司关于原木交易的调查数据,认为这不是美国法律规定的“第一层”基准,而新斯科舍省的立木价格是第一层基准。专家组认为,根据第 14 条(d)项的规定,价格基准不仅与产品相关,还应与皇家立木的现行市场条件相关联。专家组指出,一方面,USDOC 主动向受访者要求提供安大略省的私人原木价格;另一方面,USDOC 未能解释与安大略省的原木价格相比,新斯科舍省的立木价格是否与安大略省立木的现行市场条件更相关。基于 GATT 第 6.3 条的规定,调查机构应当先确定补贴的准确数额再征收反补贴税。补贴是基于获得的利益,而利益分析需要最能准确地反映现行市场条件的基准。专家组认为,USDOC 未证明其认定安大略省私人价格扭曲的原因。

综上,专家组认定,USDOC 既没有证明市场扭曲,也没有解释其拒绝使用安大略省私人立木和原木价格作为基准的理由,违反第 14 条(d)项的规定。

2. USDOC 是否不合理地拒绝不列颠哥伦比亚省木材销售组织(British Columbia Timber Sales,BCTS)的拍卖价格作为合适的立木基准

不列颠哥伦比亚省使用 BCTS 的拍卖价格作为市场定价系统的基础,以此来决定非拍卖的皇家立木的价格。USDOC 认为该价格非市场决定,不适合作为立木基准。加拿大指出,USDOC 不使用 BCTS 的拍卖价格作为立木基准,违反第 14 条(d)项的规定。

USDOC 不使用拍卖价格的理由是 5 家取得长期使用权的公司的主导地位造成拍卖参与者竞价度低。专家组认为,美国未能说明 5 家取得长期使用权的公司如何影响拍卖参与者。拍卖木材和通过长

期许可证获得的木材的主要消费者身份不能推导出这5家公司限制拍卖价。一方面,这5家公司是竞价者的消费者,对拍卖价的影响是间接的,且数据表明大量的拍卖木材是被其他公司购买。另一方面,USDOC在裁定中未提及这5家公司通过长期许可证获得的木材。专家组认定,USDOC认定木材市场导致拍卖价格扭曲不存在合理的、充分的依据。

美国认为一个公司最多只能持有三张销售许可证的规定排除了某些竞价者,被排除在外的公司可能会雇佣代理人竞价,使拍卖价格失真。专家组认为,美国仅部分援引不列颠哥伦比亚省有关竞价人数和拍卖价格关系的陈述,忽略了竞价者不知道一同参与竞价的人数这一事实。此外,竞价人冒着不中标的风险出低价,从逻辑上讲不通。此外,美国也没有证据表明所有竞价者都是代理。专家组认定,USDOC未能证明"三张证限制"损害了BCTS的拍卖价格作为基准的有效性。

在初步裁定中,USDOC确认限制原木出口的规定导致供应过剩,从而抑制拍卖价格,最终裁定重申了这一结论。加拿大称USDOC的结论违反第14条(d)项的规定。专家组认为,出口规定是否构成扭曲价格的政府干预,需要个案分析,需要考虑市场特性,证据材料的本质、数量和质量。专家组认为,取得出口豁免的要求的确阻碍了原木出口,但不等于会扭曲原木价格,因为豁免程序广泛使用。对于USDOC提出国内木材加工公司能够阻止出口豁免,迫使出口商以较低价格将原木出售给国内加工商,加拿大提出豁免申请通过率高达99.5%。专家组认为,高通过率不等同于出口自由。USDOC推断几乎所有的出口商需要与几乎所有的消费者分别签订非正式协议以保障出口,并提交了一些证据。对此,专家组认为即使部分证据证明非正式协议的存在,也无法证明其普遍性。此外,未使用的出口授权证表明非正式协议可能不会限制出口。USDOC预估豁免请求处理时间长达7～13周,加拿大已证明实际时间远少于此。USDOC提出申请出口豁免需提交替代制造费,这增加出口成本,抑制出口。

专家组认为,美国无法解释制造商获得出口许可并支付了制造费却不出口原木的现象。因此,专家组认定没有充分证据证明出口规定扭曲拍卖价格。

USDOC 认为原木出口规定的影响从不列颠哥伦比亚省沿海地区扩散到内陆地区。加拿大认为 USDOC 错误地将潮水地区(Tidewater)归为内陆。专家组认为 USDOC 没有结合关于潮水地区的独特性的证据,未合理解释为什么将潮水地区视为内陆。鉴于北方内陆地区仅占全省出口额的 2%,专家组认定 USDOC 关于内陆在出口数量上重要和出口规定直接影响内陆原木价格的主张不成立。由于 USDOC 未能提供潮水地区属于内陆地区的依据,潮水地区和沿海地区的运输不能证明沿海地区和内陆地区之间存在经济性的运输。专家组认为,USDOC 没有考虑关于两个市场间极少的原木流动的证据,不能证明存在经济性的运输。USDOC 主张,即使沿海地区和内陆地区的原木种类不完全相同,它们也是可以互换的,因此,对一种原木产生直接影响的出口规定将对其他种类的原木产生间接影响。加拿大提出,价值影响仅限于沿海的原木种类。专家组同意加拿大的观点,加工后的木材产品可以互换不等于原木可以互换,且加拿大提供证据证明内陆地区的锯木厂不适合加工沿海原木。加拿大主张不同市场的原木价格不同。USDOC 认为加拿大方提供的两份报告具有明显倾向性,属于自行调查后出具的内容。专家组同意加拿大的观点,认为 USDOC 关于斯堪的纳维亚半岛和美国东南部州的市场的调查与一价定律[①]能否适用不列颠哥伦比亚省沿海和内陆地区没有直接关联,相反,加拿大的报告更具针对性。USDOC 未能说明己方报告的地区条件与不列颠哥伦比亚省相同,也未能解释为什么己方报告结论能够适用不列颠哥伦比亚省。专家组不支持 USDOC 的一价定律主张。因此,专家组得出结论,美国未能充分合理地解释原木出口规定影响不列颠哥伦比亚省内陆地区。

---

① 对所有地区同一种类同等级别的木材适用同一价格。

综上,专家组认定,USDOC不合理地拒绝BCTS的拍卖价格作为立木基准,违反了第14条(d)项的规定。

3. USDOC是否不合理地拒绝魁北克省的拍卖价格作为合适的立木价格基准

魁北克省将魁北克省木材市场局在公开拍卖中出售皇家立木的价格作为皇家林地的其他立木的价格。USDOC拒绝使用魁北克省的拍卖价格作为合适的立木基准,认为拍卖价格因政府介入被扭曲。

2015～2016财政年度魁北克省全年采伐量的73.88%来自皇家林地伐木,其中,51.75%来自政府许可的采伐(Timber Supply Guarantee,TSG),22.13%来自拍卖。

USDOC认为市场集中度扭曲市场价格,拥有TSG的锯木厂主导皇家立木的消费,且没有动力以高于TSG的价格出价。专家组提出,当非拍卖的皇家木材不能完全满足需求,消费者将需要依靠其他来源,如拍卖。消费者将努力竞价,争取竞拍到木材。消费者的主导地位和皇家木材的市场份额,不会影响拍卖价格。专家组认为USDOC没有证明市场集中度扭曲市场价格。

USDOC发现根据魁北克省《可持续森林发展法》第92条的规定,拥有TSG的锯木厂可以相互间调整皇家木材的配额,从而降低通过拍卖或其他非官方途径获得木材的需要。专家组认为,根据该法第93条的规定,许可调整木材分配是有条件的,并且转让方要付费,转让的木材量仍被归为转让方的砍伐量。当锯木厂因无法加工转让某些原木时,为满足需要,将会通过拍卖或其他非官方渠道获得木材。专家组认定,USDOC未能证明额外木材供应减少锯木厂拍卖需要,扭曲拍卖价。

专家组认为,USDOC的裁定没有阐明拥有TSG的锯木厂无须参加拍卖的原因。在不能证明非拍卖渠道完全满足锯木厂需要时,USDOC没有援引任何价格数据或其他证据,不能证明拥有TSG的锯木厂缺乏动力以高于TSG价格竞价。另外,USDOC提出非锯木厂独立竞价者因必须出售拍卖购得的木材给拥有TSG的锯木厂而不可能以高于 TSG 价格竞价。专家组询问如何证明“必须”出售时，美国改称为可能出售，并提出魁北克省提供的数据表明拥有 TSG 的锯木厂主导该省木材需求。专家组认为 USDOC 未能提供相关证据，且未能说明拍卖价格与 TSG 价格之间的相关性。USDOC 提出魁北克省政府要求拍卖的木材必须在该省内加工，违反公开和竞争性的要求。魁北克省提交了 Marshall 报告，专家组认为，该报告分析了省内加工规定对拍卖的影响，证明了拍卖系统仍然是公开的和具竞争性的。USDOC 提出该报告没有分析所有竞价情况，专家组认为这与 USDOC 的独立竞价人没有动力以高于政府定价的价格来竞价的结论没有因果关联。专家组认定，USDOC 不考虑该报告的行为是错误的。

USDOC 认为 15% 皇家木材未售出表明竞标者没有以高于 TSG 价格竞拍。专家组认为这一结论错误。首先，Marshall 报告证明竞标者的确作出过高于 TSG 价格的积极竞拍。其次，未售出显示政府确定了底价。最后，魁北克省政府在对 USDOC 初次调查的答复中解释了未售出是因为定价不能反映市场现行条件。因此，专家组认定，未售出木材不等于拍卖价格扭曲。

加拿大认为因为不存在对魁北克省的原木的出口需求，省内加工规定不影响拍卖市场。Marshall 报告表明距离远使魁北克省原木出口不具经济利益。专家组认同加拿大的主张，认为 USDOC 没有考虑该报告的相关内容。至于 USDOC 认为魁北克省木材拍卖市场不具开放性，专家组认为加工限制不意味着拍卖市场不开放，USDOC 没有考虑相关证据，如例外情形的适用问题。最终，专家组认定，USDOC 没有证明加工规定限制拍卖以及扭曲拍卖价格。

综上，专家组认定，USDOC 拒绝使用魁北克省拍卖价格不合理。

4. USDOC 是否不合理地拒绝阿尔伯塔省的原木价格作为合适的立木价格基准

阿尔伯塔省对皇家立木行政性定价时，参考阿尔伯塔省木材管理局（Alberta’s Timber Management Regulation，TMR）设定的普通针叶木材价格,并根据每周公布的北美木材价格进行调整。加拿大提出以年度木材损害评估调查(annual Timber Damage Assessment survey,TDA)的某些数据作为决定三家公司购买皇家木材报酬的基准,USDOC 拒绝这一提议。加拿大认为拒绝行为违反了第 14 条(d)项的规定。

USDOC 在确定是否授予利益时采用分级方法确定比较基准:产品的市场交易价格、国际市场价格或符合市场规律的政府价格。USDOC 认为 TDA 原木价格不能反映市场价格,因而不能作为分析的基准。

加拿大主张 USDOC 的行为不合理:第一,这与美国以原木价格作为立木价格基准的以往实践不一致;第二,这也与此次基础调查不一致;第三,TDA 调查中的原木价格能够反映该省立木的主要物种和成长条件。

USDOC 认为,立木市场价格是最合适的基准,但某些情况下原木价格也可以作为基准,如在不列颠哥伦比亚省,因无法获得其他相关基准而使用原木价格。调查对象是立木而非原木,因而 TDA 原木价格不构成基准,在使用新斯科舍省的立木价格作为一级基准时,再考虑非一级基准(如 TDA 原木价格)是没有必要的。

专家组认为,根据第 14 条(d)项的规定,确定基准时,需要考虑与商品有关的现行市场条件。专家组认为,USDOC 未解释新斯科舍省的立木价格与阿尔伯塔省立木的现行市场条件更相关的原因。毕竟,USDOC 曾要求受调查者提供原木价格。专家组认为,美国没有提供相关解释,没有采用公平的判断方法。

USDOC 认为 TDA 原木价格违反市场原则。第一,抢救性交易①。USDOC 认为,在未得到使用权者同意情况下木材被砍伐,导致其价格不能代表成熟立木的价格。专家组认为,未同意不等于过早砍伐。加拿大提出其规定了树木最小尺寸,而 USDOC 没有证明

---

① 土地用途改变之前进行的砍伐和交易。

抢救性砍伐的木材不满足尺寸规定。因此,专家组确认,USDOC 不合理地认定抢救性交易不能公平反映成熟立木价格。第二,皇家原木的销售。USDOC 认为,皇家原木销售占据 TDA 调查中交易量的 60%,导致皇家立木价格和包含皇家立木的基准循环比较;皇家原木交易上设置有皇家留置权,产生公开市场没有的风险。根据阿尔伯塔省《森林法》第 32 条的规定,当未支付皇家木材费用时,部长对木材享有留置权。加拿大承认存在留置权,但主张留置权发生在任何交易中,无论是皇家木材还是私人木材。专家组认定,USDOC 没有解释留置权产生风险以及出售皇家原木会构成循环比较的原因。第三,禁止出口原木。USDOC 提出,阿尔伯塔省《森林法》第 31 条禁止出口,阻止原木销售商获得市场最高价格,降低了原木价格。加拿大提出,《森林法》第 31 条没有禁止出口,只是管理出口,并明确授权许可出口。Brattle 报告表明,通过提交申请获得许可出口,无须支付费用或税款,并且近些年的申请均得到批准。专家组认为,USDOC 没有合理充分地解释为什么其认为《森林法》第 31 条禁止出口并降低原木价格。

加拿大主张,它提供的 Brattle 报告和 Kalt 报告是涉及证明 TDA 原木价格由市场决定的证据,而 USDOC 在裁定中没有处理两个报告。专家组注意到,Brattle 报告确认原木需求是加工成本和锯木厂购买价格作用的结果,与政府无关,USDOC 本应当考虑相关内容。另外,关于 Kalt 报告,USDOC 处理了其中 Dan Wilkinson(丹·威尔金森)书面陈述的附件,而加拿大称 Kalt 报告整体是焦点。专家组认为,USDOC 需要考虑 Kalt 报告的整体。最终,专家组认为,USDOC 未能充分解释为什么不考虑两份报告。

综合上述分析,专家组得出结论,USDOC 不合理地主张 TDA 原木价格违反市场原则。

加拿大主张,USDOC 没有考虑 TDA 原木价格是否被政府扭曲就拒绝将其作为基准,违反第 14 条(d)项的规定。专家组认为,评估 TDA 原木价格是否违反市场原则,实际上是评估原木价格是否被扭曲。专家组认为,USDOC事实上调查了原木价格是否被扭曲,只是得出错误结论。专家组不支持加拿大这一主张。

综上,专家组认定,USDOC没有合理充分地解释为什么拒绝阿尔伯塔省的TDA原木价格作为有效的立木基准,因此,其行为违反第14条(d)项的规定。

关于新不伦瑞克省,USDOC确认新斯科舍省的立木价格合理地反映了新不伦瑞克省的立木的现行市场条件。专家组认为,在这个问题上,加拿大未能证明USDOC的结论不正确。据此,USDOC没有将新不伦瑞克省的价格作为评估基准的义务。

三、新斯科舍省的基准是否与阿尔伯塔省、安大略省、魁北克省的现行市场条件相关

USDOC认为,因为新斯科舍省与阿尔伯塔省、安大略省、魁北克省都位于加拿大,所以它们的现行市场条件相关联。加拿大称,鉴于原木不能跨省远距离运输和森林多由各省所有和管理,加拿大立木市场具有地区性。美国认为,新斯科舍省的基准是供应国相同或相似商品的市场价格,满足第14条(d)项的规定。

专家组提出,仅因地理位置不能证明以新斯科舍省的基准来评估其他省的立木报酬的适当性。专家组需要审查加拿大是否证明新斯科舍省的立木价格与其他省的现行市场条件不相关。根据双方观点,专家组审查了以下6个因素。

第一,物种混合的差异。USDOC发现新斯科舍省的立木与其他几个省的立木来自相似森林,构成相同的核心物种群。考虑到不同物种的比例和木材质量的差异易导致价格差异,降低可比性,专家组认为,USDOC没有仔细审查物种差异,故其得出关于单个物种差异无关紧要的结论错误。因此,专家组认定,USDOC未能证明新斯科舍省的价格基准与其他省份的现行市场条件相关。

第二,胸径的差异。USDOC发现,几个省木材的胸径与新斯科

舍省木材的平均胸径相当。USDOC 在计算阿尔伯塔省和安大略省木材胸径时仅考虑采伐的木材,而在计算新斯科舍省的木材的胸径时还考虑了在生长的立木,即不成熟的不具砍伐的经济性的树。专家组认为,阿尔伯塔省、安大略省的数据与新斯科舍省的不相当。

第三,价格基准不包括纸浆木。专家组指出,一方面,锯木和钉木的价格不等于不是立木价格,比如魁北克省的拍卖系统将立木拍卖价表述为锯木和钉木价格;另一方面,可能出现锯木厂购买、砍伐立木后出售一部分的树木。因此,专家组认为,加拿大没有证明 USDOC 的价格基准是基于原木;由于加拿大未能证明新斯科舍省的基准价格的依据是原木,不能证明基准不包括纸浆木从而导致质量不一致。加拿大还提出,纸浆厂的纸浆木需求造成新斯科舍省和其他省现行市场条件的不同。专家组认为,竞争度取决于竞争实体的数量和大小以及需求量,加拿大未能证明锯木厂使新斯科舍省的竞争度高于其他省。

第四,运输成本的差异。加拿大主张 USDOC 忽视新斯科舍省与其他省份在运输条件方面的差异,指出运输是第 14 条(d)项明确规定的市场条件。USDOC 主张其他省份的一些锯木厂与木材来源地之间距离短。专家组认为,USDOC 没有指出这类锯木厂的占比以及其他三省的距离是否与新斯科舍省相当。最后,专家组认为,由于大量证据表明新斯科舍省与其他省在运输成本和立木价格方面有差异,USDOC 应当考虑运输对基准的影响。

第五,新斯科舍省木材供应量减少的影响。加拿大主张 USDOC 忽视供应量降低对现行市场条件的影响。专家组认为,加拿大没有提供供应量与立木价格有关的证据,没有证明新斯科舍省面临供应短缺。因此,加拿大没有证明供应条件影响立木价格。

第六,生长和砍伐条件的差异。加拿大主张新斯科舍省与其他省份树木生长和砍伐条件的不同造成现行市场条件的不同。专家组认为加拿大提供的证据不充分,未能证明生长和砍伐条件的不同造成现行市场条件的不同。

综上,专家组认为,USDOC 以新斯科舍省的基准价格来反映其他省的现行市场条件,违反第 14 条(d)项的规定。

四、加拿大关于 USDOC 使用华盛顿州原木基准的主张

在确定不列颠哥伦比亚省价格基准时,该省政府和加拿大受调查者提议使用 BCTS 拍卖价格作为基准,USDOC 表示拒绝。USDOC 也拒绝使用新斯科舍省立木价格作为基准,而是根据美国华盛顿州自然资源局(Washington Department of Natural Resources,WDNR)的数据做了计算。加拿大认为,国外基准不能反映不列颠哥伦比亚省的现行市场条件,USDOC 的行为违反第 14 条(d)项的规定。

1. 华盛顿州原木基准的合适性

加拿大认为,华盛顿州和不列颠哥伦比亚省不具有可比性。加拿大提出物种比例的不同影响基准价格。美国主张两地区物种相同,并且 USDOC 采用特定物种基准,比例不同不影响基准的合适性。专家组认为,由于 USDOC 可以对 WDNR 数据进行合理调整,加拿大称 WDNR 数据不能作为基准不成立。加拿大还主张两个地理区域的价格有差异,USDOC 没有调查差异的原因,专家组认为,根据第 14 条(d)项的规定,USDOC 没有进行准因果分析的义务。

2. USDOC 对华盛顿州原木基准的调整

加拿大提出 USDOC 没有根据转换系数、原木质量、整体定价、运输成本等因素调整华盛顿州原木基准,违反第 14 条(d)项的规定。

第一,转换系数。不列颠哥伦比亚省的原木计价单位为立方米,华盛顿州的为千板尺①(thousand board feet,MBF)。USDOC 使用了单一转换率 5.93m^3/MBF。② 加拿大主张,不列颠哥伦比亚省的双级

---

① 北美板材的体积单位,1 英尺长,1 英尺宽,1 英寸厚的板材为 1 板尺。

② 华盛顿州的 Scribner Decimal C 规则(Scribner Decimal C Rule)是通过估计厚度为一英寸的木板数量来估计原木总量。不列颠哥伦比亚省的公尺(BC Metric Scale)方法是测量可用木纤维的总量。

研究针对主要树木种类确定了特定的转换系数,USDOC 的单一转换系数过时且不准确,没有包括主要物种。专家组认为,双级研究提出的抽样方法涉及主要森林类型,以及样本是否包括主要物种和在总砍伐量中占较大比例。专家组认为 USDOC 未要求加拿大就抽样进一步说明。USDOC 还提出华盛顿州的价格基准应使用该州的测量方法。对此,专家组认为,既然 USDOC 主张两地区的原木相似,具有可比性,那基准来自华盛顿州而不使用不列颠哥伦比亚省双级研究就不具有合理性。因此,专家组认定,USDOC 没有提供充分的、合理的解释说明转换系数的选择,违反了第 14 条(d)项的规定。

第二,原木质量调整。加拿大认为,USDOC 未考虑低质量的原木,如实用级原木和受甲虫损毁的原木,导致基准不能反映现行市场条件。USDOC 确认无法根据不列颠哥伦比亚省的分级系统处理 WDNR 数据,也没有采用双级研究中的可锯木和实用级原木的比例。根据第 14 条(d)项的规定,基准应当反映供应国的现行市场条件,必要时调整基准以反映现行市场条件。美国提出,因为 WDNR 数据本身的局限性,USDOC 无法考虑实用级原木的数量。专家组不认同美国的理由,认为数据的局限性不足以减损第 14 条(d)项规定的义务,USDOC 应当使用双级研究来评估是否存在调整基准的充分依据。专家组提出,USDOC 有权选择调整基准的方法,却没有作出调整,违反了第 14 条(d)项的规定。关于受甲虫损毁的木材的调整,加拿大认为 USDOC 没有考虑因甲虫损毁的木材。USDOC 则认为加拿大方没有证明 WDNR 数据不包括因甲虫损毁的原木的价格。专家组认为,两地区原木受甲虫影响程度不同,导致华盛顿州的基准和不列颠哥伦比亚省的原木的收入不同,影响现行市场条件,因而有必要进行调整。专家组认为,最终裁定没有表明 USDOC 核查了 WDNR 数据是否充分反映不列颠哥伦比亚省甲虫侵扰的市场条件,违反第 14 条(d)项的规定。

第三,整体定价。加拿大主张整体定价是现行市场条件之一。USDOC 主张整体定价违背市场原则,没有使用加权平均的整体基准来评估报酬的适当性。专家组认为,不列颠哥伦比亚省考虑每个物种的数量和价值的证据与整体定价是否违背市场原则相关,USDOC却没有审查这些证据。另外,加拿大方提出两个利益评估方法:其一,比较单一加权平均基准和受调查者报告的立木率;其二,采用特定交易分析,但不汇总所有比较结果。USDOC以整体定价不属于现行市场条件为由拒绝使用这两个方法。专家组认为,由于USDOC不能证明整体定价不是现行市场条件,没有合理理由拒绝加拿大方提议的方法。专家组认定,关于不将整体定价视为现行市场条件,USDOC未能提供合理的、充分的解释。

第四,运输费用。加拿大提出,相比华盛顿东区的木材生产商,不列颠哥伦比亚省内陆地区的木材生产商承担的运输木材费用较高,USDOC应据此调整基准。美国认为,相关运输费用指的是将木材运至锯木厂的费用,而不是运输至美国购买者处的费用。双方的争议焦点在于是否需要考虑跨国运费。专家组认为,将木材成品运输至木材市场不属于第14条(d)项下的调查范围。虽然原木或立木的价值受运输费用的影响,但是这不等于第14条(d)项要求USDOC作出相应调整。第14条(d)项指向的是商品,而不是下游产品,因此,调查机构不需要考虑运输下游产品至市场的成本。另外,专家组认为,一旦此类运输费用需要考虑,由于费用不统一,调查机构的利益裁定的准确度将令人怀疑。

USDOC依据新斯科舍省研究报告作出了关于基准的决定。加拿大认为美国没有做到可靠、精确、透明并予以解释,在USDOC核查发现报告存在错误之后,仍然认为报告没有问题,这违反了第14条(d)项。专家组指出,一个客观和无偏见的调查机构在确认新斯科舍省的调查中存在错误时,不会依据新斯科舍省的调查来确定基准价格;USDOC也没有就调查中使用的转换系数是否可靠和准确提供合理和充分的解释。专家组认为,由于依赖不可靠的调查,USDOC未能满足第14条起首部分的要求。加拿大还提出,USDOC没有考虑四省生产者支付的报酬,对条件不同的省份没有做调整,违反了第

14 条(d)项。专家组指出,USDOC 没有将有关付款视为木材报酬的一部分,没有对任何强制性的支付进行调整,低估了对立木的报酬,从而夸大了确定存在的利益量或确认了不存在的利益;USDOC 没有对不做调整提供合理和充分的解释,其做法不符合第 14 条(d)项的规定。

印度:出口措施
(WT/DS541)*

申诉方(被上诉方):美国

被申诉方(上诉方):印度

第三方(第三参与方):巴西、加拿大、中国、埃及、欧盟、日本、哈萨克斯坦、韩国、俄罗斯、斯里兰卡、中国台北、泰国

2018年3月14日,美国提出申诉,要求就特定出口补贴措施与印度展开磋商。由于磋商未果,2018年5月28日,DSB应美国请求建立专家组。2018年7月23日,经WTO总干事指定成立了专家组,2019年9月30日,专家组公布了最终报告。印度提出上诉。由于WTO争端解决上诉机构陷入僵局,本案至2021年年底仍处于上诉阶段。

本案争议涉及印度政府对于出口制度的五类规定。美国认为这些制度属于《SCM协定》第3.1条(a)项[①]和第3.2条所禁止的出口补贴。

---

* 本案初稿由华东政法大学国际法专业研究生陈文斌撰写。

① 除特别注明外,本案中所有的条款均指《SCM协定》条款。

【专家组的分析和结论】

一、印度的涉案措施

专家组首先概括了印度被指控的5项措施。

1. 出口导向单位和行业计划、电子硬件技术园区计划、生物技术园区计划(EOU/EHTP/BTP)

本案涉及该计划中两项授予企业的特权:一是有关单位无须缴纳任何种类本单位经营活动所需货物的进口关税,二是有关单位购买可消费品时无须缴纳中央消费税。获得相应特权的条件是,必须承诺出口其生产的全部货物和服务,并且是净外汇盈余者,即出口总额超过进口总额。计划还对没有达到净外汇盈余设定了制裁措施,包括罚款、刑罚和取消相应地位。本计划的目的是促进出口、提高外汇收入、吸引出口投资和提供就业。

2. 资本货物出口促进计划(EPCG)

该计划的参与者可以经授权免除资本货物进口关税,需要满足的要求是:(1)在6年之内,参与者对计划规定的特定种类货物出口至少达到免除关税的6倍;(2)参与者对上述特定种类货物出口额必须超过获得该计划授权前3年内同类货物出口的平均值。鼓励参与者提前完成相应义务,6年考验期的前4年中如果没有完成相应义务,需补缴关税,甚至导致处罚。该计划的目的是促进资本货物的进口,提高印度制造业竞争力。

3. 经济特区计划(SEZ)

该计划指的是印度经济特区法及有关实施规则,涉及争端的措施包括:(1)所有开发者和创业者可以就从经济特区出口或向其进口的货物免除关税;(2)特区企业进口货物可以免除印度综合商品和服务税;(3)特区内企业所得税减让。获得相应优惠同样需要满足净外汇盈余的条件,未能达到要求的企业会受到处罚和取消相应地位。

该计划的目的是促进出口和有关地区的经济全面发展,保障国家经济主权,以及促进投资,创造就业机会,促进基础设施建设。

4. 出口商进口免税计划(DFIS)

本计划指的是第50/2017号通知的9项条件,分别规定了在满足相应条件下,特定货物的进口关税为零。这些规定要求进口免税的货物必须用于制造为出口生产的特定产品,并且免税进口货物不得超过上一财政年度同类出口商品FOB价格一定比例(1%～5%),除此之外,还需要获得相应机构的资格认可。

5. 印度商品出口计划(MEIS)

本计划为向特定市场出口特定货物者提供税收抵免临时凭证,这一凭证可以用来支付进口货物的基本及附加关税,境内采购货物的中央消费税,以及印度政府其他种类税费。临时凭证可以自由转让。临时凭证的价值计算方式是出口货物的FOB价格乘特定市场特定货物的相应比率。该计划的目的是帮助出口者平衡基础设施落后和其他的成本,促进特定货物的生产和出口。

印度提出,美国申诉中所列证据没有达到第4.2条的要求。专家组经过审查,认为美国的证据列举已经达到了要求。

二、第27条的相关条款是否免除了印度在第3.1条和第4条项下的义务

第27条是关于发展中国家成员的特殊和差别待遇。其中规定第3.1条(a)项规定的禁止,自《WTO协定》生效之日起8年内对其他发展中国家成员不适用,但需符合第3.4条的规定。这一条款的规定非常清楚,不存在做其他解释的可能。从这一规定用语的普通含义看,至2002年12月31日,印度就不能再"享受"第3.1条(a)项规定(以出口实际为条件的补贴)的豁免。然而,印度提出以《SCM协定》的其他条款作为解释这一条的上下文,为自己的补贴措施抗辩。

印度首先提出了附件 7(b)项。这一项规定:“根据第 27.2 条(a)项的规定,无须遵守第 3.1 条(a)项所指的发展中国家成员为:……(b)下列属发展中国家成员之列的 WTO 成员在人均年国民生产总值已达到 1000 美元时,根据第 27.2 条(b)项的规定,应适用对其他发展中国家成员适用的规定。”这一项列出了包括印度在内的 20 个国家的名单。印度提出,机械地解释第 27.2 条中关于 8 年的规定,将使附件 7(b)项失去意义。专家组指出,第 27.2 条和附件 7 都规定了发展中国家成员的特殊和差别待遇,并在不适用第 3.1 条(a)项规定方面确立了不同程度的灵活性:在第 3.1 条(a)项规定“不适用”的期间,即过渡期方面,三类成员的灵活性有所不同。首先,对于一般的发展中国家成员,第 27.2 条(b)项规定了自《WTO 协定》生效后的 8 年过渡期。在此期间,第 27.4 条的第 1 句话对第 27.2 条(b)项中提到的发展中国家成员规定了逐步淘汰的义务。其次,对于最不发达国家成员,附件 7(a)项规定,只要有关成员被联合国指定为最不发达国家,第 3.1 条(a)项的禁止规定就不适用。最后,对于附件 7(b)项所列的发展中国家成员,只要这些成员仍然低于人均年国民生产总值 1000 美元,甚至在 8 年期限之后,还可以继续不适用,但如果达到了门槛,就要使用一般发展中国家成员方的规定了。印度的人均年国民生产总值已经超过 1000 美元,因此要使用一般发展中国家成员的规定。

印度又提出第 27.4 条和第 27.5 条中提到 8 年时间时与 27.2 条(b)项不同,前者没有起算时间。专家组指出,第 27.4 条并没有设定单独和独立的时间,而是在第 27.2 条(b)项设定的 8 年时间里规定了逐步消除出口补贴的义务;第 27.5 条也没有延长 8 年的期限,而是限制了特殊待遇的范围。专家组驳回了印度的抗辩,确认其不能根据第 27 条豁免第 3.1 条(a)项的义务。

三、印度的涉案措施是否符合《SCM 协定》脚注 1 和附件 1 的相关规定

印度主张,5 项措施中的 4 项符合脚注 1,因此不应视为补贴。脚注 1 规定出口退税和减免税只要不超过其应付的数量,不得视为一种补贴。附件中列出了出口补贴清单,但是(g)项和(h)项规定都提到了"生产出口产品过程中消耗的投入物"。专家组指出,判断有关措施是否是补贴应当从整体视角,而不是孤立地分析各项特征是否符合脚注 1。①

1. EOU/EHTP/BTP 是否符合脚注 1

印度主张 EOU/EHTP/BTP 符合脚注 1,其中对关税免除符合附件 1(i)(g)项,对中央消费税的免除符合附件 1(h)项。

针对 EOU/EHTP/BTP,专家组认为其中的资本货物指的是工厂、机器、设备或生产制造过程中需要的附属品等,如发动机、发电厂、办公室家具等;而附件 2 脚注 61 将"生产过程中消耗的投入物为

---

① 《SCM 协定》脚注 1 规定:"依照 GATT 第 16 条(第 16 条的注释)和本协定附件 1 至附件 3 的规定,对于出口产品免征其同类产品供国内消费时所负担的关税或国内税,或减少此类关税或国内税的数量不超过应付的数量,不得视为一种补贴。"附件 1 是出口补贴示例清单,列举了 12 种出口补贴,同时也规定了作为出口补贴例外的情况。本案涉及附件 1 中的相关条款分别规定:……(g)对于出口产品的生产和分销,间接税的免除或减免超过对于销售供国内消费的同类产品的生产和分销所征收的间接税。(h)对用于生产出口产品的货物或服务所征收的前阶段累计间接税的免除、减免或递延超过对用于生产国内消费的同类产品的货物或服务所征收的前阶段累计间接税的免除、减免或递延,但是如前阶段累计间接税是对生产出口产品过程中消耗的投入物所征收的,则即使当同类产品销售供国内消费前阶段累计间接税不予免除、减免或递延,对出口产品征收的前阶段累计间接税也可以免除、减免或递延本项。本项应按照附件 2 中关于生产过程中投入物消耗的准则予以解释。(i)对进口费用的减免或退还超过对生产出口产品过程中消耗的进口投入物所收取的进口费用,但是在特殊情况下,如进口和相应的出口营业发生在不超过两年的合理期限内,则一公司为从本规定中获益,可使用与进口投入物的数量、质量和特点均相同的国内市场投入物作为替代,此点应依照附件 2 中的关于生产过程中投入物消耗的准则和附件 3 中关于确定替代退税制度为出口补贴的准则予以解释。

生产过程中使用的物理结合的投入物、能源、燃料和油,以及在用于获得出口产品过程中所消耗的催化剂”这些特定种类的货物。资本货物的特性是不会在生产过程中消失,而是随着时间增长而折旧,这显然与脚注 61 所列举的三种货物特性相反,因此不符合附件 1(i)项。

附件 1(g)项适用于间接税的免除和减免,脚注 58 对间接税的定义是“销售税、消费税、营业税、增值税、特许税、印花税、转让税、存货税、设备税、边境税以及除直接税和进口费用外的所有税”,而关税确实属于进口税的范围,因此 EOU/EHTP/BTP 不符合附件 1(g)项。

双方对中央消费税是否满足附件 1(h)项条件有不同看法,美国的主张未能证明该措施下所有种类货物的性质都不满足对生产出口产品过程中消耗的投入物这一条件,因此专家组未支持美国的这一主张。

2. EPCG 关税免除和 DFIS 关税免除是否符合脚注 1 和附件 1(i)项

关于 EPCG 关税免除和 DFIS 关税免除,双方的争议类似于涉及 EOU/EHTP/BTP 中的争议,资本货物不属于(i)项所规定的三类“投入物”,并不会在生产过程中被消耗掉,因此专家组确认 EPCG 关税免除和 DFIS 关税免除都不符合脚注 1 和附件 1(i)项。

3. MEIS 是否符合脚注 1

不同于上面三类措施,双方对 MEIS 临时凭证是否符合附件 1 存在争议。印度主张临时凭证事实上是印度政府对两种间接税的退税,即(g)项对出口产品的生产和分销的间接税和(h)项对生产出口产品过程中消耗的投入物前阶段累积的间接税,印度政府统一采用较低的比率确定退税额,是为了减少计算各类不同产品退税的行政工作量。美国则主张临时凭证面额与实际缴纳税款没有关系,单纯是对出口的激励,印度政府并不要求临时凭证接受者提供其为出口产品所缴纳间接税数量的信息。脚注 1 和附件 1(g)(h)项所指的间接税退税应当是实际缴纳的,而不是一个平均或估计值,即使这一比率偶然低于实际间接税率,也不能证明临时凭证是退税。专家组注意到,即使是针对同一种产品,出口到不同国家时,临时凭证的计算比率也是不同的,这种差异很难用出口退税来解释。印度国内法律文件同样未使用"间接税退税"这类字眼,而是用"奖励"来描述。专家组据此认为临时凭证不构成对间接税的退税,因此不符合脚注1和附件1(g)(h)项。

即使将临时凭证视为间接税退税,临时措施也不满足附件1(i)项,即措施针对生产出口产品过程中消耗的进口投入物。临时凭证无法限制进口的投入物都用于生产出口产品,因此不符合脚注1和附件1(i)项。

四、出口措施是否构成第1.1条(a)项"财政资助"

专家组需要分析除MEIS之外的出口措施是否符合第1.1条(a)(1)(ii)项所规定的,放弃或未征收在其他情况下应征收的政府税收(如税收抵免之类的财政鼓励)。针对这一问题,DSB已经形成了一套成熟的分析方法,即"三步测试"。首先确认对补贴接受者适用的税收措施,即争议涉及的措施;其次确认充当比较基准的税收措施;最后对两者进行比较。除此之外,专家组还应当调查争议措施背后的"客观原因"能否解释其并不是放弃的税收。美国主张,在相同情况下,若无相关措施,则关税和国内税的减免是不可能的,因此相关措施当然构成财政资助。然而印度主张,有关争议措施属于脚注1的范围,因此专家组应当比较应缴的关税或国内税和减免的关税或国内税,只有超出的部分才构成财政资助。然而前一部分的分析已经确定相关措施不属于脚注1的范围,因此印度提出的"超过部分"标准并不是本案应适用的分析方法。专家组确定的比较基础必须是在印度针对进口关税和货物采购的法律制度体系之内。在双方均未表示反对意见后,专家组确认用来进行比较的基准措施是印度《1975年关税法》、《1962年税法》和《综合商品和服务税法》。在对五类措施分别采用“三步测试”法时，专家组的思路大致相同：在基准措施下，印度政府制定的税收相关法律均适用于货物的进出口，然而适用相关措施后，印度政府不再征收相应的税收；各项措施背后的“客观原因”，诸如促进出口、促进基础设施建设、增加就业等，均不能解释不同税收措施之间所征收税的差异，因此这些措施都毫无疑问构成“放弃或未征收在其他情况下应征收的政府税收”。

美国还主张临时凭证构成第 1.1 条(a)(1)(i)项下所指的资金直接转移，因此符合财政资助的定义。印度则主张临时凭证是符合脚注 1 和附件 1(g)(h)(i)项的免税或减免，而不是资金的直接转移；并且，印度主张临时凭证与第 1.1 条(a)(1)(i)项所列举的情形不具有相同性质。专家组认为，第 1.1 条(a)(1)(i)项关注的重点是政府或公共机构向受资助者提供货币、金融资源或其他金融请求权的行为，同时提供了资金直接转移的例子，如赠款、贷款、投股。虽然第 1.1 条(a)(1)项下的财政资助有不同性质，但各项彼此之间并非排他适用的，一种措施可能同时满足不同种类的财政资助。专家组接着从两个方面分析了临时凭证的性质：首先是临时凭证的用途，其既可以用来支付《1975 年关税法》下对进口征收的基本和附加关税，也可以用来支付政府其他特定种类的费用。其次，专家组认为，立法的语言明确了临时凭证可以自由转让，而现实中存在供临时凭证交易的市场，因此临时凭证可以向第三方出售以获得金钱对价。正因为临时凭证既能用来支付关税和其他费用，也可以转售给第三人，专家组得出的结论是临时凭证符合第 1.1 条(a)(1)(i)项所指的“金融资源或其他金融请求权”，即构成“资金”第 1.1 条(a)(1)(i)项所列举的例子是描述性的，没有穷尽“资金的直接转移”种类，同时这些例子也为应包括在其中的交易类型提供了指引。尽管临时凭证不属于三个例子中任何一种，但存在的共性足以确定其属于“资金的直接转移”。

五、出口措施是否构成第1.1条(b)项下的“授予一项利益”

根据第1.1条(b)项,一项政府的财政资助必须满足“授予一项利益”,才会构成补贴。专家组认为,本条款的“利益”指的是接受者从这项财政资助中取得的“有利地位”,也就是与不存在这项财政资助的情形相比,所能获得的“优势”。市场是合理的比较标准,财政资助的贸易扭曲能力体现在获得相应财政资助的企业比市场上其他企业具有更有利的地位。第14条为第1.1条(b)项的解释提供了背景,分析的重心应在获得资助者上,通过与不存在资助情况下的市场比较来确定。

本案专家组所确定的财政资助是第1.1条(a)(1)(ii)项和(i)项所规定的,放弃或未征收在其他情况下应征收的政府税收,以及资金的直接转移。专家组认为,如果存在放弃的税收,则必然存在授予一项利益。因为税收优惠本质上是政府的赠予和权利的自愿放弃,而市场绝无可能作出这种赠予。市场参与者一般不会获得这种特殊待遇,也不可能是市场常态。尽管财政资助和利益是两种不同的法律问题,但二者存在相同的法律基础,因此一旦确认其中某项存在,则另一项也必然存在。另一种财政资助,即资金的直接转移,与赠款有极大的共性,赠款从本质上也是对接受者授予的一项利益,将接受者置于市场中的优势位置,其他市场参与者不会作出这种不计回报的付出。EOU/EHTP/BTP、EPCG、SEZ、DFIS中进口关税免除,SEZ中出口关税的免除,SEZ中进口综合商品和服务税的免除,以及SEZ中应纳税收入的扣减都属于放弃或未征收在其他情况下应征收的政府税收。专家组认为,进口关税的免除优惠使接受者可以无关税进口货物。市场却不会提供这种优惠条件,计划之外同类货物的进口者仍要缴纳相应的关税,因此接受者就处于一个更有利的地位。其他间接税的减免适用同样的分析方法。

印度反对专家组这一分析，认为必须对市场的确定进行恰当分析后才能得出是否授予了一项利益的结论，尤其是针对 EOU/EHTP/BTP、EPCG、SEZ、DFIS 的关税免除。专家组驳回了这一观点，专家组承认在一些案例报告中确实分析了相关市场，但这不意味着所有个案都要做这种分析。专家组认为，临时凭证具有“金钱价值”，能用来支付各种政府义务，可以出售给第三人获利；同时印度政府没有要求临时凭证附义务或期待任何形式的回报。没有任何根据商业考量的私人实体会不计回报向另一个商业实体提供这种金钱利益，接受者确实获得了更多利益。印度同样提出了分析相关市场的抗辩，依然被专家组驳回。

六、出口措施是否以出口实绩为条件

第 3.1 条(a)项禁止事实上或法律上以出口实绩为条件的补贴，二者的区别在于证据不同。法律上以出口实绩为条件的前提是法律文件的明示或暗示表达，而事实上以出口实绩为条件的补贴须满足三个实体条件：“给予了补贴”“联系在一起”“实际或预期出口或出口收入”。专家组认为，本案中涉及所有补贴都是法律上以出口实绩为条件，因此无须再详细论证其是否在事实上以出口实绩为条件。并且如果违反了第 3.1 条，则必然也违反了第 3.2 条。

专家组认为，EOU/EHTP/BTP 下的关税免除优惠仅对其规则下设立的单位有效，为满足“设立”条件，单位必须将其生产所有货物或服务出口，并且做到净外汇盈余。为实现净外汇盈余，出口单位的出口额必须大于其进口额，并且，EOU/EHTP/BTP 还制定监督净外汇要求合规的条款，如未达标会招致处罚。因此，为获得相应税收优惠，出口单位必须将全部生产用于出口。从字面意义上看，这符合第 3.1 条(a)项所称的获得补贴依赖于出口实绩。

印度辩称，EOU/EHTP/BTP 和净外汇要求有其他目的，而非追求出口实绩。EOU/EHTP/BTP 目的在于促进国内工业的制造能力，精简关税免除和减让流程;净外汇要求目的是保障企业谨慎运营,不进口远超其需求的产品。专家组认为印度的解释是自相矛盾的,EOU/EHTP/BTP 的要求之一是将其生产的全部产品出口,而印度声称 EOU/EHTP/BTP 的目的是促进国内制造能力。退一步讲,第 3.1 条(a)项禁止的是以出口实绩为条件,即使相关补贴背后存在其他理由,也不会改变受到第 3.1 条(a)项禁止的情况。

专家组认为,在 EPCG 的 6 年期中,参与企业必须出口 6 倍于其节省下的关税和国内税的资本货物,在前 4 年必须完成一半出口任务。不仅如此,参与企业还要达到出口的平均值,除个别例外,参与企业货物的出口额必须维持在同类或相似货物之前 3 年的平均值之上。因此,EPCG 规则将补贴获得与完成出口义务挂钩,这本身就足以证明相关补贴在法律上以出口实绩为条件。

专家组认为,SEZ 给予的补贴有三种形式:对进出口的关税免除,对综合商品和服务税的免除,对企业所得税税基的减让。SEZ 要求"实现净外汇盈余"。虽然同样的补贴可以在另一套不包含以出口实绩为条件的制度中获得,但这不影响 SEZ 本身以出口实绩为条件。

美国认为,DFIS 中出口者必须在上一年度有过出口才能获得免除,而过去的出口价值决定免税额度。专家组在之前分析中得出的结论是 DFIS 中的条件构成补贴,每一项都规定了获得免税待遇的条件,即免税进口货物的总价值不超过特定货物上一年 FOB 价格的一定比例。因此,专家组认为,首先从措施本身的字面含义来看,没有出口就无法获得免除,并且能够获得的免税额度依赖于上一年度的出口价值,出口的越多,能获得的关税免除越多。虽然专家组未否认特定种类货物的进口有研究和发展的目的,但这一目的并不能抹除关税免除和出口之间的关系。

专家组认为,临时凭证的条件是向特定市场出口特定货物,计算奖励的方式是出口的 FOB 价格乘出口货物的种类和目的地所对应的比率。出口者获得的临时凭证与出口价值是紧密联系的,依赖于其出口实绩。专家组得出结论,出口既是授予临时凭证的触发条件,也是确定临时凭证价值的计算基准。

除了对 EOU/EHTP/BTP 下免除国内采购货物中央消费税和 DFIS 下条件 28、32、33 中免除进口关税问题,专家组驳回了美国主张其是以出口实绩为条件的补贴,确认不违反第 3.1 条和第 3.2 条。专家组支持了美国的其他全部诉请。

美国:对西班牙熟橄榄的反倾销、反补贴税(WT/DS577)

申诉方:欧盟

被申诉方(被上诉方):美国

第三方:澳大利亚、巴西、加拿大、中国、印度、日本、墨西哥、俄罗斯、沙特、瑞士、土耳其

2019 年 1 月 28 日,欧盟请求与美国就其对西班牙熟橄榄的反倾销、反补贴税进行磋商。由于磋商未果,应欧盟请求,DSB 于 2019 年 1 月 24 日成立了专家组,2019 年 10 月 8 日,总干事指定组成了专家组。2021 年 11 月 19 日,专家组作出最终报告。2021 年 12 月 20 日,DSB 通过了专家组报告。

本案涉及美国根据 2018 年 6 月至 8 月的几项命令对西班牙进口的熟橄榄实施的反倾销、反补贴税。欧盟认为美国《1930 年关税法》相关条款以及具体措施违反了《反倾销协定》、《反补贴协定》和 GATT 的相关条款。

【专家组的分析和结论】

一、USDOC 在反补贴调查中关于 BPS 和 GPS 项目是法律专项性补贴的结论

在其初步和最终决定中,USDOC 认为,根据欧盟共同

农业政策(CAP)第一支柱①,由西班牙政府实施的 BPS(Basic Payment Scheme-Direct Payment)和 GPS(Basic Payment Scheme-Greening)项目向橄榄种植者提供的补贴在法律上是专项性的,这些补贴项目是此前 COMOF(Common Organization of Markets in Oils and Fats)项目的延续。欧盟对此提出申诉,认为美国的做法违反了《SCM 协定》第 2.1 条、第 2.4 条和第 1.2 条。

欧盟认为 USDOC 关于 BPS 及 GPS 项目法律上专项性的认定不符合美国在《SCM 协定》第 2.1 条、第 2.1 条(a)项和 2.4 条下的义务。在欧盟看来,决定一项补贴是否明确,限定于某些企业可以获得补贴的资格标准,而不是根据计算补贴金额的公式来决定。欧盟还声称,USDOC 错误地认为 BPS 项目保留了 COMOF 项目下对橄榄种植者提供的补贴。

专家组首先要分析,根据《SCM 协定》第 2.1 条(a)项,USDOC 是否有权根据计算补贴金额的规则,而不是根据这些项目下的补贴资格标准来认定 BPS 和 GPS 计划提供了法律上的专项性补贴。欧盟认为,第 2.1 条(a)项中的“获得补贴”一词必须被理解为:确定法律上专项性的核心重点是界定获得补贴资格的标准,因为资格是最终决定一个实体是否有权“获得”补贴的理由;美国则认为对获得补贴的明确限制可以以不同的方式,包括对补贴计划下可获得金额的限制。专家组注意到,欧盟和美国都同意,“获得”一词的普通含义包括“受益于或使用某一系统或服务的权利或机会”。专家组指出,这一含义或第 2.1 条(a)项中没有任何内在的东西表明,必须仅仅根据某一特定项目下补贴的资格标准来确定是否存在对获得补贴的明确限制。第 2.1 条(a)项只是要求分析须集中在授予机构或其运作所依据的立法上,没有进一步的精确规定或限定。在专家组看来,这表明原则上授予机构运作所依据立法的任何一个或多个方面都有可能用于证明存在对“获得”补贴的明确限制。重要的是,授予机构或其

---

① 第一支柱 Pillar Ⅰ,是指市场支持,第二支柱 Pillar Ⅱ,是指农村发展。由《2000 年欧盟议程》正式确立。

运作所依据的立法被证明明确限制了获得补贴的机会。在这一范围内,专家组认为第2.1条(a)项没有排除根据补贴金额的计算规则来确认法律上专项性。

第2.1条(b)项第1句规定,如果授予机构或其据以运作的立法规定了关于补贴资格和金额的客观标准或条件,则不存在专项性。可见第2.1条(b)项也是将审查的方向聚焦在授予机构或其运作所依据的立法。第2.1条(a)项规定了什么情况下补贴"是专项"的,而第2.1条(b)项则确定了什么情况下补贴"没有专项性"。专家组认为,第2.1条(b)项是对第2.1条(a)项解释的重要上下文,它不排除根据补贴项目提供金额的规则中的限制来确定法律上的专项性。

第2.1条(c)项规定,在适用(a)项和(b)项中的原则后仍然不能确定专项性时,根据对其他因素的考虑,可以确定补贴实际上是专项的。专家组认为,《SCM协定》的起草者明确设定了确认事实上专项性的可能,这表明他们无意排除根据第2.1条(a)项确认法律上的专项性。专家组认为第2.1条(c)项也支持这样的观点:即为了第2.1条(a)项的目的,对获得补贴的明确限制很可能出现在关于补贴金额的规则中,而不仅仅是关于获得补贴的资格标准。

专家组指出,《SCM协定》第2.1条(a)项的规定除了侧重于"授予机构"的行动和它所依据的"立法",对于确认法律上的专项性,并没有提到可以或不可以考虑任何特定的事实或因素,也没有规定必须遵循的特定方法。因此,专家组认为,调查机构有权审查并依据它认为与确定"授予机构"及其所依据的"立法"是否明确限制某些企业获得补贴有关的任何事实。USDOC有权依据其认为相关的事实和特定的分析方法来解决它所调查的问题——由西班牙政府实施的BPS和GPS项目是否明确限制某些企业获得补贴;USDOC决定考虑过去补贴项目的某些特点,这样做并没有不符合第2.1条(a)项的规定。

通过对USDOC决定的认真审查,专家组确认,USDOC明确承认是否生产橄榄并不是获得补贴的条件,相反,其确认专项性的原因是“依赖早期的补贴项目,这些补贴项目是专项性的”。美国称其根据第2.1条(a)项确认某些企业是补贴享有者,因为它们从早先的COMOF项目得益,而没有考虑它们是不是橄榄种植者。然而,专家组注意到美国没有指出裁定中的任何具体陈述来支持其说法,而专家组也看不出如何从对USDOC分析的整体解读中推断出这一结论。专家组认为,USDOC确定SPS(Single Payment Scheme)、BPS和GPS补贴在法律上是专门针对橄榄种植者的,不是因为它们与SPS和BPS项目运作期间的橄榄生产相联系,而是因为提供给橄榄种植者的SPS、BPS和GPS补贴与COMOF项目期间历史上橄榄生产相联系。专家组仔细审查了欧盟提供补贴的程序及计算,发现可以得到补贴的有不同类型的人:新种植者、已经不再种植橄榄的农户、通过权益转让得到补贴的人。欧盟提供的大量证据表明,补贴的来源不仅是COMOF,还有许多其他项目,而USDOC在其报告中并没有对这些问题予以考虑。USDOC的考虑表明,BPS项目并没有将橄榄种植者的BPS权利“初始价值”与来自COMOF项目补贴的SPS权利价值联系起来,虽然基于COMOF项目的SPS权利可能作为计算橄榄种植者BPS权利价值的基础,但BPS项目并没有将此作为法律要求。BPS项目并没有把可以从COMOF计划中受益的人限制在橄榄种植者。USDOC在确定法律上专项性时,没有审查有关BPS权利分配和计算的规则的这一方面。

根据相关立法,SPS和BPS补贴不以生产任何农产品为条件。这表明,作为一个法律问题,“农户”完全有可能受益于基于COMOF项目的先前橄榄生产的权利,即使它在相关项目运行期间不再生产橄榄(如因为它转而种植另一种作物或决定从事其他合格的农业活动)。这是相关规则的另一个特点,这表明BPS项目作为一个法律问题,并没有限制橄榄种植者从COMOF项目中获益的可能性。专家组据此认为,USDOC在确定法律上专项性时,没有适当地审查和考虑上述关于BPS权利的分配和估价的规则的特点。SPS和GPS项目也存在类似情况。

基于上述分析,专家组认为,USDOC 对法律上专项性的认定并不是基于合理和充分的解释,即为什么在《SCM 协定》第 2.1 条和第 2.1 条(a)项的意义上,获得 BPS 和 SPS 补贴被明确地限制在橄榄种植者身上,并且没有按照《SCM 协定》第 2.4 条的要求,在肯定性证据的基础上予以证实。

欧盟称,USDOC 关于"区域费率"被"用于确定每公顷农田的'基本支付权利'的价值"的结论,表明 USDOC 对 BPS 计划运作"严重误解",因为根据 BPS 计划,支付权利的价值取决于农户在前一时期获得的支持数量,而不是与任何"区域费率"挂钩。欧盟认为,这些判断错误表明,USDOC 的决定没有得到合理和充分的解释,其依据是错误的事实基础,因此不符合《SCM 协定》第 2.1 条、第 2.1 条(a)项和第 2.4 条的规定。专家组支持了欧盟的观点。

欧盟指出,USDOC 将 COMOF 项目作为 BPS 和 SPS 在法律上专项性的基础,这样做是错误的,因为 USDOC 从来没有确认过 COMOF 在法律上的专项性。美国不否认其未对 COMOF 单独作出法律专项性的结论,但认为没有必要那样做,因为《SCM 协定》第 2.1 条没有要求调查结果对不同的项目作出单独认定,而且 COMOF 项目也不是调查期间在实施的项目。专家组注意到,USDOC 的初审公告突出了 COMOF 项目的相关性,其中说道:USDOC 知道 COMOF 项目已经不再实施,但是鉴于该项目所给予的补贴以及计算补贴的方法构成后续 SPS 和 BPS 项目的基础,有必要单独作出认定。考虑到 COMOF 项目只给橄榄种植者以补贴,认为它具有法律上的专项性。专家组指出,USDOC 一方面说不做单独结论,另一方面又作出了事实认定,这种前后矛盾的结论,加上它对 COMOF 补贴的计算错误,导致其结论不符合《SCM 协定》第 2.1 条、第 2.1 条(a)项和第 2.4 条的规定。

有了上述结论,专家组决定不讨论欧盟关于《SCM 协定》第 1.2 条的诉请。

二、美国《1930 年关税法》第 771B 条本身及在橄榄反补贴税调查中适用

1. 关于《1930 年关税法》第 771B 条本身

《SCM 协定》第 10 条涉及 GATT 第 6 条的适用。GATT 第 6.3 条规定，在任何缔约方领土的任何产品进口至另一缔约方领土时，所征收的反补贴税金额不得超过对此种产品在原产国或出口国制造、生产或出口时所直接或间接给予的津贴或补贴的估计金额，包括对于特定产品的运输所给予的任何特殊补贴，“反补贴税”一词应理解为目的是抵销对制造、生产或出口所直接或间接给予的任何津贴或补贴而征收的一种特别税。

欧盟认为，根据这些规定，对上游企业补贴的利益是否传递到下游企业，需要进行分析和确认，也就是要进行“利益传递”（pass-through）分析。

双方都承认，受到补贴的上游生产者和下游生产者之间如果是公平交易，根据 GATT 第 6.3 条和《SCM 协定》第 10 条的规定，调查机构应当确认给予上游生产者补贴的利益传递到了下游生产者；同时双方也承认，这些条款都没有规定具体的分析方法。专家组注意到，美国《1930 年关税法》第 771B 条要求，针对农产品原料和下游补贴，只要原料的需求在很大程度上取决于对加工产品的需求；且加工操作只给原始商品增加了有限的价值，就可以推定农业上游产品提供的补贴的全部利益转移到下游的加工农产品上，而不考虑是否存在任何转移。专家组认为这本身不符合美国在 GATT 第 6.3 条和《SCM 协定》第 10 条下的义务。

2. 关于《1930 年关税法》第 771B 条的适用

在对西班牙熟橄榄反补贴税调查的初步和最终裁定中，USDOC 确认种植者和生产商之间的交易都是与无关联的公司公平进行的。然而 USDOC 认为，《1930 年关税法》第 771B 条中确定的两个条件

都成立,因此,USDOC"根据第771B条对橄榄种植者获得的利益进行了归因"。

专家组指出,USDOC根据《1930年关税法》第771B条规定的两种事实情况的评估,裁定补贴利益的传递,而没有考虑与市场或影响被调查产品的竞争条件有关的任何其他潜在相关因素。专家组在前文已经确认,《1930年关税法》第771B条与GATT第6.3条和《SCM协定》第10条不一致,在对熟橄榄调查中USDOC适用《1930年关税法》第771B条也与GATT第6.3条和《SCM协定》第10条不一致,因为USDOC在确定间接补贴(利益传递)的存在和程度时没有考虑到与此相关的事实,而这是由法律本身的运作决定的。据此,专家组确认USDOC在熟橄榄调查中的决定不符合GATT第6.3条和《SCM协定》第10条,其原因与《1930年关税法》第771B条"本身"不符合这些规定相同。

三、USITC关于损害的肯定性终审裁决

这一诉请针对USITC在反倾销和反补贴调查中关于损害的认定。

1. USITC在分析数量和价格影响时对客户群的分析

在这个问题上,欧盟提出了两点:首先,USITC对熟橄榄市场的客户群体做"细分分析",这种分析是"武断的、无意义的,并且与USITC自己的决定相矛盾";其次,欧盟认为USITC错误地"以非细分的方式定义国内产业,然后在细分产业的基础上进行损害分析"。欧盟声称损害裁定没有基于对肯定性证据的客观审查,违反了《反倾销协定》第3.1条和第3.2条以及《SCM协定》第15.1条和第15.2条。美国则提出其并未对熟橄榄市场做细分,而是分析了市场整体情况。

经过分析,专家组认为USITC并没有对客户做细分分析,其对客户群的考虑并无不妥。专家组确认,欧盟没有证明USITC对客户

群的分析不是基于客观审查;欧盟没有证明 USITC 在审查数量和价格影响时对客户群的考虑不符合《反倾销协定》第 3.1 条和第 3.2 条以及《SCM 协定》第 15.1 条和第 15.2 条。

2. 对进口数量的分析

欧盟对此提出了两点:首先,USITC 没有按照《反倾销协定》第 3.2 条第 1 句和《SCM 协定》第 15.2 条的要求,考虑倾销或补贴的进口是否有明显增加;其次,USITC 的数量分析并不是基于对肯定性证据的客观审查。欧盟声称美国的行为不符合《反倾销协定》第 3.1 条和第 3.2 条以及《SCM 协定》第 15.1 条和第 15.2 条。美国提出,相关条款并没有要求调查机构审查进口量。

《反倾销协定》第 3.2 条第 1 句和《SCM 协定》第 15.2 条都规定,关于倾销(受补贴)进口产品的数量调查,主管机关应考虑倾销(受补贴)进口产品的绝对数量或相对于进口成员中生产或消费的数量是否大幅增加。专家组认为,欧盟提出调查机构"必须表明(倾销或)补贴进口的增长"以"考虑"数量是否有显著增加,这是基于对第 3.2 条和第 15.2 条中"考虑"一词的错误解释。"考虑"的普通含义包括"认真查看或考虑、调查、审查"。《反倾销协定》第 3.5 条和《SCM 协定》第 15.5 条中使用了"证明"一词,两者对比,支持了专家组的理解,即调查机构只要审查了数量的变化,不管数量是否有"显著增加",都满足了"考虑"的要求。

在报告中,USITC 确定,在调查期间,来自西班牙的熟橄榄数量从 35,037 吨减少到 32,782 吨,USITC 又确定了调查期间西班牙熟橄榄的市场份额的变化。其结论是,熟橄榄的数量在绝对和相对的基础上都是显著的,并确认进口熟橄榄的数量相对于国内生产是显著的。USITC 对西班牙熟橄榄的数量和市场份额的变化的审查,加上对这些进口的重要性的评估,表明它考虑了在绝对和相对的基础上进口是否有显著增加。据此,专家组认为,欧盟称 USITC 没有考虑西班牙熟橄榄的数量是否有显著增加,与事实不符。

欧盟称 USITC 只考虑了作为零售购买的消费者,而没有考虑产业消费;没有考虑零售业和食品加工业。在审查了报告之后,专家组找到了相关段落,一一予以驳斥。专家组的结论是,欧盟未能证明USITC的数量分析不符合《反倾销协定》第3.1条和第3.2条以及《SCM协定》第15.1条和第15.2条。

3. 对价格影响的分析

欧盟提出,USITC并没有做价格影响分析,其分析相当于做了第二次数量分析。专家组注意到,USITC分析了削低价格的问题,不过USITC没有用undercut和undercutting这样的词汇,而是用了undersold和underselling。专家组认为这两个词是可以互换使用的。

欧盟认为,虽然《反倾销协定》第3.2条和《SCM协定》第15.2条规定了价格影响的三种情况:削低价格(price undercutting)、压低价格(price depression)和抑制价格上涨(price suppression),只有压低价格和抑制价格两个可以单独作为价格影响,而削价不是独立的影响。专家组认为,欧盟的理解是错误的。欧盟的狭义解释实际上会将削价从第3.2条和第15.2条中排除出去。专家组指出,根据解释必须首先基于条约文本的原则,"对价格的影响"应该采纳广义解释。据此,专家组认为USITC对削价的分析是对价格影响的审查。

欧盟认为,USITC没有根据肯定性证据对价格影响进行客观审查,(1)它在没有充分支持证据的情况下得出结论,削价导致零售部门的市场份额损失;(2)只考虑了零售部门的价格影响,而没有考虑国内整个行业的价格影响;(3)不适当地将其关于零售部门的价格影响的结论扩大到整个国内行业。专家组指出,《反倾销协定》第3条和《SCM协定》第15条没有规定调查机构在考虑削价时必须采用何种方法。客观的调查机构可以合理地对待作为零售产品的低价销售,以支持一种推断,即这种低价销售发生在零售部门,从而导致确定的市场份额损失。据此,专家组认为欧盟没有证明一个客观的调查机构不可能得出低价销售导致了国内市场在零售部门的市场份额损失的结论。

欧盟称USITC只审查了进口产品对零售业的影响,而没有审查对整个产业的影响,还错误地把对零售业的结论扩展到整个产业。专家组审查了USITC报告,认为欧盟的说法与实际情况不符。专家组认为,欧盟未能证明USITC对削价的审查应被定性为数量分析;欧盟也没有证明USITC的价格影响分析不是基于对证据的客观审查。据此,专家组得出结论,欧盟没有证明USITC的价格影响分析不符合《反倾销协定》第3.1条和第3.2条以及《SCM协定》第15.1条和第15.2条。

4. USITC对倾销和补贴后续影响的评估

欧盟认为USITC没有进行数量分析和价格影响分析,因此对后续影响的分析就没有基础,其结论就不符合《反倾销协定》和《SCM协定》的相关条款。基于上述分析,专家组认为USITC关于数量和价格影响的结论并不妨碍其按照第3.4条和第15.4条的要求,适当审查来自西班牙的倾销和补贴的熟橄榄的后续影响。专家组进一步确认,欧盟未能证明USITC的影响分析没有建立在对积极证据的客观审查之上,也未能证明USITC的影响分析不符合《反倾销协定》第3.1条和第3.4条以及《SCM协定》第15.1条和第15.4条。

5. 对倾销和补贴因果关系的评估

在报告中关于损害的部分,USITC还审查了来自西班牙的倾销和受补贴的熟橄榄是否对国内产业造成损害,特别审查了被认定为由西班牙熟橄榄造成的损害,事实上是否可以归因于表观消费的下降或非涉案进口的增加。USITC审查的结论是损害是由西班牙进口橄榄造成的。欧盟对USITC的上述分析,特别是来自摩洛哥进口的非归因分析提出异议,认为USITC的结论没有证据支撑。专家组审查了报告的相关部分,注意到欧盟并没有对报告的数据提出异议。专家组指出,此前案件中上诉机构和专家组都说过,第3.5条和第15.5条并不要求涉案进口是国内产业受到损害的唯一原因。一个客观的调查机构可以合理地依据表观消费量的下降低于其他关键指标的事实来得出结论,即消费量的下降不是国内产业受到损害的唯一原因。

欧盟提出,USITC 有一个委员提出了不同意见。但专家组指出,不能因一个不同意见就认为多数意见不是依据肯定性证据作出结论。

在调查期间,来自摩洛哥的进口增加,欧盟认为,一个客观的调查机构不可能在这种情况下作出摩洛哥进口与产业损害无关的结论。美国提出,摩洛哥的进口完全没有进入零售业,而且其进口量非常小。专家组注意到,调查期间摩洛哥的进口从 5633 吨增加到 11,282 吨,西班牙的进口从 35,037 吨下降到 32,782 吨,USITC 认为摩洛哥进口挤占了西班牙的进口份额,而没有影响欧盟国内产品的市场份额。专家组指出,在西班牙进口下降和摩洛哥进口增加的情况下,一个客观的机构并不是不能得出西班牙进口造成损害的结论。

基于上述分析,专家组认为,欧盟没有证明 USITC 对表观消费下降和非涉案进口增加的非归因分析不是基于对证据的客观审查,欧盟未能证明 USITC 的因果关系分析不符合《反倾销协定》第 3.1 条和第 3.5 条以及《SCM 协定》第 15.1 条和第 15.5 条。

四、对 Aceitunas Guadalquivir 公司(AG)最终反补贴幅度及反补贴税的计算

欧盟提出,美国使用最初调查问卷中 AG 提供的原料采购数量计算补贴和反补贴税率,而没有考虑其中只有一部分加工成涉案产品,导致计算出的最终利润和相应的反补贴税率"过度和不适当"。专家组仔细回顾了 USDOC 调查的每一个步骤,包括 2017 年 8 月 4 日最初的问卷、问卷之后 USDOC 要求提供的补充信息、AG 提供的核查报告、最终裁定后 AG 就橄榄采购量提交的材料。专家组指出,USDOC 的信函并没有清楚地告知所需信息是加工成涉案产品的生橄榄数量,在美国国内申请人提出这一问题之后,USDOC 也没有要求 AG 纠正数据,却在最终报告中称由于 AG 公司没有修改数据,USDOC 理解其报告的数量代表了用于生产熟橄榄的购买量。实际

上,9 月 17 日通知修改数据的函件恰恰告知要提供所有总采购量而不管其用途。后面的材料都证明,USDOC 有很多机会可以发现这一问题,但却没有考虑 AG 提供的是全部橄榄采购量的事实。

鉴于这一情况,专家组认为,依据 AG 公司在初次问卷调查的答复中报告的橄榄原料采购量来确定 AG 公司的最终补贴幅度和反补贴税率,USDOC 的行为不符合 GATT 第 6.3 条的要求,即确保并采取必要步骤尽可能准确地确定给予被调查产品的补贴金额。有了这一结论,专家组认为,没有必要就《SCM 协定》第 10 条、第 19 条和第 32.1 条下的诉请作出补充认定。因此,不再处理那些诉请。

至于其他所有出口商的反补贴税率,首先,专家组确认 USDOC 没有按照《SCM 协定》第 12.1 条的含义通知被调查者,其要求提供的是购买加工成涉案商品熟橄榄的生橄榄的数量;调查问卷和核查报告,都没有告知被调查者,橄榄购买量是《SCM 协定》第 12.8 条意义上的"考虑中的基本事实"。因此,由于没有提供这一信息,专家组认为 USDOC 的行为不符合美国在《SCM 协定》第 12.8 条下的义务。

【案件评析】

WTO 成立 27 年来,涉及反补贴的案件有 93 个,其中 50 个经过了专家组程序。这 50 个案件中,有 9 个发生在欧盟和美国之间,8 个是欧盟诉美国,仅 1 个是美国诉欧盟。以往欧盟诉美国的案件中,都是欧盟胜诉,只有最近的 2 个案件①,欧盟未能胜诉。

本案中,欧盟的大部分诉请没有得到专家组的支持,仅仅在两点上,专家组确认美国的做法不符合《SCM 协定》第 2.1 条和第 2.4 条。

WTO 争端解决机制专家组和上诉机构的报告是理解 WTO 各项协定最重要,也是最有效的工具。我们换一个角度来看本案和 DS487 案,我们可以通过专家组的分析了解,在反倾销、反补贴调查

---

① DS487 美国大型民用飞机税收激励案和本案。在该案中,专家组认为欧盟未能证明法律补贴,但认定了事实补贴,而上诉机构推翻了专家组关于事实补贴的结论。

中,哪些做法实际上是被允许的。比如,要确定受到补贴资助的是否限于少数企业,不一定非得根据给予补贴的条件,从本案专家组的分析就可以知道,甚至可以根据得到补贴的数额的计算公式来推定补贴仅限于特定的企业。

我们研究WTO争端解决案件,不仅可以从正面分析我们不可以如何做,也可以从另外一个角度知道我们可以如何做。看被诉方的哪些做法得到了专家组/上诉机构的认可,可以把它作为不违规的边界。

………《保障措施协定》

印度:钢铁产品进口的保障措施 (WT/DS518)*

申诉方(上诉方/被上诉方):日本

被申诉方(被上诉方/上诉方):印度

第三方(第三参与方):澳大利亚、中国、欧盟、印尼、哈萨克斯坦、韩国、阿曼、卡塔尔、俄罗斯、新加坡、中国台北、乌克兰、美国、越南

2016 年 12 月 20 日,日本提出与印度进行磋商,解决关于印度对某些钢铁产品进口实施的临时和最终保障措施。由于双方磋商未果,应日本的请求,专家组于 2017 年 4 月 3 日成立。2018 年 11 月 6 日,专家组作出报告。双方都提出上诉。由于上诉机构陷入僵局,本案至 2021 年年底仍处于上诉阶段。

本案的争议是印度对从日本进口非合金钢和其他合金钢的热轧扁钢产品采取的临时和最终保障措施。2015 年 9 月 7 日印度发起保障措施调查,9 月 14 日,印度财政部在考虑了初步裁决之后,对其征收了 20% 的临时保障税,为期 200 天。2016 年 3 月 29 日,印度财政部作出最终裁决,在两年半的时间里,分段递减征收关税(如有,扣除反倾销税)。

日本认为印度的措施违反了 GATT 第 2 条、第 19 条,

---

* 本案初稿由华东政法大学国际法研究生汪芮撰写。

以及《保障措施协定》第2～5条、第7条、第12条[①]的有关规定。

【专家组的分析和结论】

专家组在分析下列问题之前,先分析了其是否有权审议已到期争议措施。专家组指出,首先,该措施在专家组成立时已经生效,在审理期间到期;其次,尽管该措施已经到期,但是争议双方对"相关协定的适用性和符合性"方面仍然存在争议,因此,专家组管辖范围内的"事项"并没有在措施到期后得到充分解决;最后,尽管争议措施已经到期,但对这之前的进口仍有持续的影响。因此,专家组有权审议到期的争议措施。

一、GATT第19条和《保障措施协定》是否适用于本案

争议双方对这一问题并没有异议,但专家组认为根据DSU第11条的规定,有必要审查争议措施是否属于《保障措施协定》和GATT第19条的范围。

GATT第19.1条(a)项和《保障措施协定》允许WTO成员实施不符合GATT义务的措施,但必须满足相关条件。印尼钢铁产品案(WT/DS496)上诉机构指出,首先,该措施必须全部或部分中止GATT的一项义务,或撤销或修改GATT的一项减让;其次,有关的中止、撤销或修改必须是为了防止或补救因有关产品的进口增加而对缔约方国内产业造成的严重损害或威胁。同时,这类措施是暂时适用,并遵守逐步自由化的时间表,以防止或补救因同类或直接竞争产品的进口增加而对国内生产者造成严重损害。

专家组按照这一思路,分析了GATT第19条和保障措施适用性问题。专家组确认,尽管印度在争议措施生效期间,对有关产品征收的进口关税总额没有超过印度40%的约束税率,但关税和争议措施

---

① 除特别注明外,本案所称的条款均指《保障措施协定》条款。

的法律依据不同,实施期限不同,实施目的不同,因此争议措施产生的关税并不构成 GATT 第2.1条(b)项所指的“普通关税”。

专家组指出,本案中对进口到印度境内的有关产品征收的关税属于 GATT 第2.1条(b)项第2句中的其他关税或费用的范畴。同时,印度减让表中并没有将有关措施记录为其他类别,因此对进入印度领土的有关进口产品实施有关措施所产生的关税,印度中止了根据 GATT 第2.1条(b)项第2句所承担的义务。专家组认为印度中止执行 GATT 第2.1条(b)项是为了防止或补救对印度国内产品的严重损害。由于争议措施将某些发展中国家排除在有关措施所产生的关税适用范围之外,印度也中止了 GATT 第1.1条规定的最惠国待遇。综上所述,有关措施中止印度履行 GATT 第2.1条(b)项第2句规定的义务,该措施是印度作为一项临时紧急行动采取的,目的是补救据称因有关产品进口增加而对国内产业造成严重损害的情况。因此有关措施构成第1条意义上的保障措施,GATT 第19条和《保障措施协定》适用于专家组对本案提出相应主张的审查。

二、GATT 下的相关诉请

1. 关于 GATT 第19条

日本指出,印度的行为不符合 GATT 第19.1条(a)项的规定,因为印度未证明以下两点:(1)存在“未预见的情况”,以及未预见的情况与造成国内产业严重损害或严重损害威胁的进口增加之间的逻辑关系;(2)承担 GATT 义务产生的影响与造成国内产业严重损害或严重损害威胁的进口增加之间的逻辑关系。

GATT 第19.1条(a)项规定:“如因未预见的情况和一缔约方在本协定项下承担的包括关税减让在内的义务的影响,进口至该缔约方领土的产品数量增加如此之大且情况如此严重,以致对该领土内同类产品或直接竞争产品的国内生产者造成严重损害或严重损害威胁,则该缔约方有权在防止或补救此种损害所必需的限度和时间内,对该产品全部或部分中止义务或撤销或修改减让。"由该条可知,"未预见的情况"与承担 GATT 义务产生的影响并不是适用保障措施的"独立条件",还有该条第 2 句规定并在 GATT 第 2.1 条重申的附加条件,同时还需要证明该条第 1 句描述的"因未预见的情况和一缔约方在本协定项下承担的包括关税减让在内的义务所产生的影响"与该条第 2 句规定的适用保障措施的条件之间存在"逻辑联系"。

(1)"未预见的情况"

印度指出,主要出口国(包括中国、俄罗斯、乌克兰、日本和韩国)的产能增加,截至 2014 年 12 月 31 日,世界粗钢产能超过全球需求近 30%,欧盟、美国和中国的需求减少,印度的需求增加且印度国内的价格较高,这使印度成为钢材供应大国出口钢材产品的天然目的地,此外俄罗斯和乌克兰的货币贬值,导致这些国家的钢铁出口价格下降。专家组指出,双方一致认可美国钢铁保障措施案(WT/DS248、WT/DS249、WT/DS251、WT/DS252、WT/DS253、WT/DS254、WT/DS258、WT/DS259)专家组的观点,即"各种事态发展的结合可以构成 GATT 第 19 条中'未预见情况'的基础"。

专家组指出,"未预见的情况"是指进口成员方在 GATT 谈判有关义务时无法合理预见的变化。主管机构必须在其公布的报告中,通过合理和充分的解释,证明这些情况是意料之外或无法预见的。专家组认为,印度主管机构合理地确定了上述未预见的情况,并且谈判人员在谈判关税减让时,不可能合理地预料到这些事件的结合。因此,专家组得出结论,印度主管机构就情况为什么不可预见提供了充分合理的解释。

日本还指出,根据 GATT 第 19.1 条(a)项的规定,情况应当是进口国未预见的,但印度的最终调查结果指出,所确定的情况是国内产业未预见的。印度指出,未预见的情况的结论最终是主管机构作出的,专家组予以确认。

(2)"未预见的情况"与进口增加之间的逻辑关系

日本指出,印度未能证明未预见的情况与有关产品进口增加之间存在“逻辑关系”。日本提出,印度所称的一些未预见的情况与特定出口国的事件有关。专家组指出,印度主管机构在分析未预见的情况时,依据的是特定国家发生的事件,而在调查期间,很大一部分进口来自日本和韩国,印度主管机构几乎没有提到与韩国和日本有关的任何情况。虽然印度主管机构提到韩国和日本是产能大幅增加的国家之一,但在初步或最终裁决中没有提供关于日本和韩国产能增加的佐证数据,也没有进一步讨论可能导致日本和韩国对印度进口激增的任何情况。

日本指出,印度没有就所称的“未预见的情况”提供任何数据佐证,包括有关产品在出口国的产能的具体数据,以及俄罗斯和乌克兰货币贬值的佐证。专家组同意日本的观点,认为印度主管部门未能用数据支持其关于几个市场需求变化的结论,也未能将这些钢铁市场的失调与印度进口的具体增长联系起来。

此外,日本提出印度主管机构没有说明未预见的情况是否在进口激增之前发生,因此没有确定其所称的未预见的情况与进口激增之间的联系。专家组同意日本的观点,印度主管机构对未预见情况的审查缺乏对事件发生时间的解释,而时间是未预见情况的基础。

专家组的结论是,印度没有提供合理的解释说明印度有关产品进口增加是未预见的情况造成的。

(3)就 GATT 义务产生的影响

日本提出,实施保障措施的成员不仅要证明 GATT 义务本身的存在,而且要证明这种义务如何导致进口的增加,从而对国内产业造成严重损害或严重损害威胁。日本认为,这种“逻辑联系”意味着 GATT 的相关义务限制了成员方的行动自由,使其无法采取符合 WTO 规定的措施来解决对国内产业造成损害的进口增加问题。印度对相关产品的约束税率为 40% 从价税,而 2013 ~ 2015 年的适用税率为 7.5% 。日本提出,GATT 第 2.1 条(b)项并没有限制印度将适用税率提高到约束税率的水平。印度认为,其在最后调查结果中指出对有关产品减让关税,足以证明存在逻辑关系。专家组指出,印度主管机构在最后裁决中引用的不是关税减让,而是“适用低关税”作为进口增加的理由,没有讨论印度根据GATT第2.1条(b)项第1句关税约束义务产生的影响或第2句其他关税或费用义务产生的影响。因此,专家组指出,就GATT相关义务产生的影响,印度主管机构没有提供合理和充分的解释。

综合上述分析,专家组的结论是:印度的行为不符合GATT第19.1条(a)项的规定,因为印度未能证明未预见的情况和GATT义务产生的影响导致有关产品的进口增加,对印度有关国内产业造成严重损害或严重损害威胁。

2. GATT第2.1条(b)项

日本认为,印度的行为不符合GATT第2.1条(b)项,因为印度通过有关措施征收的是GATT第2.1条(b)项第2句中的“其他关税或费用”,而这些关税没有记录在印度的减让表的“其他关税或费用”一栏中。印度指出,有关措施是根据GATT第19条实施的,因此,GATT第2.1条(b)项规定的义务当然中止,不存在违反该条的问题,并且不认可该措施应记录在印度的减让表的“其他关税或费用”一栏中。

专家组指出,争议措施产生的关税不是“普通关税”,有关措施产生的关税是GATT第2.1条(b)项意义上的“对进口征收的或与进口有关的其他关税或费用”。同时,根据《关于解释GATT1994第2.1条(b)项的谅解》第1～4段和第7段,各成员方必须在其减让表中记录适用于所有约束关税项目的任何其他关税和费用。多米尼克香烟进口和销售案(WT/DS302)专家组认为,一个成员如果维持或引入“其他税费”而不在其减让表的适当栏目中加以记录,则其行为不符合GATT第2.1条(b)项第2句。在本案中,印度减让表中有关产品的“其他关税或费用”一栏没有任何记录,因此不符合GATT第2.1条(b)项第2句规定的义务。除此之外,根据GATT第19条,成员方中止履行GATT义务的前提是有关保障措施与GATT第19条和《保障措施协定》规定的义务相符。根据上述分析,有关措施不符合印度根据 GATT 第 19 条和《保障措施协定》的义务，因此印度的行为不符合 GATT 第 2.1 条(b)项规定的义务。

3. GATT 第 1.1 条(b)项

印度指出，第 9 条规定了最惠国原则的例外或豁免，当根据 GATT 第 19 条实施保障措施时，不可能同时违反 GATT 第 1.1 条。

欧共体海豹产品案(WT/DS400、WT/DS401)上诉机构指出，要确定与 GATT 第 1.1 条不符，必须证明以下要素：有关措施属于 GATT 第 1.1 条的适用范围；有关进口产品是 GATT 第 1.1 条意义上的“同类”产品；有关措施是给予原产于任何国家领土的产品“好处、优惠、特权或豁免”；所给予的好处没有“立即和无条件”地扩大到原产于所有成员领土的“类似”产品。

专家组指出，第一要素已经解决。当原产地是区分产品的唯一标准时，就没有必要用传统标准来确定相关产品的相似性，因此相关产品可被视为 GATT 第 1.1 条意义上的“同类”产品。关于第三个要素，有关措施免除了部分发展中国家有关产品的进口征收关税。这一豁免构成了有关措施所赋予的利益或优惠。关于第四个要素，给予部分发展中国家进口的有关货物的豁免，没有扩大到原产于所有 WTO 成员境内的类似产品。因此，豁免也没有“立即和无条件”地给予所有成员。专家组指出，第 9.1 条只有在有关保障措施被认为符合 GATT 第 19 条和《保障措施协定》规定的义务时，才能作为对进口产品任何歧视性待遇的有效例外。同样，虽然 GATT 第 19 条允许 WTO 成员中止履行成员根据 GATT 承担的义务，但这种中止只有在有关保障措施与 GATT 第 19 条和《保障措施协定》的义务一致时才有效。由于前文已经证明，有关措施不符合印度根据 GATT 第 19 条和《保障措施协定》的某些规定所承担的义务，因此第 9.1 条不能为歧视性地适用有关措施开脱，印度的行为不符合 GATT 第 1.1 条规定的义务。

三、《保障措施协定》项下的相关诉请

1. 进口增加的审查

日本指出,印度对进口增加的审查不符合第 2.1 条和第 4.2 条(a)项以及 GATT 第 19.1 条(a)项。第 2.1 条中“数量如此增加”的表述,要求“进口的增加必须是最近的、足够突然的、足够急剧的、足够重要的,在数量和质量上都能造成严重损害或造成严重损害威胁”。第 4.2 条(a)项规定,必须“全面,特别是在其‘比例和数量’方面”对进口的增加进行评价,分析调查期间进口的整个趋势。同时,应根据整个调查期间数据的长期趋势来评估最近的数据。

日本指出,印度主管机构没有根据“客观数据”确定进口增加,不符合第 4.2 条(a)项的规定。印度主管部门评估了调查期间 3 个年度的进口量,但最后一年的进口量是将 2015～2016 年第一季度数据乘 4 而得出的。印度指出,《保障措施协定》规定,当现有的数据只有一年中的一个短时期时,为了使其与前几个时期的全年数据具有可比性,可以将该数据进行年化处理。专家组引用了美国羊肉案(WT/DS177、WT/DS178)上诉机构的观点,主管机构必须根据客观数据和证据对第 4.2 条(a)项规定的因素进行评估,包括进口增加的比例和数量。印度主管机构并没有解释 2015～2016 年第一季度年化的数据的可靠性,因此不能证明对进口趋势的评估是基于实际进口。

日本指出,印度没有从长期趋势的角度适当审查近期的进口趋势,没有对进口的增加进行定性分析,因为它的分析没有确保进口增加在数量上和质量上都足够新、足够突然、足够急剧和足够重要,足以造成严重损害或其威胁。印度指出,其选定的调查期间完全能够从长期趋势的角度审查进口增加的近期性,即使将 2011～2012 年纳入调查期,也会显示出进口绝对和相对于国内生产的增加。专家组指出,对进口的增加既要从数量上也要从质量上考虑,因此,关于进

口增加的调查需要评估整个调查期间的进口趋势或进口水平的变化。调查期应足够长,为比较进口趋势提供充分的依据。专家组认为,2 年 3 个月的调查期不足以进行客观的定量和定性分析,并且,调查期间最后一年的数据特别重要,因为它反映了最新的进口趋势,但 2015 ~2016 年的进口数据是基于第一季度的进口数据,这削弱了 2015 ~2016 年与前两年相比进口变化的趋势分析。专家组指出,印度的行为不符合第 2. 1 条和第 4. 2 条(a)项以及 GATT 第 19. 1 条的规定,因为它没有客观地审查进口趋势,也没有对最后调查结果中关于调查期间"进口量突然大幅增加"的结论作出合理解释。

综合上述分析,专家组指出,印度关于进口增加的认定不符合第 2. 1 条和 4. 2 条(a)项以及 GATT 第 19. 1 条。

2. 国内产业的确定

日本指出,国内产业的概念对损害和因果关系分析至关重要,印度没有按照第 4. 1 条(c)项的要求确定国内产业。

第 4. 1 条(c)项为"国内产业"的定义提供了两种选择:"同类或直接竞争产品的生产者"或产出占同类或直接竞争产品国内生产总量"主要比例"的生产者。《保障措施协定》没有规定"主要比例"的具体百分比或份额,也没有规定确定国内生产总量"主要比例"的方法或程序。印度主管机构对国内产业的界定是基于第二种选择,其界定的"国内产业"包括 2013 ~2014 年占国内总产量 70%、2014 ~2015 年占 68%、2015 ~2016 年第一季度占 67% 的生产商。

日本认为,印度主管机构依据第二种选择界定国内产业,单纯地依据数量来确定"主要比例",没有进行任何定性分析,此界定过程给损害和因果关系的确定带来重大的扭曲风险。印度认为其已经向所有已知的生产者发出了问卷调查,并且审查了合作的国内总产量 67% 的生产商,根据第 4. 1 条(c)项,国内产业是根据国内生产的比例来界定的,有关国内产业以外的生产者的数据对确定损害或因果关系没有任何影响。

专家组赞同印度的观点,当主管机构依据第二种选择界定国内产业时,重点是“构成国内产业的生产者必须代表多少产量的问题”。第4.1条(c)项并不要求主管机构界定国内产业须审查国内生产商的市场份额和销售额。专家组指出,从数量上看,被界定的国内产业在国内生产总量中占有很大比例,这个比例足以构成整个国内总产量的实质性反映。

综上,专家组驳回日本根据第2.1条、第4.1条(a)项、第4.1条(b)项、第4.2条(a)项和第4.2条(b)项以及GATT第19.1条(a)项提出的相应主张。

3. 严重损害和严重损害威胁的确定

日本指出,在确定严重损害和严重损害威胁方面,印度的行为不符合第2.1条、第4.1条(a)项、第4.1条(b)项和第4.2条(a)项以及GATT第19.1条(a)项。

上诉机构在美国羊肉案(WT/DS177、WT/DS178)中指出,根据第4.2条(a)项,主管机构确定严重损害的评估需考虑两个要素:第一,主管机构是否评估了所有相关因素;第二,主管机构是否就事实如何支持其决定提供了合理和充分的解释。专家组认为,主管机构必须根据对所有损害因素的评估“作为一个整体”作出决定,而不需要表明第4.2条(a)项所列的每一个因素都呈现的消极趋势。

日本指出,印度的行为不符合第4.1条(a)项和第4.2条(a)项的规定,因为它没有适当评估某些损害因素(如进口增加所占的国内市场份额、价格、利润和损失),也没有对显示积极趋势的其他因素作出合理和充分的解释。专家组分别从增加的进口产品在国内市场中所占的份额、利润和损失、对呈现稳定或积极趋势的损害因素的评估三个方面对日本的诉请进行回应和分析。

专家组注意到,在调查期内,进口产品的市场份额增加了8个百分点,而国内产品的市场份额下降了8个百分点。国内产品在与进口产品竞争的非专用部分的销售量几乎保持不变。这表明,非专用部分增加的需求份额被进口产品和不属于国内产业的国内生产商所占据。鉴于进口商品的市场份额增加了8个百分点,国内产业以外的国内生产者增加了 2 个百分点，印度主管机构得出“进口商品拿走了所涉商品需求增加的大部分份额”的结论是合理的。

日本认为，考虑到销售成本指数也有所下降(从 100 降至 94)，印度主管机构未能充分解释国内行业价格指数下降(从 100 降至 83)对其财务状况的影响。印度指出，在最终裁决中，进口价格指数从 100 大幅下降到 78，国内行业的价格指数从 100 下降到 83，而国内行业的销售成本指数仅从 100 下降到 94，导致国内行业的利润率下降。除此以外，使用指数化数据是为了遵守第 3.2 条的保密要求。专家组指出，使用指数化数据并没有扭曲价格评估，因为印度主管机构的结论是基于对国内行业成本和价格趋势以及进口价格趋势的分析。专家组还确认，根据本案事实，没有必要就专用市场的价格和利润率作出补充解释。

日本提出，印度主管机构提到了 2015 ~ 2016 年第一季度利润率下降，而没有考虑到 2013 ~ 2014 年和 2014 ~ 2015 年利润率的增加。印度认为，其对国内产业的盈利能力进行了整个调查期的分析，国内产业在调查期的前两年是盈利的，而在调查期结束时出现了亏损，这说明国内产业受到了严重的伤害。专家组指出，印度主管机构没有对 2015 ~ 2016 年第一季度的 3 个月数据与完整的财政年度进行比较提供合理解释。因此，印度主管机构没有适当评估和充分解释进口价格的变化及其对国内产业价格的影响，以及对利润率的影响。

日本认为，鉴于某些损害因素呈积极趋势，印度主管机构未能解释其关于国内产业遭受严重损害的结论。印度指出，尽管需求增加，但在调查期间，许多因素仍然“停滞不前”。国内行业在市场扩张的预期下增加了产能，但在产量、非专用销售和产能利用率方面却未能提高。专家组认为，几个因素有一定的改善或没有出现恶化的趋势，并不一定意味着国内产业的业绩有所改善。在需求大幅增加的情况下，主管机构认为几种损害因素的“停滞”趋势，可能构成国内产业整体形势的负面趋势，是合理的。

综上，专家组认为，在确定严重损害与严重损害威胁方面，印度的行为不符合第4.1条(a)项、第4.1条(b)项和第4.2条(a)项。鉴于专家组在前文分析中已经认定印度的行为不符合第2.1条和GATT第19.1条(a)项。因此,专家组行使了司法节制,没有处理日本其余主张。

4.第12条及GATT第19.2条

(1)关于第12条

日本指出,印度的行为不符合第12.4条的规定,因为印度在采取临时保障措施后才将该措施通知WTO保障措施委员会,临时保障措施的"紧急"性质并不构成逃避第12.4条规定的通知义务的理由。专家组认可日本的观点,印度在采取临时保障措施之前没有通知WTO保障措施委员会,违反了第12.4条。

日本指出,印度在保障措施调查启动8天后、保障措施调查的最后裁决发布6天后以及决定采取明确的保障措施6天后向WTO保障措施委员会发出的通知不是"立即"的,通知不存在翻译问题,字数较少,内容也不复杂,因此印度的行为不符合第12.1条。印度认为向成员通报调查的各个步骤方面没有任何不当拖延。专家组认为本案中印度发出的通知并不仅是对其他现有文书的转载,还有印度指出的必须完成的行政步骤,因此印度将每项相关决定通知WTO保障措施委员会的时间合理。

日本称,印度的行为不符合第12.2条,因为印度在根据第12.1条(b)项和第12.1条(c)项发出通知时,没有向WTO保障措施委员会提供"所有相关信息"。专家组审查了涉案证据,确认:印度在2016年3月21日的通知中明确提到,主管部门认定,印度国内产业因审议中产品进口量增加而受到严重损害,而且审议中产品进口量增加也有可能对国内产业造成严重损害。该通知中所载的信息满足了第12.2条的要求。但是,根据第12.1条(b)项和(c)项的规定,成员在向WTO保障措施委员会发出通知时,必须提供有关产品的确切说明,包括被排除在调查范围之外的产品,印度没有向WTO保障措施委员会提供有关产品的准确说明。印度在财政部2016年3月29

日关于实施明确保障措施的通知中首次提到对以最低进口价格或高于最低进口价格进口的货物不征收保障措施涉及的关税，但是没有说明将从征收的保障措施中扣除任何反倾销税，因此，印度没有向WTO保障措施委员会准确说明拟议的措施。

综上，专家组认为印度没有向WTO保障措施委员会提供所涉产品和拟议措施的准确描述，因此印度的行为不符合第12.2条，驳回日本在第12.2条下的其他诉请。

(2)第12.3条以及GATT第19.2条

日本认为印度的行为违反第12.3条和GATT第19.2条，印度在2016年3月21日向WTO保障措施委员会发出的通知中，没有向日本提供就拟议措施进行事先磋商的机会，同时，印度没有向日本提供第12.2条所要求的所有相关信息，以便有可能进行有意义的事先磋商。印度称，其于2016年3月21日向WTO保障措施委员会发出的通知提供了第12.2条要求的所有“相关信息”，为日本提供了8天的磋商期。第12.3条要求提议采取保障措施的成员向出口成员提供足够的信息和时间，以便有可能通过磋商就所确定的问题进行有意义的交流；第12.2条则确定了根据第12.3条进行有意义的磋商所需的信息。专家组指出，在2016年3月21日发出的通知中，印度没有依据第12.2条提供这些方面的所有相关信息，印度也没有提供根据第12.3条进行有意义磋商所需的信息。因此，印度的行为违反第12.3条和GATT第19.2条。

美国:洗衣机保障措施
(WT/DS546)

2018年5月14日,韩国提出就美国对大型家用洗衣机的保障措施进行磋商。韩国认为美国的措施违反了《保障措施协定》。2018年8月14日,韩国请求成立专家组,9月26日,DSB决定成立专家组。巴西、中国、欧盟、埃及、印度、日本、哈萨克斯坦、墨西哥、挪威、俄罗斯、泰国和越南要求保留作为第三方介入的权利。2019年7月1日,专家组组成。到2021年年底,专家组仍在工作。

美国:光伏产品保障措施
(WT/DS562)

申诉方(上诉方):中国

被申诉方(被上诉方):美国

第三方:巴西、加拿大、欧盟、印度、日本、韩国、马来西亚、菲律宾、俄罗斯、中国台北

2018 年 8 月 14 日,中国请求与美国就其对中国光伏产品的保障措施进行磋商。由于磋商未果,应中国请求,DSB 于 2019 年 8 月 15 日成立了专家组,2019 年 10 月 24 日,总干事指定组成了专家组。2021 年 9 月 2 日,专家组作出最终报告,中国提出上诉。由于上诉机构陷入僵局,本案至 2021 年年底仍处于上诉阶段。

2018 年 1 月 25 日,美国总统宣布自 2018 年 2 月 7 日起,对晶体硅光伏电池(包括但不限于模块、层压板、面板和建筑一体化材料,无论是否部分或全部组装成其他产品。以下简称 CSPV 产品)采取保障措施。该保障措施的形式为:(1)对未(部分或全部)组装成其他产品的太阳能电池的进口实行 2.5 吉瓦的关税配额,为期 4 年,配额内数量不变,第 2 ~4 年对超过这些数量的入境货物适用的税率逐年降低;(2)对组件的进口实行从价税,为期 4 年,第 2 ~4 年的税率逐年降低。

中国认为美国的措施违反了《保障措施协定》相关条款。

【专家组的分析和结论】

一、"未预见的情况"和"因履行义务引起"

GATT 第 19.1 条(a)项规定:"如因未预见的情况和一缔约方在本协定项下承担的包括关税减让在内义务的影响,进口至该缔约方领土的产品数量增加如此之大,且情况如此之严重,以致对该领土内同类产品或直接竞争产品的国内生产者造成严重损害或严重损害威胁,则该缔约方有权在防止或补救此种损害所必需的限度和时间内,对该产品全部或部分中止义务或撤销或修改减让。"

中国认为美国既未能证明"未预见的情况"存在"因未预见情况导致的进口增加",也未能证明"进口增加因成员承担的义务引起"。美国提出,在其同意中国加入 WTO 时,不可能预见涉案产品进口到美国有如此大的增长。美国提出的具体事件包括:中国的五年规划以及有利于可再生能源的国家政策、由政策导致的涉案产品的产能增加、产能增加导致出口增加,以及反倾销反补贴等手段无法阻止这一现象的发生。

专家组指出,USITC 参照之前对中国 CSPV 产品(CSPV Ⅰ和 CSPV Ⅱ命令)的反补贴税调查结果,确定了中国的"产业政策、五年计划和其他政府支持计划",并认为这与中国 CSPV 产能的快速增长有关,而这一增长大大超过了中国国内的消费量。此外,即使一般可以预见反倾销和反补贴税可能导致贸易转移,USITC 在本案中的调查结果也更加具体,这些特定的发展在记录证据中都有记载。专家组接受美国的观点,即中国没有证明 USITC 认定这些发展是美国谈判人员无法预见的是不适当的。由于 USITC 确认的"不可预见的发展"是由一系列事件组成的,专家组认为 USITC 没有必要将每一个具体的发展与进口的增加直接联系起来,只要有足够的证据证明"不可预见的发展"在整体上导致了进口增加即可。如果进口的增加是

"不可预见的发展"的影响或结果,则 GATT 第 19.1 条(a)项的这一要素可得到满足。USITC 发现,这种增加的产能大大超过了中国国内的消费量。专家组注意到,USITC 确认从中国进口的 CSPV 产品在 POI 期间大幅增加,从 2012 年的 326,846 千瓦增加到 2016 年的 2,720,193 千瓦,还进一步确认,从中国进口的产品一直是美国市场上 CSPV 进口的重要来源。基于这些证据,专家组不认为 USITC 未能证明进口的增加是由于"中国 CSPV 产能的增加和中国政府的政策"。

尽管记录中的证据似乎并没有将中国的"产业政策、五年计划和其他政府支持计划"与第三国 CSPV 产品的产能和产量的扩大直接联系起来。但是,专家组并不认为缺乏这样的直接证据会破坏 USITC 的结论,与中国进口的相关性也没有因为 2016 年从中国进口的数量下降而受到影响。USITC 确认,全球 CSPV 产能的整体增长以及在实施 CSPV Ⅰ和 CSPV Ⅱ命令后全球供应链的快速重组是导致 CSPV 产品进口增加的"不可预见的发展"的一部分,特别是在实施 CSPV Ⅰ命令后,"全球供应链和制造工艺的快速变化"促进了美国从中国生产商在第三国的附属公司进口。专家组接受了这一主张。据此,专家组拒绝了中国关于 USITC 未能证明进口增加是由于"未预见情况的发展"的主张。

关于进口增加是否因"履行 WTO 义务",专家组指出,USITC 的补充报告隐含地表明,美国对 CSPV 产品的免税待遇与美国的 WTO 义务有关。将同样的两句话放在解释进口增长原因的句子之后,从逻辑上确立了美国的 WTO 义务与 POI 期间的进口增长之间的联系。专家组拒绝了中国的主张,即 USITC 未能在其报告中适当地证明进口增加是"由于……美国承担的义务的影响"。

二、进口与损害之间的因果关系

在保障措施方面,此前的专家组/上诉机构对这一问题没有做过分析。美国相关产业遭受严重损失这一点在本案并未受到质疑,中国认为美国未能证明损害与进口之间的因果联系。专家组首先考虑双方关于USITC对美国市场竞争条件的分析,重点是市场细分,以及国内和进口CSPV产品的可替代性等关键问题。中国认为,US-ITC没有适当考虑关键的竞争条件,因为美国国内产业集中在产品市场的住宅和商业部分,而需求的爆炸性增长发生在公用事业部分。由于这种细分,以及不同的产品特性和客户偏好,中国声称美国国内产业无法提供可替代进口的CSPV产品。专家组提出,其不理解为什么国内产业相对于整个美国市场来说规模较小,就一定能证明国内产业不会受到POI期间进口大幅增长的影响。此外,中国关于竞争条件的论点集中在公用事业部分的需求显著增长上,没有考虑到USITC的调查结果表明在POI期间住宅和商业部分的市场也有显著的增长。专家组认为,中国并没有证明USITC的因果关系认定是由于没有考虑到这些竞争条件。专家组接受了美国的主张,认为美国产业在公用事业产品市场也参与了竞争。中国未能证明USITC的结论不恰当。

在关于产品替代性的问题上,专家组接受了USITC的观点,即国内和进口产品是“高度可替代的”,其依据是:调查问卷中大多数生产商和采购商的答复显示,美国和其他国家生产的CSPV产品是可以替代的,而价格仍然是国内和进口CSPV产品之间竞争的重要因素。在专家组看来,这种价格竞争证实了USITC的结论,即国内和进口的CSPV产品是可以替代的。中国未能证明USITC的结论是错误的。

在关于美国的产业数据中,有一些看起来不那么差,如产能、生产与运输、就业、资本支出、研究费用、生产资料的价值。专家组做了逐一分析,确认中国未能证明USITC在分析进口增加与严重损害的负面和看似正面的因素之间的关系方面存在错误。基于这些结论,专家组拒绝了中国的论点,即USITC未能证明进口增加和严重损害之间的“总体吻合”,并因此拒绝了中国的总体主张,即美国未能评估进口增加是不是造成严重损害的原因之一。

三、引起损害的其他因素

美国国内法要求调查机关指明造成损害的其他因素,并且确定这些其他因素不比进口增加不重要。在国内调查中被调查方提出了两个因素。第一,国内产业自己犯了错误,决定将产品集中在商业和家用,而没有进入公用事业部门;质量和产品类型问题;售后服务和送货问题。第二,国内售价下跌的原因是政府的鼓励措施减少,原料价格下降,与其他电力来源争取电网平价。美国调查机构认为这些主张与事实不符,全部驳回。

专家组指出,其工作不是对证据进行重新审查,也不是用专家组的判断代替 USITC 的判断。因此,专家组要解决的问题是中国是否已经证明 USITC 未能提供合理和充分的解释证明国内产业的所谓错误做法没有对国内产业造成损害。USITC 没有明确处理某些证据或对某些证据给予更多的证明力,这一事实本身并不意味着它的行为不符合这些原则。要证明 USITC 对某些证据的处理是不恰当的,中国必须解释为什么对这些证据的处理表明 USITC 调查结果和结论是不合理或不充分的。

关于竞争关系,专家组指出,USITC 依据调查证据得出结论,国内产业参与了公用事业部门的竞争,中国没有证明 USITC 依靠这些证据来支持其关于国内产业在公用事业竞争的结论是不恰当的。专家组已经在前一个问题中得出了结论,没有理由在归因问题上得出不同结论。关于产品质量和类型,专家组注意到,USITC 考虑了国内程序中被调查方的观点,并根据记录认为国内产业的产品范围并不构成损害的“其他”因素。USITC 明确承认某些类型的产品只能从外国来源获得,但是,这只占所有产品的一小部分,而且国内和进口的专门产品之间的重叠比被调查者承认得要多。USITC 认为国内和进口产品是“高度可替代的”,而专家组已经驳回了中国对这一结论的主张。据此,专家组认为中国未能证明 USITC 认为国内产业提供的产品范围的任何限制不是造成损害的“其他”原因是不恰当的。而且专家组也不认为有证据表明产品质量对 CSPV 产品购买者的普遍重要性。

关于第二类“其他因素”,专家组注意到,政府鼓励政策的减少造成了太阳能电力价格的下降,但并没有造成需求减少,USITC 的结论是根据证据作出的,其没有将政府鼓励政策减少作为造成损害的“其他因素”并没有错误。关于成本下降,专家组认为,中国未能证明 USITC 必须将原材料成本下降和生产效率提高视为造成损害的“其他”因素。据此,专家组拒绝了中国的主张,即 USITC 不适当地排除了这些因素,以及未能确保这些因素造成的损害不归因于进口的增加。关于“电网平价”的影响,虽然这是 CSPV 产品需求市场竞争的一个相关条件,但它不是一个单一的概念。专家组注意到,USITC 所依赖的记录证据表明,传统能源的平均价格并不能决定 CSPV 产品的单一绝对目标价格;“电网平价”的价格因地区、时间和其他电力来源的可用性而不同,甚至对某一特定的能源来说也有很大差异。此外,实现“电网平价”的需要对各个 CSPV 市场部分(商业、住宅和公用事业部分)的影响不同,“电网平价”与各种市场趋势和手段相结合,或通过这些手段发挥作用。专家组注意到,USITC 在确定是否需要实现与传统能源的“电网平价”时,重点考虑了天然气的价格趋势。中国对此没有异议。专家组决定分析中国是否已经证实 USITC 对天然气价格对 CSPV 产品影响的评估是不恰当的。在专家组看来,USITC 拒绝将实现“电网平价”的需要作为“其他”损害因素,主要是因为在 POI 期间天然气的价格与 CSPV 产品的价格没有关联。USITC 认为太阳能需要实现与传统能源价格的“电网平价”并不能解释在 POI 期间观察到的持续的价格下降,并在此基础上拒绝将这种实现“电网平价”的需要作为“其他”损害因素,这并无不妥。

四、美国对保密信息的处理

中国认为,USITC 没有提供足够的非保密性机密信息摘要,未能使有关各方进行有意义的辩护,因此,其行为不符合《保障措施协定》第 3 条。中国认为,USITC 向有关各方提供非保密的机密信息摘要的程序,以及最终报告和报告中的非保密摘要的实际内容都不符合《保障措施协定》第 3 条。经过对 USITC 最终报告的审查,专家组指出,首先,中国关于 USITC 审前损害和救济报告非保密版本的公布时间的主张,是以主管机关有义务提供这种中间裁决文件为前提的。然而,《保障措施协定》并不包含任何此类义务。第 3 条的任何其他部分也没有涉及这个问题。由于第 3 条并不要求公布中间裁决文件,专家组拒绝中国的主张,即 USITC 公布非保密版本的审前损害和补救措施报告的时间不符合第 3 条。

其次,中国关于 USITC 最终报告的非保密版本的公布时间的主张,是以主管当局向有关各方提供对其公布的报告进行评论的机会的义务为前提的。专家组不认为存在任何这样的义务。因此,拒绝了中国的这一说法。

《保障措施协定》第 3. 1 条要求主管当局“公布一份报告,阐述其对所有相关事实和法律问题的调查结果和合理的结论”。此外,《保障措施协定》第 3. 2 条禁止主管当局在未经许可的情况下披露相关方提交的机密信息。《保障措施协定》第 3. 2 条允许(但不要求)主管当局要求有关各方提供保密信息的“非保密摘要”。如果主管当局被要求从其报告的非保密版本中编辑某些保密信息以履行《保障措施协定》第 3. 2 条规定的义务,他们可以选择在提交其“调查结果和合理结论”时包括保密信息的“非保密摘要”。然而,《保障措施协定》第 3 条的文本并没有要求他们这样做。报告中没有“非机密摘要”也不意味着主管当局没有公布“对所有相关事实和法律问题的调查结果和合理的结论”的报告。专家组同意美国的意见,即中国的主张是以对《保障措施协定》第 3 条的错误解释为前提的。专家组确认,中国没有证明 USITC 最终报告的非保密版本因编辑了保密信息而存在任何不足之处。据此,专家组驳回了中国的主张,即 USITC 在其最终报告和最终工作人员报告中没有提供足够的非保密性的机密信息摘要,违反了《保障措施协定》第 3 条。

土耳其:空调机额外关税
(WT/DS573)

2018 年 12 月 5 日,泰国提出就土耳其对空调机额外关税进行磋商。泰国认为土耳其的措施违反了《保障措施协定》的相关条款。2019 年 2 月 14 日,泰国请求成立专家组,2019 年 4 月 11 日,DSB 决定成立专家组。巴西、加拿大、中国、印度、日本、韩国、俄罗斯、新加坡、乌克兰和美国要求保留作为第三方介入的权利。2019 年 7 月 1 日,专家组组成。2020 年 11 月,土耳其请求专家组中止工作。专家组工作自 2020 年 11 月 19 日中止。之后,双方都没有要求专家组恢复工作。专家组职权至 2021 年 11 月 19 日到期。

欧盟:钢铁产品保障措施
(WT/DS595)

2020年3月13日,土耳其提出就欧盟对钢铁产品的保障措施进行磋商。土耳其认为欧盟的措施违反了《保障措施协定》的相关条款。2020年7月16日,土耳其请求成立专家组,8月28日,DSB决定成立专家组。阿根廷、巴西、加拿大、中国、中国台北、哥伦比亚、哥斯达黎加、厄瓜多尔、危地马拉、洪都拉斯、印度、韩国、日本、挪威、俄罗斯、瑞士、阿联酋、乌克兰、英国和美国要求保留作为第三方介入的权利。2020年9月29日,专家组组成。到2021年年底,专家组仍在工作。

………《TRIPS 协定》

澳大利亚:香烟平装法案
(WT/DS434、WT/DS435、WT/DS441、WT/DS458、WT/DS467)

申诉方(上诉方):乌克兰、洪都拉斯、多米尼加、古巴、印尼(乌克兰放弃;古巴和印尼没有上诉)

被申诉方(被上诉方):澳大利亚

第三方(第三当事方):阿根廷、巴西、加拿大、智利、中国、厄瓜多尔、欧盟、危地马拉、印度、日本、韩国、马拉维、马来西亚、墨西哥、新西兰、尼加拉瓜、尼日利亚、挪威、阿曼、巴拿马、秘鲁、菲律宾、新加坡、南非、中国台北、泰国、土耳其、美国、乌拉圭、赞比亚、津巴布韦

2012年3月13日,乌克兰要求就澳大利亚香烟平装法问题与其进行磋商;就同一问题,2012年4月4日,洪都拉斯要求磋商;2012年7月18日,多米尼加要求磋商;2013年5月3日,古巴要求磋商;2013年9月20日,印尼要求磋商。由于磋商未果,2012年8月14日,乌克兰请求成立专家组;2012年10月15日,洪都拉斯请求成立专家组;2012年11月9日,多米尼加请求成立专家组;2014年3月3日,印尼请求成立专家组;2014年4月4日,古巴请求成立专家组。2013年9月25日、2013年9月28日、2014年3月26日和2014年4月25日,DSB就洪都拉斯、印尼、乌克兰、多米尼加和古巴的请求分别成立了专家组。2014年5月5日,总干事指定相同人员组成了5

个专家组。2015年5月29日乌克兰请求专家组中止工作。经协商其他各方,专家组同意中止工作。2016年5月30日,专家组职权到期。2017年9月25日,专家组向各方提交了报告初稿。2018年6月28日,专家组报告公布。由于古巴和印尼没有上诉,涉及它们的专家组报告于2018年8月27日通过。洪都拉斯和多米尼加提出上诉,2020年6月9日,上诉机构报告公布,6月29日DSB通过上诉机构和专家组报告。

本案涉及澳大利亚的《香烟平装法》(Tabaco Plain Package Act)及其实施条例和实施办法(以下简称TPPA)。该法于2011年通过,2012年开始实施。TPPA适用于所有用于零售的香烟盒、香烟盒内的说明书及包装上所有的图案。澳大利亚是《烟草控制框架公约》[①](以下简称框架公约)的成员。2008年,澳大利亚成立了全国性的健康预防工作组,提出全国性战略目标,要解决因肥胖、吸烟和酗酒造成的慢性病。2009年9月,该工作组发布了报告,标题是"到2000年将澳大利亚建成最健康国度的行动线路图"。就控烟而言,路线图提出了11个行动领域。TPPA对零售香烟的包装形状、色彩、商标、警示语等都有十分详细的规定。例如,规定香烟盒只能是长方体,不允许有装饰脊、压花、凸起或其他形状或其他装饰物,也不允许不规则的纹理;盒子的底色只能是深咖啡色,文字为白色;对香烟盒上商标的位置、大小、颜色及字体都有严格规定;对烟盒上警示语的内容、大小,以及图片也有详细规定。这些规定不仅规范生产者,还规范销售者和消费者,违反规定的将受到严厉处罚,甚至承担刑事责任。除了关于香烟包装的规定,澳大利亚还禁止香烟广告,增加了香烟税收,限制香烟销售等。TPPA不允许在香烟包装的任何地方出现商标或标记,但没有特殊设计的词汇(word mark)、品牌名称、企业名称、相

---

① Framework Convention on Tobacco Control,2003年5月21日世界卫生大会批准,呼吁所有国家开展尽可能广泛的国际合作,控制烟草的广泛流行。中国于2003年11月10日正式签署该公约。到2020年年底该公约有182个成员。参见https://www.who.int/fctc/cop/zh/。

关立法要求，以及TPPA许可的商标除外。TPPA许可的商标包括原产地标记、检验标记、条形码、火警标记、本地产品说明等(见图1)。

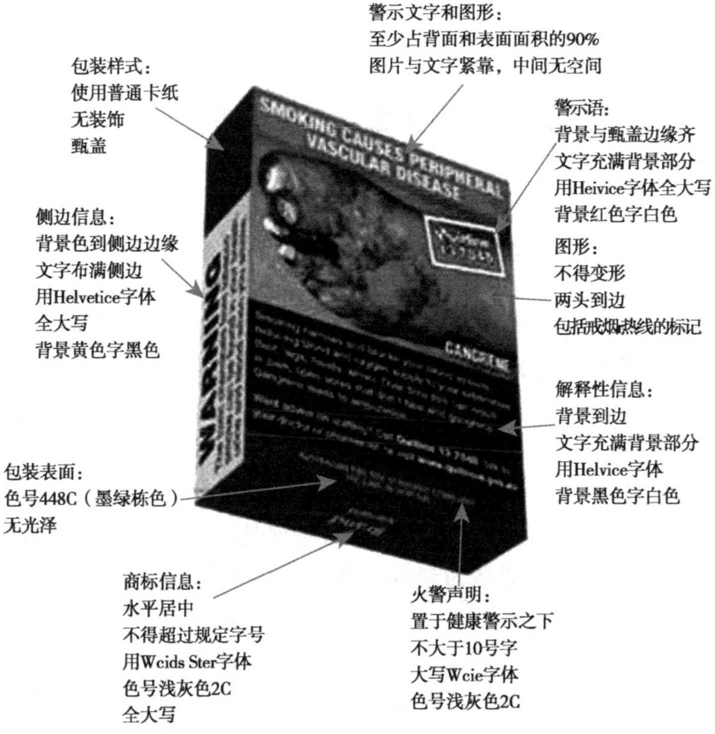

资料来源：专家组报告。

图1　TPPA对香烟包装要求示例

申诉方认为，澳大利亚的相关法规违反了《TRIPS协定》第2.1条、第15.4条、第16.1条、第16.3条、第20条、第22.2条和第24.3条[1]，也违反了《TBT协定》第2.2条。古巴还提出，TPPA违反了GATT第9.4条。

---

① 除特别注明外，本案所称的条款均指《TRIPS协定》条款。

【专家组的分析和结论】

专家组决定先分析涉及《TBT 协定》第 2.2 条的问题,然后再分析涉及《TRIPS 协定》和 GATT 的问题。[①]

一、涉及《TBT 协定》第 2.2 条的诉请

《TBT 协定》第 2.2 条规定:"各成员应保证技术法规的制定、采用或实施在目的或效果上均不对国际贸易造成不必要的障碍。为此目的,技术法规对贸易的限制不得超过为实现合法目标所必需的限度,同时考虑合法目标未能实现可能造成的风险。此类合法目标特别包括:国家安全要求;防止欺诈行为;保护人类健康或安全、保护动物或植物的生命或健康及保护环境。在评估此类风险时,应考虑的相关因素特别包括:可获得的科学和技术信息、有关的加工技术或产品的预期最终用途。"

1. 专家组决定先分析涉及商标的法规是不是可以适用《TBT 协定》的问题。澳大利亚认为规范烟草产品商标使用的法规,不应该属于《TBT 协定》的管辖范围,因为 TPPA 规范的是知识产权。上诉机构曾经指出 WTO 协定的所有义务是累积的,所有的成员必须同时遵守所有的义务。专家组认为,涵盖协定的适用范围有重叠并不意味着应当减少或者改变某一个协定的适用,某一项措施可能同时受一个或多个涵盖协定的管辖。基于上述分析,专家组认为,原则上《TBT 协定》和《TRIPS 协定》可以同时并累积适用于某一措施的不同方面。澳大利亚提出,《TRIPS 协定》第 20 条要求成员不得对商标使用提出特殊要求,《TBT 协定》第 2.2 条的必要性标准比《TRIPS 协定》的合理性标准更加严格,如果同时适用会造成两者的冲突。专家组认为无法抽象地做比较,两个协定从非常不同的角度提出的标

① 本案有 4 个申诉方,每个申诉方提出的诉请不完全相同。除了古巴的个别诉请之外,本书列出并分析诉请时没有区分具体由哪个申诉方提出。

准,不能推定两个协定条款同时适用会产生冲突。

2. 申诉方认为,TPPA 是技术法规,其对贸易的限制超过了必要的程度,因此违反了《TBT 协定》第 2. 2 条。专家组先分析了 TPPA 是不是技术法规的问题。在这个问题上,专家组分析了三点:TPPA 是否适用于可以明确界定的产品;TPPA 是否规定了产品的一种或多种特征;TPPA 措施是否是强制性的。TPPA 从措辞上非常明确,其适用于烟草制品,所以它的产品指向是明确的。关于规定产品特征的问题,专家组认为,这些规定既可以是肯定性的,比如产品必须具备某些特征,也可以是否定性的,比如产品不得具有某些特征。专家组认为,规定烟草产品外观形象及包装要求也是对产品特征的规定。从 TPPA 的措辞看,其使用了“应当”“不得”“要求”等措辞,可见 TPPA 是强制性法规。据此,专家组认为,无论是法规本身还是与法规相配套的措施,各自都满足了上述关于技术法规的三个条件,因此 TPPA 是《TBT 协定》第 2. 2 条意义上的技术法规。

3. 关于 TPPA 对贸易的限制是否超过了必要限度的问题,澳大利亚提出,根据《TBT 协定》第 2. 5 条的第 2 句话,TPPA 符合相关国际标准,因此推定其不会违反《TBT 协定》第 2. 2 条;此外,澳大利亚还提出,申诉方未能证明香烟平装措施有限制贸易的作用。专家组指出,根据《TBT 协定》第 2. 2 条,一项技术法规对贸易的限制程度是不是超过了必要的限度,需要对诸多因素作平衡和总体的评估,包括措施对其要达到的目的所起的作用、措施对贸易的限制程度、风险本身的性质以及风险的后果所带来的危害等。此外,在比较措施和可能的替代措施时,必须考虑替代措施的贸易限制程度是否更小,能不能达到原来的政策目标所要达到的程度,还要考虑如果不采取措施会产生的风险以及该措施对于某成员来说是否合理可得。

TPPA 的目的是通过减少香烟的使用,改善公众健康,而这一目的也是《TBT 协定》第 2. 2 条所列举的目标之一。澳大利亚提出,TPPA 符合《框架公约》第 11 条和第 13 条指南,因此符合国际标准,根据《TBT 协定》第 2. 5 条,凡是符合国际标准的措施都推定为不违反《TBT 协定》第 2.2 条。本案是 WTO 成立以来第一次有一方援引《TBT 协定》第 2.5 条所说的相关国际标准进行抗辩,专家组决定对这个问题做比较详细的分析。《框架公约》第 11 条和第 13 条是不是可以构成相关国际标准？“相关国际标准”这一提法出现在《TBT 协定》第 2.4 条和第 2.5 条里,其他案件的专家组曾经多次对第 2.4 条做过分析。专家组决定在分析第 2.5 条中“相关国际标准”的含义时,参考第 2.4 条涉及的案例。经过分析,专家组认为第 2.5 条所涉及的国际标准,其范围应该更窄,与一个成员所采取的措施应该有更加紧密的关系。那么,《框架公约》第 11 条和第 13 条的指南是不是可以构成约束香烟包装的国际标准呢？专家组指出,从文本看,不清楚第 11 条和第 13 条的指南中哪些内容构成 WTO 成员必须采用的“规则,准则或特征”。专家组在做了仔细的分析之后认为,《框架公约》第 11 条和第 13 条的指南,其具体目的就是要协助成员方履行其在公约下的义务,但是专家组无法确认这些指南是否构成烟草制品平装的标准。有了这一结论,专家组认为没有必要再分析制定这些规定的组织是不是国际组织,也无须对 TPPA 是不是符合国际标准作出结论。因此,澳大利亚的推定不能成立。专家组强调,这一结论仅仅针对《TBT 协定》第 2.5 条的第 2 句,而不涉及《框架公约》第 11 条和第 13 条的其他方面。

接着专家组决定分析 TPPA 是不是符合《TBT 协定》第 2.2 条。专家组在前文已经分析了 TPPA 的目标,现在要分析 TPPA 对实现这些目标的作用。此前的案件中,上诉机构提出,要确定某项措施对达到目标的作用需要从措施的设计、结构和实施几个方面来分析。双方提交了大量的材料,有支持也有反对 TPPA 的各种报告,专家组决定采纳来源可靠的科学数据。有研究证据表明,TPPA 减少了香烟包装外观的吸引力,减少了对已经戒烟者的诱惑,鼓励戒烟,减少了二手烟的危害。因此 TPPA 对达到立法的目标是有作用的。

至于 TPPA 对贸易的限制作用,鉴于法规可能减少烟草制品的使用,可能减少澳大利亚市场上进口产品的数量,理论上对贸易有限制作用,尽管到专家组成立时这种作用还没有显现。专家组指出,申诉方并未证明 TPPA 影响了其产品进入市场或者在澳大利亚市场上与国产品竞争的机会,未能证明 TPPA 具有限制贸易的作用。申诉方提出遵守 TPPA 规定会增加开支,而处罚也限制了贸易。专家组认为申诉方未能证明这种作用,同时处罚本身并没有构成额外的限制。

随后,专家组分析了若不能实施措施,可能产生的风险。专家组从风险的性质和严重程度两个方面分析。如果不能达到澳大利亚的目标,其风险是公众健康将无法得到改善,因为抽烟者以及暴露在二手烟下的人都不会减少,这样的后果是极其严重的。

申诉方提出了 4 项替代措施:将合法购烟年龄从目前的 18 岁提高到 21 岁,提高烟草制品税率,有针对性地推动戒烟社会宣传,售前措施。专家组逐一进行了考察。澳大利亚指出,其在 20 世纪 90 年代前就已经将购烟年龄从 16 岁提高到了 18 岁,各个省也有限制青少年吸烟的其他措施,因此提高购烟年龄限制并不是替代措施,而是澳大利亚已经实施的措施的补充。专家组认为,澳大利亚目前并没有实施 21 岁购烟的规定,因此提高购烟年龄是替代措施。专家组认为,申诉方未能证明这一替代措施对贸易的限制较小,而且提高购烟年龄也不会与 TPPA 起到同样的作用。至于提高烟草制品税率,专家组认为这是对澳大利亚已经实施措施的修改,因此也构成替代措施。专家组注意到,提高税率是使价格提高,这对不同人群的影响是不同的,提税确实可以减少香烟消费,但无法起到与 TPPA 同样的作用。关于社会宣传的问题,专家组认为只有根据特定的方式细分市场以及提供更好的信息,这一点才可以作为替代措施。专家组指出,它对贸易的限制作用不比 TPPA 小,而且这个措施无法取得与 TPPA 相同的效果。所谓售前措施是指对每一种香烟的包装在出售前须经过批准程序,规定香烟包装不得包含的要素。专家组指出,这样的措施对贸易的限制作用不比 TPPA 小,而且也不可能达到 TPPA 同样的效果。据此,申诉方提出的 4 项替代措施都没有得到专家组的支持。

二、涉及《TRIPS 协定》的诉请

1. 被第 2.1 条纳入的《巴黎公约》第 6 条之五:商标

《巴黎公约》第 6 条之五规定:凡所属国予以正式注册的商标,其他本同盟成员方也应予以注册和保护,但本条所指明的保留条件除外,这些国家在正式注册前可要求提供所属国主管机关发给的注册证书,这项证书不需认证。

申诉方提出,澳大利亚禁止在香烟包装上使用商标,就是没有给予在其原属国已经注册的商标以同样的保护。上诉机构曾经提出,某个国民的商标要想在非原属国得到保护,可以通过两个路径,第一是根据《巴黎公约》第 6 条注册,第二是根据《巴黎公约》第 6 条之五注册。《巴黎公约》第 6 条之五针对的是已经在原属国获得注册的商标,其他国家应当接受申请并对其商标的形式予以保护。专家组指出,根据《巴黎公约》第 6 条之五第 1 段所要给予的保护是从原属国注册之后外溢的权利,但是这一条并没有明确应当保护的是什么。事实上,TPPA 并未阻止其他成员的国民在澳大利亚申请并获得商标注册。专家组就此认为申诉方未能证明澳大利亚没有遵守《巴黎公约》第 6 条之五的规定。

2. 第 15.4 条:可保护的客体

第 15.4 条规定:商标所使用的货物或服务的性质在任何情况下不得形成对商标注册的障碍。申诉方提出,澳大利亚允许本身不具备显著性的商标通过使用获得显著性而得到注册,由于澳大利亚禁止在香烟上使用非词汇标记,那些本身不具备显著性的非词汇标记无法通过使用获得显著性,从而无法获得注册,这违反了第 15.4 条。专家组分析 TPPA 是否阻止了那些本身不具备显著性的非词汇商标通过使用获得显著性从而申请注册。专家组指出,若要确认违反第 15.4 条,需证明存在商标注册的障碍,而且这些障碍是商标所使用的

货物或服务的性质。第15.4条所说的“商标”是指标记或标记组合，它们符合第15.1条的显著性要求，成员有义务考虑其可以作为商标；而“商标注册”则是商标所有人获得第16条所规定范围和内容的权利的前提条件。TPPA是否阻碍了那些可以通过使用获得显著性从而能够注册的标记获得注册？专家组认为，第15.1条使用“能够”(capable)一词并不表明第15.4条中的“商标”一词包括那些原来没有显著性，但是通过使用获得显著性的标记，第15.4条的义务并未涵盖那些有可能获得注册的标记。TPPA是否阻碍了部分标记通过使用获得显著性？专家组指出，将第15.4条和第15.1条结合起来看，它们是规范成员对具有显著性的标记注册的义务，不涉及不具备显著性的标记使用的问题。TPPA是否减少了在原属国获得注册、涉及烟草制品的商标权利？专家组指出，第15.4条仅涉及注册，以及通过注册提供保护，根据TPPA，与烟草相关的商标仍然可以申请注册。TPPA限制标记使用在某些烟草产品上，其后果影响到烟草相关商标实质性保护的范围和内容，并不构成违反第15.4条。

3. 第16条：授予的权利

第16.1条规定：“注册商标的所有权人享有专有权，以阻止所有第三方未经该所有权人同意，在贸易过程中对与已注册商标的货物或服务的相同或类似货物或服务使用相同或类似标记，如此类使用会导致混淆的可能性，在对相同货物或服务使用相同标记的情况下，应推定存在混淆的可能性。上述权利不得损害任何在先权利，也不得影响各成员以使用为基础提供权利的可能性。”申诉方提出，禁止在香烟上使用商标，减少了这些标记的区别性，从而减少了它们指控其他标记造成混淆的可能性，影响了商标权人禁止未经授权使用的能力。

专家组指出，根据条款措辞通常的含义，商标权人拥有禁止他人未经授权使用商标的权利，而各国有义务禁止未经授权在相同或类似的商品或服务上使用注册商标，这一条并不涉及商标权人对商标的使用。那么，禁止使用某些商标是不是降低了商标的显著性从而降低了商标权人证明混淆的能力呢？根据第16.1条,成员有义务保证一旦导致消费者混淆的情况发生,商标权人有权阻止他人使用。是否存在未经商标权人授权的使用以及这样的使用是否会造成混淆,与评估一个成员是否赋予了商标权人禁止他人未经授权使用的问题并没有实质关系。至于商标显著性的问题,这是根据各个国家的国内法决定的,从第16条的用词可以判断,第16.1条与商标是否具有显著性并无关系。第16.1条并未要求成员不得实施可能影响某一商标区别能力的监管措施,或者提供能保持商标显著性的最低机会的使用。申诉方必须证明,根据澳大利亚的法律,商标权人无权阻止第16.1条所述的第三方行为。专家组据此确认,申诉方未能证明TPPA违反了第16.1条。

第16.3条规定:《巴黎公约》第6条之二在细节上做必要修改后,应适用于与已注册商标的货物或服务不相类似的货物或服务,只要该商标在对那些货物或服务的使用方面,可表明这些货物或服务与该注册商标所有权人之间存在联系,且此类使用有可能损害该注册商标所有权人的利益。《巴黎公约》第6条之二是关于驰名商标的规定,要求各国应当在本国法律允许的条件下禁止伪造、模仿或翻译与本国已注册的驰名商标相同或类似的商标在相同或类似的商品上注册,已注册的应予以取消。也就是说,《TRIPS协定》将驰名商标的保护延伸,不允许在不相类似的货物或服务上使用与驰名商标相同或类似的商标。申诉人指出,要想维持注册商标驰名就必须要使用,而澳大利亚的法规不允许在烟草制品上使用商标,影响了商标权人维持商标驰名性的能力;不允许在烟草制品上使用商标,消除了这些商标通过使用成为驰名的可能性。澳大利亚则提出,根据第16.3条,没有义务让商标权人使用商标以维持其驰名性或通过使用取得驰名性。

TPPA是否阻止了香烟商标维持其驰名性从而违反了第16.3条？专家组认为,原先驰名的商标在市场上知名度降低,这一事实本身并没有违反第16.3条,成员对驰名商标的义务与某一商标在市场上是否驰名没有关系,第16.3条也没有要求成员避免采取影响商标权利人维持其商标驰名性的措施,也没有要求成员为商标权人提供在市场上使用商标的机会。TPPA是否阻止了香烟商标通过使用获得驰名性从而违反了第16.3条?专家组指出,即便必须在澳大利亚本国使用才能够获得驰名性,第16.3条也没有要求成员维持某一驰名商标的地位以使其获得额外的保护。专家组在这个问题上的结论是,申诉方未能证明TPPA违反了《TRIPS协定》第16.3条。

4.第20条:对知识产权的其他要求

第20条规定:在贸易过程中使用商标不得受特殊要求的无理妨碍,例如要求与另一商标一起使用、以特殊形式使用或要求以损害其将一企业的货物或服务区别于其他企业的货物或服务能力的方式使用。这不排除要求将识别生产该货物或服务的企业商标与区别该企业的所涉具体货物或服务的商标一起,但不将两者联系起来使用。专家组指出,根据第20条,有三个因素需要考虑:存在特殊的要求;这些特殊要求阻碍了商标在贸易过程中的使用;这些阻碍是无理的。专家组指出,TPPA限制以某些形式使用商标,禁止使用带有设计的词汇商标、组合商标和图形商标,这些都构成了阻碍商标使用的特殊要求;根据《TRIPS协定》相关条款的普通含义,这些要求也阻碍了商标在贸易过程中的使用。那么,TPPA是否"无理阻碍"呢?专家组从"无理"这个词的普通含义,又结合《TRIPS协定》条款作为上下文进行分析。专家组认为,商标权人有在市场上使用其商标的合法利益,而各成员可以采取可能影响商标使用的措施保护某些社会利益,第20条体现了《TRIPS协定》的起草者意图在这两者之间求得平衡。

要确定阻碍是不是无理,必须确定下列因素:特殊要求所造成阻碍的性质和范围;实施措施的理由;这些理由能否支撑所造成之阻碍。专家组认为TPPA造成的阻碍是很大的,但是并不能因此就确认TPPA措施本身是无理的;TPPA没有提供对具体商标的区别对待,这就没有造成其本身无理。同样从这三个方面分析TPPA措施的具体适用,专家组指出,在分析《TBT协定》的时候,就已经确认

TPPA 是为了减少烟草制品的使用,改善公众健康。TPPA 除了涉及商标,还有一些其他要求,专家组认为,TPPA 涉及商标的措施之理由与此相同。对 TPPA 的目的,双方没有异议。那么,这些理由是否可以支撑由此造成的阻碍呢？首先,由吸烟造成的公众健康问题是全世界一个非常严重的问题。专家组已经确认,消除香烟包装上的图案足以减少香烟的诱惑,从而有助于推广控烟。对于商标使用的限制,只是澳大利亚全面控烟的各种措施的一部分,综合考虑,TPPA 对商标的限制并不是无理的。据此,专家组认为申诉方未能证明 TPPA 无理阻碍了在贸易过程中使用商标,因而未能证明澳大利亚违反了第 20 条。

5. 被第 2.1 条纳入的《巴黎公约》第 10 条之二:反不正当竞争

《巴黎公约》第 10 条之二涉及不正当竞争,要求各国禁止不正当竞争的行为。专家组首先确认,申诉方的这一诉请不仅涉及商标,还涉及其他知识产权,如地理标识、工业品外观设计等。《巴黎公约》第 10 条之二规定:“(1)本同盟成员方必须确保对各该国国民予以禁止不正当竞争的有效保护;(2)凡在工商业活动中违反诚实经营的行为即构成不正当竞争的行为;(3)特别禁止下列行为:不择手段地对同行的营业所、商品或工商业活动造成混淆的一切行为;在经营商业中有损同行的营业所、商品或工商业活动的信誉的谎言;在经营商业中使用会使公众对商品的性质、制造方法、特点以及用途的适合性或数量发生混淆的表示或说法。”专家组认为,这一条所列举的三种行为只是列举,WTO 成员要禁止所有的不正当竞争行为,而不仅仅是这三种。

申诉方提出,TPPA 要求香烟平装,引起不正当竞争,因为这一要求对高端产品及其生产者不利,而对低端产品及其生产者有利;TPPA 要求所有的香烟都用相同的包装,竞争对手使用无差别的包装,违反了第 10 条之二(3)列举的第 3 种情况。

专家组首先根据不正当竞争行为的定义,认为一个成员规范市场经营行为或者规范市场经营环境的法规本身不构成不正当竞争行为。那么,TPPA是否要求经营者从事非正当竞争行为呢?专家组指出,TPPA确实禁止使用商标图案,也不允许用特别的设计,但它允许使用词汇商标,以及指明品牌、企业或公司名称的标记,也允许指明产品的不同种类。专家组认为,申诉方未能证明遵守TPPA的要求会在消费者中间造成混淆,从而构成不正当竞争,也未能证明按照TPPA的要求在香烟的包装上使用词汇商标等,消费者无法辨认其来源或产品,从而造成混淆。即便由于所有的香烟外包装看上去类同,消费者错误地认为所有的竞争产品都有同样的特性或者来源,专家组认为,上述混淆也不是法律规范介入的结果,而是经营者为了表明其产品具有同样的特点作出商业选择的结果。此外,消费者可以通过TPPA允许使用的品牌、企业名称和产品来源对产品加以辨识,申诉方并未证明消费者会由于TPPA的规定对香烟产品的来源或品牌有所混淆。

《巴黎公约》第10条之二(3)列举的第三种行为是对产品的性质、制造方法、特点等误导公众的说法。在某些情况下,如果公众预期能见到关于某些特征的信息,但这些信息缺失,导致公众购买了产品,则特定信息的缺失也可能构成误导公众,双方对此观点并无异议,专家组也认同。申诉方认为TPPA要求香烟包装统一样式,香烟制造商就无法通过不同的设计让消费者知道产品的不同特点,使得公众误认为所有的烟草产品的性质、制造过程和特征都是一样的。澳大利亚则提出,申诉方并未就此提供证据。专家组指出,所有的香烟外包装类同,并不会误导消费者错误地认为相互竞争的产品特点或者来源是同一的,TPPA允许使用在香烟外包装上的标记本身不会提供错误或虚假的信息;至于商标可以表明产品来源的作用,TPPA恰恰允许香烟包装上使用企业名称和品牌名称。据此,专家组确认,申诉方未能证明TPPA迫使市场经营者从事会误导消费者的行为。

6. 第22.2条和第24.3条:地理标识保护

第22.2条要求各成员在地理标识方面提供保护,以阻止不公平竞争行为。专家组注意到,在澳大利亚,地理标识通常作为证明商标获得注册,根据TPPA,地理标识可以作为品牌或产品的别名使用,香烟包装地的名称也可以出现在香烟包装上,除此之外,香烟包装上不允许使用地理标识的图案或设计。只要使用的是词汇,无论是产地名称、公司名称还是产品名称,TPPA都允许使用,不区分是商标还是地理标识。专家组认为,申诉方未能证明TPPA的要求会导致消费者误认从而构成不正当竞争。据此,专家组确认申诉方未能证明澳大利亚违反了第22.2条。

第24.3条要求:在实施第24条时,WTO的成员不得降低在WTO协定生效之日前已经在该成员中存在的对地理标识的保护。

专家组首先分析确认,第24.3条适用于TPPA。申诉方认为这一义务针对各成员的地理标识保护体系,而被申诉方认为其针对具体的地理标识。专家组赞同澳大利亚的观点,认为这一条是要求成员不得减损具体的地理标识在WTO协定对该成员生效之前已经存在的财产权。那么TPPA是否减损了对地理标识的保护呢?申诉方认为TPPA影响了地理标识的使用,因此减损了其权利,澳大利亚则辩称,在其成为WTO成员之日,澳大利亚法律并不保护使用地理标识的权利。除了古巴提出了具体的地理标识,其他申诉方都没有指明哪些地理标识受到TPPA的影响。专家组已经确认,第24.3条针对具体的地理标识,因此专家组对古巴的诉请做了分析。① Habanos注册在澳大利亚成为WTO成员之后,因此专家组假设Habanos受保护,TPPA有没有减损澳大利亚普通法在1995年1月1日之前给予地理标识的保护呢?澳大利亚认为,申诉方混淆了使用地理标识的权利和使用地理标识的可能性。澳大利亚认为这种权利是禁止他人使用相同或类似标记的否定权。专家组赞同澳大利亚的观点。古巴认为TPPA削弱了Habanos的声誉,要针对仿冒行为采取行动会更加困难。专家组提出,假定Habanos在1995年1月1日之前可以享

---

① 古巴所称的地理标识是2010年6月16日注册的Habanos商标,使用在手工卷制雪茄烟成品上。

受地理标识保护，古巴也未能证明 TPPA 损害了保护水平。专家组据此确认，古巴未能证明 TPPA 降低了地理标识保护水平。

三、GATT 第 9.4 条：原产地标记

GATT 第 9.4 条规定："缔约方与进口产品标记有关的法律法规应允许在遵照执行时不会严重损害产品或实质性降低其价值，或不合理地增加其成本。"古巴提出，TPPA 禁止使用图形，违反了 GATT 第 9.4 条。

古巴诉请涉及如图 2 所示的商标和政府担保标记：

资料来源：专家组报告第 7.2977 ~ 7.2980 段。

图 2　商标和政府担保标记

根据 TPPA，上述图案均不得出现在香烟（包括雪茄烟）零售包装上。专家组指出，TPPA 只是规范这些词汇表达的形式，古巴未能证明除了设计图案之外，"古巴"（国名）和词汇"Habanos"不能出现在雪茄烟包装上。

专家组分析了条约用语的通常含义及 GATT 谈判历史，确认 GATT 第 9.4 条所指的是规范与产品来源标记有关的法律法规，而且是要求在执行法律法规时不得损害产品，或实质性降低价值，因此 TPPA 不是 GATT 第 9.4 条所要涵盖的法律法规。有了这一结论，专

家组本可以不再分析古巴雪茄的价值是否受到影响的问题。但专家组还是在假定TPPA属于GATT第9.4条使用范围的情况下,完成了分析。[①] 古巴提出,TPPA禁止使用图形标记,剥夺了地理标识的附加值,因为出口商无法再要求为地理标识付钱,而消费者则会对其来源的真实性产生怀疑,从而也损害了雪茄烟的价值。专家组指出,GATT第9.4条的义务有两个限定词,即“严重”损害和“实质性”降低,古巴所提到的两种情况还不能算“严重”损害和“实质性”降低。至于剥夺了Habanos作为地理标识可能产生的附加值,从而构成严重损害的问题,专家组指出,TPPA并未禁止使用描述性词汇,而且古巴也未能证明如果Habanos作为地理标识能够产生附加值。根据上述分析,专家组确认古巴未能证明TPPA不符合GATT第9.4条,为此专家组决定不再分析澳大利亚关于GATT第20条的抗辩。

【上诉机构的分析和结论】

洪都拉斯、多米尼加就专家组关于《TBT协定》第2.2条和《TRIPS协定》第16.1条和第20条的结论提出上诉。上述机构依次分析了TPPA对澳大利亚控烟目标所起的作用,TPPA对贸易的限制,是否存在替代措施,以及专家组对《TRIPS协定》第16.1条和第20条的解释,最终确认专家组并无错误。除了在《TBT协定》第2.2条的一个问题上,上诉机构的两位成员认为专家组有错误但不影响最终结论,在其他问题上都维持了专家组的所有结论。

在分析替代措施对于达到政策目标的作用时,专家组一方面确认每一项替代措施与TPPA相比,都足以达到在澳大利亚降低吸烟人数的总体效果,但是由于未考虑香烟包装设计这一特点,它们的作用还是不能等同,上诉机构认为这是对第2.2条的错误运用。然而,申诉方必须证明存在合理可行的替代措施,而且替代措施对贸易的限制作用比TPPA小,才可能在《TBT协定》第2.2条上胜诉。专家

① 专家组这样做往往是为了方便上诉机构继续完成分析。

组认为,申诉方未能证明替代措施比 TPPA 对贸易的限制作用更小。上诉机构认为专家组的这一结论是正确的。鉴于这样的分析,上诉机构尽管否定了专家组关于替代措施对政策目标作用的结论,但是维持了关于替代措施贸易限制作用的结论,据此维持专家组关于替代措施的总体结论。

【案件评析】

WTO 争端解决机制处理的涉及知识产权问题的纠纷有 35 起,其中近 63% 是在 20 世纪提出的,进入 21 世纪之后,知识产权案件数量锐减,本案 5 个成员对澳大利亚涉及香烟零售包装的要求提出申诉,是 21 世纪初 WTO 引人注目的案件。然而,本案申诉方最初主要以违反《TRIPS 协定》提出申诉,其申诉涉及《TRIPS 协定》多个条款,但专家组实体分析部分的 60% 篇幅(735 页中的 450 页)却是在分析涉及《TBT 协定》第 2. 2 条的问题。以往 WTO 处理的涉及《TBT 协定》的案件共 14 起(不包括本案),数量大大低于涉及知识产权的案件。这 14 个案件中,7 个通过专家组/上诉机构解决,形成了 5 个报告,其中只有一个案件没有分析《TBT 协定》第 2. 2 条的问题。可见第 2. 2 条是《TBT 协定》一个非常重要的条款。

《TBT 协定》第 2. 2 条要求 WTO 成员"应保证技术法规的制定、采用或实施在目的或效果上均不对国际贸易造成不必要的障碍。为此目的,技术法规对贸易的限制不得超过为实现合法目标所必需的限度,同时考虑合法目标未能实现可能造成的风险"。该条款特别列举了国家安全要求、防止欺诈行为、保护人类健康或安全等合法目标。由于已经有众多案件涉及《TBT 协定》第 2. 2 条的解释,在这些案件中,首先要确认涉争的措施是否为技术法规或技术标准。在认定之后,要确定涉争措施对贸易的限制作用是否超过了达到合法目标所必需的程度。上诉机构和专家组逐步形成了基本统一的路径:首先要确定涉争措施的合法目标,随后需分析涉争措施对合法目标的作用以及对贸易的限制作用,接着要确定目标未能实现的风险之性质和严重程度,还要确认是否存在可以达到相关目标但贸易限制更小且可行的替代措施。

在争端解决时,除了涉及某些具体协定的条款有特别规定外,WTO 也实行"谁主张,谁举证"的原则。申诉方必须证明涉争措施超过了为达到合法目标所必需的程度,才可能在《TBT 协定》第 2.2 条上胜诉。本案专家组对申诉方的所有诉请都没有支持,理由都是"举证不能"。上诉机构虽然确认了专家组在一个具体问题的结论上前后矛盾,但由于在其他问题上支持了专家组的结论,专家组的最终结论得到维持。

对本案的程序稍加注意就会看到,本案最早的申诉是 2012 年 4 月提出,两个未上诉的报告 2018 年 8 月通过,而上诉机构报告 2020 年 6 月通过,分别历时约 6 年和 8 年。据笔者统计,这是 WTO 成立后争端解决机制处理纠纷用时最长的案件。这也许从另一个角度表明,WTO 争端解决机制需要做一些改革,以应对世界经济出现的新局面。

中国:保护知识产权的措施
(WT/DS542)

2018 年 3 月 23 日,美国要求就中国的知识产权保护措施与其磋商。美国指出中国的措施不符合《TRIPS 协定》相关条款。由于磋商未果,2018 年 10 月 18 日,美国请求成立专家组,2018 年 11 月 21 日,DSB 成立专家组。澳大利亚、巴西、加拿大、埃及、欧盟、印度、日本、瑞士、哈萨克斯坦、韩国、新西兰、挪威、俄罗斯、新加坡、瑞士、中国台北、土耳其、乌克兰要求保留作为第三方介入的权利。2019 年 1 月 16 日,专家组组成。根据美国的请求,专家组的工作于 2019 年 6 月 11 日至 2020 年 5 月 31 日之间中止。2020 年 6 月 1 日,专家组恢复工作。2020 年 6 月 8 日,根据美国的请求,专家组工作再次中止。鉴于美国未要求专家组恢复工作,2021 年 6 月 11 日,专家组通知 DSB 其职权到期。

沙特:保护知识产权的措施 (WT/DS567)*

申诉方(被上诉方):卡塔尔

被申诉方(上诉方):沙特

第三方(第三参与方):澳大利亚、巴林、巴西、加拿大、中国、欧盟、印度、日本、韩国、墨西哥、挪威、俄罗斯、新加坡、中国台北、土耳其、乌克兰、阿联酋、美国、也门

2018年10月1日,卡塔尔要求与沙特就知识产权的保护问题进行磋商,由于沙特拒绝磋商,经卡塔尔的请求,DSB在2018年12月18日成立了专家组。2019年2月18日,专家组经总干事指定组成。2020年6月16日,专家组作出最终报告。2020年7月28日,沙特提出上诉。因上诉机构僵局,至2021年年底,本案仍处于上诉阶段。

beIN(beIN Media Group LLC)是一家全球性的体育和娱乐公司,总部设在卡塔尔。2017年6月5日,沙特与卡塔尔断绝关系,沙特媒体部自2017年6月初开始阻止公众访问beIN在沙特的网站。自那时起,从沙特互联网协议地址连接的客户已被重新定向到一个页面,说明beIN网站违反沙特法律。2017年6月19日,沙特媒体部以及音像传媒委员会发布了通知,指出beIN没有获得在沙特传播媒体内容的许可证,也没有经营权。2017年8

---

* 本案初稿由华东政法大学国际法专业研究生解以黎撰写。

月，beoutQ（be out Qatar）开始未经授权分发和传输由 beIN 创建或授权给 beIN 的媒体内容，将 beIN 的徽标替换为 beoutQ 的徽标。虽然 beoutQ 最初将其活动局限于在线播放盗版内容，但它将业务扩展到了整个沙特和其他国家的 beoutQ 品牌机顶盒零售业务，这些机顶盒接收盗版内容的卫星广播，它们还提供对互联网协议电视应用程序的访问，这些应用程序在全球范围内提供数千部盗版电影、电视节目和电视频道。沙特通过播放 beoutQ 未经授权的广播来促进公众集会。卡塔尔认为沙特的作为和不作为违反了《TRIPS 协定》中关于不歧视、知识产权的可获得性的多项义务，以及民事和刑事知识产权执法程序的可用性。

【专家组的分析和结论】

一、专家组是否具有管辖权

沙特要求专家组拒绝根据 DSU 第 3.4 条、第 3.7 条和第 11 条提出任何调查结论或建议。虽然沙特没有向专家组提出任何关于专家组的“管辖权”或争议的“可审理性”的观点，但包括澳大利亚和欧盟在内的若干第三方将沙特的论点解释为暗示沙特认为该事项“不可审理”。沙特提出，目前的争端根本不是贸易争端，而是政治、地缘政治和基本安全争端。专家组认为，卡塔尔在其请求中提出的问题涉及是否违反《TRIPS 协定》的行为。因此，专家组审议的事项属于 WTO 的法律管辖范围。同时，DSU 第 3.4 条规定，争端解决机制提出的建议或裁决的目的是“根据 DSU 和涵盖协定项下的权利和义务，实现问题的满意”。专家组认为，第 3.4 条中提到的“问题”是申诉人根据 DSU 第 7.1 条的规定在专家组请求中“提交 DSB 的事项”。因此，在本争端中，要达成满意解决的事项是卡塔尔在专家组请求中“提交 DSB 的事项”。因此，专家组不支持沙特根据 DSU 第 3.4 条和第 11 条提出的观点。此外，专家组认为《TRIPS 协定》和

DSU适用于沙特与卡塔尔的关系没有问题。《维也纳条约法公约》第63条与《WTO协定》第13.1条也不承认两个成员之间断绝外交关系会导致不适用《TRIPS协定》。基于所有这些原因，专家组的结论是：不能拒绝对属于其职权范围的主张行使管辖权，该事项是可以审理的。

在审理阶段，沙特拒绝对卡塔尔陈述的事实和提出的论点进行辩驳。但要求专家组在报告中凡是使用了“无辩驳”“无争议”等措辞，在后面加上“专家组注意到，沙特对卡塔尔提出的事实和观点未予反驳”。

二、沙特的行为是否符合《TRIPS协定》第41.1条以及第42条①

第41.1条规定：“各成员应保证其国内法中包括关于本部分规定的实施程序，以便对任何侵犯本协定所涵盖知识产权的行为采取有效行动，包括防止侵权的迅速救济措施和制止进一步侵权的救济措施，这些程序的实施应避免对合法贸易造成障碍，并为防止这些程序被滥用提供保障。”第42条规定：“各成员应使权利人可获得有关实施本协定涵盖的任何知识产权的民事司法程序，被告有权获得及时的和包含足够细节的书面通知，包括权利请求的依据，应允许当事方由独立的法律顾问代表出庭，且程序不应施加强制本人出庭的过重要求，此类程序的所有当事方均有权证明其权利请求并提供所有相关证据，该程序应规定一种确认和保护机密信息的方法，除非这样会违背现有宪法规定的必要条件。”

卡塔尔提出，由于存在一系列针对卡塔尔的措施，包括2017年6月19日通知、“不得同情”措施、旅行限制令、部长批准要求、不适用刑事程序和处罚以及鼓励民众聚集收看beoutQ未经授权的转播，使

① 除特别注明外，本案所说的条款均指《TRIPS协定》的条款。

得卡塔尔居民无法通过沙特的司法程序针对侵犯知识产权的行为获得救济。双方对是否存在这些措施有异议。卡塔尔使用了非常宽泛的语言，专家组审查了卡塔尔提交的证据，确认其诉请中有一些并不针对法规本身，而是针对法规的实施，但卡塔尔没有提交关于法规实施后果的任何证据，因此，专家组确认卡塔尔未就其“关于实施”的诉请提交证据。

卡塔尔提出沙特政府不作为。专家组首先确认，beIN 或其他外国权利人都没有提起知识产权诉讼，沙特政府也没有针对 beoutQ 采取刑事制裁行为。沙特指出，beoutQ 未经授权的转播行为并没有得到沙特政府的许可。专家组审查了卡塔尔提交的证据，认为：(1)沙特于 2017 年 6 月 6 日起至少在社交媒体上禁止表达对卡塔尔的支持；(2)beIN 和 7 个主要足球赛转播权利人接触过的所有沙特律师事务所都拒绝就 beoutQ 事项采取行动，如果不是因为某种形式的政府指令、指示或指导，很难想象为什么 beIN 和外国权利人无法在沙特获得与 beoutQ 有关的任何法律代理；(3)卡塔尔提供了另外两个例子，说明沙特当局在与 beIN 的安排中积极寻求影响权利人或一家律师事务所。据此，专家组认为，卡塔尔已经证明沙特采取了“不得同情”措施，直接或间接地产生了阻止 beIN 获得沙特法律代理，通过沙特法院的民事执行程序实施其知识产权的结果。而关于其他几项措施，专家组认为卡塔尔未能履行其举证责任，证明 2017 年 6 月 19 日的通告、旅行限制和部长批准要求，无论是单独还是集体，都阻止了或将阻止 beIN 进入沙特法院的民事执行程序。

beIN 为获取主要国际权利人制作的广播内容许可，进行了大量投资，并获得了在中东和北非地区(包括沙特)广播和授权他人广播主要体育比赛的专有权。专家组认为根据《伯尔尼公约》的规定，beIN 获准发行的这类体育广播构成受保护的“作品”，并被《沙特版权法》第 1 条“视听作品”的定义所涵盖。因此，beIN 是第 41.1 条和第 42 条下的“权利人”。

专家组指出，卡塔尔提交证据表明 beoutQ 以沙特为目标市场，其转播行为受到沙特知名人士的推动,其盗版广播通过 Arabsat 卫星频率传输,在向沙特消费者提供盗版广播时得到了沙特内容分销商的协助。据此专家组认为,卡塔尔已经建立了初步证据,证明 beoutQ 是由受沙特刑事管辖的个人或经营实体经营的。专家组认为,beIN 未在沙特法庭启动针对 beoutQ 的民事执行程序,沙特政府对 beoutQ 不进行刑事诉讼或处罚,公开播放 beoutQ 在沙特的 2018 年世界杯比赛,都是由沙特的作为和不作为造成的。因此,沙特的行为不符合第 42 条第 3 句中的具体要求,即应允许当事人由独立法律顾问代理。同时,专家组认为没有必要在第 42 条第 1 句中就"民事司法程序"一词的解释发表任何意见。基于这些原因,专家组得出结论认为,沙特采取了不符合第 42 条的措施,直接或间接地阻止 beIN 获得沙特法律顾问,通过沙特法院的民事执行程序来行使其知识产权。

专家组认为,违反第 42 条规定的允许当事方"由独立的法律顾问代表出庭"的义务,将会导致违反第 41.1 条规定的"保证其国内法中包括关于本部分规定的实施程序"的义务。由于还未涉及第三部分规定的强制执行程序,因此,就不存在这些执行程序是否允许对第 41.1 条所指的《TRIPS 协定》所涵盖的知识产权采取"有效行动"的问题。

综合上述分析,专家组确认沙特采取的行动不符合第 42 条和第 41.1 条,采取的措施直接或间接地导致 beIN 无法获得沙特法律代理,通过沙特法院的民事执行程序来行使其知识产权。

三、沙特的行为是否符合第 61 条

第 61 条规定:"各成员应至少规定适用于具有商业规模的蓄意假冒商标或盗版案件的刑事程序和处罚。可使用救济应包括足以起到威慑作用的监禁和/或罚金,并应与适用于同等严重的犯罪所受到的处罚水平一致。……"专家组认为,第 61 条第 1 句中的义务并非制定一项成文法就足以履行。结合《TRIPS 协定》来审议第 61 条,

“to be applied”可与第42条中的“shall make available”作对比,也可与第44条、第45条和第46条中的“shall have authority”作对比,并与第41.1条中更为笼统的“available”一词作对比,这就要求各成员确保第三部分规定的执行程序“available”。这一术语上的差异,特别包括第61条(“shall provide for... to be applied”)和第42条(“shall make available”)之间术语上的差异,反映了民事和刑事诉讼程序之间的一个重要结构差异。虽然知识产权是私权,一般要求权利人自己维护自己的权利,但只有国家有权执行刑事法律程序和处罚。专家组认为对“应规定适用的刑事诉讼程序和刑罚”等用语作出限制性解释不符合第61条的目的和宗旨。

专家组认为没有必要进一步抽象地确定“规定适用刑事程序和刑罚”的义务的范围。beoutQ是由受沙特刑事管辖的个人或实体经营,其唯一业务是提供非法盗版内容,并具有商业规模,beoutQ的行为应当被定性为“故意”。专家组认为beoutQ的行为相当于具有商业规模地“故意……在网络上侵犯版权”。沙特当局已采取行动扣押beoutQ的机顶盒,从而承认beoutQ从事非法活动。专家组认为,沙特没有暗示任何此类扣押都是第61条意义上的“刑事程序和惩罚”,也没有暗示这些扣押与beoutQ的版权盗版有关。相反,沙特表示,其当局扣押beoutQ机顶盒与其扣押beIN机顶盒的依据相同。因此,专家组认为,这种扣押不是沙特履行其根据第61条承担的义务,即规定对beoutQ商业性盗版行为适用刑事程序和处罚。

专家组得出结论认为,尽管沙特的成文法可能规定了适用于商业规模的故意盗版案件的刑事处罚和程序,但其行为不符合第61条第一句中关于“各成员应至少规定适用于具有商业规模的蓄意假冒商标或盗版案件的刑事程序和处罚”的义务。因此沙特的行为不符合第61条。

四、沙特是否可以援引第73条(b)项(iii)中的安全例外

第73条规定:“本协定的任何规定不得解释为:……(b)阻止一

成员采取其认为对保护其根本安全利益所必需的任何行动:……(iii)在战时或国际关系中的其他紧急情况下采取的行动。”专家组认为第73条(b)项(iii)的措辞与GATT第21条(b)项(iii)的措辞相同。专家组提出了分析框架:(1)是否已确定存在第73条(b)项(iii)所指的“国际关系中的其他紧急情况”;(2)沙特是否充分阐明了其有关的“基本安全利益”;(3)有关行动是否为第73条(b)项起首部分所称的必需的措施。

1. 是否在战时或国际关系紧张的其他情况下采取行动

2017年6月5日,沙特断绝了与卡塔尔的外交和领事关系,并采取了全面措施,结束了它与卡塔尔之间的所有经济和贸易关系,同一天,沙特新闻社报告了这些行动。专家组认为,国际关系紧急状态至少自2017年6月5日以来一直存在,根据第73条(b)项的起首部分必须审查的两项行动是在“国际关系紧急情况”发生时采取的,所涉措施具有持续性,而不是在某一特定日期发生或完成的作为或不作为。因此,专家组认为直接或间接导致beIN无法通过沙特法院的民事执行程序(“不得同情”措施)获得沙特法律代理以行使其知识产权的措施,沙特不进行刑事诉讼程序和对beoutQ处罚是在战时或国际关系中的其他紧急情况下采取的。

2. 是否为保护其基本安全利益而采取的必要行动

专家组要审议另外两个问题:(1)沙特是否充分阐明了它认为有关措施保护的是必要的基本安全利益,(2)“不得同情”措施和不适用刑事程序或刑罚是否与国际关系中的紧急情况有联系。专家组认为,沙特援引第73条(b)项(iii)所涵盖的行动包括“不得同情”措施与不适用刑事诉讼程序和对beoutQ处罚。

沙特明确阐述了其“基本安全利益”,即保护自己“免受恐怖主义和极端主义的危险”。沙特确定的利益显然“与国家的基本职能有关,即保护其领土和人口免受外部威胁,以及在内部维护法律和公共秩序”。虽然卡塔尔认为沙特对其基本安全利益的表述“模糊”或“不准确”,但专家组认为第73条(b)项(iii)的案文或其他方面没有要求比沙特提出的更准确,原因是这一分析步骤主要是提供一个基准,以便根据第 73 条(b)项的起首部分审查。也就是说,这一分析步骤使专家组能够评估被认为不符合《TRIPS 协定》的措施中的任何一项是否与保护这些基本安全利益有合理的联系。

因此,专家组必须审查基本安全利益是否与国际关系中的紧急情况之间有联系,以至于沙特必须实施保护紧急情况引起的其基本安全利益的措施。关于“不得同情”措施,专家组认为剥夺卡塔尔国民通过沙特法院获得民事补救的措施,可被视为沙特终止或防止与卡塔尔国民进行任何形式互动的总括政策的一个方面。鉴于 2017 年 6 月 5 日采取的全面措施的一部分,沙特对所有卡塔尔国民实施旅行禁令,禁止其进入沙特领土,并对所有卡塔尔国民发出驱逐令。因此,沙特可能采取其他措施阻止卡塔尔国民进入沙特的法院、采取各种正式和非正式措施拒绝沙特律师事务所为任何目的代表卡塔尔国民或与之互动。专家组认为,“不得同情”措施符合所提供的基本安全权益的最低合理性要求,即它们可以作为保护这些权益的措施。

然而,专家组认为,对于沙特所说的基本安全利益与其当局不适用刑事程序和惩罚 beoutQ 之间的联系,不能得出同样的结论。对 beoutQ 适用刑事程序或处罚并不要求沙特的任何实体与 beIN 或任何其他卡塔尔国民进行任何形式的互动。对 beoutQ 不适用刑事诉讼程序和处罚与沙特终止或防止与卡塔尔国民进行任何形式互动的政策没有任何关系。因此,沙特当局对 beoutQ 不适用刑事诉讼程序和处罚与国际关系紧急状态相去甚远,对 beoutQ 不适用刑事诉讼程序和处罚不符合沙特所提供的基本安全权益的最低合理性要求。

专家组的结论是:对沙特违反第 41.1 条和第 42 条义务,沙特已经满足了第 73 条(b)项(iii)中安全例外的条件;对违反第 61 条义务,沙特不满足第 73 条(b)项(iii)中安全例外的条件。

·········GATS

欧盟:能源产业的某些措施
(WT/DS476)*

申诉方(被上诉方、上诉方):俄罗斯

被申诉方(上诉方、被上诉方):欧盟

第三方(第三参与方):巴西、中国、印度、日本、乌克兰、美国、哥伦比亚、韩国、沙特

2014 年 4 月 30 日,俄罗斯提出就欧盟能源产业措施进行磋商。由于磋商未果,2015 年 7 月 20 日,DSB 应俄罗斯请求决定成立专家组。2016 年 3 月 7 日,专家组经总干事指定组成。2018 年 8 月 10 日,专家组报告公布,俄罗斯和欧盟都提出上诉。由于 WTO 争端解决上诉机构陷入僵局,本案至 2021 年年底仍处于上诉阶段。

欧盟 2009 年颁布第三套能源方案(Third Energy Package),旨在改革其天然气内部市场,其主要组成部分载于 2009 年 7 月 13 日第 2009/73/EC 号指令(以下简称指令)。指令为欧盟内部"天然气"(包括液化天然气)市场制定了共同规则。该指令要求欧盟成员方"在 2011 年 3 月 3 日前使遵守该指令所需的法律、法规和行政规定生效"。它还要求欧盟成员方确保国家监管机构(National Regulatory Authorities,NRA)得到适当授权,从而确保符合该指令的要求。此后,为了更加统一欧盟的能源政策

---

* 本案初稿由华东政法大学国际法专业研究生张倩撰写。

及其实施,欧洲议会和欧洲理事会对相关规定作了一系列修改。

跨欧洲能源网络措施(Trans-European Networks for Energy,以下简称 TEN-E 措施)为跨欧洲能源网络的及时开发和互联互通制定了规则。俄罗斯主张,欧盟的指令、一些成员方对指令的实施,以及 TEN-E 措施违反了欧盟在 GATS 第 2 条、第 16 条和第 17 条项下的义务,以及欧盟根据 GATS 作出的具体承诺;也违反了 GATT 第 1 条、第 3 条、第 10 条和第 11 条。

【专家组的分析和结论】

一、分拆措施是否违反 GATT 和 GATS 的相关条款

分拆措施要求同时从事天然气生产和供应业务与天然气传输业务的企业分拆其业务。这些规则适用于纵向一体化企业。俄罗斯对指令中的分拆措施以及克罗地亚、匈牙利和立陶宛国家法律中实施的分拆措施提出了质疑,认为这不符合 GATS 第 2.1 条以及 GATT 第 1.1 条和第 3.4 条。指令要求每个欧盟成员方均实施"所有权分拆"(Ownership Unbundling,OU)模式,但允许欧盟成员方在某些情况下实施所谓的"独立系统运营商"(Independent System Operator,ISO)和"独立传输运营商"(Independent Transmission Operator,ITO)模式。OU 模式规定,从事天然气生产和供应业务的实体与从事天然气传输业务的实体之间应当结构分离。ITO 模式和 ISO 模式对这些实体的结构分离要求较低,但对它们的行为和关系提出了要求,并使它们处于有关当局的额外监管之下。欧盟认为,专家组不宜处理欧盟各成员方在执行欧盟法律时享有酌处权的国内法之间的差异问题,专家组认为受到质疑的欧盟指令适用于整个欧盟领土,并规定了 OU、ISO 和 ITO 模式,因此专家组驳回了欧盟的这一反对意见。

专家组首先对下列问题做了分析并得出相应结论:拆分措施所规范的服务属于商业存在提供的服务,属于 GATS 的范围;管道传输

服务及其提供者属于同类服务和服务提供者。专家组对第三个方面做了详尽的分析。

关于 GATS 第 2.1 条的最惠国待遇,专家组认为管道传输服务供应商的竞争条件在不同的分拆模式下的确是不相同的,OU 模式规定了实体在生产和供应天然气或提供管道传输服务之间必须进行选择,也就是必须拆分,而 ITO 模式则不一定要拆分。因此,专家组认为在 OU 模式下,管道传输服务和服务提供商受到了较差的待遇。然而,专家组认为,至于具体的纵向一体化企业是否可以 ITO 的形式提供管道传输服务,这需要个案分析。专家组注意到,非欧盟成员的管道传输提供商同样要遵守分拆措施。俄罗斯除了声称分拆措施违反了最惠国待遇,未能论证这一措施如何违反,也未能论证欧盟的法律规定和成员方的实施构成单一措施,更没有证明比起其他非欧盟成员的同类服务及服务提供商的待遇,俄罗斯管道传输服务及其提供商的待遇较差。

关于 GATT 第 1.1 条和第 3.4 条,专家组决定先分析国民待遇问题。专家组认为,分拆措施确实可能影响天然气供应商与管道传输服务提供者的关系,从而影响天然气在欧盟的销售、分售和使用,因此属于 GATT 第 3.4 条的范围;无论以何种方式传输,俄罗斯与欧盟的天然气都是同类产品。专家组认为俄罗斯没有清楚地说明 ISO/ITO 具备哪些竞争优势,在仔细审查了俄罗斯的材料之后,专家组归纳出 3 点关于纵向一体化企业的主张:(1)可以通过控制传输系统运营商(Transmission System Operator, TSO)促进其天然气的进口;(2)继续从 TSO 取得收入用于经营其传输系统;(3)可以监督向传输系统的投资。但专家组确认,俄罗斯并没有对这些主张提供充分证明或论证。关于最惠国待遇,专家组以同样的思路确认俄罗斯未能证明拆分措施对非欧盟成员的天然气进口给予了好处或利益。

GATS 第 16.2 条(a)项要求,成员在作出市场准入承诺的部门不得限制服务提供者的数量,俄罗斯主张克罗地亚和立陶宛国内法中的分拆措施对服务供应商的数量施加了限制,因为这两个国家都指定某些实体为输气服务的垄断供应商。关于克罗地亚,专家组认为指定某一实体为输气系统经营者并不意味着不允许其他实体在同一市场经营;关于立陶宛,专家组认为俄罗斯未能证明该实体是该国国内法下天然气传输服务供应的垄断实体。此外,专家组认为,立陶宛没有对"天然气供应服务"作出市场准入的具体承诺。因此,专家组得出结论,俄罗斯未能证明克罗地亚和立陶宛国内法中的分拆措施以垄断或排他服务供应的形式对服务供应商的数量施加了"不允许的限制"。

GATS 第 16. 2 条(e)项不允许限制或要求通过特定类型的法律实体或合资企业提供服务。俄罗斯声称,克罗地亚、匈牙利和立陶宛实施分拆措施的国内法限制或要求其他成员的服务供应商通过特定类型的法律实体提供管道传输服务,而这是不被允许的。专家组结合上下文,根据相关术语的一般含义解释了第 16. 2 条(e)项的范围,确认,"法律实体"应该指某一实体的法律形式,该条不包括任何可能影响法律实体从事活动的措施。专家组认为,应由提出申诉的成员证明所涉措施限制或要求服务供应商根据有关成员的国内法律通过特定的法律实体提供服务。专家组认为,克罗地亚、匈牙利和立陶宛的国内法虽然限制了一个实体可以同时开展的活动或服务的组合,但并不限制该实体可能采取的法律形式。专家组据此得出结论,认为这项措施并不违反 GATS 第 16. 2 条(e)项。

GATS 第 16. 2 条(f)项不允许以限制外国股权最高百分比或限制外国投资总额的方式限制外国资本参与。俄罗斯声称,克罗地亚、匈牙利和立陶宛国内法限制投资者持有多数股相当于限制最高持股比例。然而,专家组认为,本条项下的限制必须以外国资本参与为目标,专家组审查了三个国家的相关法律,认为这些法律并未区分投资来源国,其限制对外国和国内资本参与不加区分。由此,专家组得出结论,克罗地亚、匈牙利和立陶宛的国内法没有限制"外国资本的参与"。

俄罗斯根据 GATS 和 GATT 提出的所有有关分拆措施的主张最

终都被驳回。

二、公共机构措施是否违反 GATS 第 17 条

公共机构措施包括克罗地亚、匈牙利和立陶宛落实指令第 9(6)条的国内法。第 9(6)条规定:如果分拆措施所指的法人是既控制传输系统,同时又控制生产或者供应的经营者的两家分别的公共机构,就不应当被视为同一法人。实际上,这等于说其不受分拆措施的约束。俄罗斯主张,三个国家国内法中的公共机构措施违反了 GATS 第 17 条中的国民待遇义务,因为克罗地亚、匈牙利和立陶宛政府拥有并控制各自领土内的 TSO,该措施不仅是对分拆义务的“豁免”,而且仅适用于国内管道传输服务供应商。专家组首先确认在天然气管道传输服务方面,三个国家都做了国民待遇承诺,公共机构措施会影响服务的供应;三个国家与非欧盟的服务提供商是同类服务提供商;在俄罗斯的服务提供商是否受到较差待遇方面,专家组分析并确认,公共机构措施并未豁免公共机构控制实体的拆分义务;同时,公共机构措施并不是仅适用于欧盟的公共机构,它不妨碍第三国公共机构控制的服务供应商在申请认证为 TSO 时依赖这一措施。

专家组对俄罗斯主张的三部国内法中涉及的公共机构措施的设计、结构和预期运作进行联合评估并确认,俄罗斯既没有证明公共机构措施是对分拆义务的“豁免”,也没有证明它只适用于国内管道运输服务供应商。因此,专家组得出结论认为,这项措施并不违反 GATS 第 17 条。在驳回俄罗斯的请求之后,专家组没有分析欧盟根据 GATS 第 14 条(c)项提出的抗辩。

三、液化天然气(Liquefied Natural Gas,LNG)措施是否违反 GATT 第 1.1 条

指令第 2(11)条将 LNG 设施定义为:将天然气液化,或者将

LNG 卸载、进口,再气化的终端。根据指令第2(3)条的规定,这些终端不属于传输系统。这样一来适用于 TSO 的拆分要求就不适用于 LNG 系统运营商。因此,俄罗斯主张,LNG 系统运营商不需要拆分而 TSO 必须拆分,通过 LNG 设施进口到欧盟的 LNG 因此获得了 GATT 第1.1条所指的优势,这对通过管道进口到欧盟的俄罗斯天然气不利。

专家组依次分析了涉及最惠国待遇的四个因素:措施是否属于第1.1条的范围;进口产品与国产品类似性;天然气措施是否给予了利益;这些利益是否无条件给予进口产品。在分析第二个问题,即产品是否为同类产品时,专家组重点分析了 LNG 再气化这一步骤在确定产品同类性问题上的重要性。天然气液化是为了便于运输,进口后,部分天然气再气化通过管道传输,而部分直接以液态作为运输的燃料。专家组指出,天然气与 LNG 是可以区别的产品,而世界海关组织的关税分类也把它们作为不同产品分在不同税目号下。专家组确认 LNG 和天然气不是 GATT 第1.1条含义范围内的“同类”产品。专家组没有再分析其他两个因素,得出结论认为,俄罗斯没有证明欧盟存在违反 GATT 第1.1条的行为。

四、基础设施豁免措施是否违反 GATT 和 GATS 的相关条款

基础设施豁免措施规定在指令第36条,对于满足特定条件的某些类别的天然气基础设施,它授权相关当局允许其不受指令中关于分拆、第三方准入等规则的约束。俄罗斯认为这一措施违反了 GATT 第10.3条(a)项、第1.1条、第11.1条和 GATS 第2.1条。

首先,关于俄罗斯依据 GATT 第10.3条提出的主张,专家组分析了三个问题,即基础设施豁免措施是不是普遍适用的法律、法规、司法决定或行政裁决;措施是不是 GATT 第10.3条所指的措施;措施是否未以“统一、公正和合理的方式”实施。专家组认为,指令第

36 条广泛适用于申请免除指令项下某些一般义务的基础设施的运营商,而且各方对指令的这一规定是普遍适用的措施没有异议。因此,指令第 36 条是普遍适用的措施。

其次,指令第 36 条规定了在特定的时间内免除基础设施在指令下其他一般适用义务。基础设施豁免和任何相关条件是有效“取代”其他适用规则(如分拆或第三方准入)的规则;只要有关的基础设施豁免决定仍然有效,这些法律制度就会对有关基础设施具有约束力。同时专家组还认为,对于天然气销售和运输,指令第 36 条中的基础设施豁免条款会造成 GATT 第 10.1 条和第 10.3 条(a)项含义范围内的“影响”。专家组在审查了俄罗斯有关分拆措施的主张后确认,分拆措施的确影响天然气的内部销售、要约出售、购买、运输、分销或使用。

最后,上诉机构一贯认为,根据 GATT 第 10.3 条(a)项提出的申诉不得针对法律本身的实质内容;相反,诉请必须针对法律的实施。在仔细审查了俄罗斯的主张和各方的观点之后,专家组认为,俄罗斯的主张并非与基础设施豁免措施的实施有关,而是涉及基础设施豁免授予标准的实质性内容,而这些标准阐明了一套明确的、系统的基准,指导对基础设施豁免申请的实质性评估。因此,专家组认为,俄罗斯的主张涉及指令第 36 条所列标准的实质性方面,而不是如何实施这些标准。专家组还认为,俄罗斯称欧盟委员会未能根据这些标准重新审查有关情况,以评估任何重大变化的存在和影响,这在性质上也是实质性的。因此,俄罗斯关于这些要素的主张不属于第 10.3 条(a)项的范围,据此,专家组认为俄罗斯没有证明欧盟违反了 GATT 第 10.3 条(a)项。

由于该主张不属于 GATT 第 10.3 条(a)项的范围,专家组并未进一步审查所引用的基础设施豁免决定是否符合第 10.3 条(a)项的要求,即是否以“统一、公正和合理的方式”实施该措施。

根据 GATT 第 1.1 条和 GATS 第 2.1 条,俄罗斯以欧盟委员会和相关成员方国内管理当局就特定基础设施豁免决定所作的分析为证,对基础设施豁免措施适用的不一致性和歧视性提出了质疑。俄罗斯的证据包括:欧盟相关机构在确定俄罗斯和非欧盟其他国家申请时对规定的解释不同;不仅解释不同,还施加了不同的义务。专家组审查了俄罗斯提交的证据,认为不足以证明相关当局以不一致和歧视的方式适用该措施,因此驳回了该主张。

GATT 第 11 条要求成员普遍取消数量限制。欧盟委员会关于东海连接管道 OPAL 管道的基础设施豁免决定中包含两个条件:第一,50% 的容量上限(限制向俄罗斯天然气工业股份公司和相关公司分配传输容量);第二,如果俄罗斯天然气工业股份公司和相关公司每年排放 30 亿立方米天然气,则可以不受容量上限的限制。俄罗斯主张,这些措施虽不是进口禁令,实际上限制俄罗斯进口天然气的数量;欧盟则承认措施影响传输,但没有限制数量。专家组认为,GATT 第 11 条要求取消数量限制,包括事实上的限制。专家组指出,这些措施从性质上看是数量条件,虽然措施所涉及的地点在欧盟境内,但考虑到管道传输的特殊性,在该点位的数量限制对产品的进口数量有影响。专家组注意到,通过北线管道传输的 100% 是俄罗斯进口天然气,而俄罗斯天然气工业股份公司是唯一受到 50% 上限限制的公司,可见该管道的传输能力只有 50% 得到利用。专家组确认,涉争措施限制了俄罗斯向欧盟进口天然气的竞争机会。

五、上游管网措施是否违反 GATT 第 1.1 条和第 3.4 条

指令第 2(2)条规定了上游管网措施,作为石油或天然气生产项目运行和/或建造的一部分,管道或管网被定义为上游管网,不属于传输系统的一部分,也就不受分拆等规定的约束。

俄罗斯指出,第一,由于分拆规定、第三方准入和关税管制规则不适用于上游管网运营商,原产于非欧盟国家并通过上游管网传输的进口天然气享有 GATT 第 1.1 条含义范围内的优惠,而该优惠不适用于原产于俄罗斯并通过输气管道传输的天然气;第二,同样基于

上述理由，俄罗斯主张，与国内天然气相比，该措施改变了竞争条件，损害了俄罗斯天然气的利益，违反了 GATT 第 3.4 条；第三，俄罗斯将该指令规定的上游管网运营商的一般法律制度与 NEL 和 OPAL 管道运营商根据各自基础设施豁免决定援引的具体法律制度进行了比较，认为该措施违反了 GATT 第 1.1 条。

关于最惠国待遇的诉请，专家组认为这些措施属于 GATT 第 1.1 条的范围，无论通过哪种途径传输的天然气都是同类产品，但俄罗斯未能证明上游管网措施为通过上游管网传输的天然气创造了更为有利的条件。专家组确认，俄罗斯关于欧盟成员方违反 GATT 第 1.1 条的主张不成立。而关于 GATT 第 3.4 条，专家组注意到，俄罗斯的诉请完全依据其关于 GATT 第 1.1 条的论点，既然专家组不支持俄罗斯关于 GATT 第 1.1 条的诉请，专家组认为，俄罗斯也未能证明这些法律制度之间的差异是如何影响俄罗斯或任何其他来源的进口天然气的竞争条件的。专家组的结论是，俄罗斯未能证明欧盟违反了 GATT 第 3.4 条。

六、第三国认证措施是否违反 GATS 相关条款

指令第 11 条规定：若第三国人员控制的天然气运输系统的所有者或经营者需要认证，管理机构须通知欧盟委员会，如果有任何情况会导致第三国人员控制传输系统或传输系统经营者，传输系统经营者须立即通知管理机构。管理机构须在 4 个月内决定是否颁发证书。这一条规定了不予颁发证书的情况，其中包括不得危及欧盟的能源供应安全。俄罗斯认为第三国认证措施违反了 GATS 第 2.1 条，克罗地亚、匈牙利和立陶宛国内法中实施的第三国认证措施违反了 GATS 第 6.1 条、第 6.5 条(a)项和第 17 条。后来俄罗斯放弃了针对欧盟法律本身的诉请，专家组决定只分析针对三个国家国内法提出的诉请。

专家组确认第三国认证措施属于 GATS 第 2.1 条的范围，相关

的服务和服务提供商是同类的。俄罗斯称克罗地亚、匈牙利和立陶宛国内法中的第三国认证措施要求对第三国 TSO 认证前进行能源供应安全评估,而对国内运营商无此要求。俄罗斯提供的证据是三个具体审批实例。专家组指出,俄罗斯是针对欧盟成员方的法规提出诉请,仅以实例无法证明法规本身违反相关规定,况且欧盟提交了具体审批实例的理由,专家组采纳了欧盟的解释。此外,俄罗斯提交的实例中并不涉及俄罗斯的企业,专家组认为,俄罗斯未能证明其诉请。专家组得出结论:俄罗斯未能证明第三国认证措施给予俄罗斯管道传输服务和服务提供者较差待遇。

至于三国的法律是否违反 GATS 第 17 条的国民待遇义务,欧盟承认三国的法律不符合 GATS 第 17 条,但根据 GATS 第 14 条(a)项提出了公共秩序抗辩。GATS 第 14 条是一般例外条款,第 14 条(a)项允许成员实施为保护公共道德或维护公共秩序所必需的措施。专家组决定先审查三个国家的法律的设计、结构是否是为了维护公共秩序。专家组同意欧盟的观点:能源供应安全属于保护公共秩序,外国对 TSO 的控制构成对欧盟能源供应的真实威胁。采取措施保护欧盟的能源供应安全是十分必要的,这样可以使之免受第三国政府通过管道 TSO 可能进行干扰所构成的威胁。据此,专家组认为三个国家的措施符合 GATS 第 14 条(a)项。但是,GATS 第 14 条引言要求措施的实施不得在情况相同的国家之间构成任意或不合理的歧视,或构成对服务贸易的变相限制。欧盟承认对外国企业和欧盟企业的待遇不同,但认为这样的差别待遇并非任意或不合理的。欧盟提出,外国政府想要求或诱使欧盟成员方控制的 TSO 从事危害成员方或欧盟利益的事是极端困难的,而外国个人与其本国的联系更紧密,容易受到政府的要求或诱使。专家组指出,这是个人对所在国与母国的利益冲突时作出什么选择的问题,其实居住在欧盟之外的欧盟公民也会遇到同样的问题,欧盟未能证明不存在同样的威胁,但却没有任何措施针对欧盟个人拥有的公司。专家组认为,该措施并没有要求在实际操作中对外国政府对欧盟能源安全的实际影响做评估。因此,专家组得出结论,这一措施的实施构成任意和不合理的歧视。

在作出这一裁决之后,专家组对俄罗斯根据 GATS 第 6.1 条(关于第三国认证措施的管理)和第 6.5 条(a)项(关于许可证和资格要求及技术标准)提出的主张适用司法节制原则,没有作出结论。

七、TEN-E 措施是否违反 GATT 和 GATS 相关条款

TEN-E 措施由 TEN-E 法规的各项条款组成,其中规定了将某些基础设施项目指定为共同利益项目(Projects of Common Interest, PCI)的标准,制定了促进其实施的监管框架,并为其提供了一定的激励措施。为了能成为 PCI,必须符合某些条件。俄罗斯认为这一措施违反了 GATT 第 1.1 条、第 3.4 条和 GATS 第 2.1 条,而欧盟则依据 GATT 第 20 条(j)项进行抗辩。

俄罗斯根据 GATT 第 1.1 条和第 3.4 条提出的主张都是基于这样一个论点,即用于确定 PCI 的标准对俄罗斯天然气具有歧视性。它认为,该措施中要求的“天然气供应多样化”标准的基本目标是减少俄罗斯进口天然气在欧盟境内的供应和传输。专家组认为,鉴于俄罗斯是欧盟的主要天然气供应国,甚至是一些欧盟成员方唯一或主要的天然气供应国,“天然气供应多样化”的标准,在大多数情况下意味着这些措施的目的在于发展旨在将某些欧盟成员方与俄罗斯以外的任何天然气来源联系起来的基础设施。专家组分析了国民待遇和最惠国待遇的条件:措施是否属于这两个条款的范围;服务和服务提供者是否同类;措施是否改变了竞争条件使俄罗斯同类服务和服务提供者受到较差待遇。专家组认为,TEN-E 措施的目的是增加开发传输非俄罗斯天然气管道基础设施的新项目,包括国内天然气,以减少开发传输俄罗斯天然气管道基础设施的新项目。通过这种方式,TEN-E 措施为传输任何非俄罗斯天然气提供了更有利的条件。据此,专家组得出结论,TEN-E 措施对俄罗斯天然气的竞争机会产生

了负面影响。因此不符合 GATT 第 1.1 条和第 3.4 条。

欧盟提出,根据 GATT 第 20 条(j)项,天然气是一种普遍或局部供应短缺的产品,因为天然气供应中断的严重风险是真实存在的。据欧盟称,TEN-E 措施旨在发展和改善基础设施,使欧盟与欧盟内部以及周边的主要潜在天然气来源相连,以确保天然气供应的安全。专家组认为,欧盟的论点涉及天然气供应中断的风险,但欧盟没有证明目前天然气“供不应求”。因此,专家组驳回了欧盟的抗辩。

最后,俄罗斯主张,TEN-E 措施改变了竞争条件,对俄罗斯的管道运输服务和服务供应商造成了损害,违反了 GATS 第 2.1 条项下的义务。同时,俄罗斯主张,TEN-E 措施下的 PCI 标准本质上对俄罗斯管道运输服务和服务供应商构成歧视。专家组认为,TEN-E 措施下基础设施项目的概念与管道运输服务或服务供应商的概念不一致,TEN-E 措施规定的活动并不涉及管道运输服务的供应。因此,专家组得出结论,俄罗斯未能证明 TEN-E 措施所涵盖的基础设施项目与 GATS 所涵盖的管道运输服务和服务供应商之间存在充分且密切的联系。专家组据此认为该措施并没有违反 GATS 第 2.1 条。

后　记

由于美国的反对,WTO 争端解决上诉机构陷入停滞状态。至 2019 年 11 月底,所有的上诉机构成员均服务期满,而本应接任的上诉机构成员却一直无法选出,使 DSB 无法正常运行。

我关于 WTO 争端解决机制处理贸易纠纷的第 7 本书在 2020 年出版。本来就想趁此机会搁笔,后来发现,要搁笔也并非那么容易。每天我还会去查一下 WTO 的官网,看到争端解决的案例有任何进展,还会记录下来。就好像做了 20 多年的研究产生了惯性,不自觉地会"跑下去"。

从 2019 年至 2021 年年底,有 11 个专家组/上诉机构报告获得通过,却有 15 个专家组报告由于一方上诉而进入无限期停滞状态(见表 2)。思来想去,还是按照以前的做法,3 年一本书,将 2019 ~ 2021 年经过专家组/上诉机构处理的案件概要地写出来,即使有些案件因上诉没有最后结果,但读者也可以从专家组报告中得知案件的基本情况和法律争议。

表2　2019～2021年年底处于上诉阶段的案件(按专家组报告公布日期排列)

序号	案号	专家组报告公布日期	申诉方	被申诉方	案由
1	476	2018年8月10日	俄罗斯	欧盟	能源产业的某些措施
2	518	2018年11月6日	日本	印度	钢铁进口措施
3	523	2018年11月18日	土耳其	美国	管道产品反补贴税
4	534	2019年4月9日	加拿大	美国	对针叶木材运用不同比价方法的反倾销措施
5	510	2019年6月6日	印度	美国	涉及可再生能源产业的措施
6	541	2019年9月30日	美国	印度	出口措施
7	567	2020年6月16日	卡塔尔	沙特	涉及知识产权的措施
8	494	2020年7月24日	俄罗斯	欧盟	成本调整方法
9	533	2020年8月24日	加拿大	美国	针叶木材反补贴措施
10	543	2020年9月15日	中国	美国	针对中国的关税措施
11	553	2020年11月30日	日本	韩国	不锈钢反倾销日落复审
12	538	2021年1月18日	阿联酋	巴基斯坦	双向拉伸聚丙烯膜反倾销措施
13	539	2021年1月21日	韩国	美国	反倾销反补贴税
14	578	2021年7月27日	突尼斯	摩洛哥	练习簿反倾销措施
15	562	2021年9月2日	中国	美国	美国光伏产品保障措施

现在,全国各高校和研究机构研究WTO的专业人士越来越多,研究也越来越深入。年轻的一辈人具有深厚的法学理论功底,不少人还有丰富的实践经验,外语对他们来说就更不成问题。他们是汹涌而来的“后浪”,如果我们能被称作“前浪”的话,也在沙滩上默默地消失了痕迹。这本书写完,真的搁笔了。